Rudolf Leeb

Konstantin und Christus

Arbeiten zur Kirchengeschichte

Begründet von
Karl Holl † und Hans Lietzmann †

Herausgegeben von
Kurt Aland, Joachim Mehlhausen
und Gerhard Müller

Band 58

Walter de Gruyter · Berlin · New York
1992

Rudolf Leeb

Konstantin und Christus

Die Verchristlichung der imperialen Repräsentation
unter Konstantin dem Großen als Spiegel seiner
Kirchenpolitik und seines Selbstverständnisses als
christlicher Kaiser

Walter de Gruyter · Berlin · New York
1992

∞ Gedruckt auf säurefreiem Papier, das die
US-ANSI-Norm über Haltbarkeit erfüllt.

Die Deutsche Bibliothek — CIP-Einheitsaufnahme

Leeb, Rudolf:
Konstantin und Christus : die Verchristlichung der imperialen
Repräsentation unter Konstantin dem Großen als Spiegel seiner
Kirchenpolitik und seines Selbstverständnisses als christlicher
Kaiser / Rudolf Leeb. — Berlin ; New York : de Gruyter, 1992
    (Arbeiten zur Kirchengeschichte ; Bd. 58)
    Zugl.: Wien, Univ., Diss., 1989
    ISBN 3-11-013544-2
NE: GT

Printed in Germany
Druck: Werner Hildebrand, Berlin 65
Buchbinderische Verarbeitung: Lüderitz & Bauer, Berlin 61

Unseren Eltern

Vorwort

Bei der vorliegenden Arbeit handelt es sich um die überarbeitete Fassung einer Dissertation, die im November 1989 von der Evangelisch-theologischen Fakultät der Universität Wien angenommen wurde. Sie versucht, Methoden und Ergebnisse der Christlichen Archäologie und Kunstgeschichte einerseits mit Erkenntnissen der Kirchengeschichte bzw. der Patristik andererseits füreinander fruchtbar zu machen. Über die bei einer interdisziplinären Arbeit (und zumal bei Konstantin) besonders sensiblen Frage nach der dabei angewandten Methode wird in der Einleitung Rechenschaft abgelegt.

Bei dem Versuch einer übergreifenden Fragestellung wie der vorliegenden kann naturgemäß nicht jedem Detail überall in gleichem Maß Aufmerksamkeit gewidmet werden. Niemand ist sich den darin lauernden Gefahren mehr bewußt als der Autor selbst. Wenn hier aber trotzdem dieser übergreifende Ansatz gewählt wird, so geschieht dies in der Überzeugung, daß in der gegenwärtigen Forschungssituation gerade für das Verständnis Konstantins ein solcher Ansatz hilfreich und notwendig ist, denn im Zuge der Arbeit hat sich gezeigt, daß durch die (verständlicherweise) nur partielle Kenntnis der Forschungsdisziplinen voneinander bisher wichtige Fragestellungen und Forschungsergebnisse ungenutzt geblieben sind.

Zu danken habe ich den Herausgebern der Reihe, insbesondere dem Konstantinforscher Kurt Aland, sowie dem Verlag Walter de Gruyter für die Aufnahme in die "Arbeiten zur Kirchengeschichte"; weiters herzlich Hanns Christof Brennecke für Anregungen, Hinweise und Kritik. Literaturhinweise verdanke ich Ernst Gamillscheg. Nicht zuletzt danke ich meinem Doktorvater Alfred Raddatz, der mich auf das in diesem Buch behandelte Forschungsproblem hingewiesen hat.

Wien, im März 1992   Rudolf Leeb

Inhaltsverzeichnis

Abkürzungsverzeichnis

Age of Sp.

Age of Spirituality. Late Antique and Early Christian Art, Third to Seventh Century (ed. K. WEITZMANN), New- York 1979

AS

Acta Sanctorum

BARNES, C. a. E.

T.D. BARNES, Constantine and Eusebius, Cambridge Mass.-London 1981

BARNES, New Empire

T.D. BARNES, The New Empire of Diocletian and Constantine, London 1982

CALZA

R. CALZA,Iconografia romana imperiale da Carausio a Giuliano (287-363 d.Chr.), in: Quaderni e Guide di Archeologia 3, Roma 1972

CCL

Corpus Christianorum, ser. Latina

Corsi Ravenna

Corsi di cultura sull´arte ravennate e bizantina

CTh

Codex Theodosianus

DELBRUECK, Kaiserportraits

R. DELBRUECK, Spätantike Kaiserportraits, in: Studien zur spätantiken Kunstgeschichte 9, Berlin 1933

DOERRIES

H. DOERRIES, Das Selbstzeugnis Kaiser Konstantins, in: AAWG. PH 3, Folge Nr.34, Göttingen 1954

FIRA

Fontes Iuri Romani Anteiustianensi, ed. S. RICCOBONO 1940ff

FITTSCHEN-ZANKER

K. FITTSCHEN, P. ZANKER, Kata - log der römischen Portraits in den Capitolinischen Museen und den anderen kommunalen Sammlungen der Stadt Rom. 1. Kaiser und Prinzenbildnisse, München 1985

Frankfurt 1983

Spätantike und frühes Christentum. Ausstellung im Liebighaus, Museum alter Plastik, Frankfurt a. Main 1983

HUNGER

H. HUNGER, Die hochsprachliche Literatur der Byzantiner. 2 Bde, in: Handbuch der Altertumswissenschaften XII,5,1.2 = Byzantinisches Handbuch 5, 1/2,München 1978

KARAYANNOPULOS-WEISZ

J. KARAYANNOPULOS, G. WEISZ, Quellenkunde zur Geschichte von Byzanz, 2 Bde, Wiesbaden 1982

KENT-OVERBECK-STYLOW

J.P.C. KENT, B. OVERBECK, A. v. STYLOW, M. u. A. HIRMER, Die Römische Münze, München 1973

KRAFT

H. KRAFT, Kaiser Konstantins religiöse Entwicklung,in: Beiträge zur Historischen Theologie 20, Tübingen 1955

KRAUTHEIMER, Capitals

R. KRAUTHEIMER, Three Christian Capitals. Topography and Politics, Berkeley 1983

KRAUTHEIMER, ECBA

R. KRAUTHEIMER, Early Christian and Byzantine Architecture, Harmondsworth 1979

LC	Laus Constantini = Die Tricennalienrede des Euseb von Caesarea (ed. I. HEIKEL, Eusebius Werke 1.Bd., GCS, Leipzig 1902, 195ff)
L´ORANGE, Herrscherbild	H.P. L´ORANGE, Das spätantike Herrscherbild von Diokletian bis zu den Konstantin-Söhnen 284-361 n.Chr., in: Das römische Herrscherbild (ed. M. WEGNER), Abt. III Bd.4, Berlin 1984
PW	A. PAULY, G. WISSOWA (edd.), Realencyclopädie der classischen Altertumswissenschaft, Stuttgart 1877ff
RIC	Roman Imperial Coinage (ed. H. MATTINGLY, E.A.SYDENHAM u.a.), London 1923ff
SCHWARTZ, GS III u. IV	E. SCHWARTZ, Gesammelte Schriften Bd.3 und 4, Berlin 1959-60
SEECK I-IV	O. SEECK, Geschichte des Untergangs der antiken Welt, 4 Bde, Nachdruck der zweiten Auflage Stuttgart 1922, Darmstadt 1966
SEECK, Regesten	O. SEECK, Regesten der Kaiser und Päpste für die Jahre 311 bis 476 n.Chr.. Vorarbeiten zu einer Prosopographie der christlichen Kaiserzeit, Nachdruck der Ausgabe Stuttgart 1919, Frankfurt a. Main 1984
STRAUB, Herrscherideal	J. STRAUB, Vom Herrscherideal in der Spätantike, Nachdruck der Ausgabe Stuttgart 1939, Stuttgart 1964
TRE	Theologische Realencyklopädie, Berlin-New York 1977ff
VC	Vita Constantini des Euseb von Caesarea

W   Eusebius von Caesarea, Über das Leben
                                      des Kaisers Konstantin, ed. F. WIN-
                                      KELMANN, Eusebius Werke I 1
                                      (GCS), Berlin 1975

Die restlichen verwendeten Abkürzungen folgen dem Abkürzungsverzeichnis
der TRE.

Einleitung

In den Fünfziger-Jahren bürgerte sich in die Konstantinforschung der Begriff des "Selbstzeugnisses" Konstantins ein. Damit sind seit damals die mit Konstantins Namen verbundenen Gesetze, Inschriften und die in seinen Büros entstandenen Briefe (soweit sie uns erhalten sind) gemeint.[1] Diese Zuwendung zu Konstantins "Selbstzeugnis" war letztlich eine Folge der Arbeiten Gregoires, der zum einen die Glaubwürdigkeit und die Authentizität der Vita Constantini des Euseb bestritt, zum anderen damit zugleich das Christentum Konstantins überhaupt bezweifelte. Gregoire löste bekanntlich eine intensive Diskussion aus.[2] Die Forschung begann sich deshalb auf die unbestrittenen und gesicherten Quellen, eben auf das "Selbstzeugnis", zu konzentrieren, um von daher Konstantins religiöse Gesinnung, sein Selbstverständnis als Kaiser, seine Religionspolitik und ihre Motive zu erforschen. Exemplarisch hierfür sind die Arbeiten von Doerries und Kraft zu nennen.[3] Die vorliegende Arbeit möchte sich ihrer Vorgangsweise anschließen. Allerdings setzt sie bei den entsprechenden monumentalen Quellen an, d.h., bei der imperialen Repräsentation, die noch nicht im Zusammenhang unter diesem Aspekt untersucht wurde. Denn auch die Repräsentationskunst muß zweifellos ebenso zu den offiziellen Äußerungen des Kaisers bzw. des Staatsapparates gezählt werden, wie das schriftliche Selbstzeugnis. Über sie kann genauso, manchmal besser, das kaiserliche Selbstverständnis und die religiöse Herrschaftsbegründung mit all ihren Auswirkungen erschlossen werden, wie es bekanntlich für unseren Zeitraum Alföldi und für das Mittelalter Percy Ernst Schramm gezeigt haben. Es soll also mit

---

[1] Der Begriff "Selbstzeugnis" ist deshalb etwas irreführend, da wir von keinem Brief mit Sicherheit sagen können, daß er von Konstantin geschrieben wurde. Am wahrscheinlichsten ist, daß die Briefe von der kaiserlichen Kanzlei verfaßt wurden und der Kaiser manche von ihnen (sicher aber nicht alle) gelesen und kontrolliert hat. Die Wahl des Wortes "Selbstzeugnis", die auf DOERRIES (ders., Das Selbstzeugnis Kaiser Konstantins, Göttingen 1954) zurückgeht, spiegelt das Bestreben der damaligen Forschung, die persönlichen Motive und Anschauungen des Kaisers zu erfassen. "Aber selbst eine Zusammenstellung der unbestritten echten Briefe und Erlasse Konstantins ist noch keine unumstrittene Basis für die Motive des Kaisers." (so zurecht: G. KRETSCHMAR, Der Weg zur Reichskirche, in: VF 13 (1968), 32). Historisch greifbar ist uns nur, wie Konstantin nach Außen hin (also offiziell) verstanden sein wollte. (Vgl. auch: G. HAENDLER, Das neue Bild Kaisers Konstantin und der sogenannte "Konstantinismus", in: Theologische Versuche IV (1972), 81ff).

[2] Den Abschluß dieser Diskussion markiert: F. WINKELMANN, Zur Geschichte des Authentizitätsproblems der Vita Constantini, in: Klio 40 (1962), 187ff.

[3] DOERRIES; H. KRAFT, Kaiser Konstantins religiöse Entwicklung, Tübingen 1955

anderen Worten der Versuch unternommen werden, Konstantinforschung möglichst unabhängig vom Konstantinbild Eusebs zu betreiben. Diese für die Konstantinforschung m.E. wesentliche methodische Forderung wurde erst jüngst
wieder von Noethlichs formuliert, der in einem Diskussionsbeitrag meinte ,
"... daß man einmal versuchen müßte, die Geschichte Konstantins ohne Euseb
zu schreiben ...".[4] Deshalb sollen im ersten Teil der vorliegenden Arbeit bei
der Untersuchung von Konstantins imperialer Repräsentation und Herrscherideologie aus Eusebs Werk nur jene Passagen kritisch zugrunde gelegt werden,
die unbezweifelbare historische Fakten, Urkunden, Inschriften bzw. Aus-
sprüche Konstantins bieten, sowie jene, in denen Euseb Objekte beschreibt.
Diese Beschreibungen von Objekten müssen -unbeschadet ihrer teilweisen Unschärfe und mangelnden Genauigkeit- als verläßlich angesehen werden, weil
jeder Eusebs Angaben an Ort und Stelle überprüfen konnte. Hingegen ist dabei
aber zu beachten, daß von Euseb in den Beschreibungen sehr oft Interpretationen mitgeliefert wurden. Bei der Deutung der Objekte wird deshalb auf diese
Interpretationen aus der Hand Eusebs verzichtet. Die Objekte werden ausschließlich im Kontext der ikonographisch und gattungsgeschichtlich verwandten bzw. zugehörigen Denkmäler untersucht.[5]

Unter diesen methodischen Voraussetzungen sollte es deshalb auch am Schluß
der Arbeit möglich sein, die Rolle bzw. die Position Eusebs, sowie sein Verhältnis zu Konstantin und seiner Staatsideologie genauer zu bestimmen und
damit zugleich den Interpretationsrahmen seiner panegyrischen Werke exakter
erfassen zu können. Es wird damit methodisch ein Weg eingeschlagen, den im
Grunde bereits Victor Schultze 1894 beschritten hatte,[6] der streng zwischen
den monumentalen Quellen und den Interpretationen und Deutungen Eusebs
schied, um sich von daher Konstantins Religionspolitik zu nähern und zugleich
einen Maßstab zur Beurteilung Eusebs zu gewinnen.[7]

Mit dieser eben skizzierten methodischen Frage untrennbar verwoben ist das
verwickelte Forschungsproblem der sich widersprechenden Berichte über die

---

[4] K.L. NOETHLICHS, in: L´église et l´empire au IVe siècle: Fond. Hardt. Entretiens 34
(1989), 342

[5] Es soll an dieser Stelle ausdrücklich darauf hingewiesen werden, daß unter der eben beschriebenen Voraussetzung die Einbeziehung der Objektbeschreibungen Eusebs keine "Vermi-
schung der Methoden" bedeutet.

[6] V. SCHULTZE, Quellenuntersuchungen zur Vita Constantini des Euseb, in: ZKG 14
(1894), 503ff

[7] Diese Trennung methodisch nicht durchgeführt zu haben, stellt m.E. die grundsätzliche
Anfrage an die Arbeiten von U. SÜSZENBACH dar, der deshalb über die Argumentation von
R. HERNEGGER nicht entscheidend hinauskommt (U. SÜSZENBACH, Christuskult und kai-
serliche Baupolitik bei Konstantin, Bonn 1977 und ders., Konstantin und die Anfänge kirch-
licher Monumentalkunst, in: Städel Jahrbuch 10 (1985)), 55ff; vgl. auch: H.C. BRENNECKE,
Rezens. U. SÜSZENBACH, Christuskult und kaiserliche Baupolitik bei Konstantin, in: ZKG
92 (1981), 365; R. HERNEGGER, Macht ohne Auftrag. Die Entstehung der Staats- und
Volkskirche, Olten-Freiburg 1963).

Vorgänge rund um die Schlacht an der milvischen Brücke (Vision). M.E. bietet die im folgenden aufzuzeigende Entwicklung der imperialen Repräsentation unter Konstantin einen wichtigen Schlüssel zum Verständnis dieser Texte und der damit verbundenen Probleme.Ihre Analyse wird deshalb zunächst zurückgestellt und erfolgt erst nach dem Kapitel über die imperiale Repräsentation.

Ziel der vorliegenden Arbeit ist es darüberhinaus, auf diesem Wege nachzuweisen, daß Konstantin sich bei seiner öffentlichen Selbstdarstellung als Kaiser, vor allem ab 326, für seine Person einer massiven Christustypologie und Christussymbolik bedient hat, die im Zentrum seiner imperialen Repräsentation angesiedelt war und mit der er seinen allumfassenden Herrschaftsanspruch (auch über die Kirche) begründete. Konstantin hat die dabei notwendigen Änderungen in der Staatssymbolik so angelegt, daß sie sowohl für den heidnischen als auch für den christlichen Teil der Bevölkerung versteh- und annehmbar waren. Zurecht haben zuletzt MacMullen und Engemann hervorgehoben, daß die Konstantinische Wende in keinem Bereich des römischen Staatswesens einschließlich der Kunst einen wirklich radikalen Einschnitt bedeutete.[8] Wie die nachfolgenden Untersuchungen zeigen möchten, sollte dabei aber nicht das hohe Maß an Anstrengungen übersehen werden, die Konstantin unternommen hat, um sein Kaisertum zu verchristlichen und dies auch offiziell nach außen hin zu demonstrieren. Dieses Unterfangen war alles andere als leicht. Denn die Stellung des Kaisers "between Man and God" im Herrscherkult,[9] mit dem letztlich alle Bereiche der kaiserlichen Tätigkeit verbunden waren, stellte bekanntlich für die Christen, wegen des dabei vorliegenden Konnexes mit dem heidnischen Kultus, ein Problem dar..[10] Die gesamte Staatssymbolik war aus paganen Motiven aufgebaut, deren religiös-kultischer Sinn zur Zeit Konstantins noch nicht zur Gänze verlorengegangen war. Diese pagane Ikonographie mußte erst durch eine christliche ersetzt werden und zwar durch eine solche, die auf Akzeptanz sowohl in der heidnischen als auch in der christlichen Bevölkerung stieß. Auch wenn, wie gesagt, dieser Umbau nicht radikal vollzogen wurde, so waren die dabei vorgenommenen Änderungen zum Teil doch sehr beträchtlich, und es muß erstaunen, in welchem Ausmaß und in welchem Tempo Konstantin sein Vorhaben gelungen ist, denn am Ende seiner Regierungszeit liegt bereits, wie mir scheint, ein in sich geschlossenes Konzept vor, auf dem die Nachfolger aufbauen konnten.

---

[8] R. MacMULLEN, The Meaning of A.D. 312: The Difficulty of Converting the Empire, in: The 17th International Byzantine Congress, Major Papers, New York 1986, 1ff; am selben Ort ist auch der Beitrag von J. ENGEMANN publiziert: ders., Christianisation of Late Antique Art, 83ff. Vgl. auch: J. ENGEMANN, Art. "Herrscherbild", in: RAC 14 (1988), 966ff, bes. 967, 978, 1041

[9] Vgl. dazu die grundlegende Studie von S.R.F. PRICE, Between Man and God. Sacrifice in the Roman Imperial Cult, in: JRS 70 (1980), 28ff

[10] Dazu zuletzt zusammenfassend: J.R. FEARS, Art. "Herrscherkult", in: RAC 14 (1988), 1084

Es sei an dieser Stelle auch vermerkt, daß in der vorliegenden Arbeit es als müßig erachtet wird, die persönliche Religiosität, bzw. das "Christentum" des Kaisers erforschen oder beurteilen zu wollen. Die Frage danach hat die Konstantinforschung m.E. mehr belastet als befruchtet. Alle uns zur Verfügung stehenden Quellen einschließlich der sogenannten "Konstantinbriefe" aus den kaiserlichen Büros werden bei der Frage nach Konstantins persönlichen Anschauungen überfordert. Alles, was erschlossen werden kann, ist die offizielle Politik und Religion des Kaisers, seine Staatsideologie, seine Propaganda. Mit anderen Worten: historischer Forschung zugänglich ist bei vorliegender Quellensituation nur, wie Konstantin sich nach außen hin, also offiziell, verstanden wissen wollte. Hier besteht m.E. seit den Untersuchungen von Straub, Vogt und Aland in den Fünfzigerjahren kein Zweifel mehr, daß Konstantin seit seinem erstmaligen Verzicht auf den Opfergang zum Kapitol im Jahre 312 sich nach außen hin als Christ deklariert hat. Davon zu unterscheiden ist aber -und das sei hier eigens noch einmal betont- die Frage nach der Beurteilung dieses offiziellen "Christentums" (z.B. nach heutigen Maßstäben) und schon gar die Frage nach Konstantins persönlichem Christentum als solchem.

Abschließend sei darauf hingewiesen, daß vom schriftlich überlieferten "Selbstzeugnis" Konstantins hier nur jene Urkunden und Dokumente in die Argumentation einbezogen werden, die unbestritten echt sind, also in erster Linie jene, die uns Euseb überliefert. Bei den restlichen in Frage kommenden orientiere ich mich in der Regel an Krafts literarkritischen Analysen, der hier -m.E. mit Recht- vorsichtiger agiert als Dörries.[11] Miteinbezogen wird auch die "Oratio ad Sanctum Coetum". Auch wenn sie nicht direkt zum "Selbstzeugnis" gehört, so stammt sie doch, wie De Decker und Barnes wahrscheinlich gemacht haben, aus der Umgebung des Kaisers und ist deshalb als offiziöses Dokument zu werten.[12]

Von den monumentalen Quellen, die uns nur schriftlich überliefert sind, werden das "fastigium" in der Lateranbasilika und das sogenannte Goldkreuz von von St. Peter, die beide im Liber Pontificalis erwähnt sind, nicht berücksichtigt. Wie Grigg überzeugend gezeigt hat, kann das "fastigium" aus ikonographischen Gründen nicht in die konstantinische Zeit gehören.[13] Dasselbe scheint

[11] KRETSCHMAR, ebd.

[12] D. DeDECKER, Le "Discours à l'assemblée des saints" attribué à Constantin et l'ouvre de Lactance, in: J. FONTAINE, M. PERRIN (edd.), Lactance et son temps, 75ff; T.D. BARNES, The emperor Constantine's good Friday sermon, in: JThS 27 (1976), 414ff

[13] R. GRIGG, Constantine the Great and the Cult without images, in: Viator 8 (1977), 1ff. GRIGG stellt darüberhinaus die These auf, daß die Kirchengründungen Konstantins überhaupt keine figürlichen Darstellungen besaßen. In der Tat besitzen wir zur Zeit keinen einzigen sicheren Hinweis für figürliche Darstellungen in den kirchlichen Basiliken aus der Zeit Konstantins. Euseb erwähnt in seinen Beschreibungen kein einziges Bild. Auch von keinem der Motive auf den Pilgerampullen, die wahrscheinlich doch monumentale Vorbilder an den Heiligen Stätten abbilden (D.V. AINALOW, The Hellenistic Origins of Byzantine Art, 274ff;

mir für das Goldkreuz zu gelten, da monumentale Kreuze im Westen erst ab
der aufkommenden Kreuzesverehrung in Jerusalem, also erst ab theodosianischer Zeit möglich sind.[14] Obwohl beide Monumente für unsere Fragestellung
und für unsere Argumentation höchst willkommen wären, wird hier deshalb
auf sie verzichtet.[15] Vorausgesetzt wird im folgenden auch die Authentizität der
Vita Constantini, die heute als erwiesen gelten darf.[16]

J. ENGEMANN, Palästinensische Pilgerampullen im F.J. Dölger-Institut in Bonn, in: JAC 16
(1973), 1ff und K. WEITZMANN, Loca Sancta and the Representational Arts of Palestine, in:
DOP 28 (1974), 31ff) kann mit Sicherheit gesagt werden, daß es in die Zeit Konstantins
zurückreicht. In den Pilgerberichten gibt es frühestens ab Aetheria Hinweise für eine musivi-
sche Ausstattung der Grabeskirche in Jerusalem (peregr. Aeth. 25,9 = ed. Franceschini-Weber
(CCL 175), 71,60).

[14] R. EGGER (ders., Das Goldkreuz am Grabe Petri, in: AÖAW.PH 1959, 182ff, jetzt in:
ders., Römische Antike und Frühes Christentum Bd.II, 304ff) und zuletzt A. ARBEITER
(ders., Alt-St. Peter in Geschichte und Wissenschaft, 185), sowie R. KRAUTHEIMER (ders.,
The Building Inscriptions And Dates of Construction of Old St. Peter's: A Reconsideration,
in: Römisches Jahrbuch für Kunstgeschichte 25 (1989), 1ff) halten das Kreuz für eine Stiftung Konstantins und der Helena. Die für das Kreuz überlieferte Inschrift besagt in ihrem
Wortlaut nicht, daß das Kreuz von Konstantin und Helena gestiftet wurde, sondern daß die
Kirche von Konstantin und Helena geweiht wurde. Es erscheint mir wahrscheinlicher, daß
sich die kaiserlichen Namen in der Inschrift auf Darstellungen von Helena und Konstantin auf
dem Kreuz beziehen. (Der Wortlaut der Inschrift bei ARBEITER und EGGER ebd.). Überdies erscheint bei diesem Goldkreuz die Helenalegende als vorausgesetzt, was wiederum eine Entstehung unter Konstantin ausschließt (zur Helenalegende jetzt: S. HEID, Der Ursprung der
Helenalegende im Pilgerbetrieb Jerusalems, in: JAC 32 (1989), 41ff).

[15] J. DECKERS (ders., Constantin und Christus. Das Bildprogramm in Kaiserkultraum
und Kirchen, in: Frankfurt 1983, 267ff) wies bekanntlich einen Konnex zwischen der bildli-
chen Ausgestaltung von Kaiserkulträumen und Bildprogrammen der kirchlichen Basiliken
nach, der sowohl Form als auch Inhalt betrifft. DECKERS nimmt dabei an, daß diese Übertra-
gung in den frühchristlichen Kirchenraum sich noch unter Konstantin vollzogen hat. Dazu ist
dasselbe zu bemerken wie schon oben in Anm. 13. In der vorliegenden Untersuchung soll
deshalb aus methodischen Gründen auf dieses Argument von Deckers verzichtet, und der Sachverhalt, den DECKERS im Auge hat (Konstantin und Christus), auf andere Weise erschlossen
werden.

[16] Einen knappen und summarischen Überblick über den Gang der Forschung zu diesem
Problem bietet jetzt: L. TARTAGLIA, Eusebio di Cesarea. Sulla Vita di Costantino. Introduzione, e note, 15ff.

Teil I: Die imperiale Repräsentation

Konstantin und Sol invictus

Daß die Sol-Symbolik bei Konstantin eine sehr bedeutende Rolle spielte, ist in der Forschung allgemein bekannt. Umstritten ist aber, wie lange sich Konstantin der Sol-Ikonographie bediente, bzw. wie diese zu beurteilen ist, insbesondere, wie sie sich zum "Christentum" des Kaisers verhält.

Die Behandlung dieser Frage wird deshalb an den Beginn der Untersuchungen gestellt, weil zum einen Sol bereits vor 312 eine zentrale Rolle in Konstantins imperialer Repräsentation spielte, die Frage nach der Verchristlichung hin also von besonderem Interesse ist, zum anderen, weil wir hier erstmals den Grundtenor und der Grundstruktur von Konstantins Kaiserideologie begegnen, nämlich einer ungewöhnlich penetranten Siegesideologie.

Die Zeit bis 325

Noch vor Konstantins religionspolitischer Wende hin zum Christentum im Jahre 312 ist schon 309 ein auffälliger religionspolitischer Kurswechsel zu beobachten, als sich in Konstantins Münzprägung in Gallien ein Umschwung hin zum Sol-invictus vollzog.[1] Konstantin wendet sich von den Göttern der Tetrarchie ab und favorisiert nun den Sonnengott als Staatsgottheit. Diese neue Richtung der konstantinischen Staatssymbolik repräsentiert im übrigen auch die im Panegyrikus von 310 überlieferte Sol-Apollo-Vision Konstantins.[2] Die Sol-Symbolik war zum damaligen Zeitpunkt besonders geeignet, Konstantins Herrschaft nach außen hin zu legitimieren. Konstantin war ja nicht gemäß der dafür vorgesehenen tetrarchischen Ordnung an die Macht gekommen, sondern durch Usurpation. Seine Macht beruhte allein auf den Siegen und seinem kaiserlichen Charisma. Da er sich nicht durch bestehende Institutionen legitimieren konnte, mußte er auf höhere göttliche Instanzen zurückgreifen, indem er auf die enge Verbindung zu seiner Gottheit (Sol), seinem "comes", hinwies.[3] Die Sol-invic-

---

[1] Dieser Umschwung wurde anhand der Münzen erstmals von H.v. SCHÖNEBECK (ders., Beiträge zur Religionspolitik des Maxentius und Konstantins, 35) herausgearbeitet, vgl. KRAFT, 7ff; C.H. SUTHERLAND, RIC VI, 111; K. ALAND, Das Verhältnis von Staat und Kirche in der Frühzeit, in: ANRW II 23.1, 123; B. SAYLOR-RODGERS, Constantine´s Pagan Vision, in: Byz 50 (1980), 265; F. ALTHEIM, Der unbesiegte Gott, 106f

[2] Vgl. dazu unten das Kapitel über die Vision Konstantins.

[3] A.D. NOCK, The Emperor´s Divine Comes, in: JRS 37 (1947), 102ff

tus-Ikonographie und die damit mitgesetzte Siegestheologie konnte in dieser Situation das Kaisertum Konstantins am besten propagandistisch unterstützen.[4]

Nach der entscheidenden zweiten religionspolitischen Wende hin zum Christentum ab 312 verschwindet Sol nicht aus der imperialen Repräsentation. 315 wird das gesamte Programm des Konstantinsbogens auf den Sonnengott ausgerichtet: Er ist der Geleitgott Konstantins. Seine Büste und diejenige des Kaisers werden im Durchgang des Bogens beziehungsvoll gegenübergestellt. Konstantin wird mehrmals mit erhobenem rechten Arm, dem Gestus des Sonnengottes, abgebildet usw.[5] Der Bogen wurde zwar vom heidnischen Senat errichtet, der Konstantins neue Religionspolitik zumindest mißbilligte, aber man kann deshalb das Programm des Bogens sicher nicht alleine diesem zuschreiben und es als außerhalb des Einflußbereiches Konstantins entstanden auffassen,[6] womit der Bogen im Grunde gar nicht zur imperialen Repräsentation des Kaisers zählen würde, weil er nicht die Meinung Konstantins wiedergäbe. Konstantin hat bei diesem wichtigen Monument sicher Einfluß genommen. Man darf sein Programm als eine Art politischen Kompromiß zwischen Kaiser und Senat verstehen. Die Inschrift des Konstantinsbogens mit dem berühmten, vielsagenden "INSTINCTU DIVINITATIS" ist bereits ein Indiz dafür, da diese Formulierung in ihrer Vieldeutigkeit sicher das Ergebnis politischen Entgegenkommens auf beiden Seiten ist.[7] Ebenso war bei diesem hochoffiziellen Monument, noch dazu zu einem so frühen Zeitpunkt , ein eindeutig christliches Programm unmöglich, hingegen der Sonnengott für die Christen noch am ehesten zu akzeptieren.[8] Aus der Zeit um 315 stammt die Inschrift eines nordafrikanischen Sonnenheiligtums, in der sowohl Konstantin als auch Licinius "invictus" genannt werden,[9] was zeigt, daß man auch in Nordafrika von Konstantins Affinität zum Sonnengott wußte. Auch auf den Münzen behauptet Sol nach 313 seine Vorherrschaft.[10] Die ersten Modifizierungen sind dann allerdings schon 315 zu beobachten. Das "Doppelbildnis" Sol-Konstantin (Abb.1), das den Kai-

---

[4] Sie demonstrierte zugleich Konstantins Bruch mit der Tetrarchie (FEARS,Gottesgnadentum, 1128 und ders., The Theology of Victory at Rome: Approaches and Problems, in: ANRW II 17.2, 781 und 328).

[5] H.P. L´ORANGE, A.v. GERKAN, Der spätantike Bildschmuck des Konstantinsbogens, 141f; H.P. L´ORANGE, Symbolae Osloenses 14 (1935), 86ff, jetzt auch in: ders., Likeness and Icon, 338ff

[6] Dazu tendiert ALAND, Das Verhältnis von Staat und Kirche, 125

[7] Vgl. DÖRRIES, 225

[8] Vgl. dazu auch den Schlußteil dieses Kapitels.

[9] CIL VIII 8712; DÖRRIES, 220

[10] Vgl. die Tabellen und Aufstellungen bei ALAND (ders., Das Verhältnis von Staat und Kirche, 120ff). Aland legte seinen Untersuchungen die Goldprägung (nach M.R. Alföldi) und die Bronzeprägung von Trier und Arles (nach RIC) zugrunde.

ser besonders sinnfällig an den Sonnengott anglich, wird aus dem Verkehr gezogen.[11] Ab nun wird Sol auf den Revers verwiesen. Dort überreicht er dem Kaiser die Victoria oder hält ihm den Siegeskranz über das Haupt.[12] Um 317 wird die bis dahin übliche Legende SOLI INVICTI COMITI durch eine neue, nämlich CLARITAS REIPVBLICAE, ersetzt.[13] Sol wird zum dienstbaren Geist für das Gemeinwohl degradiert.[14] "The sun is no longer a god, but simply the glorious fame of the State".[15] Eine Darstellung von Sol als Gott war nicht mehr erwünscht. Ab 317 werden Prägungen mit Sol überhaupt sehr selten.[16] In der Bronzeprägung verschwindet der Sonnengott zugleich mit allen anderen paganen Themen um 319.[17] Nach dieser Schwelle ist nur mehr ein einziges Beispiel zu belegen, eine Sol-Comes Münze, die in die Jahre 324/25 zu datieren ist.[18] Mit Aland darf man sie als einen Sonderfall ansehen, der in Zusammenhang mit Konstantins Sieg über Licinius und der Machtübernahme im Osten gesehen werden muß. Mit dieser Prägung war wohl "... eine Signalwirkung an den durch Konstantins Machtergreifung auch im Osten beunruhigten heidnischen Bevölkerungsanteil ..." beabsichtigt.[19] Mit dem Sieg von 324 ändert sich schließlich auch die Kaisertitulatur, ein Vorgang, der immer besonderes Gewicht besitzt.[20] Herrschte bis 324 der Typ "IMPERATOR CAESAR FLAVIVS VALERIVS CONSTANTINVS PIUS FELIX AVGVSTVS" vor so wird ab 324 das Epitheton des Sonnengottes "INVICTVS" weggelassen und dafür in Inschriften aber auch in der Titulatur der offiziellen Schreiben das neutralere "VICTOR" eingesetzt.[21] Das "INVICTVS" wird offensichtlich als heidnisches

---

[11] M.R. ALFÖLDI, Die Sol Comes Münze vom Jahr 325. Neues zur Bekehrung Kaiser Konstantins, in: Mullus. Festschrift Theodor Klauser, in: JAC.E 1, 16

[12] M.R. ALFÖLDI, ebd.

[13] Dies beobachtete schon H. USENER (ders., Sol invictus, RMP 60 (1905), 465ff; A. ALFÖLDI, The Conversion of Constantine and Pagan Rome, 58

[14] M.R. ALFÖLDI, Die Sol Comes Münze, 15; vgl. auch: R.P.C. HANSON, The Christian Attitude to Pagan Religions up to the Time of Constantine the Great, in: ANRW II 23.2, 967

[15] A. ALFÖLDI, The Conversion of Constantine and Pagan Rome, 58

[16] ALAND, Das Verhältnis von Staat und Kirche, 118

[17] P. BRUUN, The Disappearance of Sol from the Coins of Constantine, in: Arctos 2 (1958), 37

[18] M.R. ALFÖLDI, Die Sol Comes Münze, 10ff

[19] ALAND, Das Verhältnis von Staat und Kirche, 118

[20] Vgl. die grundsätzlichen methodischen Bemerkungen bei G. RÖSCH, ONOMA BAΣIΛEIAΣ, 19ff

[21] RÖSCH, a.a.O., 76ff; aber auch schon A. KANIUTH, Die Beisetzung Konstantins des Großen, 50; vgl. jetzt auch C.T.H.R. EHRHARDT, "Maximus" und "Invictus" und "Victor" als Datierungskriterien auf Inschriften Konstantins des Großen, in: ZPE 38 (1980), 177ff,

Gedankengut vermieden. An den Münzen und an der Kaisertitulatur ist demnach ab 315 ein kontinuierlicher und konsequenter Abbau der Sol-Symbolik zu
beobachten. Karayannopulos, Wlosok, Doerries, Aland u.a. vertreten deshalb
die Meinung, daß in der imperialen Repräsentation Konstantins ab 325 Sol
keine bzw. keine ernstzunehmende Rolle mehr spielte.[22] Sie wenden sich dabei
vor allem gegen Preger, L´Orange und Altheim, die in Konstantin den letzten
großen Verehrer des Helios erblickten, der nach ihrer Meinung den Sol-invic-
tus-Kult gerade nach 325 zu seinem Höhepunkt führte.[23] Sowohl L´Orange,
als auch Altheim und Preger nahmen die Degradierung des Sonnengottes auf
den Münzen und in der Kaisertitulatur nicht wahr, und insofern ist die Kritik an
ihnen berechtigt. Andererseits gibt es in der Tat gewichtige Indizien dafür, daß
die Sonnensymbolik auch nach 325 für die Staatsrepräsentation von größter
Bedeutung war. Diese Indizien sollen im folgenden untersucht werden.

Die Statue auf der Porphyrsäule in Konstantinopel

Bei der Gründung Konstantinopels wurde in der Mitte des kreisförmig ange-
legten Forum Constantini eine gigantische Porphyrsäule errichtet, auf deren
Spitze eine Statue Konstantins gestellt wurde. Die byzantinischen Geschichtsschreiber liefern uns ab dem 6. Jhdt. (Berichte aus konstantinischer Zeit fehlen)
eine Reihe von Nachrichten über diese Statue.Sie sind von Theodor Preger gesammelt und im Hermes von 1901 veröffentlicht worden.[24]

---

der auf einige Ausnahmen verweist, die aber das Gesamtbild nicht verändern. Vgl. auch BAR-
NES (ders., New Empire, 24 mit Anm. 14. M.E. spielt Euseb in VC II 19 = W 56,4ff auf
diese Veränderung in der Kaisertitulatur an.

[22] J. KARAYANNOPULOS, Konstantin der Große und der Kaiserkult, in: Historia 5 (1956),
341ff, jetzt in: H. HUNGER (ed.), Das byzantinische Herrscherbild, 109ff und in: A. WLO-
SOK (ed.), Römischer Kaiserkult, 485ff (danach zitiert); A. WLOSOK in der Einleitung des
eben zitierten Bandes S.51; K. ALAND, Der Abbau des Herscherkultes im Zeitalter Konstantins, in: The Sacral Kingship - La Regalità Sacra, 493ff, jetzt auch in: ders., Kirchengeschichtliche Entwürfe, 240ff und zuletzt wieder: ders., Das Verhältnis von Staat und Kirche,
100; DOERRIES, 343ff, 495ff

[23] L´ORANGE, Sol Invictus Imperator, passim; ders., Kleine Beiträge zur Ikonographie
Konstantins des Großen, in: ders., Likeness and Icon, 23ff; F. ALTHEIM, Der unbesiegte Gott,
104ff

[24] T. PREGER, Konstantinos Helios, in: Hermes 36 (2902),457ff; vgl. G. DAGRON,
Naissance d´une capitale, 38ff u. A. RYLL, Über Probleme kunsthistorischer und schriftlicher
Quellen zur Konstantinsäule in Konstantinopel, in: Historisch-archäoligische Quellen und
Geschichte bis zur Herausbildung des Feudalismus, 166f

Es beginnt im 6. Jhdt. mit der Nachricht aus einem Excerpt aus Hesychios Il-
lustrios, der in der ersten Hälfte des Jahrhunderts schrieb.[24] Es heißt da: "...
auf dieser (Säule) ist Konstantin aufgestellt, den wir gleich der Sonne den Bür-
gern leuchten sehen".[25] Ebenfalls im 6. Jhdt. berichtet Johannes Malalas von
der Säule: "... und auf seine Säule stellte er sein eigenes Standbild, das an seinem Haupt sieben Strahlen besitzt."[26] Zum Erdbeben von 554 vermerkt er, daß
durch das Beben die Lanze, die die Statue in der Hand hielt, herunterfiel.[27] Das
Chronicon Paschale überliefert folgendes: "... und in der Mitte stellte er eine
große bewunderungswürdige porphyrne Säule von Thebäischem Stein und auf
diese Säule setzte er ein großes Standbild von sich selbst, das an seinem Haupt
Strahlen hatte."[28] Strahlen erwähnt im 9. Jhdt. noch Georgios Monachos und
um 1000 Pseudo-Leon Grammatikos.[29] Im 9. Jhdt. berichtet Theophanes
schließlich von einem Globus, von dem in späterer Zeit noch Anna Komnena
weiß.[30] Weiters sind für die Säule mehrere Inschriften überliefert. Pseudo-Leon
Grammatikos notiert: "Dem Konstantin, der der Sonne gleich leuchtet."[31] Nikephoros Kallistos Xanthopulos: "Dir Christus, Gott, widme ich diese Stadt".[32]
Kedrenos: "Oh Christus dir ..." usw.[33] Die Bevölkerung von Konstantinopel
hat - nach den Nachrichten der Kirchenhistoriker des 5.Jhdts .- der Statue
große Verehrung erwiesen.[34] Indem nun Preger diese Nachrichten miteinander
kombinierte und zugleich der von Leon Grammatikos überlieferten Inschrift
aufgrund der Nachricht des Hesychios den Vorzug gab, kam er zu dem Schluß,
daß Konstantin "so wenig Christ" war, daß er sich fünf Jahre nach Nicaea als
Helios darstellen und gleichsam vergöttlichen lassen konnte. Die Forschung ist

---

[24] KARAYANNOPULOS-WEISS, 285 Nr.94; HUNGER I, 536 und jetzt: A. BERGER, Untersuchungen zu den Patria Konstantinupoleos, 38ff

[25] Hesychios 41 = ed. Preger, 17,14f: ἐφ οὖπερ ἱδρῦσθαι Κωνσταντῖνον ὁρῶμεν
δίκην ἡλίου προλάμποντα ...

[26] Io. Mal. ed. Dindorf 312,12 ...καὶ ἐπάνω τοῦ αὐτοῦ κίονος ἑαυτῷ ἔστησεν
ἀνδριάντα ἔχοντα ἐν τῇ κεφαλῇ αὐτοῦ ακτῖνασ ἐπτά.

[27] Io. Mal. ed. Dindorf, 487,2

[28] Chron. Pasch. ad ann. 328 = PG 92, 709A

[29] Leon Grammatikos ed. Bekker 87,13 (zu "Pseudo- Leon Grammatikos vgl. KARAYAN-
NOPULOS-WEISZ 372 Nr.269); Georg. Mon. ed. de Boor II, 5o5,5ff

[30] Theophanes Conf. ed. de Boor, 126,2; Anna Komn. XII 4,5 = ed. Leib III, 66,17

[31] Leon Grammatikos ed. Bekker 87,17: Κωνσταντίνῳ λάμποντι ἡλίου δίκην

[32] Nik. Kall. Xanth. h.e. VII 49 = PG 145, 1325

[33] Kedrenos ed. Bekker I, 564, 22ff, vgl. aber auch Kedrenos ed. Bekker I, 518,1ff, wo er
plötzlich der Version Leons folgt (KARAYANNOPULOS, a.a.O., 499 Anm. 58). Zur Inschrift
des Konstantinos Rhodios vgl. PREGER, a.a.O., 462.

[34] Thdt. h.e. I 34 = ed. Parmentier-Scheidweiler, 90,9f: Philost. h.e. II 17 = ed. Bidez-
Winkelmann, 28,4f (Photios). In späterer Zeit wird auch von Reliquien in der Statue bzw.
unter der Säule berichtet: als erster Socr. h.e. I 17,8 = ed. Hussey I, 106,1ff (Kreuzesreliquie).

bis in die Fünfziger-Jahre der Ansicht Pregers, daß es sich um eine Konstantin-Helios Statue handelte, gefolgt. Geteilter Meinung war man aber bei der Deutung und Beurteilung dieses Standbildes.

1955 hat dann Karayannopulos, ausgehend von Pregers Aufsatz, die betreffenden Quellen einer eingehenden Kritik unterzogen. Seiner Meinung nach könne aufgrund der Quellen von keiner Identifikation Sols mit Konstantin gesprochen werde, und eine kultische Verehrung der Statue sei ebenfalls nicht nachzuweisen.[35] In der Tat muß man Karayannopulos´ Kritik über weite Strecken folgen und seine kritischen Analyse der Quellen zum Maßstab nehmen, doch ist die Hauptthese Pregers, daß nämlich Konstantin sich als Helios darstellen ließ, m.E. trotzdem richtig. Die Kritik an Karayannopulos muß vor allem an zwei Punkten ansetzen. Einmal bei seiner Interpretation der Stelle bei Malalas und zum anderen bei seiner Vernachlässigung der Darstellungen, die wir von diesem Monument besitzen. Malalas ist einer der ältesten Zeugen und zugleich auch der erste, der unzweifelhaft von "Strahlen" spricht, die das Haupt der Statue besessen habe. Karayannopulos bemerkt dazu "..., daß in keiner anderen früheren oder mit Joh. Malalas zeitgenössischen Quelle von "Strahlen" die Rede ist. Nach Joh. Malalas erwähnen das Chronicon Paschale und Georgios Monachos ... ausdrücklich "Strahlen". Es ist aber bekannt, daß diese Quellen aus Joh. Malalas schöpfen. Auch Leon Grammatikos erwähnt "Strahlen", aber in einer nicht sehr klaren Weise." Danach erklärt Karayannopulos die Nachricht des Malalas damit, daß der Geschichtsschreiber Steine bzw. Perlen eines Diadems, das die Statue eigentlich getragen habe, im wahrsten Sinn des Wortes "versehentlich" für Strahlen gehalten habe.[36] Als Beispiel für eine mögliche Verwechslung führt er den Konstantin-Kopf aus Nis an (Abb.31), dessen Diadem-Steine man nach Karayannopulos bei flüchtigem Hinsehen auch für Strahlen halten könne.[37] Diese Argumentation ist zunächst in methodischer Hinsicht problematisch, denn sie erklärt die Notiz von Strahlen bei Malalas mit einem (unterstellten) Sehfehler des Autors. Betrachtet man den Kopf aus Nis, so ist klar, daß ein zeitgenössischer Beobachter die knopfartigen Steine des Diadems, von denen Karayannopulos sagt, sie sähen Strahlen "erstaunlich ähnlich",[38] nie und nimmer für Strahlen halten konnte, insbesondere dann nicht, wenn man sich vergegenwärtigt, wie unverwechselbar die Strahlen des Helios in der Spätantike selbst auf Werken geringster Qualität dargestellt wurden

---

[35] KARAYANNOPULOS, a.a.O., passim. Auf die Argumente von KARAYANNOPULOS ist man leider im Frankfurter Ausstellungskatalog (Frankfurt 1983) in den einschlägigen Katalognummern nicht eingegangen; ebenso HANSON, Christian Attitude, 968 und KRAUTHEIMER, Capitals, 61ff.

[36] KARAYANNOPULOS, a.a.O., 500ff

[37] KARAYANNOPULOS, a.a.O., 502

[38] KARAYANNOPULOS, ebd.

(Abb.2 u. 3). Das große Gewicht, das die Sol-Statue Konstantins in der Überlieferung besitzt, kann auch nicht damit erklärt werden, daß der angebliche Sehfehler des Malalas in der Folge einfach abgeschrieben wurde. Dies ist deshalb unwahrscheinlich, weil in der ersten Hälfte des siebenten Jahrhunderts, als in Konstantinopel der Verfasser des Chronicon Paschale schrieb, die Statue auf dem Forum ja zu sehen war, und der Autor hätte doch nicht etwas, das seiner eigenen täglichen Seherfahrung widersprach, einfach von Malalas übernommen -außer man nimmt auch bei ihm denselben Sehfehler an. Im übrigen spricht auch Pseudo-Leon Grammatikos nicht unklar, sondern eindeutig von Strahlen.[39] Schließlich fällt bei Malalas noch die exakte Zahlenangabe auf - es sind sieben Strahlen. Diese exakte Zahl ist ein Hinweis auf die Autopsie und genaues Hinsehen und nebenbei widerlegt sie ein weiteres Mal die "Diademthese": Jedes Perlen- bzw. Steindiadem besitzt immer weit mehr als sieben Steine. Schon allein aufgrund der schriftlichen Quellen darf man deshalb von einer Konstantin-Heliosstatue auf dem Forum in Konstantinopel sprechen. Eine weitere Bestätigung könnte diese Annahme durch eine (von Karayannopulos nicht miteinbezogene) Zeichnung eines Reliefs auf einem Säulensockel mit der Darstellung eines Aurum Coronarium erfahren, die der Konstantinopel -Reisende Melchior Lorichs im Jahre 1561 anfertigte (Abb.4). Das abgebildete Relief wurde von Delbrueck und Mango dem Basissockel unserer Porphyrsäule auf dem Forum Constantini zugewiesen.[40] Daß es zur Porphyrsäule gehören könnte, zeigen die von Lorichs dargestellten Rosetten am Fuß des Postaments, das Kranzdekor des Säulenschaftes und die Doppelplinthe, die mit denjenigen auf der sogenannten Freshfield-Zeichnung von 1574 (Abb.5) , die noch den Zustand der Säulenbasis vor ihrer heutigen Mörtelummantelung zeigt, genau übereinstimmen.[41] Doch ist diese Zuweisung mit einer Unsicherheit behaftet. Mango hat darauf hingewiesen, daß merkwürdigerweise schriftliche Nachrichten über ein Relief auf der Säulenbasis fehlen, insbesondere ist das bei Petrus

---

[39] "... er stellte auf dieselbe ein Standbild mit seinem Namen und schrieb wegen der Strahlen auf dieselbe: Dem Konstantin, der der Sonne gleich leuchtet." Leon Grammatikos ed. Bekker, 87,16f.

[40] R. DELBRUECK, Antike Porphyrwerke, 141f; C. MANGO, Constantinopolitana, in: JdI 80 (1965), 308 (allerdings mit einer gewissES Reserve, vgl. unten); dieser Zuweisung folgen Ryll, a.a.O., 169; T. KLAUSER, Art. "Aurum Coronarium", in: RAC 1 (1950), 1015 u.a.

[41] MANGO, a.a.O., 310; RYLL, a.a.O., 170. Hier ist darauf hinzuweisen, daß sowohl Lorichs, als auch der Zeichner der Freshfield-Zeichnung eine Fehlstelle an der Säule festgehalten haben, von der die Forschung annimmt, daß es sich um ein und dieselbe Fehlstelle handelt. M. E. bilden die Zeichnungen zwei verschiedene Ansichten der Säule ab. Die Bruchstelle auf der Freshfield-Zeichnung sieht anders aus, als bei Lorichs. Das könnte vielleicht auch das Fehlen des Reliefs am Säulensockel auf der Freshfield-Zeichnung erklären, das sich in diesem Fall nämlich auf einer der dem Betrachter abgewandten Seiten des Postaments befand.

Gyllius unverständlich, der zwischen 1544 und 1550 die Säule untersuchte, aber in seinem Bericht kein Relief erwähnt, obwohl ihn das sicher am meisten interessierte.[42] Deshalb und aufgrund einer anderen von Peschlow rekonstruierten Säule in Konstantinopel, der offensichtlich die Konstantinsäule als Vorbild diente, meldete jünst Engemann Zweifel bezüglich der Identifizierung der Säule der Lorichszeichnung mit jener der Konstantinsäule an. Er vermutet darin die Wiedergabe eines weiteren nicht mehr erhaltenen Denkmals.[43] Doch bereitet m.E. die herkömmliche Identifizierung mit der Konstantinsäule noch immer die geringsten Schwierigkeiten. Z.B. wäre von einem Sockelrelief aus späterer Zeit zu erwarten, daß es christliche Elemente aufweist (Arcadiussäule). Das dargestellte Thema - das Aurum Coronarium - würde überdies zur Porphyrsäule als einem Gründungsdenkmal der Stadt passen. Schließlich, wie wäre - träfe die Spätdatierung zu - die zwischen zwei Nikefiguren oberhalb der sitzenden weiblichen Gestalt[44] befindliche Kaiserbüste im Lorbeerkranz zu erklären, die eine Strahlenkrone trägt? Gerade diese Darstellung paßt nicht in die nachkonstantinische Zeit.[45] Hingegen würde sie vorzüglich mit der Konstantinstatue auf der Säule korrespondieren. Unter der Voraussetzung, daß die Lorichs-Zeichnung kein reines Phantasieprodukt darstellt, wäre dann anzunehmen, daß der Kaiser sich nicht nur auf dem Relief der Säulenbasis, sondern auch durch das darüberbefindliche Standbild alsSol-invictus darstellen ließ.

Die Statue hielt die kaiserlichen Insignien Globus und Lanze in ihren Händen. Dies zeigt die in der zweiten Hälfte des 4. Jhdts. überarbeitete Tabula Peutingeriana (Abb.6) und wird durch Theophanes bestätigt.[46] Diese Abbil-

---

[42] MANGO, a.a.O., 308ff

[43] J. ENGEMANN, Art. "Herrscherbild", in: RAC 14 (1988), 987; ders., Melchior Lorichs Zeichnung eines Säulensockels in Konstantinopel, in: QUAERITUR INVENTUS COLITUR. Fs. Fasola, in: Studi di Antichità Christiana XL, 1, 247ff

[44] Zu dieser vgl. ENGEMANN, Melchior Lorichs Zeichnung, ebd

[45] ENGEMANN (ders., Melchior Lorichs Zeichnung, 261) meint, bei der Strahlenkrone handle es sich um ein "mißverstandenes Perlendiadem". Doch wird man diesen Fehler dem Antikenkenner Lorichs nicht so ohne weiteres unterstellen können.

[46] Zur Datierung dieser Landkarte vgl. KA RAYANNOPULOS-WEISZ, 248 Nr.22. Die Zeichnung der Tabula Peutingeriana wurde erstmals von R YLL miteinbezogen. Diese Abbildung widerlegt auch die Zweifel von KARAYANNOPULOS an der Ursprünglichkeit des Globus in der Hand der Statue (ders., a.a.O., 504). Ebenso glaubte er auch in der Lanze ein Gegenargument dafür zu finden, daß Konstantin sich als Helios darstellen ließ, weil Helios nie mit einer Lanze abgebildet werde. Er übersieht dabei, daß es sich hier nicht einfach um eine Darstellung des Helios handelt, sondern um eine Kaiserstatue. Zu einem Kaiser gehören ja auch seine Insignien (hier: Lanze und Globus). Vgl. KRAUTHEIMER (ders., Capitals, 56), der aber anscheinend die Arbeit von Karayannopulos nicht kennt. Die Nachrichten bei Malalas und Theoph.: Io. Mal. ed. Dindorf, 487,2; Theoph. Conf. ed.de Boor, 126,2. Zu Lanze und Globus als kaiserliche Insignien vgl. auch BERGER, a.a.O., 297f, der aber ansonsten Karayannopulos folgt.

dung beweist auch, daß das Standbild von Anfang an ein Wahrzeichen der Stadt war.[47] Seine Bedeutung war also groß. Als Zentrum des Forum Constantini bildete die Statue das ideale Zentrum der Stadt und sie muß deshalb bei der Planung von Anfang an mitkonzipiert worden sein.[48] Man darf deshalb diese Darstellung Konstantins als Helios keineswegs bagatellisieren.[49] Das Standbild auf der riesigen Porphyrsäule ist ein Beweis für eine massive Indienstnahme der Sol-Symbolik nach 325 durch Konstantin und sie übertrifft jene des Konstantinsbogens, weil die Identifikation hier höchste Konkretion erreicht und zugleich monumentalisiert wird. Dies hat natürlich in die Provinzen ausgestrahlt. Eine Inschrift aus Termesses in Pisidien, die sicher aus der Zeit nach 325 stammt und zu einer Konstantinstatue gehörte, lautete: "Dem Konstantin, dem (neuen) Helios, der alles überschaut."[50] Die Bürger von Termesses stellten den Kaiser also ebenfalls als Helios dar und waren sich sicher, in seinem Sinn zu handeln.

Weitere mögliche Darstellungen Konstantins als Sol nach 325

In der Frankfurter Ausstellung wurde wieder auf die Statuette aus Tommerby in Jütland aufmerksam gemacht. Es handelt sich um ein 50cm hohes und wohl in der zweiten Hälfte des vierten Jahrhunderts entstandenes Bronzebildnis, das eine mit Chiton und Chlamys gekleidete männliche Gestalt mit Strahlenkrone darstellt (Abb.2).[51] Die Statuette weist nun einige bemerkenswerte Besonderheiten auf. Zunächst ist das für eine Darstellung des Helios sehr späte Entstehungsdatum zu bedenken. Die Frisur der Gestalt entspricht der von Konstantin für Kaiserbildnisse eingeführten Form und nicht der sonst meist üblichen langlockigen Frisur des Sol.[52] Wie Mackprang und Jucker gezeigt haben, kann vor allem wegen der Frisur ein Portrait gemeint sein.[53] Aufgrund der Strahlen

---

[47] RYLL, a.a.O., 168

[48] DELBRUECK, Kaiserportraits, 17

[49] ALAND, Das Verhältnis von Staat und Kirche, 100: "... ist sie doch von Konstantin ... nur zur Ausschmückung seiner neuen Hauptstadt... aufgestellt worden..."

[50] Κωνσταντείνῳ (νέῳ) Ἡλίῳ παντεπόπτῃ   F. CUMONT, Textés et monúments I, 290; A. ALFÖLDI, The Conversion of Constantine and Pagan Rome, 59

[51] M.B. MACKPRANG, Eine in Jütland vor 200 Jahren gefundene Kaiserstatuette, in: AcAr 9 (1938), 146; D. STUTZINGER, Frankfurt 1983, 507 Kat.Nr. 114

[52] L´ORANGE, Kleine Beiträge, 30; H. JUCKER, Zwei konstantinische Portraitköpfe in Karthargo, in: Gestalt und Geschichte. Festschrift Scheffold, 126

[53] MACKPRANG, ebd.; JUCKER, ebd.; ihnen folgen: L´ORANGE, Kleine Beiträge, 30 und STUTZINGER, a.a.O., 507

krone kann es sich dann nur um ein Kaiserportrait handeln. Dies beweist auch
das Stirnjuwel, das auf dem Strahlenkranz sitzt (und diesen damit an ein Diadem angleicht) - ein Stirnjuwel kommt bei Heliosdarstellungen nicht vor[54] -,
und weiters die für einen Helios als Kleidungsstück ungewöhnliche Chlamys.
Da das Stirnjuwel in Form eines großen Steines und in Kombination mit dem
Diadem eine Einführung Konstantins ist, die Frisur der Statuette der konstantinischen Form entspricht und Konstantin der letzte Kaiser war, der sich als
Helios darstellen ließ, kann die Statuette nur die Replik einer Konstantin-
Heliosstatue sein.[55]   Mackprang, L´Orange und Stutzinger identifizieren das
Vorbild für die Statuette mit der Statue auf dem Forum Constantini in Konstantinopel.[56] Dies ist jedoch sicher falsch, da -wie die Abbildung der Tabula Peutingeriana zeigt- die Statue unbekleidet war.[57] Viel plausibler ist m.E. die Identifikation mit jener Statue, die zu Beginn der Zirkusspiele, die alljährlich am
Gründungstag der Stadt in Konstantinopel stattfanden, in das Hippodrom eingefahren wurde:
   Die wichtigsten Nachrichten darüber stammen aus dem Excerpt aus Hesychios, aus Malalas und der Osterchronik, wobei die letze nahezu wörtlich Malalas
übernimmt.[58] Alle drei führen diesen Brauch einschließlich der dabei verwendeten Statue auf die Gründungsfeierlichkeiten von 330 zurück. "Als nun Konstantin alles in der gegebenen Weise ausgeführt und den Tag der Einweihung
auf den 11. Mai im fünfundzwanzigsten Jahr seiner Herschaft fest gesetzt und
ein Wettrennen angeordnet hatte, befahl er, daß so sein Bildnis künftig zum
Geburtstage (der Stadt) mit der üblichen Ehrenbezeugung von dem jeweiligen
Herrschenden und dem Volk geschaut werde." (Excerpt aus Hesychios).[59]
"Und er befahl ... an diesem Tag das Fest des Geburtstags seiner Stadt zu feiern ... Und er ließ von sich selbst ein anderes vergoldetes Standbild aus Holz
machen, das in seiner rechten Hand die Tyche der Stadt trug, die ebenfalls ver-
goldet war und die Anthousa genannt wurde. Und er befahl, an diesem Tag des
Geburtstags-Pferderennens dieses hölzerne Standbild von Soldaten in Chlamys

---

[54] MACKPRANG, a.a.O., 145; L´ORANGE, Kleine Beiträge, 20

[55] Als erster: MACKPRANG, a.a.O., 145. Ihm folgt R. NOLL (ders., Der Reiter aus Altinum, in: JÖAI 43 (1956/58), 118); weiters: L´ORANGE, Kleine Beiträge, 30 und STUTZIN-
GER, ebd.. Daß es sich um eine Replik handelt, zeigt das späte Entstehungsdatum.

[56] MACKPRANG, a.a.O., 146ff; L´ORANGE, Kleine Beiträge, ebd.; STUTZINGER, ebd.

[57] Nach einer Nachricht der Patria cap.10, handelte es sich um eine adaptierte Apollosta-
tue.

[58] Hesychios 42 = ed. Preger, 18; Io. Mal. ed. Dindorf, 322; Chron. Pasch. ad ann. 330 =
PG 92, 709Cf. Die Quellen bei PREGER (ders., Konstantinos-Helios, 466ff) gesammelt. Auf
diesen Teil des Aufsatzes von Preger geht KARAYANNOPULOS nicht ein.

[59] Übersetzung eng nach F.W. UNGER, Quellen der byzantinischen Kunstgeschichte, 67
Nr.133

und Campagi (bekleidet) hereinbringen zu lassen, die alle Wachskerzen hielten. Und er (befahl), das Bild um das obereWendemal herumgehen zu lassen bis zum Stama und bis vor die kaiserliche Loge; und der gerade regierende Kaiser soll sich erheben und sich vor ihm beugen (προσκυνεῖν), sobald er das Standbild Konstantins und der Stadttyche sieht." (Malalas).

Zu diesen Nachrichten müssen noch Angaben in den Parastaseis[60] herangezogen werden. Der Autor bzw. Kompilator, dessen Ziel es war, Überlieferungen über Gebäude und Standbilder Konstantinopels zu sammeln, erwähnt diese Feierlichkeiten zweimal (in cap.5 und cap.38).[61] In cap.38 heißt es da, daß der Wagen des Helios mit dem Sonnengott darauf, in dessen Hand sich die Tyche der Stadt befand, in das Stadion gezogen wurde. Von cap.5 ist gerade soviel erhalten, daß man erfährt, daß es sich um eine Quadriga handelte.[62] Die Patria vermerkt später zu dieser fragmentarisch erhaltenen Nachricht in cap.5 der Parastaseis, daß sich auf dem Viergespann eine Gestalt befand, die eine Statuette einer sich im Laufen befindlichen weiblichen Figur in der Hand hielt.[63]

Es zeigt sich, daß die Überlieferung, die im 6. Jahrhundert noch einheitlich war, um 800 bereits durcheinandergeraten ist. Unser Hauptaugenmerk richtet sich natürlich auf die Angabe der Parastaseis in cap. 5, wo von einer Helios-Statue mit Quadriga die Rede ist. Preger hat diese Nachricht mit der älteren kombiniert und daraus geschlossen, daß bei dieser Zeremonie eine Konstantin-Heliosstatue ins Stadion eingefahren wurde,[64] obwohl die ältesten Quellen davon nichts sagen. Am gesichertsten erscheint m.E. die Angabe, daß es sich um eine Statue auf einer Quadriga gehandelt hat. Denn zum einen wurde sie

---

[60] Zu den um 800 entstandenen Parastaseis vgl. jetzt die kommentierte Ausgabe von: A. CAMERON, J. HERRIN, Constantinople in the Early Eight Century. The Parastaseis Syntomoi Chronikai; vgl. auch BERGER, a.a.O., 40ff

[61] Parast. cap.5 und cap.38 = edd. Cameron-Herrin, 60 und 100ff. Von cap.5 ist allerdings nur der Anfang erhalten; der Rest kann nur vage rekonstruiert werden. Diese beiden Nachrichten wurden dann später von der sogenannten Patria (Ende 10. Jhdt.) übernommen (Patria cap.32 und cap.159 = ed. Preger, 42 und 87). Zur Patria vgl. jetzt den ausführlichen Kommentar von BERGER. Die zweimalige Erwähnung der Szene in den Parastaseis ist nichts Ungewöhnliches. Die Gründung von Konstantinopel wird z.B. gleich fünfmal erwähnt (vgl. BERGER, a.a.O., 40).

[62] Das Problem bei diesen Nachrichten der Parastaseis liegt darin, daß der Kompilator bei zwei verschiedenen Lokalitäten in Konstantinopel auf die Feierlichkeiten zu sprechen kommt. Einmal handelt es sich um eine Quadriga am Milion, das andere Mal ist es eine Quadriga an der Neolaia, anläßlich der er die Feierlichkeiten erwähnt. Daß sich die Überlieferung an beide Standbilder heften konnte, setzt zumindest voraus, daß es sich beim Original, das in das Hippodrom eingefahren wurde, um ein Viergespann mit Lenker gehandelt hat. BERGER (ders., a.a.O., 551, bes. 553) hat zudem gute Gründe dafür gelten machen können, daß hinter den zwei verschiedenen Ortsangaben sich ein und derselbe Standort verbirgt.

[63] Patria 87 = ed. Preger,196; cf. CAMERON-HERRIN, a.a.O., 61; BERGER,ebd.

[64] PREGER, a.a.O., 466ff

ja bei der Eröffnung eines Pferderennens im Hippodrom eingefahren und zum
anderen steht diese Zeremonie eindeutig in der Nachfolge eines älteren, nach
Cäsars Tod in Rom gepflogenen Brauches, wo dessen Statue mit jenen der
Götter vor Beginn der Spiele auf einem Wagen ins Hippodrom gefahren
wurde.[65] Daß sich die Überlieferung an das Standbild, das die Parastaseis beschreibt, heften konnte, setzt eine Erinnerung voraus, die von einem Viergespann mit Lenker wußte. Wenn man zunächst die "Helios-Frage" beiseite läßt,
so kann man also mit sehr großer Wahrscheinlichkeit sagen, daß es sich um
eine Darstellung Konstantins als Wagenlenker gehandelt hat. Für die Annahme
eines Konstantin-*Helios*, der seine Quadriga lenkt, sprechen folgende Gründe:
Zunächst liegt dies bei der Darstellung eines *Kaisers* als Lenker des Vierge-
spanns (dem Attribut des Sonnengottes) gerade bei Konstantin sehr nahe. Sodann hängt damit der Umstand zusammen, daß bekanntlich Sol in der Symbolik der Zirkusanlagen in den Hauptstädten, sowie bei Wagenrennen überhaupt
die zentrale Rolle spielte - so war z.B. der Circus Maximus in Rom Sol geweiht und der dortige große Obelisk trug eine goldenen Sonnenkugel auf seiner
Spitze.[66] Schließlich sollte die beschriebene Zeremonie ja an die Gründung der
Reichshauptstadt gemahnen. Der Konstantin-Helios auf der Quadriga würde so
mit dem wichtigsten Gründungsdenkmal der Stadt (der Konstantin - Heliosstatue auf der Porphyrsäule) korrespondieren.

Die Statuette von Tommerby mit ihrer unikalen und rätselhaften Ikonographie
könnte so ihre Erklärung finden, wenn man sie als eine in der zweiten Hälfte
des 4. Jhdts. (also zu einer Zeit, in der die Zeremonie noch stattfand) herge-
stellte Replik jener Statue im Hippodrom verstehen würde. Sie stellt Konstantin als Helios auf der Quadriga dar. Da eine Kopie eines solchen Motivs (der
Kaiser als Helios!) zu dieser Zeit nur bei einem Vorbild von großer Bedeutung
denkbar ist, die Statue auf der Porphyrsäule aber ausfällt, so ist deshalb die
Identifikation mit einer möglichen Konstantin-Heliosstatue im Hippodrom von
Konstantinopel noch immer die plausibelste Lösung.[67] Nur so kann m.E. auch
die in konstantinischer Zeit entstandene auffällige Darstellung des Helios auf

---

[65] Suet. Vitae XII Caes., Caesar 76, vgl. auch Claudius 11 = ed. Ihm, 76,1 und 198,1ff

[66] Zuletzt zum Ganzen: R. STUPPERICH, Gedanken zu Obelisk und Pulvinar in Darstellungen des Circus Maximus in Rom, in: H.J. DREXHAGE, J. SÜNSKES (edd.), Migratio et
Commutatio. Studien zur Alten Geschichte und deren Nachleben (Fs. Th. Pekáry), 265ff passim.

[67] Offen bliebe dann nur die Frage, wen die Statuette, die das Konstantinbildnis in der
Hand hielt, darstellte. Am wahrscheinlichsten sind die Tyche von Konstantinopel (so die
Quellen des 6. Jhdts.) oder eine Viktorie ("eine im Laufen befindliche Figur"). Für die Tyche
spricht das höhere Alter der Überlieferung, für eine Viktorie deren penetranter Gebrauch unter
Konstantin (vgl. M.R. ALFÖLDI, Signum Deae, passim). Mir scheint die Viktorie wahrscheinlicher, da - soweit ich sehe - eine Darstellung eines Kaisers mit einer Tyche in der Hand
nicht existiert.

dem Bodenmosaik von Hamat Tiberias[68] erklärt werden, die Helios auf seinem Viergespann in kaiserlicher Tracht darstellt. Auch diese Darstellung kann man am plausibelsten als einen Reflex aus der kaiserlichen Ikonographie Konstantins interpretieren.

Als eine weitere mögliche Darstellung Konstantins als Sol sei an dieser Stelle auch auf den sogenannten "Reiter aus Altinum" eingegangen (Abb.3). Es handelt sich um eine kleine Bronzestatuette von geringer Qualität und ungewisser Datierung, die einen in einem togaähnlichen Gewand gekleideten Reiter mit Strahlenkrone darstellt. Sie dürfte die Nachbildung eines monumentalen Vorbildes sein. Die Kombination von Reiter und Strahlenkrone weist den Dargestellten als Kaiser aus. Seine Rechte ist im magischen Gestus des Sol-invictus erhoben. Die Insignie, die er in seiner linken Hand gehalten haben muß, ist verloren gegangen. Noll, Ross, Breckenridge und Stutzinger halten den Reiter für Konstantin den Großen.[69] Dies ist möglich, kann aber nicht bewiesen werden, da letztlich kein stichhaltiger Grund für die Identifikation vorliegt. Die Zuweisung beruht allein auf der Strahlenkrone. Diese haben aber auch Kaiser vor Konstantin getragen.[70]

Die Konsekrationsmünze

Nach Konstantins Tod sind vier Typen von Konsekrationsmünzen geprägt worden,[71] von denen bekanntlich jene die wichtigste ist, die auch von Euseb in VC IV 73 beschrieben wird (Abb.46).[72] Auf ihr ist Konstantin abgebildet, wie er in einen Mantel gehüllt mit ausgestreckter rechter Hand auf einer Quadriga in

---

[68] Der Stil des Mosaiks ist eng mit jenem der Mosaiken in der sogenannten Konstantinischen Villa in Antiochien verwandt, die während der Regierungszeit Konstantins entstanden sind (vgl. M. DOTHAN, Age of Sp., 375 Kat.Nr.342). Das Mosaik kann deshalb in die erste Hälfte des 4. Jhdts. datiert werden (B. BRENK, Spätantike und frühes Christentum, 197, Nr.179).

[69] NOLL, a.a.O., 113ff; M.C. ROSS, Bronze statuettes of Constantine the Great, in: DOP 13 (1959), 183; J.D. BRECKENRIDGE, Age of Sp., 19 Kat.Nr.12; D. STUTZINGER, Frankfurt 1983, 660 Kat.Nr.236

[70] Als mögliches Vorbild für die Statuette verweist Stutzinger (dies., ebd.) auf den Equus Constantini in Rom vom Jahr 334 (seine Inschrift: CIL VI, 1141).

[71] Dazu: A. KANIUTH, a.a.O., 8; P. BRUUN, The Consecration Coins of Constantine the Great, in: Arctos 1 (1954), 26f; L. KOEP, Die Konsekrationsmünzen Kaiser Konstantins und ihre religionspolitische Bedeutung, in: JAC 1 (1958), 94ff; jetzt auch in: A. WLOSOK (ed.), Römischer Kaiserkult, 513ff (danach zitiert).

[72] VC IV 73 = W 150,17ff. Ich betrachte im folgenden die Münze nur hinsichtlich ihrer Relevanz für die Sol-Symbolik Konstantins. Die anderen Fragen (insbesondere, ob hier eine Apotheose dargestellt ist) bleiben vorerst ausgeklammert.

den Himmel fährt, aus dem ihm die dextera dei entgegengestreckt wird. Ge-
wöhnlich wurde das Bild als ein doppelt zu lesendes interpretiert, bei dem die
Christen an die Parallele der Himmelfahrt des Elias erinnert werden konnten,[73]
bei den Heiden wiederum wegen der Quadriga die Assoziation an den auffahrenden Sol geweckt werden mußte,[74] bzw. diese auf die gängige Vorstellung
der Himmelfahrt des Kaisers bei seiner Apotheose angesprochen wurden.[75]
Jüngst aber hat Kötzsche-Breitenbruch deutlich machen können, daß auch für
den zeitgenössischen christlichen Betrachter beim Anblick des zum Himmel
auffahrenden Konstantin die erste Assoziation der Sol-invictus gewesen sein
muß. "Das Hauptattribut des Sonnengottes Sol, dieser von Constantin vor seiner Bekehrung vor allem verehrten heidnischen Gottheit, ist die Quadriga, die
zum Himmel auffährt. In Haltung und Gestus entspricht der zum Himmel auf-
fahrende Kaiser der Konsekrationsmünze dem Typus des Sol Invictus im Son-
nenwagen in allen Einzelheiten so genau, daß dies nicht zufällig zu sein
scheint."[76] Vor allem fällt auf, daß Euseb, der sich sonst keine Gelegenheit ent-
gehen läßt, Bilder der kaiserlichen Repräsentationskunst christlich zu deuten,
und dem biblische Vergleiche stets willkommen waren, bei der Beschreibung
der Konsekrationsmünze die Himmelfahrt des Elias eben nicht erwähnt.[77]
Hingegen spielte Helios bei der Kaiserapotheose schon immer eine wichtige
Rolle.[78] Die Konsekrationsmünze kann deshalb als das letzte Glied einer Kette
von Darstellungen Konstantins als Sol nach 325 bezeichnet werden. Auch hier
muß man feststellen, daß diese Darstellung Konstantins auf der Konsekrationsmünze, die an den auffahrenden Sol erinnern soll, nicht am Rand der offiziellen Repräsentationskunst angesiedelt ist, sondern in deren Zentrum.[79]

---

[73] KOEP, a.a.O., 518f; KANIUTH, ebd.

[74] BRUUN, a.a.O., 23 u. 30

[75] KOEP, ebd.

[76] L. KÖTZSCHE-BREITENBRUCH, Die Darstellung der Himmelfahrt Constantins des
Großen, in: Jenseitsvorstellungen in Antike und Christentum. Gedenkschrift für Alfred Stuiber, in: JAC.E 9 (1982), 217

[77] S. CALDERONE, Theologia politica, successione dinastica e consecratio in età costantiniana, in: Le culte de souverains dans l'empire romain, in: Fond.Hardt. Entretiens 19 (1972),
257f lehnt diese ikonographische Parallele ebenfalls ab; ebenso KÖTZSCHE-BREITENBRUCH,
ebd. und dies., Art. "Hand II", in: RAC 13 (1985), 424 mit weiteren neuen Argumenten.

[78] E.H. KANTOROWICZ, Oriens Augusti - Lever du Roi, in: DOP 17 (1963), 1130;
KÖTZSCHE-BREITENBRUCH, ebd.; vgl. auch das bekannte Elfenbein im British Museum mit
der Darstellung der Himmelfahrt eines Kaisers (W.F. VOLBACH, Elfenbeinarbeiten der
Spätantike und des Frühen Mittelalters, Nr.56).

[79] Nur in einer Anmerkung sei auf ein Vorhaben Konstantins hingewiesen, das ebenfalls
sein Interesse an der Sol-Symbolik dokumentieren kann. Ammianus berichtet in XVII 4, 12ff
= ed. Seyfarth, 216ff über den großen Obelisken im Circus Maximus in Rom, der heute vor
San Giovanni in Laterano steht, daß bereits Augustus beabsichtigte, diesen Obelisken aus
dem ägyptischen Heliopolis (der Verehrungsstätte des Sonnengottes Aton) nach Rom zu brin-

Konstantin - Sol-invictus - Christus

Faßt man das Bisherige zusammen, so steht man vor folgendem Phänomen:
Einerseits ist ein Abbau der Sonnensymbolik im Laufe der Zeit festzustellen.
Die Münzlegenden werden in ihrem Inhalt neutral, Sol verschwindet mit den
übrigen paganen Motiven von den Aversen der Münzen. 325 wird sogar die
Kaisertitulatur dahingehend korrigiert. Andererseits reißt die Sol-Symbolik
nicht ab, sondern sie wird sogar gesteigert. Manifest wird dies besonders in
der Statue auf der Porphyrsäule in Konstantinopel. Inmitten seines von ihm erbauten neuen Zentrums der Oikumene läßt Konstantin sich als Helios darstellen. Selbst noch auf den Konsekrationsmünzen bedient sich Konstantin dieser
"Identifikation". Bei diesem auf den ersten Blick widersprüchlichen Ergebnis
fällt auf, daß der Abbau der Sonnen-Symbolik bei Denkmälern festzustellen
ist, die höchsten offiziellen Stellenwert besitzen: bei der Kaisertitulatur und den
Münzen. Es handelt sich deshalb wirklich um einen realen Abbau. Konstantin
will nicht mehr als heidnischer Sonnenverehrer gelten. Konsequenterweise
verschwinden deshalb auch die anderen heidnischen Göttermotive. Er will
auch nicht mehr als Reinkarnation des Sonnengottes verstanden werden - deshalb wird u.a. auch das "Zwillingsbild" (Abb.1) abgeschafft. Das Phänomen,
daß Konstantin die Heliossymbolik trotzdem in anderen Bereichen fortgeführt
und dabei sogar monumentalisiert hat, läßt sich dann nur damit erklären, daß
Konstantin an der Helios-Ikonographie etwas interessierte, das von der kultisch - heidnischen Sphäre getrennt werden konnte. Dies kann nur die mit der
Sol-invictus Symbolik immer mitgesetzte Siegessymbolik bzw. Siegesideologie gewesen sein, die für Konstantin, wie für jeden Kaiser vor ihm, schlechter

---

gen. Die Obelisken waren bekanntlich Fetische des Sonnengottes. Augustus ließ dementsprechend schon vorher zwei kleinere Obelisken nach Rom bringen und weihte sie dem Sonnengott (vgl. A.v. BUREN, Art. "Obelisk", in: PW XVII,2 (1937), 1709). Den wichtigsten und
größten Obelisken in Heliopolis, ein riesiges Exemplar (eben jener, der dann im Circus Maximus aufgestellt wurde), ließ Augustus unberührt, weil er durch eine besondere Gabe dem
Sonnengott geweiht war ("..., quod deo Soli speciali munere dedicatus." Amm. XVII 4, 12 =
ed. Seyfarth, 216) und nach Ammianus gleichsam als die "Spitze der Welt" ("...tamquam apex
eminebat", ebd.) emporragte. Im Gegensatz zu Augustus nahm Konstantin jedoch darauf
keine Rücksicht, sondern ließ den Obelisken niederreißen, um ihn nach Rom bringen zu lassen. Zu diesem Zweck wurde auch schon ein riesiges Schiff gebaut. Es kam jedoch nicht
mehr zur Überstellung, weil Konstantin darüber starb. Erst unter Konstantius wurde das Vorhaben endgültig verwirklicht. Diese Nachricht Ammians über den Plan Konstantins ist insofern bemerkenswert, weil nach Caligula keiner der römischen Kaiser jemals wieder einen Obelisken nach Rom holte. Stattdessen bauten sie die Römer selber nach (v. BUREN, a.a.O.,
1711ff). Konstantin wollte jedoch ein Original, und zwar den berühmtesten und bedeutungs-
vollsten Obelisken, nach Rom bringen. Dies wird man vielleicht nicht nur mit Konstantins
Vorliebe für prunkvolle Denkmäler begründen können, sondern auch mit seiner imperialen
Sol-Symbolik, in die er den Obelisken eingliedern wollte.

dings unverzichtbar war. In Fortführung der Arbeiten von Gagé stellten J.R.
Fearsa und jüngst M. MacCormick die fundamentale und konstitutive Bedeutung der Siegestheologie für das römische Reich dar.[80] Der Sieg über Gegner
und Feinde bildete Grundlage und Legitimation jeglicher Herrschaft. Der Sieg
war aber auch immer zugleich der Beweis für eine besonders enge Beziehung
des siegreichen Herrschers zu seiner Gottheit,[81] die damit zum "comes" des jeweiligen Kaisers wurde. Für diese Rolle im Herrscherkult war naturgemäß
Sol, der unbesiegte Gott, prädestiniert.[82] Deshalb war für Konstantin, den
Usurpator, dessen Macht nicht durch die tetrarchische Ordnung abgesichert
war, ja schon während seiner Zeit in Gallien Sol die persönliche Gottheit, sein
comes. Mit dem öffentlichen Bekenntnis zum Christentum im Jahre 312 mußte
aber genau dieser Punkt in der Staatsideologie neu überdacht werden. Auch
wenn die Verehrung des Sol bekanntlich für Christen noch erträglicher war als
die Verehrung anderer Götter,[83] so handelte es sich doch um eine heidnische
Gottheit, mit der Konstantin in so engem Kontakt stand. Andererseits konnte
aber die mit Sol verbundene und für die Herrschaft als Kaiser unentbehrliche
Siegestheologie nicht suspendiert werden. Konstantin löste das Problem,
indem er die wichtigsten "Medien" des Staatsapparates - Kaisertitulatur (Inschriften, Briefe) und Münzen - vom Geruch des Heidnisch-religiösen reinigte
und damit seine Distanz bzw. seine Abkehr vom Kult des Sol signalisierte.[84]
Wenn Konstantin sich demnach in seinen späten Regierungsjahren als Helios
darstellen ließ, dann propagierte er sich als der "Immer Siegreiche", aber nun
nicht mehr als INVICTVS d.h. als im heidnischen Sinn "kultbarer" Herrscher,
sondern als CONSTANTINVS VICTOR, wie es in der Kaisertitulatur ab 325
heißt.[85] Beabsichtigt war deshalb keine Identifikation im strengen Sinn, son -

---

[80] J.R. FEARS, The Theology of Victory at Rome: Approaches and Problems, in: ANRW
II 17.2, 736ff; M. MacCORMICK, Eternal Victory. Triumphal rulership in late antiquity, Byzantium, and early medieval West, passim; J. GAGÉ, Stauros nikopoios. La victoire imperiale dans l´empire chretien, in: RHPhR 13 (1933), 370ff; A. GRABAR, L´empereur, 31-84 faßt
das Fortleben in Byzanz ins Auge; für Konstantin vgl. auch HERNEGGER, a.a.O., 136ff (allerdings undifferenziert).

[81] FEARS, The Theology of Victory, 781 und 823

[82] Vgl. KANTOROWICZ, a.a.O., 119ff

[83] F.J. DÖLGER, Sol Salutis. Gebet und Gesang im christlichem Altertum, passim; ders.,
Das Sonnengleichnis in einer Weihnachtspredigt des Zeno von Verona, in: AuC 6, 1ff; H AN-
SON, The Christian Attitude, 965.

[84] Bereits A. ALFÖLDI (ders., The Conversion of Constantine and Pagan Rome, 58f) in-
terpretierte die neue Münzlegende CLARITAS REIPVBLICAE von 317 (vgl. oben S. 11) als
eine Versuch, den Sol-Kult in religiöser Hinsicht zu neutralisieren ("to disinfect the Solar
cult"). Vgl. auch: HANSON, The Christian Attitude, 967.

[85] M.E. wird damit auch das Phänomen, daß nach Konstantins Tod das INVICTVS in der
Kaisertitulatur wieder häufiger begegnet (vgl. C.T.H.R. EHRHARDT, a.a.O., 181 Anm.24),
besser erklärbar. Inzwischen hatte anscheinend das "INVICTVS" seinen heidnisch-kultischen

dern an Helios interessierte Konstantin der Nimbus des Unbesiegten, denn diesen Nimbus brauchte er zur imperialen Selbstdarstellung. Der Sol-invictus hatte ab nun nicht mehr die Funktion, die Göttlichkeit des Kaisers zu begründen, sondern er ist gleichsam zu einem Attribut des Kaisertums geworden.[86] Für den paganen Teil der Bevölkerung bewegte sich Konstantin wahrscheinlich, trotz der vorgenommenen Änderungen, im Großen und Ganzen durchaus noch in traditionellen Bahnen. So konnte z.b. Firmicus Maternus in der 336 (also vor seiner Bekehrung) verfaßten Mathesis ein Gebet für Konstantin formulieren, das mit einer Anrufung des Sol begann.[87]

In der Forschung wurde schon des öfteren vermutet, daß Konstantin, wenn er sich als Helios darstellen ließ, sich darüberhinaus der in der Alten Kirche weit verbreiteten Vorstellung von Christus als Sol salutis, Sol iustitiae usw.[88] bediente und zwar nicht nur deshalb, weil er hier mit einer gewissen Toleranz der Christen rechnen konnte, sondern auch, weil er diese Vorstellung zugleich für sich in Anspruch nehmen, d.h. als Konstantin-Helios-Christus auftreten wollte.[89] Es gibt m.E. in der imperialen Repräsentation einen konkreten Hinweis, daß diese Vermutung richtig ist. In VC IV 22 berichtet Euseb über eine Zeremonie des Kaisers am Ostermorgen. Nach einer Schilderung, wie Konstantin die Osternacht gestaltete und verbrachte, fährt er fort: "Wenn aber die Morgenröte anbrach, öffnete er, indem er die Wohltaten des Erlösers nachahmte (τὰς σωτηρίους εὐεργεσίας μιμούμενος) allen Völkern und allen Ländern die wohltätige Rechte und schenkte allenalles in Fülle."[90] Euseb beschreibt hier konkreten realen Vorgang, in dem eindeutig auf das Auferstehungsgeschehen

---

Beigeschmack schon etwas abgestreift und war in erster Linie Ausdruck für die Unbesiegbarkeit des Kaisers geworden.

[86] KRAUTHEIMER, Capitals, 63 formuliert in einem ähnlichen Zusammenhang: "Of course, if we imagine hJvlioß lowercase (d.h. als Prädikatsbegriff, Anm. des Verfassers), the pagan connotation disappears." Schon die Tatsache, daß die Sol-Symbolik auch in der christlichen Literatur verwendet wurde, beweist, daß die Symbolik des Sonnengottes von seiner Verehrung getrennt werden konnte.

[87] Firm. Matern. Math. I 10, 14 = ed. Kroll-Skutsch I, 38, 6ff (zitiert bei: F.J. DÖLGER, Das Sonnengleichnis in einer Weihnachtspredigt, 3).

[88] Vgl. die einschlägigen Arbeiten von DÖLGER und das in diesem Zusammenhang vielzitierte Mosaik in der Juliergruft unter St. Peter in Rom mit der Darstellung des Christus-Helios.

[89] Z.B. STRAUB, Herrscherideal, 132; HERNEGGER, a.a.O., 142; H.A. DRAKE, In Praise of Constantine, 73f; KRAUTHEIMER, Capitals, 63

[90] VC IV 22 = W 128, 10ff. Eine ähnliche Zeremonie, die nach Euseb täglich geübt wurde und die mit der vorliegenden zusammenhängt, wird in VC I 43, 3 = W 38, 17ff beschrieben: "Wie die über die Erde aufgehende Sonne allen neidlos mit ihrem Glänzen am Licht Anteil gibt, so ließ Konstantin, wenn er zugleich mit der aufgehenden Sonne vor dem Palast erschien, wie um gemeinsam mit dem Licht am Himmel emporzukommen, über allen, die vor sein Angesicht kamen, Lichtstrahlen seiner Güte leuchten."

angespielt wird. Indem Konstantin als Oriens Augustus[91] beim Anbrechen des Ostermorgens zugleich mit der aufgehenden Sonne vor dem Palast erscheint und alle beschenkt, ahmt er den auferstehenden Christus nach. Hier findet man nicht nur die Christus-Heliosvorstellung belegt, sondern auch, daß Konstantin diesen Christus als Sol salutis für die imperiale Repräsentation in Anspruch nahm, wenn er in diesem Zeremoniell beide (Christus und die Sonne) nachahmte. Es sei noch einmal betont, daß diese Interpretation nicht auf das Konto Eusebs geht, sondern Euseb beschreibt offensichtlich einen Vorgang, der am Ostermorgen wirklich stattgefunden hat.[92] Man wird also für Konstantins Spätzeit sagen dürfen, daß der Kaiser tatsächlich auch eine Angleichung seiner Person an den Sol-*Christus* intendiert hat. Mithin wird die Figur Christi in die Siegestheologie miteinbezogen. Dies war, wie es auf den ersten Blick scheinen könnte, kein gewaltsamer Vorgang .Die gesamte Alte Kirche verstand ja seit dem Johannesevangelium die Passion Christi als Sieg und Triumph. Kreuz und Leib Christi werden z.B. als Tropaion bezeichnet usw. Dieser Grundzug der frühchristlichen Vorstellungswelt, der auch die frühchristliche Kunst von Anfang an prägte,[93] konnte von der Staatssymbolik deshalb leicht aufgenommen werden. Diese Selbstidentifikation Konstantins mit Sol-Christus scheint, nach den Quellen zu schließen, erst den späten Regierungsjahren Konstantins, also der Zeit nach 325, anzugehören. Wie sie zu beurteilen ist, kann erst im Kontext der gesamten Staatssymbolik beantwortet werden.

Das Zeugnis Eusebs

Am Ende dieses ersten Kapitels über die Sol-Symbolik in der Staatskunst Konstantins soll das Zeugnis Eusebs der imperialen Repräsentation Konstantins gegenübergestellt werden. Dies ist gerade hier von besonderem Interesse, da die Forschung oft Stellen bei Euseb in der VC und der Tricennalienrede als Belege

---

[91] Vgl. die klassische Darstellung von KANTOROWICZ, a.a.O., passim

[92] Hingegen kann man aus den Stellen LC VI 18 und XI 12 == ed. Heikel 211, 13 und 227, 13 allein nicht auf die Vorstellung des Konstantin-Christus-Sol schließen, wie es z.B. STRAUB (ders., Herrscherideal, 132) versuchte. In diesen zwei Stellen wird einmal gesagt, daß Gott sich in gleißendem Licht verborgen halte und Christus selbst dieses Licht ist, und zum anderen wird Konstantin in XI 12 an die Sonne selbst angeglichen. STRAUB schloß daraus, daß mit der Angleichung an Sol auch eine Angleichung mit Christus impliziert gewesen sei. Jedoch sind diese Passagen sehr allgemein und inkonkret gehalten und die Verbindung Konstantin-Christus-Sol wird nicht explizit ausgesprochen, sodaß m.E. aufgrund allein dieser Aussagen Eusebs nicht auf eine Inanspruchnahme dieser Vorstellung durch Konstantin geschlossen werden kann.

[93] Vgl. nur die Studie von : K. WESSEL, Der Sieg über den Tod, passim

für Konstantins "Sonnenverehrung" herangezogen hat.[94] Vergleicht man Eusebs Äußerungen mit Konstantins Staatssymbolik, so fällt als wichtigste Beobachtung vor allem auf, daß Euseb die Helios-Statue auf der Porphyrsäule - eines der wichtigsten Werke konstantinischer Staatskunst überhaupt - gänzlich verschweigt. Auch bei der Beschreibung der Konsekrationsmünze in der VC fehlt auffallenderweise der Hinweis auf die Sol-Symbolik. Dasselbe gilt für die Schilderung der kaiserlichen Liturgie am Ostermorgen. Zwar ist die VC voll von Licht- und Sonnensymbolik, die damals ja allgemein verbreitet war (Konstantin selbst bedient sich ihrer im Brief an die östlichen Provinzen[95]), aber bezeichnenderweise ist sie, wenn sie auf Konstantin selbst angewendet wird, bei Euseb so allgemein, inkonkret, ja fast nichtssagend gehalten, daß sie eigentlich nur zeigt, wie geläufig diese Bildsprache auch in kirchlichen Kreisen war. Rückschlüsse auf die Staatsideologie und die Staatskunst Konstantins kann man von diesen Stellen keine ziehen. Die Stellen sagen streng genommen nur etwas über den Panegyriker Euseb aus, geben aber nichts für das reale Auftreten Konstantins her.[96] Es gibt nur eine einzige Ausnahme und diese befindet sich bezeichnenderweise in der Tricennalienrede. Dort heißt es : "Indem er so die vier tapferen Caesaren wie Fohlen unter das eine Joch der kaiserlichen Quadriga einspannt, befehligte er sie mit den Zügeln der gotterfüllten Eintracht und Harmonie. Indem er die Zügel hoch (über sie) hält, fährt er dahin und überquert alle Länder, auf die die Sonne herabblickt, und ist selbst überall zugleich und wacht über alles."[97] Konstantin wird hier in außergewöhnlich hohem Maß an Helios angeglichen, sodaß Taeger diese Stelle als die größte Konkretion der Sonnensymbolik in der Antike beurteilen konnte.[98] Hier scheint eine wirkliche Bezugnahme auf die staatliche Repräsentationskunst vorzuliegen. Die Zurückhaltung Eusebs in der VC und im Unterschied dazu die deutliche Bezugnahme in der Tricennalienrede kann nur damit erklärt werden, daß letztere als echte panegyrische Rede, die immer Sprachrohr der Staatsideologie ist, vor dem Kaiser selbst vorgetragen wurde und Euseb hier nicht umhin konnte, auf die Sol-Symbolik Konstantins konkret (und nicht in allgemeinen Floskeln) einzugehen. Die sonstige Zurückhaltung Eusebs in dieser Frage ist aber auffallend und für unsere Fragestellung bedeutsam. Es zeigt sich hier zum erstenmal, daß Euseb nicht so ohne weiteres zum Kronzeugen von Konstantins Herrscheri -

---

[94] Z.B. STRAUB, Herrscherideal, 130ff; ALTHEIM, Der unbesiegte Gott, 104ff. Es handelt sich vor allem um VC I 41 u. 43 = W 37, 3ff und W 38, 17ff sowie LC III 4 = ed. Heikel, 201, 7ff. Ausgeklammert bleiben hier zunächst der Visionsbericht VC I 28 und dessen Parallele LC IV 20f (vgl. dazu unten das Kapitel über die Vision).

[95] VC II 57. 58. 67. 71. 72 = W 71, 8ff. 15ff; W 74, 21ff; W 77, 14ff; W 78, 13ff

[96] So zurecht: DÖRRIES, 347

[97] LC III 4 = ed. Heikel, 201, 13ff; vgl. auch die dort unmittelbar vorausgehende Passage.

[98] F. TÄGER, Charisma Bd.II, 684

deologie gemacht werden darf. Schon jetzt wird man vermuten dürfen, daß das Schweigen Eusebs wohl als eine Mißbilligung der "Identifikation" Konstantins mit dem Helios-(Christus) in der Repräsentationskunst zu interpretieren ist.

Das Silbermedaillon aus Ticinum:
Kreuzszepter und Christogramm

Das Kreuzszepter

Ein zu den Decennalien Konstantins im Jahre 315 (vielleicht auch 316) ge-
schlagenes Medaillon,[1] das hochbedeutende Silbermultiplum aus Ticinum,
zeigt zwei Darstellungen Konstantins, die beide im Zusammenhang mit der
Schlacht an der Milvischen Brücke stehen. Auf dem Revers, der uns weniger
interessiert, findet sich eine adlocutio, also die Darstellung der Ansprache an
das Heer.[2] Der Avers wird von einem Dreiviertel-Portrait Konstantins ausge-
füllt (Abb.7). Konstantin in voller Rüstung hält mit der Rechten die Zügel seines Pferdes. Dargestellt ist offenbar der soeben siegreich aus der Schlacht
zurückgekehrte Kaiser, der gerade vom Pferd gesprungen ist.[3] Seine Linke
trägt einen Schild, auf dem die römische Wölfin mit den Zwillingen zu erkennen ist. Über dem Schild ragt ein stabartiges Gebilde hervor, das aus Schaft,
Querstab, einer großen und einer kleinen Kugel besteht. Auf dem Helm ist an
der Stelle des Stirnjuwels bzw. des Adlers das Christogramm zu sehen, womit
Konstantin schon im Jahre 315 "... dem ´heilbringenden Zeichen´ die höchst-

---

[1] Zur Datierung: R. DELBRUECK, Spätantike Kaiserportraits, 72; K. KRAFT, Das Silbermedaillons Constantins des Großen mit dem Christogramm auf dem Helm, in: Jb. f. Numismatik und Geldgeschichte 5/6 (1954/55), 151ff, jetzt auch in: H. KRAFT (ed.), Konstantin der Große, 298ff (danach zitiert). P. BRUUN, in: RIC VII 353 u. ders., The Christian
Signs on the Coins of Constantine, in: Arctos N.S. 3 (1962), 9; KENT-OVERBECK-
STYLOW, Nr. 632, S.160. Eine zeitlang wurde das Medaillon auf 313 datiert: so M.R. AL-
FOELDI, Die constantinische Goldprägung, 41f; ihr folgte W. KELLNER, Libertas und Christogramm, 81f und R. KLEIN, Der nómos teleóteros Konstantins für die Christen, in: RQ 67
(1972), 25f; ebenso R. BRILLIANT, in: Age of Sp., 66 Kat.Nr.57. Das Jahr 315 muß aber als
Prägedatum, insbesondere durch die Analyse KRAFTS, als gesichert gelten. Vgl. jetzt wieder
die richtige Datierung bei D. STUTZINGER, in: Frankfurt 1983, 640 Kat.Nr.224 und in der
wichtigen Arbeit von R. GÖBL, Signum crucis oder Lanzenschaft?: Die Kaiserinsignien auf
dem Münchener Silbermultiplum Constantins des Großen aus 315 Ticinum, in: Litterae Numismaticae Vindobonensis, 77; ebenso auch BRUUNS, in: RIC VII, 353, der auch gezeigt
hat, daß die gesamte Goldprägung von Ticinum vor dem Hintergrund der Decennalienfeiern
von 315 gesehen werden muß.

[2] Zur "adlocutio" vgl. STUTZINGER, a.a.O., 640f

[3] M.R. ALFÖLDI, Goldprägung, 148

mögliche Ehre erwies."[4] Die Frage ist nun, ob mit dem Stab in der Linken des Kaisers noch ein zweites christliches Zeichen, genauerhin eine christliche Insignie, nämlich ein Kreuzszepter (das T - Kreuz mit dem Globus) dargestellt ist. Diese Ansicht vertrat als erster A. Alföldi,[5] der annahm, daß diese Insignie "... nur mit der schlagartig erfolgten Umstellung nach der Überwindung des Maxentius für die große Repräsentation erdacht und ausgeführt ..." worden sein kann.[6] Demgegenüber hat M.R. Alföldi nachzuweisen versucht, daß es sich dabei nicht um ein Kreuzszepter sondern schlicht um einen Speer handelt, der von Konstantin mit dem gedrechselten Ende nach oben gehalten wird.[7] In der Regel hat sich die Forschung ihr angeschlossen.[8]

M.R. Alföldi führt folgende Gründe an: Schon der Umstand, daß zwei Kugeln abgebildet sind, schließe eine Deutung der größeren als Globus aus. Weiters fehle der fraglichen Kugel jegliche Verzierung, was bei antiken Globen sonst nicht der Fall ist. Auch die Kleinheit der Darstellung könne diesbezüglich nicht ins Feld geführt werden, weil selbst kleinste Details "... mit geradezu kleinlicher Sorgfalt geschnitten sind."[9] Ein vollrunder Globus auf einem Querstab sei schwer vorstellbar,[10] statt dessen habe man sich den vermeintlichen Kreuzquerstab als Platte vorzustellen.[11] Weiters werde weder Konstantin noch einer seiner Nachfolger je wieder mit einem Kreuzszepter dargestellt. Auch Euseb erwähne es nie, was bei einer so wichtigen Kaiserinsignie christlichen Charakters doch verwundern müsse. Schließlich - und dieses Argument wiegt gewiß am schwersten - sei ein Kreuz als Insignie unter Konstantin noch nicht tragbar gewesen, da die Kreuzigung, das "summum supplicium", noch um 320 eine gebräuchliche Hinrichtungsart war. Darum müsse der Gegenstand in Konstantins Hand als Speer gedeutet werden, der bei einem siegreich aus der

---

[4] M.R. ALFÖLDI, Goldprägung, 141

[5] A. ALFÖLDI, Kreuzszepter, 81ff; zur selben Zeit aber auch schon P. FRANCHI DE CAVALIERI, Constantiniana, 25: "... scettro crucigero sormontato da un globo..."

[6] A. ALFÖLDI, Kreuzszepter, 82; ihm folgten: K. KRAFT, a.a.O., 343f und P.E. SCHRAMM, Sphaira, Globus, Reichsapfel, 14

[7] M.R. ALFÖLDI, Goldprägung, 146ff

[8] Z.B. P. BRUUN, in: RIC VII 63 (im Unterschied zu seiner Veröffentlichung: The Christian Signs on the Coins of Constantine, 23f); K. WESSEL, Art. "Insignien", in: RBK 3 (1975), 399: "... hat M.R. Alföldi ... einwandfrei nachweisen können, daß es sich nicht um ein Kreuzszepter handelt, sondern um die kaiserliche Lanze ..."; ebenso E. DINKLER, Das Kreuz als Siegeszeichen, in: ZThK 63 (1965), 1ff, jetzt auch in: ders., Signum Crucis. Aufsätze zum Neuen Testament und zur Christlichen Archäologie, 63ff (danach zitiert); zuletzt: H.R. SEELIGER, Die Verwendung des Christogramms durch Konstantin im Jahre 312, in: ZKG 100 (1989), 167.

[9] M.R. ALFÖLDI, Goldprägung, 147

[10] Vgl. auch BRUUN, in: RIC VII, 63

[11] Als (vermeintliche) Belege führt sie die Augustusgemme des Lotharkreuzes und den Silberteller des Aspar an.

Schlacht zurückkehrenden Kaiser ohnehin nicht wegzudenken war. Die zwei
Kugeln seien deshalb als eine Stoßkugel mit zwei darunterliegenden Polster-
gliedern anzusprechen, die "... ungeschickt vergrößert ..." wiedergegeben
wurden, bzw. "... geriet das unterste Polsterglied zu breit und mutet wie ein
Querstab an."[12]

Diese zunächst bestechend wirkende These ist nun von R. Göbl in einer bis
ins Detail gehenden Kritik von R.M. Alföldi m.E. klar widerlegt worden,
indem er zunächst alle auf römischen Münzen vorkommenden Varianten von
Speerenden und Szeptern sammelte und zusammenstellte, sie mit dem Silbermultiplum verglich und so zum Ergebnis kam, daß es sich nur um ein Szepter
handeln könne. Weiters weist Göbl Beispiele für den unverzierten Globus
sowie Szepterbekrönungen in Gestalt einer großen Sphaira mit daraufbefindli-
cher Kugel nach. Ebenso machen seine Ausführungen Alföldis Bedenken
gegen eine Kombination von Querstab mit einer Kugel hinfällig.[13] Jüngst hat
nun M.R. Alföldi in einer Replik auf Göbl trotzdem an ihrer Meinung festgehalten. Auf die ausführliche Detailkritik Göbls geht sie dabei nicht ein, hingegen bezieht sie sich nun verstärkt auf ihr Hauptargument, nämlich, daß die
Darstellung eines Kreuzes auf einer Insignie zur Zeit Konstantins einfach noch
nicht tragbar sei.[14] Dazu muß man bemerken, daß in methodischer Hinsicht
ohne Frage zunächst allein von der Münze auszugehen ist und sich an ihr die
Frage "Speer oder Kreuzszepter" zu entscheiden hat. Und hier können zu den
m.E. schon hinreichenden Gründen Göbls noch weitere Argumente gegen ein
Speerende hinzugefügt werden. Zunächst spricht der Umstand, daß zwei Kugeln abgebildet sind, nicht gegen eine Deutung der größeren als Globus, sondern umgekehrt ist dies als Indiz dafür zu werten, daß ein Globus gemeint ist.
Denn bei der Stoßkugel eines Speeres, die mit der Faust umfaßt wird, ist eine
kleine zweite Kugel an dieser Stelle sinnlos, weil sie bei der Handhabung stört.
Jedoch kann sie zwanglos als ein den Szepterstab abschließender Zierknauf interpretiert werden. Sodann fällt auf, daß der fragliche Gegenstand, um seine
Bedeutung zu unterstreichen, vom Stempelschneider ganz pointiert ins Bild gesetzt wird und zwar in einer Weise, wie es bei Darstellungen von Speerenden
nicht begegnet. M.R. ALFÖLDI versucht schließlich die seltsame Form des
vermeintlichen Speerendes mit einer postuierten Ungeschicklichkeit des Stempelschneiders zu erklären. Es wäre aber verwunderlich, wenn ein bis ins kleinste Detail exakt arbeitender erstklassiger Stempelschneider (M.R. Alföldi rühmt

---

[12] M.R. ALFÖLDI, Goldprägung, 148

[13] GÖBL, a.a.O., passim; vgl. die Zusammenstellung auf Taf. 5 ebendort.

[14] M.R. ALFÖLDI, Historische Wirklichkeit - historische Wahrheit: Constantin und das
Kreuzszepter, in: H.-J. DREXHAGE, J. SÜNSKES (edd.), Migratio et Commutatio. Studien
zur Alten Geschichte und deren Nachleben, 318ff.

selbst seine erstrangige und detailgetreue Arbeit)[15] ein simples Speerende, dessen Abbildung Routinearbeit gewesen sein muß, so deformieren würde. Auf einem zeitgleichen Medaillon derselben Prägestätte Ticinum, das auf den ersten Blick als Parallelemission zu erkennen ist und das anscheinend vom selben Stempelschneider stammt, trägt Konstantin seinen Speer geschultert. Aber das Speerende ist hier richtig, nämlich - wie üblich - als Knauf dargestellt (Abb.9). Es ist nicht vorstellbar, daß in ein und derselben Werkstatt, sehr wahrscheinlich vom selben Stempelschneider, an einem so wichtigen Medaillon solche Unzulänglichkeiten, wie M.R. Alföldi sie vermutet, geschehen können. Man muß deshalb davon ausgehen, daß auf dem Silbermultiplum der Globus auf dem T - Kreuz, also das erste christliche Szepter dargestellt ist. Vielleicht handelte es sich um ein Langszepter, das man sich nach unten verlängert vorstellen muß, denn seit dem dritten Jahrhundert wird das lange Szepter mit der Rüstung des Kaisers gekoppelt.[16] Das Szepter ist dabei nicht so vollkommen neuartig, wie es auf den ersten Blick scheinen möchte, es schließt durchaus auch an alte Traditionen an, indem es den Globus verwendet bzw. diesen mit einem anderen Zeichen vereint.

Der Globus war ursprünglich Zeichen für das Weltall und damit das Symbol für die weltliche Allmacht gewesen.[17] Im Laufe der Jahrhunderte hatte er sich zum bloßen "Ausdrucksmittel der Souverenität"[18] entwickelt, er war zu einem Herrschaftszeichen in der Hand des Kaisers geworden. Derjenige, der den Globus in seiner Hand hielt, wurde dadurch als der "dominus totius orbis" bzw. als "dominus orbis terrarum" gekennzeichnet.[19] In dieser Bedeutung wird der Globus von Konstantin mit dem Kreuz, dem Zeichen Christi verbunden. Die Kombination des Globus mit einem anderen Symbol ist häufig zu belegen.[20] So erscheint auf Münzen oft die auf den Globus aufgesetzte Büste des Kaisers, oder der Kaiser wird mit einem Steuerruder abgebildet, mit dem er die Weltkugel lenkt.[21] Der Globus als Herrschafts- und Siegeszeichen in der Hand des Kaisers trägt eine schwebende Victoria[22] und als Symbol für eine

---

[15] M.R. ALFÖLDI, Goldprägung, ebd.

[16] A. ALFÖLDI, Die monarchische Repräsentation im römischen Kaiserreiche, 233f.

[17] P.E. SCHRAMM, a.a.O., 7ff, bes. 10

[18] A. ALFÖLDI, Die monarchische Repräsentation, 235ff; SCHRAMM, a.a.O., 12ff

[19] SCHRAMM, a.a.O., 14

[20] A. ALFÖLDI, Die monarchische Repräsentation, 235f

[21] A. ALFÖLDI, a.a.O., Taf. 8.1 u. 8.14

[22] Ein solcher Globus wurde Konstantin vom römischen Senat nach der Schlacht gegen Maxentius an der Milvischen Brücke überreicht (M.R. ALFÖLDI, Signum Deae, 19ff; die Einwände von LIGOTA (ders., Constantiniana, in: JWCI 26 (1963), 178ff) haben sich in der Forschung nicht durchgesetzt.). M. ROSTOVZEFF (ders., Vexillum and Victory, in: JRS 32 (1942), 92f) erwähnt das Beispiel eines Vexillums mit einer Darstellung einer auf dem Globus schwebenden Victoria.

neue, anbrechende Glückszeit kann Phoenix auf dem Globus erscheinen.[23]
Darüberhinaus ist der Globus als Szepterbekrönung ebenfalls schon in vorkon-
stantinischer Zeit zu belegen.[24] Das Kreuzszepter schließt also in gewisser
Weise an vorhandene Szepterformen an.

Das Kreuzszepter war nun in dieser frühen Zeit Konstantins nicht nur auf
dem Silbermultiplum dargestellt, sondern wurde sehr wahrscheinlich auch an
einem anderen Ort öffentlich propagiert. In diesem Zusammenhang wurde
schon von A. Alföldi eine Stelle im IX. Buch von Eusebs Kirchengeschichte
herangezogen. Dort wird über das Vorgehen Konstantins nach seinem Einzug
in Rom im Jahre 312 folgendes berichtet:

"... er ordnete, im festen Bewußtsein, daß Gott ihm geholfen habe, sogleich
an, daß man seinem eigenen Standbild das Siegeszeichen des heilbringenden
Leidens (τοῦ σωτηρίου τρόπαιον πάθους) in die Hand gebe. Und da sie ihn
tatsächlich mit dem heilbringenden Zeichen (σωτήριον σημεῖον) in der Rechten an dem belebtesten Platz Roms aufstellten, befahl er ihnen, diese Inschrift
mit eigenen Worten in lateinischer Sprache daraufzusetzen: ´Durch dieses heilbringende Zeichen, den wahren Beweis der Tapferkeit, habe ich eure Stadt
vom Joch des Tyrannen errettet und befreit und habe zudem dem Senat und
dem Volk der Römer den alten Ruhm und den Glanz zurückgegeben.´ "[25]
In der um 314/15 gehaltenen Einweihungsrede in der neuerbauten Basilika von
Tyrus[26] erwähnt Euseb dieses Standbild auf dem Forum in Rom[27] wieder und
ebenso in der Tricennalienrede von 335.[28] Die ausführlichste Darstellung bietet
die VC:

"Inmitten der kaiserlichen Stadt stellte er ein großes Siegeszeichen über die
Feinde auf und schrieb mit unauslöschlichen Buchstaben darauf, daß dieses

---

[23] A. ALFÖLDI, Die monarchische Repräsentation, 236

[24] A. ALFÖLDI, Die monarchische Repräsentation, 235

[25] Eus. h.e. IX 9, 10f = ed. Schwartz (kleine Ausgabe), 357,5ff

[26] Die Rede ist im X. Buch seiner "Kirchengeschichte" erhalten, das der 3. Auflage von
315 (nach BARNES (ders., The Editions of Eusebius´ Ecclesiastica Historia, in: GRBS 21
(1980), 191), der hier Schartz korrigiert, der die 3. Aufl. noch auf 317 datierte, weil er Diokletians Sterbedatum noch in das Jahr 316 setzte) beigegeben wurde. Die Basilika konnte erst
nach dem Sieg des Licinius über Maximinus (im April 313, vgl.: BARNES, The New Empire, 67 u. 81) errichtet werden. Da man sicher mit einem Jahr Bauzeit rechnen muß, ist das
früheste Datum der Einweihungsrede, vielleicht wurde sie erst 315 gehalten. Die Datierung von A. EFFENBERGER (ders., Frühchristliche Kunst und Kultur, 102) in das Jahr 317
folgt anscheinend noch der Datierung der 3. Aufl. von Eusebs Kirchengeschichte in das Jahr
317. Selbst wenn die Analyse von SCHWARTZ gegenüber der von BARNES zutreffen würde,
ist dieses Datum falsch, da in der Rede Konstantin und Licinius noch als Partner geschildert
werden, die ersten Auseinandersetzungen zwischen beiden aber schon in das Jahr 316 fallen
(vgl. SCHWARTZ in der Einleitung zu seiner großen Ausgabe, Seite LIIIf).

[27] Dazu: H. KÄHLER, Konstantin 313, in: JdI 67 (1952), 28 mit Anm. 86

[28] LC IX 8 = ed. Heikel, 219,5ff

heilbringende Zeichen Schutzmittel der Herrschaft der Römer und der gesamten Kaiserherrschaft sei. Sogleich befahl er, an seinem eigenen Standbild auf einer Säule, das eine hohe Stange (ὑφηλὸν δόρυ) in der Gestalt eines Kreuzes (σταυροῦ σχήματι) in der Hand hielt und das auf dem belebtesten Platz in Rom aufgestellt war, mit (seinen) eigenen Worten folgende Inschrift auf Lateinisch einzugravieren: (es folgt dieselbe Inschrift wie in h.e. IX 9, 10f)."[29]

Uns interessiert vor allem der Gegenstand, den Konstantin in der Hand hielt. Euseb nennt ihn in der Kirchengeschichte "τοῦ σωτηρίου τρόπαιον πάθους" bzw. in der VC beschreibt er ihn als hohen Stab in der Gestalt eines Kreuzes (σταυροῦ σχήματι). An der Zuverlässigkeit der Angaben Eusebs ist nicht zu zweifeln, da sie jeder an Ort und Stelle nachprüfen konnte.[30] Somit ist sicher, daß der von Euseb beschriebene Gegenstand auf irgendeine Weise eine Kreuzform aufwies. Folgende Vorschläge sind zur Deutung von Eusebs Worten gemacht worden:

1.) Es handle sich um ein gewöhnliches Vexillum, wobei Euseb - einer christlichen Tradition folgend[31] - in Hasta und Querstab die Form des Kreuzes Christi sah. In diesem Sinn bezeichnet Euseb z.B. selbst in VC I 31 das Labarum als "Kreuz".[32]

2.) Die am häufigsten anzutreffende Ansicht faßt den Gegenstand in Konstantins Hand als ein Vexillum auf, das aber mit dem Christusmonogramm verbunden war. Euseb hätte mithin das Labarum bzw. dessen erste Version beschrieben. Dabei wird vorausgesetzt, daß das Labarum schon in der Schlacht gegen Maxentius zum Einsatz kam.[33]

3.) Schon V. Schultze versuchte den kreuzförmigen Gegenstand als Vexillum ohne Fahne zu rekonstruieren, auf dem sich als Bekrönung das Christogramm befand.[34] Franchi de Cavalieri kam 1954 zu demselben Ergebnis ("asta crucigera").[35] Zusätzlich verwies dieser auf die Tropaion-Kreuze der Passionssarkophage (z.B. Lat.. 171 vgl. Abb.10), die ebenfalls vom Christogramm bekrönt sind.

---

[29] VC I 40 = W 36,11ff

[30] Der Inschrift ist der lateinische Urtext noch deutlich anzumerken; vgl.: SCHULTZE, Quellenuntersuchungen, 512

[31] Just. I apol. 54, 28; Tert. Apol. 16, 6; ders., Ad nat. 1,12; Min. Felix, Oct. 2

[32] Vertreten von: H. GREGOIRE, La statue de Constantin et le signe de la croix, in: L'Antiquité Classique 1 (1932), 135ff; K. ALAND, Die religiöse Haltung Kaiser Konstantins, 230; N.H. BAYNES, Constantine, in: CAH XII, 685; W. KELLNER, Libertas und Christogramm, 95.

[33] J. VOGT, Die Constantinische Frage: A) Die Bekehrung Konstantins, in: Relazioni del X Congresso Internazionale di Scienze Storiche 6, Fiorentina 1955, 733ff, jetzt in: H. KRAFT (ed.), Konstantin der Große, 345ff

[34] SCHULTZE, Quellenuntersuchungen, 512ff

[35] P. FRANCHI DE CAVALIERI, Constantiniana, 25

4.) Franchi de Cavalieri war auch der erste, der in diesem Zusammenhang das Kreuzszepter des Ticinenser Medaillons in seine Erwägungen miteinbezog.[36] Unabhängig von ihm und voneinander vertraten dann A. Alföldi und H. Kraft die Meinung,[37] daß das von Euseb beschriebene Kreuz mit der Insignie auf dem Medaillon identisch und also ebenfalls ein Kreuzszepter ist. 5.) Man glaubt, Konstantin habe ein Stabkreuz in seiner Rechten gehalten.[38] Von allen Möglichkeiten ist die erste mit Sicherheit auszuschließen. Der oftmalige Verweis Eusebs auf die Statue über einen großen Zeitraum hinweg zeigt, wie wichtig sie ihm als Exempel für das öffentliche Bekenntnis Konstantins zum Christentum und überhaupt für seine Frömmigkeit war. Ein normales Vexillum könnte dies nicht leisten. Schon der Text der Inschrift paßt nicht dazu. Für den zeitgenössischen Betrachter konnte ein normales Vexillum nie ein σωτήριον σημεῖον sein, die Inschrift hätte ihm unverständlich sein müssen. Das Zeichen wird in der Inschrift außerdem deutlich in einem Gegensatz zu den Zeichen des Maxentius gebracht, der ja die üblichen Vexilla und Feldzeichen verwendete.[39] Ebenso wie das Vexillum kann auch die zweite Möglichkeit (das Labarum) ausgeschlossen werden. Gegen sie spricht schlicht, daß das Labarum frühestens 324 entstanden sein kann, wie unten noch ausführlich gezeigt werden wird. Das Labarum kann sich demnach 313 noch nicht in der Hand Konstantins befunden haben. Ein Indiz dafür ist schon die Beschreibung des Labarums in der VC. Nachdem Euseb es nach dem Visionsbericht in VC I 31 lang und breit als etwas von größter Wichtigkeit beschreibt, wäre doch zu erwarten, daß er kurz darauf in I 40 bei der Beschreibung der Statue, darauf zurückkommt und dazu wenigstens bemerkt, daß es sich um dasselbe Zeichen handelt. Aber gerade dieser Hinweis fehlt. Es bleiben also nur mehr jene Forschungsmeinungen übrig, die bei der Rekonstruktion ein Kreuz zugrunde legen.Unter diesen erscheint nun das Kreuzszepter aufgrund des nahezu zeitgleichen Silbermedaillons, das, wie die Statue, ebenfalls den Sieg über Maxentius zum Thema hat, in der Tat als die wahrscheinlichste und zwangloseste Lösung. Denn das Stabkreuz bzw. das Vexillum ohne Fahnentuch mit bekrönendem Christogramm ist innerhalb der Entwicklung der kaiserzeitlichen Insignien

---

[36] ders., ebd.: "E come non andare col pensiero allo scettro crucigero sormontato da un globo, che Costantino stringe nel medaglione d'argento..."

[37] A. ALFÖLDI, Kreuzscepter, 85; KRAFT, 22f (Anm.)

[38] H. LIETZMANN, Geschichte der Alten Kirche III, 61; P. KEREZSTES, Constantine. A great Christian Monarch and Apostle, 35, der auch das Labarum in Erwägung zieht.

[39] VOGT, Constantinische Frage, 371f. Dazu paßt, daß nach Euseb Konstantin die vom Senat gestiftete Statue nicht so beließ, wie sie ihm gewidmet wurde, sondern durch die von ihm selbst angeordnete Beifügung des neuen Zeichens in ihrer Bedeutung veränderte. Deshalb läßt Konstantin eine Inschrift darunter setzen, die nur dieses neue Zeichen zum Thema hat und es für den Betrachter interpretiert.

nicht unterzubringen und wäre darin ein vollkommener Fremdkörper. Hingegen schließt, wie gezeigt worden ist, das Kreuzszepter in seinem Aussehen durchaus an die vorherigen Szepterformen an. Die Tropaion-Kreuze der Passionssarkophage, die erst 70 Jahre später entstanden sind und die einem anderen ikonographischem Umfeld entstammen, können für die konstantinische Zeit als Beleg nicht herangezogen werden. Hingegen besitzen wir aus der zeitgleichen Staatssymbolik eine wirkliche Parallele. Das berühmte von Laktanz bei der Schilderung der Schlacht an der milvischen Brücke beschriebene Zeichen hat nämlich eine verblüffende Ähnlichkeit mit dem neuen Kreuzszepter. Es handelt sich um ein Kreuz "capite circumflexo". Es kann sich demnach nur um ein ⚲ oder das Kreuzmonogramm ⳨ handeln.[40] Auch dies spricht m.E. für das Kreuzszepter. Ganz unwahrscheinlich ist der einfache Kreuzstab ohne Christogramm, also die "pure" Kreuzform. Abgesehen davon, daß auch er nicht in die

---

[40] Das wurde von VOGT wiederholt dargelegt (ders., Constantinische Frage, 363f; ders., Art. "Constantinus", 321f; vgl. auch BAUS, a.a.O., 457). Alle Versionen mit "X", also jene die "transversus" mit "gedreht" übersetzen und deshalb auf ⚹ , ⚶ oder ⚵ (das letzte neuerdings wieder vertreten durch H.A. DRAKE, In Praise of Constantine, 73) kommen, sind falsch. Bis heute hat sich noch kein einziger Beleg für diese Übersetzung von "transvertere" gefunden. MOREAU (ders., a.a.O., 326ff und Rezens. P. FRANCHI DE CAVALIERI, Constantiniana, in: ByZ 47 (1954), 134ff) und R. EGGER (ders., a.a.O., 326ff) hatten unabhängig voneinander versucht, eine Stelle bei Hieronymus (aus dessen Zusätzen zum Apokalypsekommentar des Viktorin von Pettau zu Apk 13,18) als Beleg für die Möglichkeit einer Übersetzung des "transversus" mit "durchkreuzt" anzuführen. Doch diese Stelle beweist, wie VOGT mit Recht bemerkt (ders., Constantinische Frage, ebd.), das Gegenteil. Hieronymus beschreibt an der betreffenden Stelle das ⚹ -Zeichen folgendermaßen: "... id est Christi, per ´X´ graecum et ´ I ´ iota exprimitur ... intuere ergo in ea (scil. nota) ´ I ´recte stantem´ et ´/ ´ acutum transversum´ et in dexteram ascendentem, ´\´ gravemque descendentem trans ´ I ´ acutum, de his ut sunt accentibus invicem transversis efficitur ´ ⚹ ´ graecum." (nach: G. MORIN, Révuè Bénédictine XX (1903), 232ff; Unterstreichungen vom Verf.). Hieronymus bezeichnet hier das "I" ausdrücklich als "recte stantem" und stellt ihm das " ´/´ acutum transversum", also den gedrehten Akut gegenüber. "Durchkreuzen" umschreibt nämlich Hieronymus mit "gravemque descendentem trans ´I´ et acutum" - d.h. er verwendet hier eben nicht das Verb "transvertere". Überdies müssen MOREAU und EGGER den Text bei Laktanz mit einer Konjektur emendieren, um die Stelle in ihrem Sinn übersetzen zu können, was methodisch fragwürdig ist (vgl. BAUS, a.a.O., 458). Eine Entscheidung darüber, ob ⳨ oder ⚲ der Vorzug zu geben ist, läßt sich anhand des Textes allein schwer treffen. Für das ⳨ spricht, daß es schon ab 200 als christliche Kontraktionskürzung auf Papyri (P66 und P75) belegt ist (vgl. K. ALAND, Bemerkungen zum Alter und zur Entstehung des Christogramms anhand der Beobachtungen in P66 und P75, in: ders., Studien zur Überlieferung des Neuen Testaments und seines Textes, in: Arbeiten zur Textforschung 2, 173ff), für das ⚲ die Formulierung "circumflexo" und der Umstand, daß Laktanz wohl das T-Kreuz als gedrehten Buchstaben "X" beschreibt (obwohl ihm nun die Hälfte einer Haste fehlt), das eindeutig lesbare Rho aber nicht nennt. Die Stelle bei Laktanz im Wortlaut: "Facit ut iussus est, et transversa "X" littera summo capite circumflexo Christum in scutis notat." (Lact., De mort. pers. 44,5 = ed. Creed, 62). Zum Bericht des Laktanz und den damit verbundenen Fragen vgl. unten ausführlich das Kapitel über die "Vision". Zur Vorgeschichte des Kreuzmonogramms vgl. jetzt SEELIGER, a.a.O., 152ff.

Entwicklungsgeschichte der Insignien paßt - sozusagen vom "Himmel fallen"
würde - , kommen nun hier jene Einwände zum Tragen, die vor allem von
Seiten M.R. Alföldis und Dinklers erhoben wurden, die zurecht betont haben,
daß die Kreuzigung unter der Regierung Konstantins bis in die Zwanziger-
Jahre eine gebräuchliche Hinrichtungsart war, ja daß überhaupt der Skandal,
den das Kreuz in der Antike darstellte,[41] einer so frühen Einführung des Kreuzes in die imperiale Ikonographie entgegenstünden.[42] Es fällt auf, daß beim
Kreuzszepter und beim von Laktanz beschriebenen Zeichen das Kreuz nicht in
seiner "reinen" Form erscheint, sondern etwas "verschleiert", indem es mit anderen Zeichen kombiniert wird.[43] Die unverhüllte, solitäre Darstellung des
Kreuzes als eines Symbols des Staates scheint in dieser frühen Zeit offenbar
noch vermieden worden zu sein. Vielleicht darf man sogar annehmen, daß das
Kreuzszepter und das Kreuzmonogramm in der heidnischen Öffentlichkeit auf
Widerstand und Ablehnung stießen. Jedenfalls fällt auf, daß das Kreuzszepter
ab nun in der gesamten Regierungszeit Konstantins nicht mehr belegt werden
kann.[44] Auf keiner Münze noch in irgendeiner Beschreibung taucht es wieder
auf. Auch Euseb erwähnt es für die späteren Regierungsjahre Konstantins
nicht mehr. Auch das Kreuzmonogramm tritt übrigens ganz zurück, um uns
erst wieder in den letzten Regierungsjahren Konstantins in untergeordneter
Funktion (als Münzmarke) vereinzelt zu begegnen und erst ab der Jahrhundertmitte und vor allem in theodosianischer Zeit, auf breiter Front als wichtiges

---

[41] M. HENGEL, Mors turpissima crucis. Die Kreuzigung in der antiken Welt und die "Torheit" des "Wortes vom Kreuz", in: Rechtfertigung. Festschrift für E. Käsemann, 125ff; P.
STOCKMEIER, Der Skandalon des Kreuzes und seine Bewältigung im Frühen Christentum,
in: ders., Glaube und Kultur, 39ff.

[42] M.R. ALFÖLDI, Goldprägung, 146ff; dies., Antike Numismatik, 184f; E. DINKLER,
Das Kreuz als Siegeszeichen, 63ff; ders., Bemerkungen zum Kreuz als TROPAION, 71ff;
ders., Art. "Kreuz", in: LCI 2 (1970), 564; vgl. auch die behutsame Darstellung von E.
DINKLER-v. SCHUBERT im selben Artikel, 572 und 574f. Vgl. jetzt auch dies., E. DINKLER,
Art. "Kreuz", in: RBK 5 (1991), passim. Früher nahm man noch an, daß die kleinen Kreuze
im Bildfeld auf Münzen aus Ticinum (es handelt sich um zwei Prägungen der Jahre 316 und
319 = RIC VII, 366 Nr.45 und RIC VII, 372 Nr.86) als christliche Keuze zu verstehen sind
(so H. v. SCHOENEBECK, Beiträge zur Religionspolitik des Maxentius und Konstantins, 37f
und 47). Wie BRUUN zeigen konnte (P. BRUUN, The Christian Signs, 5ff) handelt es sich
hier lediglich um Münzzeichen ohne jede christliche Bedeutung. Dasselbe gilt übrigens für T-
Kreuze auf Münzen Konstantins, die ebenfalls nicht als christliche Symbole zu verstehen sind
(vgl. W. KELLNER, T - ein christliches Symbol auf Münzen Constantins des Großen?, in:
Tortulae. Festschrift für Johannes Kollwitz, in: RQ.S 30, 187ff).

[43] Hier liegt m.E. die "particula veri" der Argumente von M.R. ALFÖLDI, DINKLER und
E. DINKLER-v.SCHUBERT u.a., deren angeführte Gründe keineswegs unterschätzt werden dürfen.

[44] A. ALFÖLDI vermutete 1954 (ders., Kreuzscepter, 82) noch ein Kreuzszepter in der
Hand der Konstantinopolis auf Münzen. Dies hat sich inzwischen (nachdem die betreffende
Münze gereinigt worden ist), als falsch herausgestellt (vgl. GÖBL, a.a.O., 81f).

Symbol in Erscheinung zu treten.[45] Man wird dieses Phänomen wohl nur damit erklären können, daß Konstantin die neue Insignie bald nach 315 in den Hintergrund gestellt hat. Vielleicht hat er sie sogar zurückgenommen. Jedenfalls war das Kreuzszepter zu der Zeit, als Konstantin im Osten residierte, schon lange nicht mehr in Gebrauch. Beim Kreuzszepter handelte es sich demnach um einen ersten Versuch, aber um nicht mehr.[46] Die Zukunft gehörte einem anderen Zeichen, das in dieser Hinsicht unverfänglich war, nämlich dem Christogramm, das ab nun vom Staat forciert wurde.

Das Kreuzszepter ist als Quelle für das offizielle kaiserliche Selbstverständnis Konstantins in dieser Frühzeit hochbedeutsam: Schon das historische Umfeld, in dem die Insignie erscheint, legt es nahe, sie als ein Sieges- bzw. Triumphzeichen zu verstehen. Sie wird vom siegreich aus der Entscheidungsschlacht zurückkehrenden Kaiser getragen, und das Prägejahr fällt mit Konstantins Triumphzug in Rom zusammen, der aller Wahrscheinlichkeit nach auch der Anlaß für die Prägung gewesen ist.[47] Wenn nun Konstantin auf die Spitze seines Szepters das Zeichen Christi setzt, an eine Stelle, an der oft der Adler des Jupiter erscheinen konnte,[48] und es zugleich mit dem Globus verbindet, so kann die neue Insignie nur das Symbol für die Weltherrschaft im Zeichen des Kreuzes, also für die Weltherrschaft im Namen Christi sein. Als Triumphinsignie in der Hand des Kaisers ist sie damit das Symbol für den Sieg und die Herrschaft Konstantins im Auftrag und im Zeichen Christi, als dessen Stellvertreter bzw. Vicarius er sich damit deklariert.

An der Insignie ist ein weiteres Detail bedeutsam, auf das abschließend hingewiesen werden soll: Die Enden des T-Querstabes sind "kantig verdickt ... und zwar genau so, wie man das bei allen Kreuzen der Folgezeit sehen kann ...".[49] Diese Beobachtung bringt weitreichende Implikationen mit sich. Die späteren Belege, die Göbl im Auge hat, sind Kreuze mit geschweiften Enden bzw. mit tropfenartig auslaufenden Ecken. Es handelt sich also um jene Kreuzgattung, die in der Forschung unter dem Namen der "crux invicta" oder als das "Kreuz als Tropaion" verhandelt wird und der sich bekanntlich Erich Dinkler

---

[45] H. FELDBUSCH, Art. "Christogramm", in: RDK 3 (1954), 708; J.S. SAUER, Art. "Christogramm", in: LThK 2 (1958), 1177; zum Staurogramm auf den Münzen Konstantins vgl. : BRUUN, The Christian Signs, 29ff. Die von BRUUN ausfindig gemachten Beispiele für das Staurogramm beschränken sich auf die Münzstätte Antiocheia. Die Auswahl der Münzzeichen lag im Verantwortungsbereich untergeordneter Stellen, vor allem beim procurator monaetae (BRUUN, RIC VII, 62). Ihnen ist deshalb keine allzugroße Bedeutung zuzumessen.

[46] Dies bemerkt zurecht GÖBL, a.a.O., 90

[47] KENT-OVERBECK-STYLOW, ebd.

[48] A. ALFÖLDI, Die monarchische Repräsentation, 230

[49] GÖBL, a.a.O., 88. Göbl hat hier vor allem das Vorkommen auf Münzen im Auge.

eingehend gewidmet hat.[50] Wir können deshalb sehr wahrscheinlich beim Kreuzszepter Konstantins die Genese bzw. den ersten Versuch des Kreuzes als τρόπαιον, des Kreuzes als Siegeszeichen beobachten, dessen Ursprung (entgegen Dinklers und M.R. Alföldis Meinung) also in die Zeit der konstantinischen Wende fällt. Die Usurpation des christlichen Kreuzes durch den Staat erfolgte jedenfalls über den Weg der spätrömischen imperialen Siegestheologie.[51] Erst die imperiale Siegestheologie, also der Umstand, daß der römische Kaiser das Kreuz in seine Staatssymbolik aufnahm, war der entscheidende und geschichtswirksame Anstoß für die allgemeine Durchsetzung des Kreuzes als Siegeszeichen. Auf alle Fälle wurde die damals schon existierende theologische Deutung des Kreuzes als Siegeszeichen davon überlagert.[52]

Das Christogramm

Es begegnet uns in der kaiserlichen Ikonographie erstmals ebenfalls auf dem Ticineser Medaillon und hier gleich an prominentester Stelle als Stirnjuwel auf dem Helm Konstantins (Abb.1), wo es faktisch den Adler des Jupiter ersetzt.[53] In vorkonstantinischer Zeit beschränkt sich - nach dem bis jetzt bekannten Denkmälerbestand - die Verwendung des ⚹ ausschließlich auf pagane Denkmäler. Bis heute gibt es (im Unterschied zum ✝) noch keinen einzigen Beleg für eine christliche Verwendung des Zeichens als Christogramm in vorkonstantinischer Zeit.[54] In diesem Zeitraum wird es als Abbreviatur (z.B. für: χρόνος,

---

[50] vgl. oben Anm. 42

[51] Diese Meinung wurde erstmals von J. GAGE (ders., Stauròs nikopoiós, passim) vertreten. Gage datierte allerdings dabei die Aufnahme des Kreuzes in die kaiserliche Ikonographie erst in die späten Regierungsjahre Konstantins (ders., a.a.O., 382ff und 387).

[52] E. DINKLER vermutete hingegen, daß die altkirchliche Theologie Ursache und Quelle für die Ikonographie des Kreuzes als Siegeszeichen war (ders., Das Kreuz als Siegeszeichen, 72ff). Zum Kreuz als Tropaion in der frühchristlichen Theologie vgl.: G.Q. REIJNERS, The Terminology of the Holy Cross in Early Christian Literature as based upon Old Testament Typology, 192ff.

[53] M.R. ALFÖLDI, Goldprägung, 139. Weitere Literatur zum Chtistogramm: W. KELLNER, Libertas und Christogramm, 81ff; ders., Art. "Christogramm", in: LCI 1 (1968), 456ff; H. KRAFT, Art. "Monogramm Christi", in: RGG (3.Aufl.) IV (1960), 1104ff; zu seiner Vorgeschichte: V. GARDTHAUSEN, Das alte Monogramm (Leipzig 1924); weiters: E. DINKLER, Älteste christliche Denkmäler, in: ders., Signum Crucis, 141ff; H. LECLERQ, Art. "Chrisme", in: DACL 3.1 (1913), 1481ff; zuletzt: W. WISCHMEYER, Christogramm und Staurogramm in den lateinischen Inschriften altkirchlicher Zeit, in: Theologia Crucis - Sinum Crucis. Festschrift E. DINKLER (edd. C. ANDRESEN, G. KLEIN), 539ff und 545; SEELIGER, a.a.O., passim.

[54] DINKLER, Älteste christliche Denkmäler, 142ff; ders., Kreuzzeichen und Kreuz-Tav, Chi-Rho und Stauros, in: ders., Signum Crucis, 30 Anm.1; vgl. schon: O. SCHOENEWOLF,

χρηστός, χρυσός) gebraucht.[55] Zum christlichen Symbol wird das ☧ offenbar erst, als Konstantin bzw. seine Beamten es für die imperiale Repräsentation vereinnahmen.[56] Das ☧ auf dem Helm Konstantins auf dem Ticineser Silbermedaillon ist somit der älteste Beleg für eine christliche Verwendung dieses Zeichens als Christogramm.[57] Bei diesem ersten Auftreten ist auf ein Detail zu achten: Man sieht deutlich, daß auf der Münze das Christogramm von einem Kreis umfaßt wird. Dieser Kreis meint ohne Zweifel einen Lorbeerkranz, der wegen der Kleinheit der Darstellung nur auf diese Weise ausgeführt werden konnte.[58] Damit ist die Bedeutung des umkränzten Christogramms leicht zu erschließen. Durch den Kranz,[59] aber auch durch den Kontext des dargestellten Themas (der triumphierend aus der Schalcht zurückkehrende Konstantin) wird das Christogramm zum imperialen Siegeszeichen.[60] Es verweist genauso wie das Kreuzszepter auf den, in dessen Namen und Auftrag Konstantin den Sieg und damit die Herrschaft errungen hat. Wie schon erwähnt, befindet sich das umkränzte Christogramm an jener Stelle des Helms, an der sich vorher der Adler des höchsten Gottes Jupiter befunden hatte und der " ... das Symbol der kaiserlichen, ja der römischen Staatsmacht überhaupt ..." gewesen war.[61] D.h.: Das Christogramm ist zum Staatssymbol geworden - eine öffentliche Stellung-

---

Die Darstellung der Auferstehung Christi, 17. Für die Verwendung des Staurogramms in Papyri vorkonstantinischer Zeit vgl. oben Anm.40 auf S.36; zuletzt: WISCHMEYER, ebd.; SEELIGER, ebd. u. E. DINKLER, E. DINKLER-V.-SCHUBERT, Art. "Kreuz", in: RBK 5 (1991), 36ff.

[55] Beispiele bieten LECLERQ, ebd.; M. SULZBERGER, Le Symbole de la croix, in: Byz 2 (1925), 397f; DINKLER, Älteste christliche Denkmäler, 141ff und G. PITT-RIVERS, The Riddle of the "Labarum" and the Origin of Christian Symbols, 25ff; SEELIGER, a.a.O., 154f; E. DINKLER-E. DINKLER-V. SCHUBERT, ebd.

[56] Das gilt selbst für den Fall, daß eine vorkonstantinische Verwendung einmal nachgewiesen werden sollte. Der heutige Wissensstand läßt jedenfalls den Schluß zu, daß das Christogramm vor Konstantin keine besondere Rolle gespielt hat und keinesfalls allgemeine Verbreitung fand. Seine spätere immense Verbreitung ist nur durch seine Aufnahme in die kaiserliche Ikonographie und Triumphsymbolik möglich gewesen.

[57] Der älteste inschriftliche Beleg ist auf 323 datiert: DIEHL II Nr. 3257 (unter San Paolo fuori le Mura gefunden).

[58] Der Kreis um das Christogramm als Ersatz für den Lorbeerkranz läßt sich oft belegen. Beispiele bei: K. BAUS, Der Kranz in Antike und Christentum, 216; auch: CECCHELLI, Il trionfo della croce, 90f.

[59] Vgl. BAUS zum umkränzten Christogramm: "Wenn man an die weite Verbreitung der Symbolik des Siegeskranzes denkt, ... , dann scheint es naheliegend, den Siegesgedanken auch ausgesprochen zu finden in dem Kranz, der auf so zahlreichen Denkmälern der christlichen Antike das Monogramm Christi umschließt." (BAUS, a.a.O., 218).

[60] KELLNER, Libertas und Christogramm, 94: "Sicher ist, daß das Christogramm in militärischen Zusammenhängen erscheint. Es ist ein Zeichen, das im Krieg helfen soll oder im Krieg geholfen hat."

[61] M.R. ALFÖLDI, Goldprägung, 139

nahme für das Christentum, die wegen ihrer Eindeutigkeit für diese frühe Zeit erstaunlich ist.

Das Christogramm ist auf dem Helm Konstantins nur noch einmal auf Schei-demünzen einer Emission aus Siscia etwa um 319 nachzuweisen, wo es sich seitlich auf dem Helm des Kaisers befindet (Abb.11).[62] 322/23 taucht das Chri-stogramm auf dem Schild des Caesars Crispus auf[63] - naturgemäß ebenfalls als Triumphzeichen.[64] Um 324/25 ist das Christogramm als Staatssymbol bereits so fest etabliert und verbreitet, daß der Dichter Publius Porphyrius Optatianus in seinen panegyrischen Figurengedichten, die er Konstantin zu dessen Vicen-nalien widmet, dem Christogramm den zentralen Platz einräumen und sich dabei des Wohlwollens und der Freude des Kaisers darüber sicher sein konnte.[65] Seine größte Bedeutung erlangt das Christogramm schließlich durch das Labarum, das endgültig seine dominierende Stellung innerhalb der gesam-ten Symbolik der imperialen Repräsentation sicherte. Doch bevor wir zur Be-sprechung des Labarums übergehen, soll ein kurzes Resumée gezogen werden:

Bedenkt man die ersten Änderungen, die Konstantin in der Staatssymbolik vorgenommen hat, so ergibt sich als wichtigstes Resultat die Tatsache, daß Konstantin - entgegen der Meinung Kee's z.B.[66] - nicht auf "Gott-Vater", son-dern ausschließlich auf Christus Bezug nimmt. Sowohl das Kreuzmonogramm als auch das Kreuzzepter und evidenterweise das Christogramm sind Sym-boleChristi, des neuen "Comes" des Kaisers. Konstantin als z.B. "neuer Mose" kann, wie wir auch im Laufe der Arbeit sehen werden, nur auf das Konto des frühen Euseb in seiner Eigenschaft als Kirchenmann gehen. Alle neu eingeführten Zeichen beziehen sich auf den Sieg an der MilvischenBrücke und sind erste Versuche, die zum Teil auch korrigiert oder gar zurückgenom

---

[62] Dazu: A. ALFÖLDI, Hoc signo victor eris, 227; BRUUN, The Christian Signs, 10ff; ders., RIC VII, 63; M.R. ALFÖLDI, Goldprägung, 141; W. KELLNER, Libertas und Christo-gramm, 82f

[63] SCHOENEBECK, Beiträge zur Religionspolitik des Maxentius und Konstantins, 54f; BRUUN, The Christian Signs, 17; ders., RIC VII, 197 Nr. 372; KELLNER, Libertas und Chri-stogramm, 82f

[64] KELLNER, Libertas und Christogramm, 84; BRUUN, The Christian Signs, 19ff hielt noch das auf der 320 geprägten Serie VIRTUS EXERT und VIRTUS EXERCIT VOT XX er-scheinende ⚥ für ein Christogramm (RIC VII, 377 Nr.117 und 124). KELLNER (ders., Li-bertas und Christogramm, 84ff) konnte aber zeigen, daß es sich dabei um ein Zahlenzeichen handelt.

[65] Vgl. die Edition von: E. KLUGE, Publii Optatiani Porfyrii Carmina, Gedichte Nr. VIII, XIV, XIX. Konstantin entließ den Dichter daraufhin aus der Jahre zuvor verhängten Ver-bannung (Hier. Chron. ad ann. 329 = ed. Helm, 232, 20f). Zum Werk des Dichters vgl. auch: R. HELM, Art. "Publius Optatianus Porphyrius", in: PW XXII (1959), 1928ff. Zur Biogra-phie und zur genauen Datierung seines Werkes siehe: D.T. BARNES, Publius Optatianus Por-phyrius, in: AJPh 96 (1975), 173ff.

[66] A. KEE, Constantine versus Christ, 14: "but did not choose Christ"

men werden konnten. Man muß sich dabei vor Augen halten, daß der Kaiser und sein Beamtenstab vor einem Problem standen: Sie mußten neue Symbole finden, die von allen Seiten akzeptiert werden konnten und zugleich politische Aussagekraft besaßen. Man mußte dementsprechend experimentieren.

Das Labarum[1]

Nach der Schilderung der Vision bzw. der Erscheinung des göttlichen Zeichens am Mittagshimmel in VC I 28 berichtet Euseb im darauffolgenden Abschnitt VC I 29 von einem Traum Konstantins in der nächsten Nacht. In diesem Traum erscheint Konstantin Christus mit dem am Vortag am Himmel geschauten Zeichen und fordert den Kaiser auf, dieses genau nachzubilden. Konstantin tut, wie ihm geheißen, und läßt es in Gold und Edelstein nachbauen. Euseb berichtet, daß diese Nachbildung im Kaiserpalast aufbewahrt wurde[2] und daß er sie selbst gesehen habe (VC I 30). Danach folgt in VC I 31 die Beschreibung des Labarums: Ein hoher vergoldeter Lanzenschaft trug eine Querstange, an der ein quadratisches, edelsteinbesetztes, golddurchwirktes Fahnentuch hing. Auf der Spitze des Ganzen befand sich das Christogramm im Lorbeerkranz. Der Lanzenschaft trug unter der Stelle, wo er sich mit der Querstange kreuzte (ὑπὸ τῷ τοῦ σταυροῦ τροπαίῳ)[3] am Rande des Gewebes (πρὸς αὐτοῖς ἄ-κροις τοῦ διαγραφέντος ὑφάσματος)[4] vergoldete Brustbilder Konstantins und seiner Söhne. Nach dieser Beschreibung und aufgrund des Vergleichs mit anderen Vexilla und Feldzeichen, an denen sich unter dem supparum (dem Fahnentuch) die Büsten der Kaiser (sog. Phalerae) befinden,[5] ist nur jene von Franchi de Cavalieri schon 1913/14 vorgelegte Rekonstruktion möglich (Abb.12).[6] Der älteste bildliche Beleg ist die berühmte Bronzeemission SPES-

---

[1] Der Terminus ist erstmals bei Prud. Contra Symm. I 486 = ed. Cunningham, 202 belegt. Die Etymologie ist bis heute nicht gesichert. Wahrscheinlich ist das Wort von laura``ton bzw. labra``ton (lorbeerumrahmtes Kaiserbild) abzuleiten (L. VOELKL, Art. "Labarum", in: LThK 6 (1961), 718f, der hier GREGOIRE folgt: ders., L´ Etymologie de "Labarum", in: Byz 4 (1927/28), 477ff). Zur Etymologie vgl. die Thesen von: J.J. HATT, La vision de Constantin au sanctuaire de Grand et l´origine celtique du labarum, in: Latomus 9 (1950), 427ff und: EGGER, a.a.O., 334ff.

[2] Das bestätigt auch noch um 400 Sokrates (h.e. I 2 = ed. Hussey I, 6, 30f).

[3] VC I 31 = W 31,11f

[4] ebd.

[5] Vgl. ROSTOVZEFF, a.a.O., 96; W. SESTON, Art. "Feldzeichen", in: RAC 7 (1967), 694

[6] P. FRANCHI DE CAVALIERI, Ancora del labaro descritto da Eusebio, in: Studi Romani 2 (1914), 221; dieselbe Rekonstruktion haben: ROSTOVZEFF, a.a.O., 104 Anm.33; SCHULTZE, Quellenuntersuchungen, 521; H. KRUSE, Studien zur Geltung des Kaiserbildes im römischen Reiche, 68f; VOGT, Art. "Constantinus", 323; R. GROSSE, Art. "Labarum", in: PW XII,1 (1924), 240ff u.a. Vgl. auch: R. LEEB, Zur Entstehung des Kaiserbildes im Kreuz, in: JÖB 40 (1991), 1f.

PVBLIC aus Konstantinopel vom Jahre 327 (Abb.13).[7] Auf ihr ist ein Labarum dargestellt, das sich etwas von dem des Euseb unterscheidet.[8] Die Medaillons mit den Kaiserbüsten befinden sich hier auf dem supparum und nicht wie bei dem im Konstantinopler Palast aufbewahrten "Ur-Labarum" auf dem Schaft. Aber auch diese Anbringung der Kaiserbüsten ist durchaus üblich gewesen.[9] Ein besonderes ikonographisches Element der Münze, auf das wir noch bei der Interpretation zurückkommen werden, ist die Schlange bzw. der Drache, den das Labarum durchbohrt. 336/37 taucht auf Prägungen in Trier und Rom wieder eine andere Form des Labarums auf (Abb.14).[10] Hier befindet sich das Christogramm auf dem supparum. Kaiserbüsten bzw. Phalerae fehlen.

Da kein Labarum dem anderen gleicht, kann man folgern, daß für die Darstellung " ... kein streng uniformer Typ des Labaron vorgeschrieben war."[11] Dasjenige, was in allen Fällen das Labarum erst zum Labarum macht, ist das Christogramm - egal an welcher Stelle es sich befindet. Das Christogramm stellt auch die einzige wirkliche Neuerung gegenüber den herkömmlichen Vexilla dar.[12] Deshalb nur war es Kaiser Julian möglich, das Labarum zu repaganisieren, indem er einfach das umkränzte Christogramm entfernte.[13] Das Labarum ist mithin nichts anderes als ein normales Vexillum mit Christogramm, wobei das Christogramm den Adler bzw. die Hand, die sich auch auf Vexilla und Feldzeichen befinden können, ersetzt.[14] Obwohl das Labarum erst 327 nachzuweisen ist, wird aufgrund des Berichtes Eusebs, der es in einen unmittelbaren Zusammenhang mit der Vision bringt, sein Ursprung in der Regel in die Zeit der Schlacht an der Milvischen Brücke bzw. kurz danach zurückver-

---

[7] RIC VII, 572 Nr.19 und 573 Nr.26. Es existieren auch Münzen aus der Zeit vor 327, die auf dem Bildfeld neben einem Vexillum ein ☧ aufweisen, daß man früher für ein Chistogramm gehalten hat. Es handelt sich aber nur um ein Zahlzeichen (vgl. oben S.41 Anm.64).

[8] Gegen BRUUN, The Christian Signs, 25

[9] SESTON, a.a.O., 694

[10] Nur ein Exemplar der römischen Münzstätte ist gut erhalten. Soweit ich sehe, besitzt es keine Nummer in RIC VII, wo nur die Parallelemissionen vermerkt sind (RIC VII 222 Nr.579 und 345 Nr.399). Die betreffende Münze, die sich heute in der Dumbarton Oaks Collection befindet, wurde von A.R. BELLINGER publiziert (ders., Roman and Byzantine Medaillons in the Dumbarton Oaks Collection, in: DOP 12 (1958), 135f). BELLINGER datierte sie noch auf 325/26 (Vicennalien), was aber schon aufgrund des Portraittyps auf dem Avers nicht möglich ist (zum Portrait siehe unten). Die Parallelemissionen stammen aus den Jahren 336/37. Das Exemplar war übrigens schon COHEN VII, 539f Nr.104 bekannt.

[11] O. SCHOENEWOLF, Die Darstellung der Auferstehung Christi, 45; ähnlich: GROSSE, a.a.O., 242

[12] KRUSE, a.a.O., 69

[13] Gr. Naz. or. IV 66 = PG 35, 588B

[14] So schon: SCHOENEBECK, Beiträge zur Religionspolitik des Maxentius und Konstantins, 71

legt.[15] Bei Euseb ist zunächst nur sicher, daß er es frühestens ab 325 selbst gesehen haben kann, denn ab da kam er in Kontakt mit dem Kaiser.[16] Ein Besuch
in Konstantinopel ist erst 336 sicher nachzuweisen[17] und wahrscheinlich hat
Euseb das Labarum bei dieser Gelegenheit gesehen.[18] Datierungskriterium kann
dies alleine aber nicht sein, da man dabei nicht auf die Entstehungszeit rück-
schließen kann.[19] Methodisch hat man deshalb von den sicher datierten Belegen
auszugehen, die, wie gesagt, erst 327 einsetzen. Tatsächlich sprechen viele
Gründe dafür, die Entstehungszeit nicht vor 324 zu rücken: Es ist zunächst unwahrscheinlich, daß ein so wichtiges Zeichen erst 15 Jahre nach seiner Entstehung erstmals auf Münzen abgebildet wird. Hätte es schon 312/13 existiert,
dann wäre das Schweigen des Laktanz über das Labarum nicht zu erklären.
Auch Euseb weiß von ihm in der Kirchengeschichte von 325 noch nichts.[20]
Deswegen ist es auffällig, mit welchen Verrenkungen und Gewaltsamkeiten
Euseb den Bericht über die Entstehung des Labarums in der VC in die Schilderung der Ereignisse von 312 hineinzwängen muß. Er stört Aufbau und Zusammenhang der Visionserzählung:[21] Euseb muß nach der Vision zusätzlich einen
Traum einführen, um den Ursprung des Labarums an den Visionsbericht bin-
den zu können. Dabei fällt auf, daß Christus Konstantin im Traum befiehlt, das
das am Himmel erschienene Zeichen nachzubilden (ἀπομιμεῖσθαί τε αὐτὴν
χρυσῷ),[22] daß aber das daraus resultierende Zeichen ganz anders aussieht: Am

---

[15] So z.B.: A. ALFÖLDI, Hoc signo victor eris, 237; EGGER, a.a.O., 332; A. LIPINSKY,
Art. "Labarum", in: LCI 3 (1971), 1f; VOELKL, a.a.O., 718; KÄHLER, Konstantin 313, ebd.;
BAYNES, Constantine the Great and the Christian Church, 63f; FRANCHI DE CAVALIERI,
Constantiniana, 27; SCHULTZE, Quellenuntersuchungen, 522f u.a.

[16] So schon I. HEIKEL in der Einleitung seiner Edition der VC und LC, S.LVI; vgl. auch
die bemerkenswerte Analyse von C. NORDENFALK, Die spätantiken Zierbuchstaben, 44ff;
BRUUN, The Christian Signs, 27

[17] BARNES, C.a.E., 266

[18] So zurecht FRANCHI DE CAVALIERI: ders., Constantiniana, 26f mit Anm.126 auf
S.102f

[19] J. MAURICE (ders., Numismatique Constantienne I, CVff und CXXVII), GROSSE
(ders., a.a.O., 240) und ähnlich NORDENFALK (ders., a.a.O., 46) versuchen hingegen anhand
der von Euseb erwähnten und auf der Prägung von 327 abgebildeten Kaiserbüsten zu einem
Datierungskriterium zu gelangen. Da es erst 317 zwei Caesares gab, könne nach ihrer Meinung das Labarum erst danach entstanden sein. Dem hat aber schon SCHULTZE (ders., Quellenuntersuchungen, 522f) und FRANCHI DE CAVALIERI (ders., a.a.O., 27) zurecht entgegenge-
halten, daß dies kein Anhaltspunkt sein kann, weil man annehmen muß, daß die Medaillons
der Caesaren dem Labarum auch noch später hinzugefügt werden konnten, d.h. Euseb mithin
nur den neuesten Stand überliefert, den er damals zu Gesicht bekam.

[20] SCHOENEWOLF, a.a.O., 49

[21] KRAFT (ders., 19f) nannte aus diesen Gründen die Schilderung der Entstehung des Labarums in VC I 29ff "legendarische Berichte", die vom Visionsbericht in VC I 28 abzusetzen
seien.

[22] VC I 30 = W 30,18

Himmel erschien ein Lichtkreuz über der Sonne, heraus kommt die christliche
Feldfahne.[23] Selbst wenn man Hasta und Querstab als Kreuz und dann z.B.
das umkränzte Christogramm als Symbol für die Sonne auffaßt, geht die Rechnung nicht auf, denn nach dem Visionsbericht liegt das Kreuz über der Sonne
und nicht darunter, wie es aber beim Labarum der Fall wäre.[24] Es spricht also
alles dafür, daß VC I 29ff eine Projektion späterer Ereignisse in das Jahr 312
darstellt. Für das Datum der Entstehung des Labarums ist es weiter wichtig,
daß seinem ersten Auftauchen zwei Ereignisse von einschneidender Bedeutung
vorausgehen. Da ist zunächst die Krise von 326, als Crispus und Fausta hingerichtet werden. Kellner konnte zeigen, daß die Münzlegende der Prägung von
327 (SPES-PVBLIC) konkret auf dieses Ereignis Bezug nimmt: Die Zukunft
der Dynastie ist trotz der Krise im Kaiserhaus gesichert.[25] Man könnte so
durchaus die Überlegung anstellen, ob nicht aus diesem Anlaß das Labarum erfunden wurde. Allerdings liegt vor der Palastkrise noch ein gewichtigeres
Datum, nämlich der Sieg Konstantins im Jahre 324 über Licinius. Durch diesen Sieg, der als die eigentliche "konstantinische Wende" in seiner Bedeutung
den Sieg von 312 übersteigt, wurde Konstantin Herr über Ost und West. Jedes
neue römische Feldzeichen wurde erst durch den Sieg geheiligt, der mit seiner
Hilfe errungen wurde.[26] Erst danach trat es in den Vordergrund. Dem entspricht, daß Euseb im Bericht über den Sieg über Licinius in VC II 6ff sehr
viel über die Rolle, die das Labarum dabei spielte, zu erzählen weiß. Ausführlich wird über seine entscheidende Wirkung beim triumphalen Sieg über Licinius berichtet: Überall wo es erschien, schlug es den Feind in die Flucht. Dort,
wo die Schlacht auf des Messers Schneide stand, brachte es die Wende.[27] Es ist
m.E. deshalb wahrscheinlicher, daß der Ursprung des Labarums in Zusammenhang mit dem Sieg von 324 zu bringen und nicht 326 zu suchen ist.[28] Auf
326 ist wahrscheinlich die ikonographische Neuheit der Schlange zurückzuführen, die vom Labarum durchbohrt wird.[29] Eusebs Schilderung der wunderbaren Wirkung des Labarums läßt noch ein Weiteres erkennen: Es war kein

---

[23] Vgl. FRANCHI DE CAVALIERI, Constantiniana, 22f

[24] Im übrigen ist dies ein weiteres Indiz dafür, daß es sich beim Visionsbericht um authentische Mitteilungen des Kaisers bzw. der höchsten Staatsorgane handelt (dazu siehe unten
das Kapitel über die Vision), da Euseb sie nicht anzutasten wagt, um sie dem nachfolgenden
Bericht über das Labarum anzugleichen. Stattdessen nimmt er lieber Widersprüche in seinem
eigenen Text in Kauf.

[25] KELLNER, Libertas und Christogramm, 88

[26] SCHOENEBECK, Beiträge zur Religionspolitik des Maxentius und Konstantins, 71

[27] VC II 7.8.16.55; IV 5 = W 51,1ff; W 70,18ff; W 121,10ff

[28] Nach 324 datieren das Labarum: HEIKEL, a.a.O., LVI; FRANCHI DE CAVALIERI,
Costantiniana, 27; BRUUN, The Christian Signs, 27; SCHOENEBECK, ebd; SCHOENEWOLF,
ebd.

[29] Zur Schlange siehe weiter unten.

Zeichen mit taktischer Bedeutung und war deshalb auch an keinen bestimmten
Truppenteil gebunden.[30] Euseb schildert, daß Konstantin das Labarum immer
dahin schickte, wo sein Heer in Bedrängnis war.[31] Es war siegbringendes φυλακτήριον, das nur zu diesem Zweck verwendet wurde. Darin stellt das Labarum etwas Neues dar: Es ist ein Banner im Heer mit ausschließlich religiöser
Funktion. Schon 1942 hatte Rostovzeff das Labarum wegen seiner Form und
seines Aussehens von sogenannten "religous banners" abgeleitet, die in Tempeln aufbewahrt wurden und die Fetisch einer Gottheit waren, mit militärischen
Standarten aber nichts zu tun hatten.[32] Merkmale, die sie mit dem Labarum ge-
mein haben, sind einerseits die prunkvolle Ausgestaltung des Fahnentuches mit
Edelsteinen usw. und andererseits die Anbringung des Symbols der Gottheit
auf der Spitze des Vexillums - beim Labarum das Christogramm, bei den Vexilla meist Helios.[33] Das Labarum kann deshalb mit Rostovzeff als eine Synthese
zwischem militärischem und religiösem Banner angesprochen werden. Zum
Verständnis des Labarums muß man sich auch vor Augen halten, daß im römischen Heer die Feldzeichen Träger göttlicher Kräfte und vor allem Gegenstand
kultischer Verehrung waren.[34] Tertullian konnte schreiben: "religio tota castren-
sis signa veneratur, signa adorat, signa iurat, signa omnibus praeponit".[35] Nach
Tertullian war das gesamte religiöse Leben in den Heerlagern auf die Verehrung
der Feldzeichen konzentriert.[36] Wenn Konstantin im Heer das Labarum als eine
neue Art des religiösen Vexillums einführte, dann konnte er dabei an bestehende Gepflogenheiten anknüpfen. Das Labarum war für Heiden und Christen
gleichermaßen akzeptabel und verständlich. Die von Euseb geschilderte Verehrung des Labarums im Heer zeigt, daß in dieser Hinsicht kein Unterschied zwischen den alten Vexilla und dem Labarum bestand. Ebenfalls hierher gehört die
von Euse überlieferte Ehrenwache durch fünfzig dafür abkommandierte christliche Soldaten.[37] Bedeutsam ist, daß durch das Labarum, aufgrund der heraus-
ragenden Rolle, die Konstantin ihm gegenüber den anderen Feldzeichen ein-
räumte, das Christogramm und der Gott, für den es stand, über die anderen

---

[30] GROSSE, a.a.O., 241

[31] VC II 7 = W 51,11ff

[32] ROSTOVZEFF, a.a.O., 92ff

[33] ROSTOVZEFF (ders., a.a.O., 103f) vermutet, daß aufgrund der Häufigkeit von Sol-Ve-
xilla mit der Übernahme der Form auch der religiöse Gehalt mittransferiert wurde. Dies ist bei
Konstantin natürlich sicher möglich, kann aber beim derzeitigem Forschungsstand leider
nicht bewiesen werden.

[34] SESTON, a.a.O., 700ff; J. HELGELAND, Roman Army Religion, in: ANRW II 16.2
(1978), 1473ff.

[35] Tert. Apol. 16,8 = ed. Dekkers, 116

[36] Es wurde vor ihnen geopfert, es haftete das Asylrecht an ihnen. Die Ersparnisse der
Soldaten wurden "apud signa" aufbewahrt u.a. (vgl. SESTON, a.a.O., 701f).

[37] VC II 8 = W 51,15ff

Zeichen der Götter gestellt wurde. Wieder nimmt die imperiale Repräsentation auch in diesem Punkt allein auf Christus Bezug.

Die Bedeutung des Labarums ist aufgrund seiner Funktion evident: Es ist Sieges- und Triumphzeichen. Es ist Siegeszeichen und φυλακτήριον jenes Gottes, jenes "Comes" des Kaisers, der schon an der Milvischen Brücke geholfen hat.[38] Damit steht das Labarum in der Nachfolge des Kreuzmonogramms auf den Schilden und ersetzt dieses ebenso wie das Kreuzszepter. Kreuzmonogramm und Kreuzszepter waren für die heidnische Öffentlichkeit und insbesondere für den in dieser Hinsicht sehr sensiblen Bereich des Heeres nicht tragbar gewesen, sehr wohl aber nun, wie wir gesehen haben, das Labarum.

---

[38] KELLNER, Libertas und Christogramm, 94f

Constantinus ambulans super aspidem

Im Zusammenhang mit dem Labarum muß auch eine Bildbeschreibung Eusebs besprochen werden, die sich in VC III 3 findet:[1]

"Dieses (scil.: νικητικόν τρόπαιον) stellte er auch öffentlich auf einem sehr hochgelegenen Gemälde vor dem Eingangsportal des Kaiserpalastes sichtbar für alle Augen dar. Das erlösende Zeichen war auf dem Bild über seinem Haupt angebracht. Das feindliche wilde Tier, das die Kirche Gottes durch die gottlose Tyrannei bedrängt hatte, war, in die Tiefe gerissen, in der Gestalt eines Drachens dargestellt. Denn als Drachen und gewundene Schlange haben das Ungeheuer die Worte in den Schriften der Propheten Gottes bezeichnet. Darum ließ auch der Kaiser den stürzenden Drachen unter seinen und seiner Söhne Füße, von einem Geschoß in der Mitte durchbohrt, in Wachsmalerei öffentlich darstellen und deutete so den unsichtbaren Feind des Menschengeschlechtes an und zeigte, daß dieser durch die Macht des über seinem Haupt gelegenen erlösenden Siegeszeichens in die Tiefe des Verderbens gestürzt worden war. Das deutete er durch das farbenprächtige Bild an. Ich aber staunte über die hohe Einsicht des Kaisers, wie er auf göttliche Eingebungen das abbildete, was die Stimmen der Propheten über dieses wilde Tier einmal ausriefen: ´Bringen wird Gott das Schwert, das große und furchterregende über den Drachen, die fliehende Schlange, und töten wird er den Drachen im Meer.´ Dieses ließ der Kaiser abbilden, wirklichkeitsgetreu dargestellt in der Malerei."

Bei der Analyse des Bildes muß die Interpretation, die Euseb gleich mitliefert, zunächst beiseitegelassen werden. Dargestellt waren der Kaiser und seine Söhne. Unter ihren Füßen befand sich ein von einem Speer/Geschoß durchbohrter Drache, über den Häuptern das "siegbringende Zeichen". Dieses von Euseb beschriebene Bild steht in der ikonographischen Tradition von imperialen Triumphbildern auf Münzreversen.[2] Dargestellt wird dort der Kaiser zu Pferde, der mit der Lanze einen am Boden liegenden Feind durchbohrt, oder die sogenannte Calcatio, bei der der siegreiche Kaiser seinen Fuß in den Nacken des vor ihm knienden Besiegten stemmt (Abb.15). In einem zunächst

---

[1] VC III 3 = W 82,1-19. Das Bild befand sich auf dem großen Palasttor, in das die Regia mündete. Es muß vor 330 entstanden sein, da am 11. 05. 330 die Consecratio der Stadt vollzogen wurde (BARNES, New Empire, 78). Zu diesem Zeitpunkt muß mindestens die Palastanlage in ihren wichtigsten Teilen fertig gewesen sein (KRAUTHEIMER, Christian Cap., 43).

[2] Auf den ikonographischen Zusammenhang dieser Bilder mit jenem auf der Palasttoranlage wies schon SCHULTZE (ders., Quellenuntersuchungen, 317) hin.

nebensächlich erscheinenden, aber in Wirklichkeit sehr wichtigen und voll-
kommen neuen Detail, unterscheidet sich unser Bild von der Tradition. Zu
Füßen der Kaiser befindet sich ein Drache bzw. eine Schlange. In der gesamten
vorkonstantinischen kaiserlichen Repräsentationskunst einschließlich der Münzen kommt der Drache nicht vor.[3] Es handelt sich um eine Neuerung der Zeit
Konstantins, die dann bei seinen Nachfolgern eine gängige Erscheinung wird.[4]
Die Einführung des Drachens muß einen besonderen Grund haben, denn die
Absicht des Kaisers bzw. seiner Programminventoren war es, einen neuen
Bildtypus - den Kaiser als Drachentöter - zu schaffen, ansonsten hätte auch die
herkömmliche Darstellung der besiegten Barbaren genügt. Das erstemal für uns
greifbar wird der Drache bzw. die Schlange auf der SPES-PVBLIC-Prägung
von 327, und mit dieser Münze dürfte die Entstehung des neuen Motivs zusammenhängen. Nach der, die junge Dynastie bis aufs Mark bedrohenden Palastkrise,[5] wurde für die Staatspropaganda diese neue Ikonographie entworfen,
um die Überwindung der großen Bedrohung mit Hilfe des Christus-Gottes zu
verkünden, der auch weiterhin das Heil und die Wohlfahrt des Staates garantie-
ren wird.[6] Herkömmlicherweise wird die Schlange dabei als Symbol für die
besiegte politische Macht des Heidentums bzw. für Licinius angesehen.[7] In
einem der Briefe des Kaisers heißt es auch: "Da aber jetzt die Freiheit wiedergegeben und jener Drache (scil. Licinius) durch die Vorsehung des höchsten
Gottes und durch meine Mitwirkung ... vertrieben ist."[8] Es soll hier nicht bezweifelt werden, daß die Schlange auch für die politischen Gegner Konstantins

---

[3] Zu den Münzen siehe: K. PINK, Der Drache auf antiken Münzen, in: Mitteilungen der
Österreichischen Numismatischen Gesellschaft 2 (1960), 125f

[4] Beispiele für die nachkonstantinische Zeit bietet jetzt: E. DEMOUGEOT, La Symbolique
du Lion et du Serpent sur les Solidi des Empereurs d´Occident de la Première Moitié du V´
Siècle, in: RNum 28 (1986), 94ff; zum Thema vgl. auch : A. GRABAR, L´empereur dans l´
art Byzantin, 43ff; ein Beispiel abgebildet in: AGE, 63 Fig.12.

[5] Dazu siehe unten die Schlußkapitel.

[6] Das auf der Münze zuerst auftauchende Motiv des die Schlange durchbohrenden Labarums macht es wahrscheinlich, daß auf dem Torbild die Schlange vom *Labarum* (das hier
der Kaiser führt) durchbohrt wurde. Dafür sprechen auch die vorkonstantinischen Vorläufer des
Motivs und auch der Kontext der VC. In der unserer Textstelle unmittelbar vorausgehenden
Passage unterscheidet nämlich Euseb zwischen dem "heilbringenden Zeichen", mit dem Konstantin sich seine Stirn schmückte (das Christogramm) und dem "siegbringenden Zeichen"
(wohl das Labarum), dessen Konstantin sich rühmte (VC III 2 = W 81, 33 - 82, 1)). Auf das
"siegbringende Zeichen" bezieht sich die Einleitung zu unserem Text: "Dieses stellte er auch
öffentlich dar ...". Für die Deutung des Bildes ist die Frage "Christogramm" oder "Labarum"
letztlich belanglos. So oder so ist klar, daß der Drache mit Hilfe des Christuszeichens besiegt
wird.

[7] SCHULTZE, a.a.O., 517; GRABAR, a.a.O., 237; DEMOUGEOT, a.a.O., 99; BRUUN, The
Christian Signs, 21f; A. QUAQUARELLI, Il leone e il drago nella simbolica della età patristica, 100; R. MERKELBACH, Art. "Drache", in: RAC 4 (1959), 243

[8] VC II 46 = W 67,13ff

steht, jedoch nicht allein, denn, wie schon gesagt, hätte für eine Darstellung der politischen Gegnerschaft die herkömmliche tradierte Ikonographie ausgereicht und wäre zugleich eindeutiger gewesen. Die Schlange hingegen symbolisiert darüberhinaus das Böse schlechthin. Nur das kann der Grund ihrer Einführung gewesen sein. Hier könnte in der Tat die traditionelle christliche Interpretation der Schlange (ausgehend von Gen. 3,15; Ps. 90,13 usw.) als Sinnbild für das Böse[9] in die imperiale Repräsentation übernommen worden sein. Auch im paganen Bereich symbolisiert der Drache zwar nicht ausschließlich, aber doch meistens, das Böse.[10] Es zeigt sich also auch hier, daß die neue Bilderfindung sowohl für Heiden als auch für die Christen annehmbar und gleich verständlich war. Im Unterschied zum Münzbild, auf dem Konstantin nicht abgebildet ist, führt er auf dem Bild in Konstantinopel anscheinend das Christuszeichen selbst bzw. stürzt er mit dessen Hilfe den Drachen in die Tiefe. Indem Konstantin so das Böse in der Welt überwindet, ist er der Erfüller des Willens des Christusgottes, der ihm deshalb hilft. Den prinzipiellen Sieg Christi über das Böse wiederholt Konstantin als sein irdischer Stellvertreter. Als Ausführender seines Willens ahmt er ihn nach. Es liegt demnach die Darstellung einer Mimesis Christi durch Konstantin vor, der sich damit zugleich messianische Züge verleiht. Für Christen konnte diese Darstellung nahe an eine Identifikation Konstantins mit Christus heranreichen, da sie - so wie Euseb selbst - natürlich an die messianischen Weissagungen des Alten Testaments (Gen. 3, 15; Ps. 90,13; Jes. 27,1 das Euseb zitiert) dachten, die damals selbstverständlich christologisch ausgelegt wurden.[11] Nach dem Verständnis der Alten Kirche ist es Christus, der den Drachen überwunden und damit die Weissagungen erfüllt hat. Im Konstantinopler Bild setzte sich aber Konstantin an die Stelle Christi und vollbringt dessen Werk.[12]

Der Vollständigkeit halber sei in diesem Zusammenhang auf die bekannte ikonographische Tradition des "Christus ambulans super aspidem (et leonem)" hingewiesen.[13] Das älteste Beispiel ist ein Sarkophagfragment in Gerona (Abb.16). Dort steht Christus nach Ps. 90 auf Löwe und Schlange. In der ein

---

[9] MERKELBACH, a.a.O., 238ff

[10] MERKELBACH, a.a.O., 237ff und 231

[11] So auch Euseb selbst in seinem Jesajakommentar zu Jes. 27,1: Eus. Is. ad Jes. 27,1 = ed. Ziegler, 147,11

[12] MERKELBACH, a.a.O., 243 und SCHULTZE, Quellenuntersuchungen, 519 nehmen an, daß auf dem Bild Konstantin und seine Söhne die Tat Michaels nach Apk 12 vollbringen. Dort handelt es sich aber um einen siebenköpfigen Drachen, der das apokalyptische Weib bedroht. Ps. 90,13 und Jes. 27,1 stehen dem Bild viel näher, als Apk 12. Euseb zitiert an dieser Stelle bezeichnenderweise auch Jes. 27,1 und nicht die Apokalypse.

[13] Zur Frühgeschichte des bis ins hohe Mittelalter häufig anzutreffenden Motivs vgl.: QUAQUARELLI, a.a.O., 102ff; J. PARTYKA, La représentation disparue du Christ d'Alexandrie et la nouvelle peinture Nubienne du "Christus Sol et Victor", in: RivAC 60 (1984),

schlägigen Literatur wird dieses Sarkophagfragment (vielleicht ein römisches Exportstück) um 310 datiert.[14] Es wäre damit älter als die SPES-PVBLIC-Prägung von 327 und das Bild am Konstantinopler Palasttor. Letztere wären dann ikonographisch von christlichen Motiven abhängig. Das würde aber bedeuten, daß wir einen sicheren Beleg dafür hätten, daß Konstantin sich auf dem Bild in Konstantinopel an die Stelle Christi setzt. Es wäre dann der einzige bisher nachzuweisende Fall, bei dem die frühchristliche Ikonographie die kaiserliche Symbolik beeinflußt hätte und nicht umgekehrt. Gerade aber aus diesem Grund erscheint mir die Datierung des Sarkophagfragments auf 310 als fraglich. Der dem tetrarchisch-frühkonstantinischen Stil anverwandte "Stilhabitus" des Fragments, aufgrunddessen es so früh datiert wird, stellt seit der Arbeit Eichners über die Herstellungstechniken und Produktionsmethoden der konstantinischen Sarkophagplastik kein Argument mehr für die Datierung dar, da Eichner nachwies, daß es sich dabei nicht um einen Stil, sondern um ein bestimmtes Fertigungsstadium handelt.[15] Dementsprechend lassen sich auch Sarkophage dieser "Stilrichtung" noch um die Jahrhundertmitte in Rom nachweisen.[16] Das Motiv des "Christus super aspidem et leonem" muß deshalb naturgemäß aus der kaiserlichen Ikonographie abgeleitet werden.

109ff; P.G. POST, "Conculcabis leonem ..." Some iconographic and iconologic notes on an Early-Christian terracota lamp with Anastasis scene, in: RivAC 58 (1982), 147ff; G. BOVINI, "Christus Victor": Una rara raffigurazione su un frammento di sarcofago paleocristiano del Museo Oliveriano di Pesaro, in: Studia Oliveriana 12 (1964), 47ff; ders., "Christo vincitore delle forze del male" nell'iconografia paleocristiana ravennate, in: Corsi Ravenna 11 (1964), 25ff; G. SCHILLER, Ikonographie der christlichen Kunst III, 32ff.

[14] M. SOTOMAYOR, Sarcofagos romano-cristianos de España. Estudio iconográfico, 11; B. BRENK, The Imperial Heritage of Early Christian Art, in: K. WEITZMANN (ed.), Age of Spirituality. A Symposium, 44; H. SCHLUNK, T. HAUSSCHILD, Hispania Antiqua, 117f (Lit.); BOVINI, "Christus Victor", 49: "... ai primi decenni del IV secolo"; POST, a.a.O., 165; PARTYKA, a.a.O., 115.

[15] A. EFFENBERGER, Probleme der Stilentwicklung in der Kunst des frühen 4. Jh., in: F. MÖBIUS (ed.), Stil und Gesellschaft, 135ff; K. EICHNER, Die Produktionsmethoden der stadtrömischen Sarkophagfabrik in der Blütezeit unter Konstantin, in: JAC 24 (1981), 85ff.

[16] G. BOVINI, H. BRANDENBURG, Repertorium der christlich-antiken Sarkophage, Nr.25a (Taf.8).

Das Kaiserportrait

Die Voraussetzungen

Von jedem römischen Kaiser existierte ein offizielles Bildnis, das bekanntlich bei Staatsakten (insbesondere beim Regierungsantritt), im Heer und bei Gericht eine große Rolle spielte.[1] Das Kaiserbild war dabei weit mehr als ein bloß ästhetisches Phänomen. Vor ihm wurden kultische Handlungen vollzogen, d.h. es wurde vor ihm den Göttern geopfert.[2] Auch wenn es - je länger je mehr - nicht mit den Götterbildern gleichzusetzen war, so bestand auf diese Weise in der Praxis doch eine Verbindung zu diesen. Bei Christenprozessen konnte von den Angeklagten verlangt werden, dem Götterbild oder aber vor dem Kaiserbild den Göttern für das Wohlergehen des Kaisers zu opfern, sodaß man auch auf diese Weise durchaus in Konflikt mit dem Herrscherkult als "Loyalitätsreligion" geraten konnte.[3] Von da aus stellt sich naturgemäß die Frage, wie Konstantin sich bei diesem zu seiner Zeit noch immer heiklen Problem verhalten hat, denn einfach abschaffen konnte er natürlich das Kaiserbild und die damit

---

[1] Grundlegend: H. KRUSE, Studien zur offiziellen Geltung des Kaiserbildes im römischen Reiche, passim; und jetzt: T. PEKARY, Das römische Kaiserbildnis in Staat, Kult und Gesellschaft. Dargestellt anhand der Schriftquellen, 42ff, 116ff und 134ff; vgl. auch: P. ZANKER, Prinzipat und Herrschaftsbild, in: Gymnasium 86 (1979), 360ff.

[2] Zur Stellung des Kaisers im Herrscherkult vgl. jetzt: S.R.F. PRICE (ders., Between man and god. Sacrifice in the Roman imperial cult, in: JRS 70 (1980), 28ff). PRICE arbeitet heraus, daß wohl in den allerseltensten Fällen dem Kaiser als Gott geopfert wurde, sondern geopfert wurde den *Göttern* für den Kaiser, der demnach eine Position "between man and God" einnahm. Vgl. dazu auch allgemein: H. FUNKE, Art. "Götterbild", in: RAC 11 (1981), 705ff

[3] Die Rolle des Opfers vor dem Kaiserbild bei den Christenverfolgungen und Christenprozessen darf dabei nicht überschätzt werden: Vgl.: F. MILLAR, The Imperial Cult and the Persecutions, in: Le culte des souverains dans l'empire romain, in: Fond.Hardt.Entretiens19 (1972),145ff. Daß die Zeremonien um die Kaiserbilder schon völlig ihres kultischen Sinnes beraubt waren (eine Tendenz in diese Richtung glaube ich bei: J. ENGEMANN, Art. "Herrscherbild", in: RAC 14 (1988), 1041 feststellen zu können) erscheint als unwahrscheinlich, da die zahlreichen Äußerungen der Kirchenväter zu diesem Thema sonst nicht verständlich wären (Material dazu bei: K.M. SETTON, Christian Attitude towards the Emporer, 39f, 196ff, 201f).

verbundenen Zeremonien wegen ihrer systemerhaltenden Funktion nicht.[4] Bei
der Beurteilung und Deutung des konstantinischen Kaiserbildes ist noch ein
weiteres zu berücksichtigen. Schon bei Augustus, aber vor allem seit dem dritten Jahrhundert waren Stil und Ikonographie des Kaiserportraits Träger und
Transportmittel der Ideologie des jeweiligen Herrschers, sie verkündeten auch
eine politische Botschaft. So machte im dritten Jahrhundert besonders Gallien
sein Portrait zu einem wichtigen Instrument seiner "Medienpolitik" und hob
damit die Kaiserliche Portraitplastik auf eine neue Ebene.[5] Je nach politischer
Botschaft wechselte bei ihm der Stil des Portraits, sodaß derselbe Kaiser Galli-
en ganz verschieden aussehen konnte. Die Naturtreue wird nebensächlich bzw.
belanglos.[6] Auf die Spitze getrieben wird diese Entwicklung in der tetrarchischen Zeit. Als beliebige Beispiele mögen für die Rundplastik ein vermutliches
Portrait des Galerius (Abb.17) und für die Münzportraits jenes des Maximinia-
nus Daia (Abb.18) dienen. Von beabsichtigter Naturtreue kann keine Rede
sein. Die Köpfe sind kubisch-blockhaft aufgebaut und auf massige stereometri-
sche Formen reduziert. Die Gesichter sind bärtig, die Haare militärisch kurz
geschoren. Die respekteinflößende, gewalttätige und martialische Wirkung ist
beabsichtigt. Auf den ersten Blick soll der Soldatenkaiser erkannt und gefürch-
tet werden. Er wird vorgeführt als der, der in harten Zeiten sein Heer und das
Reich erfolgreich zu führen versteht.Bezeichnend hierfür ist ein Detail am Kopf
des Galerius, nämlich die Zornesfalte über der Nase auf der Stirn. Diese Falte
ist, wie L´Orange gezeigt hat, ein reiner Kunstgriff und hat nichts mit Por-
traitähnlichkeit zu tun. Das Gesicht soll zur "frons trux", zum drohenden und
schreckenerregenden Antlitz werden, zum Gesicht eines Kaisers, der keinen
Widerstand duldet.[7] Die tetrarchischen Kaiserbilder sind so ein vollkommenes
Spiegelbild der politischen Absichten jener Zeit - man denke auch an Denkmäler wie die Tetrarchengruppen[8] oder an das Fünfsäulenmonument auf dem
römischen Forum.[9] Dies ist die Situation, die Konstantin bei seinem Regie-

---

[4] Auf die Bedeutung dieses Problems wies erstmals T. PEKARY hin (ders., Der römische
Bilderstreit, in: Frühmittelalterliche Studien 3 (1963), 20ff. Zur systemerhaltenden Funktion
vgl. auch den Aufsatz von: H. HUNGER, Ideologie und Systemstabilisierung im byzantinischen Staat, in: AAH 27 (1979), 263ff, der hier die imperiale Repräsentation als Ganzes unter
diesem Aspekt betrachtet.

[5] J. D. BRECKENRIDGE, Roman Imperial Portraiture from Augustus to Gallienus, in:
ANRW II 12.2, 507ff

[6] Vgl. auch das wichtige Buch von J.D. BRECKENRIDGE: ders., Likeness: A Conceptual
History of Ancient Portraiture (1969).

[7] L´ORANGE, Herrscherbild, 7ff; zu diesem Portrait des Galerius vgl. auch: ENGEMANN,
Art. "Herrscherbild", 975.

[8] Vgl.: E. KITZINGER, Byzantinische Kunst im Werden, 25f und die Zusammenfassung
des Forschungsstandes bei: ENGEMANN, Art. "Herrscherbild", 974f;

[9] J. ENGEMANN, Die religiöse Herrscherfunktion, 336ff

rungsantritt vorfindet. Es ist deshalb für uns nicht nur von Interesse, wie er sich gegenüber dem Kaiserbild als einem in gewisser Weise immer noch "kultbaren" Bild verhält, sondern darüberhinaus, welchen stilistischen Habitus er seinen Bildnissen geben ließ, der ja die Staatsideologie und das Selbstverständnis des Kaisers spiegelt.[10]

Die Entwicklung bis zum Jahr 324

Die ersten Münzen, die Konstantin 306 als Caesar schlagen ließ, stammen aus Trier.[11] Sie zeigen einen Kopf, der vom tetrarchischen Portrait abzurücken beginnt (Abb.19).[12] Zwar ist das Haar noch nach Tetrarchenart geschoren, d.h. es ist soldatisch kurz gehalten und von der Stirn zur Schläfe hinunter in einem rechten Winkel geschnitten.[13] Aber die Kopfform ist nicht mehr kubisch-blockhaft gegeben und es eignet ihr nicht mehr die tetrarchische Massigkeit und Bulligkeit, sondern der Schädel ist gerundet und die Binnenformen des Gesichtes werden stärker durchmodelliert. Markant ist die Adlernase. Konstantin nimmt hier bei seinem frühen Bildnis das späte Münzportrait seines Vaters zum Ausgangspunkt (Abb.20), das sich in seiner feineren Modellierung schon etwas vom tetrarchischen Typ unterschied.[14] Konstantin geht jedoch bei seiner Hinwendung zu einem klassizierenden Stil weit über seinen Vater hinaus. Vermutlich orientiert er sich sogar am Portrait des Augustus.[15] Auf dieser Entwick-

---

[10] In einem ähnlichen Zusammenhang formulierte P. ZANKER (ders., a.a.O., 361): "Es lohnt sich deshalb zu fragen, was für ein Bildnis die verschiedenen Kaiser von sich verbreiten ließen. Freilich nicht um zu erfahren, wie die Kaiser wirklich ausgesehen haben, oder gar, was für einen Charakter sie hatten - solche Fragen gehen an Eigenart und Funktion des antiken Herrscherportraits vorbei - sondern um zu erkennen, wie sie gesehen werden wollten. Denn auch Stilisierung und Mimik, Wirklichkeitsnähe oder -ferne des kaiserlichen Antlitzes können, wie wir sehen werden, eine poltische Aussage enthalten." Im folgenden können natürlich nicht alle von Konstantin erhaltenen Portraits (bzw. solche die ihm zugeschrieben werden) besprochen werden. Uns interessiert in erster Linie der Hauptstrang der Entwicklung.

[11] RIC VI, 204 Nr.627 und 205 Nr.636

[12] Zum Münzportrait dieser Zeit vgl. M.R. ALFÖLDI, Goldprägung 21ff; L´ORANGE, Herrscherbild, 50f; J. MEISCHNER, Die Portraitkunst der Tetrarchie, in: AA 1986, 242 und besonders: D.H. WRIGHT, The True Face of Constantine the Great, in: Studies on Art and Archeology in Honour of Ernst Kitzinger, in: DOP 41 (1987), 494ff

[13] MEISCHNER, a.a.O., 242 (gegen L´ORANGE, Herrscherbild, 51); ähnlich: M.R. ALFÖLDI, Goldprägung, 58. Anfangs ist Konstantin auf diesen Münzen manchmal noch mit dem Tetrarchenbart abgebildet (Abb. bei: DELBRUECK, Kaiserportraits, Taf.I.1 und WRIGHT, a.a.O., Fig.7), doch verschwindet dieser Bart sehr bald, da er offensichtlich nicht den Intentionen Konstantins entspricht (vgl. WRIGHT, a.a.O., 495).

[14] DELBRUECK, Kaiserportraits, 36; WRIGHT, a.a.O., 494; RIC VI 203 Nr.620

[15] WRIGHT, a.a.O., 496

lungsstufe steht das älteste von Konstantin erhaltene vollplastische Portrait, das etwa zur selben Zeit entstanden sein muß (Abb.21).[16] In den großen Formen ist die tetrarchische Zeit noch spürbar, aber die "weiche, plastisch nuancierende Gesichtsmodellierung", die sich mit der Trierer Prägung deckt, weist schon auf den konstantinischen Klassizismus.[17] Diese Entwicklung wird, wie sich an den Münzportraits ablesen läßt, konsequent fortgeführt. Ab dem Jahre 311 wird das Haar länger und fülliger und ab 312 wird dieser Typ im ganzen Reich verbreitet.[18] Vor allem bei den Prägungen ab 312 wird verstärkt die Orientierung an älteren klassischen Vorbildern greifbar (Abb.22), insbesondere an Münzen Trajans bzw. des Augustus.[19] Auf diesen Münzen wird das Portrait des Konstantinsbogens von 315 vorbereitet (Abb.23). In den Portraits Konstantins auf den Medaillons des Bogens begegnet uns der konstantinische Klassizismus in seiner vollen Entfaltung und zugleich in höchster Vollendung. Das Gesicht ist differenziert und äußerst sanft und weich durchmodelliert. Nichts erinnert mehr an die tetrarchische Vergangenheit mit ihren Formvereinfachungen. Der Kaiser ist nun ganz jugendlich gegeben. Statt der militärisch kurz geschorenen Haare trägt Konstantin fülliges, in Locken gelegtes Haar. Bedeutsam ist nun, daß hier die Darstellung eines Gegensatzes zur Tetrarchenzeit intendiert ist. Dies zeigt das Portrait des Licinius auf demselben Bogen, das noch ganz der tetrarchischen Formensprache verhaftet ist und vondem sich Konstantin bewußt absetzen will.[20] Bei den Medaillons handelt es sich bekanntlich um Spolien aus

[16] Dieses Portrait fehlt in den diversen Katalogen von: DELBRUECK, LÓRANGE und CALZA. Ich folge der überzeugenden Zuschreibung durch: MEISCHNER, a.a.O., 240ff.

[17] MEISCHNER, a.a.O., 243. In diesem Zusammenhang ist eine auffällige Mitteilung des Panegyrikers vom Jahre 310 bemerkenswert, in der Konstantin als jung und schön gepriesen wird (XII Panegyrici VI (VII) 17 = ed. Mynors 198,21ff). Es ist m.E. durchaus möglich, daß an dieser Stelle schon auf die neue offizielle Imago Konstantins Bezug genommen wird.

[18] Vgl. dazu: P. BRUUN, Notes on the transmissions of imperial images in Late Antiquity, in: Studia romana in honorem Petri Krarup septuagenarii, 122ff, bes. 128; ders., Portrait of a Conspirator. Constantine's Break with the Tetrarchy, in: Arctos X (1977), 5

[19] RIC VII, 234 Nr.1; M.R. ALFÖLDI, Goldprägung, 58ff und 59 Anm.1; WRIGHT, a.a.O., 505. Es ist m.E. müßig in unserem Zusammenhang darüber eine Diskussion zu führen, ob Konstantin sich dabei mehr an Augustus (WRIGHT) oder an Trajan (M.R. ALFÖLDI) orientiert hat. Für Konstantin war zu dieser Zeit m.E. nicht die Orientierung an einen bestimmten Kaiser ausschlaggebend, sondern ihn interessierte in erster Linie wohl nur das "Klassische", das mit diesem Portraittyp zum Ausdruck kam. Zu der Interpretation diesesr Stilendenz vgl. das Folgende.Vgl. zu dieser Frage auch: W. v. SYDOW, Zur Kunstgeschichte des spätantiken Portraits im 4. Jahrhundert n. Chr., 48.

[20] L'ORANGE, Herrscherbild, 40ff. Die Identifizierung des Dargestellten mit Licinius darf als gesichert gelten. R. CALZA (dies., Un problema di iconografia imperiale sull'arco di Costantino, in: RPARA 32 (1959/60), 133ff) und v. SYDOW (ders., a.a.O., 24f) plädierten für ein Portrait des Konstantius Chlorus. Dies konnte von L'ORANGE (ders., Herrscherbild, ebd.) und jetzt auch von ENGEMANN (ders., Art. "Herrscherbild" wohl endgültig widerlegt werden.

hadrianischer Zeit, die zum Teil umgearbeitet wurden, andere Teile des Bogens stammen von Monumenten Trajans und Marc Aurels.[21] Dieser Rückgriff auf äl- tere Vorbilder aus der goldenen Zeit Roms, sowohl beim Münzportrait als auch am Bogen, ist eine politische Willenskundgebung. Konstantin beschwört die Hochzeit des römischen Imperiums im ersten Jahrhundert, die mit seiner Re- gierung wieder aufleben soll.[22] Der neue Klassizismus der Bildnisse Konstan- tins will den Stil jener Epoche nachahmen, die durch ihn wieder heraufgeführt werden soll.[23]

Dieser neue Portraittyp, der durch die Medaillons am Konstantinsbogen und durch die Trierer Prägung von 313 repräsentiert wird, wird in der Folge, wie schon erwähnt, im ganzen Reich verbreitet. Auf den Münzen bleibt er bis 324 nahezu unverändert. In der Portraitskulptur jener Zeit entsprechen Köpfe wie diejenigen in Tunis, Kopenhagen und Madrid.[24] Sie folgen dem Portrait des Konstantinsbogens[25] und es läßt sich an ihnen keine auffällige Weiterentwick- lung der offiziellen Imago des Kaisers ablesen. Dies ändert sich schlagartig mit dem Jahr 325.

Das Portrait Konstantins mit dem aufwärts gerichteten Blick

Zum Anlaß der Vicennalienfeiern des Jahres 325 werden Münzen mit einem völlig neuartigen Portrait des Kaisers und seiner Söhne im ganzen Reich in- Umlauf gebracht.[26] Auf den Aversen dieser Münzen blicken Gesicht und Augen

---

[21] H.P. L´ORANGE, A. v. GERKAN, Der spätantike Schmuck des Konstantinsbogens, 191; weitere Belege bei: v. SYDOW, a.a.O., 54

[22] L´ORANGE - v. GERKAN, ebd.; v. SYDOW, ebd. Zur ideologischen Aussage der Spoli- en vgl.: B. BRENK, Spolia from Constantine to Charlemagne: Aesthetics versus Ideology, in: Studies on Art and Archeology in Honour of Ernst Kitzinger, in: DOP 41 (1987), bes. 104f; A. EFFENBERGER, Bildende Kunst, in: F. WINKELMANN, W. BRANDES (edd.), Quellen zur Geschichte des frühen Byzanz, 65f

[23] V. SYDOW, a.a.O., 55. Der diesem Konzept inhaerente messianische Zug wird vor allem am Bogen deutlich, denn der Sol-Ikonographie eignet, wie schon dargelegt immer ein messianischer Grundzug. Auf der Ostseite des Bogens wird z.B. über die Darstellung des Ein- zugs Konstantins in Rom die Auffahrt des Sol plaziert. Die Bilder sollen offensichtlich zu- sammengesehen werden: Konstantins Einzug in Rom gleicht dem Aufgang desSol: ein neues Zeitalter bricht an (L´ORANGE, Kleine Beiträge, 27).

[24] Abb. bei: L´ORANGE, Herrscherbild, Abb.38 a-d, u. 39 c u. d , bzw.: CALZA, Abb.269 u. 270

[25] L´ORANGE, Herrscherbild, 55; ders., Kleine Beiträge, 23ff

[26] Zur genaueren Datierung vgl.: M.R. ALFÖLDI, Goldprägung, 92f. An der Datierung kann - trotz der Vorsicht von RESTLE (ders., Art. "Herrschaftszeichen", in: RAC 14 (1988), 952) - kein Zweifel bestehen, da die Reverse Bezug auf die Vicennalien nehmen bzw. Münzen

des Kaisers nach oben. Der Hals wirkt dadurch gereckt. Statt eines Lorbeer-
kranzes ziert nun ein Banddiadem oder ein Edelsteindiadem[27] das Haupt
(Abb.24 a-c). Das Gesicht ist durch Weichheit und hohe Glätte gekennzeichnet. Die klassizistischen Züge wirken gleichsam veredelt, ja übersteigert. Alle
Formen sind sanft gerundet. Auf manchen Beispielen wird die für Konstantin
so typische Adlernase sogar zu einer regelrechten Stupsnase (Abb.24 b).[28] Die
Augen sind betont und wirken größer als früher.

Die Einführung dieses vollkommen neuen Bildes kann nach dem bisher Gesagten nur den Zweck haben, ein geändertes Selbstverständnis des Kaisers,
bzw. eine neue Auffassung vom Herrschertum zu propagieren. Konstantin
bzw. die staatlichen Programminventoren bedienen sich dabei verschiedener, in
der Tradition bereits vorliegender, ikonographischer Mittel. Schon Eckhel war
der Meinung, daß dieses Konstantinportrait von Münzen Alexanders des
Großen angeregt worden sei: Von dort her sei auch das Diadem zu erklären
(Abb.25).[29] In der Forschung wurde dagegen nur von Schultze und Seeck Ein-
spruch erhoben, die von der christlichen Interpretation dieser Münze durch
Euseb (VC IV 12) ausgingen und deshalb eine "heidnische" Alexanderimitation
ablehnten.[30] Vergleicht man aber unsere Münzen mit den betreffenden Prägungen Alexanders d. Gr. und seiner Nachfolger, dann ist der Zusammenhang
evident: "Bei solcher Ähnlichkeit ist der Zufall ausgeschlossen, es liegt hier offenbar eine Nachbildung der Alexanderbildnisse vor".[31] Auch das Fehlen einer
Legende, das bei einem kaiserlichen Münzportrait einen Bruch mit der bisherigen römischen Tradition darstellt, unterstützt diese Annahme. Hellenistische

---

dieses Typs auch für Crispus geschlagen wurden, womit ein Terminus ante quem (Mai 32-
6)gegeben ist. Dieser Münztyp wird 335 zu den Tricennalien noch einmal geprägt. M.R. AL-
FÖLDI (dies., Goldprägung, 128) versucht die Bedeutung der Münzen stark abzuschwächen.
Aber schon der Umstand, daß der Typ mehrmals in Umlauf gebracht wurde, sowie die große
Zahl der noch erhaltenen Stücke, die auf große Emissionen schließen läßt, und vor allem die
an ihnen zu verfolgende Neueinführung einer Insignie beweisen, welchen hohen Stellenwert
sie innerhalb der imperialen Repräsentation einnahmen.

[27] Das Edelsteindiadem taucht anscheinend erst zum zweiten Teil der Feiern im Jahre 326
in Rom auf (M.R. ALFÖLDI, Goldprägung, 93).

[28] Es ist weit übertrieben wenn WRIGHT (ders., a.a.O., 506) zu diesem Portrait behauptet: " ... but the physiognomy is essentially still the same as in the heroic Augustan type
that had been standardized a dozen years earlier."

[29] I. ECKHEL, Doctrina numorum veterum VIII, 80

[30] SCHULTZE, Quellenuntersuchungen, 506f und ders. nocheinmal in dem Aufsatz: ders.,
Die christlichen Münzprägungen unter den Konstantinern, in: ZKG 44 (N.F. 7) (1925), 331f;
O. SEECK, Zu den Festmünzen Konstantins und seiner Familie, in: ZN XXI (1898), 30

[31] F. KENNER, Die aufwärts sehenden Bildnisse Konstantin´s des Großen und seiner
Söhne, in: Wiener Numismatische Zeitschrift 12 (1880), 90. Dieser Meinung folgen: DEL-
BRUECK (ders., Kaiserportraits, 16); H.P. L´ORANGE (ders., Apothosis in Ancient
Portraiture, 92), der aber in seiner Studie "Sol invictus imperator" diese Meinung noch nicht

Einflüsse im Münzportrait konnten von M.R. Alföldi noch 330 nachgewiesen werden und es gibt auch noch Hinweise in schriftlichen Quellen für eine Alexanderimitatio Konstantins,[32] so daß die Annahme, daß Konstantin hier die Alexanderikonographie benutzt, alle Wahrscheinlichkeit für sich hat.

Am auffälligsten ist der nach oben gerichtete Blick. Er kommt bei Alexander (und bei seinen Nachfolgern) nicht nur auf Münzportraits vor, sondern auch in der Plastik.[33] Dieses ikonographische Element wird von Rom übernommen, beginnend mit Pompeius[34] und dann fortgesetzt von Septimius Severus und Gallien (Abb.26 u. 27). Gerade bei Gallien ist deutlich, daß er sich des Vorbildes Alexanders des Großen bedient.[35] Er läßt sich auf der entsprechenden Münze auch mit dem Diadem abbilden. Die Deutung des aufwärtsgerichteten Blickes ist einfach: "Ein aufwärtsgerichteter Portraitkopf wird dem Beschauer immer in Beziehung auf die überirdische Welt gedacht erscheinen."[36] Ja man wird sogar sagen müssen, daß bis zu Gallien dieser Blick die Göttlichkeit des Abgebildeten ausdrücken soll, seine göttliche Fähigkeit zur providentia.[37] In spätrömischer Zeit hatte die Darstellung der Göttlichkeit des Herrschers bekanntlich zur Legitimation seines Herrschaftsanspruches gedient. Der nach oben gerichtete Blick signalisiert daher sicher einen außergewöhnlichen Herrscheranspruch, da er sowohl bei Gallien als auch bei Konstantin zugleich mit dem Diadem, dem "Würdezeichen des absoluten Herrschertums"[38] auftritt. Besonders muß dies für Konstantin gelten, der ja seit seinen Vicennalien als erster römischer Herrscher *ständig* das Diadem trug, dessen Form sich ab nun innerhalb weniger Jahre rasant weiterentwickelte:[39] 326 in Rom begegnet schon das Edelsteindiadem, das sogleich weitermodifiziert wird, daneben erscheint das Perlendiadem.[40] Dies zeigt, welche Bedeutung Konstantin dieser Insignie,

---

vertreten hatte (vgl.: ders., Sol invictus imperator, 335 Anm.42); J.M.C. TOYNBEE (dies., Roman Medaillons, 175f und dies., Ruler-Apotheosis in Ancient Rome, in: The Numismatic Chronicle, Sixth Ser. VII (1947), 147; M.R. ALFÖLDI, Goldprägung, 128f (Anm.5); W.W. METCALF, in: Age of Sp., 40 Kat.Nr.34 und zuletzt: WRIGHT, a.a.O., 506.

[32] M.R. ALFÖLDI, Goldprägung, 115f. Vgl. die schon die Hinweise auf schriftliche Quellen bei KENNER (ders., a.a.O., 94) ; ausführlich zuletzt: v. SYDOW, a.a.O., 45ff

[33] Weitere Beispiele bei: L´ORANGE, Apotheosis, 40 (Abb.) und Fig.20

[34] L´ORANGE, Apotheosis, 49ff, Fig. 2 b u. 2 c

[35] A. ALFÖLDI, Die monarchische Repräsentation, 266; L´ORANGE, Apotheosis, 88

[36] KENNER, a.a.O., 90; vgl. auch: L´ORANGE, Herrscherbild, 53

[37] L´ORANGE, Apotheosis, passim

[38] A. ALFÖLDI, Die monarchische Repräsentation, 266

[39] A. ALFÖLDI, Die monarchische Repräsentation, 263ff, bes. 266f. Zur weiteren Geschichte des Diadems vgl.: K. WESSEL, Art. "Insignien", in: RBK 3 (1978), 373f und: RESTLE, Art. "Herrschaftszeichen", 951ff

[40] M.R. ALFÖLDI, Goldprägung, 93

dem Symbol der absoluten Monarchie, beimaß.[41] Faßt man die ikonographischen Hauptelemente dieser Konstantinportraits zusammen, also den nach oben gerichteten Blick, den Klassizismus und das Diadem, so ergibt sich das Bild eines Herrschers, der nach seinem Sieg über Licinius im Jahr 324 als Beherrscher des Gesamtreiches sich nicht nur wie bisher als Bringer eines goldenen Zeitalters (Klassizismus) verstand, sondern darüberhinaus nun als *absoluter* Monarch (Diadem), dessen Herrschaft und Siege auf einer übernatürlich engen Beziehung zu seiner Gottheit beruhen (Blick nach oben). Die nach oben blickenden Augen sind zwar nun nicht mehr Ausdruck für die Göttlichkeit, wohl aber für göttliche Inspiriertheit. Auch wenn der mit dem neuen Portrait proklamierte, absolute Herrschaftsanspruch nicht über den Weg der Identifikation mit einer Gottheit zum Ausdruck gebracht wird, sondern mit Hilfe des göttlich inspirierten Herrschers, dessen Macht letztlich abgeleitet ist, so ist es aber m.E. doch eine Überinterpretation, von einer Kluft zwischen göttlicher Natur und dem Kaiser als Menschen zu sprechen, wie es z.B. Toynbee vorschlägt.[42] Die extreme Idealisierung des Portraits, das Diadem, das seinem Ursprung nach doch ein göttliches Attribut darstellt, verwischen bis zu einem gewissen Grad (wohl auch für den zeitgenössischen christlichen Betrachter) diese Grenze zwischen Gott und Mensch bzw. halten diese Grenze offen. Heiden mußten in diesen Münzen nicht unbedingt etwas Christliches erblicken, wohl aber konnte dies Euseb. Bemerkenswert an seiner Interpretation dieser Münzportraits ist, daß er sie als Beispiel für Konstantins christliche Frömmigkeit folgendermaßen preisen konnte: "Wie groß und wie festgegründet die Kraft seines Glaubens zu Gott in seiner Seele war, kann man auch daraus erschließen, daß er auf den Goldmünzen sein eigenes Bild so prägen ließ, daß es schien, er blicke nach oben wie einer, der mit ausgestreckten (Armen) zu Gott betet. Diese Prägung war im ganzen römischen Erdkreis in Umlauf."[43] Auffällig ist daran erstens, daß Euseb den mit der Münze unbestreitbar propagierten Herrschaftsanspruch verschweigt und statt dessen Konstantin als vorbildhaft frommen christlichen Beter stilisiert. Zweitens zeigt Eusebs Äußerung, daß dieses Portrait offenbar nun christlich interpretierbar war. Wir stehen also wieder vor dem Phänomen der "zweifachen Lesbarkeit" von Konstantins Staatskunst, die immer bestrebt ist, nach beiden Seiten hin (für Heiden als auch für Christen)

---

[41] Bezeichnend für den damit vorgetragenen absoluten Herrschaftsanspruch ist der Umstand, daß fast alle römischen Herrscher, die sich mit dem Diadem darstellen ließen oder es zeitweise trugen, sich auch als Sol abbilden ließen: Elagabal (Historia Augusta, vit. Heliogabali 23,5), Gallien (der eine kolossale Sol-Statue von sich selbst projizierte: Historia Augusta, vit. Gallieni 18,2ff; Io. Mal. ed. Dindorf 299,20), Aurelian und schließlich Konstantin selbst.

[42] TOYNBEE, Ruler-Apotheosis, 149

[43] VC IV 12 = W 125, 19-23

offen zu bleiben. Jedenfalls zeigt Eusebs Äußerung, daß diese Münzportraits als ein Entgegenkommen an die christlichen Kreise aufgefaßt werden konnte, andernfalls wäre sein Lob nicht erklärbar. Wohl deshalb läßt Julian nach seinem Regierungsantritt gerade diesen Münztypus sofort aus dem Verkehr ziehen.[44]

Zusammenfassend kann also gesagt werden, daß innerhalb der Entwicklung des konstantinischen Kaiserbildes dieses Münzportrait einen *Neuansatz* darstellt, indem die Idealisierung auf die Spitze getrieben, der Kaiser als religiös Begnadeter abgebildet (dies auch eine Neuerung gegenüber der Tetrarchenzeit), und nun damit ein Anspruch auf absolute Herrschaft zum Ausdruck gebracht wird.

Dieselbe Entwicklung ist auch am vollplastischen Portrait zu beobachten. So kann der nach oben gerichtete Blick auch am Portraitkopf Konstantins beobachtet werden, der im Metropolitan Museum aufbewahrt wird und der auf 325/26 datiert werden kann (Abb.28).[45] Er ist ähnlich gegeben wie beim Kopf des Septimius Severus (Abb.26). Allerdings trägt das Haupt noch kein Diadem. Die Herkunft vom Portrait des Konstantinsbogens (Abb.23) ist klar zu erkennen. Die Gesichtsform im Großen ist dieselbe geblieben, ebenso sind Detailformen wie Augen, Mund und Gesichtsfalten nahezu identisch. Es ist aber auch eine Weiterentwicklung zu beobachten. Die beim Kopf des Konstantinsbogen so organisch durchgearbeitete, weiche, ja atmende Oberfläche ist hart geworden. Lider, Wangen und Stirn wirken so wie das Material, aus dem sie gemacht sind: steinern. Falten, Augenbrauen und Lidschnitt wirken wie graphische und lineare Elemente. Ein Hang zu Frontalität und Symmetrie läßt sich ansatzweise erkennen. Eine ikonenhafte Starre beginnt sich des Gesichtes zu bemächtigen. Dem entspricht die schon auf den Münzen beobachtete Betonung der Augen, die unproportional groß geworden sind. Auch beim vollplastischen Portrait finden also um 324/25 Veränderungen statt, die auf Idealisierung und Abstrahierung hinauslaufen.

Voll ausgebildet begegnen uns die eben beobachteten Stilmerkmale am Kopf des Marmorkolosses im Konservatorenpalast in Rom (Abb.29), der stilistisch *eindeutig* einer weiter fortgeschrittenen Entwicklungsstufe angehört und der die m.E. unbestreitbare Mittelstellung des New Yorker Kopfes zum Portrait des

---

[44] Diese Maßnahme Julians wurde erstmals von MAURICE (ders., a.a.O., CXXXVII und II, 408ff) beobachtet.

[45] DELBRUECK, Kaiserportraits, 112; KÄHLER, Konstantin 313, 22; E.B. HARRISON, The Constantinian Portrait, in: DOP 21 (1967), 92; J.D. BRECKENRIDGE, Age of Sp., 15 Kat.Nr.9; L´ORANGE, Herrscherbild, 123; vgl. auch: CALZA, 221f Nr.134. Die Datierung beruht u.a. auf der Form der Frisur (DELBRUECK) und auf den aufblickenden Augen. Weitere Argumente bei: H. JUCKER, Von der Angemessenheit des Stils und einigen Bildnissen Konstantins des Großen, in: F. DEUCHLER, F. LEMBERG, K. OTAVSKY (edd.), Von Angesicht zu Angesicht. Portraitstudien Michael Stettler zum 70. Geburtstag, 59 und 67 Anm.72.

Konstantinsbogen hin sichtbar macht, sodaß die in der Literatur weithin übliche Datierung des Kopfes des Marmorkolosses in das Jahr 313 von der stilistischen Beurteilung her m.E. unmöglich ist.[46] Wegen der großen Bedeutung des
Kolosses für die Entwicklung der imperialen Repräsentation Konstantins und
darüber hinaus, soll im Folgenden auf ihn genauer eingegangen werden.

Der Marmorkoloß aus der Maxentiusbasilika im Konservatorenpalast[47]

Vergleicht man den New Yorker Kopf mit dem Marmorkopf im Konservatorenpalast, so kann man feststellen, daß die Merkmale der Entwicklung vom
Portrait des Bogens hin zum New Yorker Kopf beim Marmorkoloß noch ausgeprägter vorhanden sind. Mit anderen Worten: Das Haupt des Marmorkolosses ist ohne die Vorstufe des New Yorker Kopfes, der sich seinerseits aus dem
Typ des Konstantinsbogen-Portraits entwickelt hat, nicht denkbar. Eine organi-
sche Wirkung ist jetzt kaum mehr wahrzunehmen. Der durchaus sorgfältigen-
Modellierung fehlt jede Weichheit. Der Hang zur Symmetrie und Regelmäßig-
keit hat sich verstärkt, wenn auch im Gesicht gewisse Asymetrien festzustellen
sind, die aber den Gesamteindruck als solchen nicht beeinträchtigen und als ein
(auch bei Ikonen zu beobachtender) Kunstgriff zu bewerten sind, der dem Gesicht Lebendigkeit erhalten soll.[48] Auffällig ist die markante Hakennase, die am
frühen vollplastischen Portrait der Zeit des Konstantinsbogen gänzlich fehlt,
bei den späten Portraits aber die Regel ist. Die Gestaltung der Augenlider und
der Augenbrauen ist noch schnittiger und härter, die Augen selbst sind noch

---

[46] In Konstantins Spätzeit datierten bzw. datieren den Kopf: DELBRUECK, Kaiserportraits, 121ff; L´ORANGE, Herrscherbild, 70ff (aber auch schon mehrmals in seinen früheren
Publikationen); BRECKENRIDGE, ebd.; CALZA, ebd.

[47] Die zu diesem Problemkreis erschienene Literatur ist außerordentlich umfangreich und
unübersichtlich: DELBRUECK, Kaiserportraits, 121ff; KÄHLER, Konstantin 313, passim; T.
BUDDENSIEG, Die Konstantinsbasilika in einer Zeichnung Francescos di Giorgio und der
Marmorkoloss Konstantins des Großen, in: Münchner Jahrbuch der bildenden Kunst 13
(1962), 37ff; v. SYDOW, a.a.O., 25; K. KRAFT, Das Silbermedaillon, 336ff; BRECKENRID-
GE, ebd; HARRISON, a.a.O., 92ff; C. CECCHELLI, Il trionfo della Croce, 17ff; M.R. ALFÖL-
DI, Goldprägung, 63f; H. v. HEINTZE, in: Helbig II (1966), 252ff Nr.144; L. LIGOTA, a.a.O.,
178ff; CALZA, ebd.; L´ORANGE, Apotheosis, 116f; ders., Herrscherbild, 70ff und 125; K.
FITTSCHEN, P. ZANKER, Katalog der römischen Portraits in den Capitolinischen Museen
und andern kommunalen Sammlungen der Stadt Rom. 1: Kaiser und Prinzenbildnisse, 147ff
Nr.122 (dort auch weitere Literatur). Zur ebenfalls hierher gehörenden Stelle Eus. h.e. IX 9,
10f vgl. oben die entsprechenden Passagen im Kapitel "Kreuzszepter und Christogramm".

[48] Die Asymetrien wurden erstmals von JUCKER (ders., a.a.O., 50ff) beobachtet. Vgl.
auch: FITTSCHEN-ZANKER, a.a.O., 149, wo aber der beherrschende "symetrische" Gesamteindruck in der stilistischen Analyse unerwähnt gelassen wird.

größer geworden. Gerade dieses Merkmal der Vergrößerung der Augen, die darüberhinaus in der ursprünglichen Aufstellung aufwärts geblickt haben (was bei Konstantin eben erst ab 325 zu beobachten ist),[49] macht eine Datierung vor 325 unmöglich. Die Plastik ist nur mehr, wie Kaschnitz-Weinberg einst formulierte, die "Folie" für die weit aufgerissenen Augen, sie wirkt so, als ob ein abstrakter Begriff vom Herrschertum Bild geworden ist.[50] Der Kopf ist kein individuelles Portrait mehr, sondern er ist zu einer starren, steinernen, aber zugleich ausdrucksstarken und suggestiven Ikone geworden. Diese Stringenz der Entwicklung vom Konstantinsbogen über das New Yorker Portrait bis zum Kopf des Kolosses macht eine Entstehung um 313 unmöglich. Den Kopf im Cortile des Konservatorenpalastes trennen vom Portrait des Bogens fundamental anders geartete Gestaltungsprinzipien (Idealisierung, Abstraktion, Symetrie), die nicht alle mit der unterschiedlichen Aufgabenstellung und Größe (Jucker, Fittschen-Zanker) erklärt werden können. Gerade die "Abstrahierung" des Kaiserbildes zum Bild des Kaisertums an sich, verrät eine neue Auffassung vom Herrschertum, die erst nach den Münzportraits von 325/26 möglich ist. Sie entspricht zudem der von M.R. Alföldi aufgezeigten um 326 sich vollziehenden stilistischen und ikonographischen Wende auf den Münzreversen, die ab nun keine historischen Themen mehr zeigen, sondern nur mehr die in sich ruhende Majestät und die Sieghaftigkeit des Kaisers als solche darstellen.[51] Der Bronzekopf aus Nis, der, wie das Diadem beweist, nach 325 entstanden sein muß (Abb.30 a u. b),[52] zeigt - wenn auch provinziell simplifiziert - dieselbe stilistische Weiterentwicklung, wie vor allem der Vergleich des Profils mit jenem vom Koloß ergibt. Beide Köpfe können im Profil auch mit jenem auf Münzen, die 330 zur Einweihung Konstantinopels geschlagen wurden, verglichen werden (Abb.32). Das zeigt, daß auch in der Münzprägung dieser Portraittyp, den der Marmorkoloß repräsentiert, seinen Niederschlag gefunden hat. Man kann deshalb für den Koloß eine Entstehungszeit gegen 330 annehmen, die auch im einzuhaltenden zeitlichen Abstand zum New Yorker Kopf begründet ist.[53] Diese zeitliche Ansetzung war schon von Delbrueck und L'Orange

---

[49] G. EGGER, Probleme konstantinischer Plastik, in: JKHS 62 (1966), 89; FITTSCHEN-ZANKER, 149 (wo aber daraus merkwürdigerweise keine Konsequenzen für die Datierung gezogen werden).

[50] Das Zitat bei: v. HEINTZE, ebd.; vgl. auch die Beurteilung bei L'ORANGE, Apotheosis, 116f.

[51] M.R. ALFÖLDI, Goldprägung, 136f

[52] CALZA, 227f Nr.1141; HARRISON, a.a.O., 92; BRECKENRIDGE, in: Age of Sp., 16f Nr.10; L'ORANGE, Herrscherbild, 120

[53] Die stilkritischen Argumente, die v. SYDOW (ebd.) für die Frühdatierung vorbringt, nämlich Ähnlichkeit des Gesichtsaufbaues, der Gesichtsproportion, der Kieferbildung mit dem Portrait des Bogens, zeigen nur, daß sich das späte Portrait konsequent aus dem frühen herausentwickelt hat, auch wenn die Wirkung des Kopfes und die künstlerische Auffassung der ähn-

vorgenommen worden.[54] Sie blieb unangefochten, bis 1952 Kählers Aufsatz "Konstantin 313" erschien, der in der Forschung eine Wende hin zur Frühdatierung bewirkte (die zuletzt erst wieder von Calza und Breckenridge bezweifelt wurde).[55] Kähler und Buddensieg konnten nämlich beweisen, daß der Marmorkoloß ursprünglich in der Maxentiusbasilika aufgestellt gewesen war. Konstantin war nach seinem Einmarsch in Rom vom Senat die Basilika des Maxentius übergeben worden. Daraufhin wurde der Bau von Konstantin verändert. Es wurde zusätzlich die Apsis im Norden errichtet, eine Westapsis existierte schon. Dies geschah, wie Kähler zeigen konnte, in den Jahren bis 315.[56] Der einzige Zweck dieses Unternehmens konnte es nur gewesen sein, Platz für den Koloß in der Westapsis zu schaffen, die dabei zugleich zum Langhaus hin geöffnet wurde, indem man die dort ursprünglich befindlichen Schranken entfernte.[57] Wohl bemerkt Calza zu Recht,[58] daß für den fertigen Umbau der Basilika kein Einweihungsdatum bekannt ist, aber trotzdem entkräftet dieses Argument nicht Kählers Hinweis auf die Fertigstellung der Apsis vor 315, die es nahelegt, die Entstehungszeit des Kolosses in diese Zeit zu verlegen. Zudem kommt Kähler hier die schon oben diskutierte Stelle Eus. h.e. IX 9ff (parall. VC I 40 u. LC IX 8) zu Hilfe,[59] die von der Errichtung einer Statue Konstan-

---

lichen Grundform eine grundlegend verschiedene geworden ist. Selbst K. KRAFT, der selbst die Frühdatierung vertritt, muß zum Versuch KÄHLERS, Ähnlichkeiten mit dem Portrait des Bogens festzustellen, eingestehen: "Im Ganzen erscheinen die Argumente jedoch nicht ganz zwingend gegen den überwältigenden Tatbestand, daß eben doch mehr abweichende Züge asl Übereinstimmungen zwischen den Köpfen des Constantinsbogens und dem Marmorkolossalkopf vorliegen" (K. KRAFT, a.a.O., 338). K. KRAFTS Bemühen, seinerseits anhand der Silbermünze aus Ticinum, die im Vergleich zum Kolossalkopf nahezu mikroskopisch klein ist, Übereinstimmungen in der Gestaltung von selbst auf die Münze winzigen Details wie Nasen, Augen und Mund festzuhalten, ist schon methodisch problematisch. KRAFTS beschwörende Formulierung "Je länger und intensiver man die Vergleiche fortsetzt, desto mehr enthüllt sich die frappierende Ähnlichkeit, so daß man fast versucht ist, sogar die gleiche Künstlerhand (!) hier wie dort zu vermuten ..." (ders., a.a.O., 339), kann nicht darüber hinwegtäuschen, daß die Münze von einem anderen Stilwollen geprägt ist: Die Formen des Gesichts auf ihr sind weich und hervorquellend, es fehlt vollkommen die Schärfe der Konturen und die Härte der Oberfläche (Abb.1). Mehr kann man und darf man aufgrund der Größenunterschiede der Objekte nicht vergleichen.

[54] DELBRUECK, Kaiserportraits, 121ff; L´ORANGE, Studien zur Geschichte des spätantiken Portraits, 62f

[55] CALZA, ebd.; BRECKENRIDGE, ebd.; und zuletzt wieder L´ORANGE (ders., Herrscherbild, ebd.), der immer an seiner Datierung festgehalten hat.

[56] KÄHLER, Konstantin 313, 8f. Es ist nicht richtig, wenn bei FITTSCHEN-ZANKER (dies., 148) behauptet wird, daß wir nicht wissen, wann die Planänderung der Basilika erfolgte.

[57] KÄHLER, ebd.

[58] CALZA, 229f; ihr folgt: BRECKENRIDGE, ebd.

[59] vgl. oben S.33ff

tins unmittelbar nach seinem Einzug in Rom auf dem "allerbelebtesten Platz"
der Stadt berichtet. Damit ist zweifelsfrei das Forum gemeint, in dem ja auch
die Basilika liegt, wobei "δεδημοσιευμένος" auch für überdachte öffentliche
Gebäude wie Basiliken und Thermen gebräuchlich war.[60] Wegen der zeitlichen
Koinzidenz des Umbaues und der von Euseb berichteten Errichtung des Standbildes, das in der VC ausdrücklich als "μεγάλη" bezeichnet wird, muß man -
wie Cecchelli noch einmal gezeigt hat[61] - annehmen, daß der Koloß tatsächlich
um 313 in der Westapsis aufgestellt wurde. Damit ergibt sich aber wegen der
zweifelsfreien stilistischen Einordnung des Kopfes des Kolosses in die Jahre
um 330 zunächst eine Aporie.

Betrachtet man die vom Koloß erhaltenen Teile genauer, so entdeckt man,
daß sie nicht einheitlich wirken. Es existieren außer dem Kopf noch ein Teil
des rechten Armes, Teile des rechten Beines, der rechte Fuß, Teile vom linken
Bein, das linke (!)[62] Knie, der linke Fuß und merkwürdigerweise zwei rechte
Hände. Wie Harrison als erste bemerkt hat, sind die Stücke nicht aus demselben Marmor gefertigt, und die Oberflächenbehandlung ist verschieden.[63] Füße,
Beine und Arme sind durch eine ganz feine, sensitive Oberfläche gekennzeichnet, z.B. sind die Venen sichtbar.[64] Die Oberfläche des Kopfes hingegen ist,
wie schon analysiert wurde, hart und wurde nicht so differenziert, sondern
summarisch behandelt. Es legt sich nahe, die Aporie, die die Datierung des
Kopfes gemäß seinen Gestaltungsprinzipien aufgeworfen hat, vor dem Hintergrund dieses Befundes aufzulösen. Der einzige Ausweg besteht nämlich in der
Annahme, daß der Kopf geändert bzw. bearbeitet wurde. Das Gesicht, das
wohl dem des Konstantinsbogens, hatte nicht mehr den neuen Erfordernissen
nach 325 entsprochen.[65] Die Imago wurde gleichsam aktualisiert.

Dem entspricht, daß auch anscheinend die Insignie, die das Haupt trug,
geändert wurde. Falls der Kopf ursprünglich einen Lorbeerkranz trug, was ich
annehme,[66] dürfte ein Diadem an seine Stelle getreten sein.[67] Doch ist der Er-
haltungszustand der Haarpartien insbesondere im Bereich der Schädeldecke so

[60] KÄHLER, Konstantin 313, 28f

[61] CECCHELLI, ebd.

[62] Seit DELBRUECK (ders., Kaiserportraits, 124) wurde dieses Knie immer als das rechte
bezeichnet. Daß es sich um das linke handelt, zeigt die Lage der Kniescheibe und die Ansätze der Oberschenkel- und Wadenmuskulatur (vgl. DELBRUECK, Kaiserportraits, Taf.41
C1).

[63] HARRISON, a.a.O., 93; JUCKER, a.a.O., 55; FITTSCHEN-ZANKER, 148f

[64] HARRISON, ebd.

[65] Ähnlich schon HARRISON, a.a.O., 94; L'ORANGE, ebd.

[66] DELBRUECK, Kaiserportraits, 122; FITTSCHEN-ZANKER, 149 und 152 Anm.2

[67] L'ORANGE, Studien zur Geschichte des spätantiken Portraits, 63 Anm.4; KÄHLER,
Konstantin 313, 10 Anm.38 und S.24; CALZA, ebd.; CECCHELLI, ebd.

schlecht und der Befund durch die dort nachzuweisenden Anstückungen so kompliziert, daß darüber derzeit keine sicheren Angaben gemacht werden können.[68]

Ein eigenes Problem stellen die beiden erhaltenen rechten Hände dar (Abb.30 a - c). L´Orange, der sich als erster an die Erklärung dieser beiden rechten Hände heranwagte,glaubte feststellen zu können, daß aufgrund der Beschaffenheit der Hände beide zum selben Arm gehört haben müssen.[69] Allerdings sind die erhaltenen Anschlußflächen der Hände verschieden groß. Nach Stil und Technik gehören jedoch beide Hände in die konstantinische Zeit.[70] Da die Hände zudem gleich groß sind, ist es m.E. trotzdem am wahrscheinlichsten, daß sie zum selben Arm gehört haben und daß ein Zwischenstück bei Hand 1 verloren gegegangen ist. Daraus ergibt sich, daß die Hände noch in konstantinischer Zeit ausgewechselt wurden. Sie unterscheiden sich in der Art des Griffes und in den Gegenständen, die sie einmal gehalten bzw. getragen haben. Hand 1,[71] die sich heute im Cortile an der Wand dem Kopf gegenüber befindet, trug einen stabähnlichen Gegenstand, der nur oberhalb der Hand sichtbar war, während Hand 2, die neben dem Kopf aufgestellt ist, einen Stab hielt, der durch die Hand durchlief, also oberhalb und unterhalb der Hand sichtbar war (Abb.30 a - c). Es ist klar, daß es sich bei den Gegenständen um Insignien gehandelt haben muß. Demnach muß der Wechsel der Insignie der Grund gewesen sein, daß die eine Hand durch die andere ersetzt wurde.[72] L´Orange brachte diese Änderung mit den oben schon besprochenen Berichten[73] über die Aufstellung der Statue bei Euseb in Zusammenhang, denn dort ist in VC I 40 ausdrücklich festgehalten, daß Konstantin der bereits fertigen Statue nachträglich das neue "erlösende Zeichen" samt der erläuternden Inschrift beigegeben hat. Hand 2 hätte das neue Zeichen getragen, während Hand 1 eine uns unbekannte Insignie - vermutlich ein herkömmliches Szepter - hielt. Trotz der Skepsis von Fittschen-Zanker stellt m.E. dieser Erklärungsversuch von L´Orange eine plausible Möglichkeit dar. Denn diese Annahme wird auch gestützt durch die Angabe der VC, nach der das Kreuzszepter eine "hohe Stange" war, und in der Tat zeigt noch der heutige Zustand von Hand 2, daß sie einst einen stangenartigen Gegenstand in der Hand hielt. Vor dem Original ist darüberhinaus auch noch der unfertige Zustand von Hand 2 zu erkennen, denn die Partie zwischen Fin-

---

[68] Daß der Kopf Veränderungen erfahren hat, zeigt m.E. auch der Umstand, daß -wie vor dem Original zu erkennen ist - Halsdicke und Haupt in keinem harmonischen Verhältnis zueinander stehen (Vgl. die Anstückung unter dem vom Betrachter aus gesehen rechten Ohr).

[69] L´ORANGE, Herrscherbild, 71ff

[70] L´ORANGE, Herrscherbild, 71ff.

[71] Die Bezeichnung der Hände nach: L´ORANGE (ders., Herrscherbild, 71).

[72] L´ORANGE, ebd.

[73] Vgl. oben S.33ff

gerkuppen und Handballen ist nicht ausgeführt. Dies läßt auf eine flüchtige Ausführung unter Zeitdruck schließen und Eile war nach Konstantins Änderungswunsch ja auch geboten.[74]

Die linke Hand des Kolosses trug vielleicht von Anfang an einen Globus mit Viktorie, weil diese Insignie in den Jahren, als die Statue errichtet wurde, eine dominierende Rolle in der Staatssymbolik Konstantins spielte.[75]

Konstantin ist demnach bereits 313 mit enormem Anspruch aufgetreten. Er billigte eine riesenhafte Darstellung seiner selbst und zwar nur mit Chlamys bekleidet, d.h. in göttlicher Nacktheit.[76] Der Koloß wurde in einer Basilika aufgestellt, die durch die von Konstantin vorgenommenen Änderungen fast als Tempel für das Kultbild des Kaisers wirken mußte.[77] Dies konnte das Kreuzzepter, das nach Euseb die Statue ursprünglich in der Hand hielt, und später vielleicht auch das Labarum, die beide auf das Woher und den Ursprung von Konstantins Macht verwiesen, nur zum Teil abschwächen. Mit dem neuen Gesicht bekam diese Monumentalität eine neue Richtung. Die ausgedrückte Überzeitlichkeit, insbesondere der transzendente Blick der übergroßen Augen suggerierten den Eindruck eines von allen irdischen Regungen und Störungen entrückten Herrschers, der nicht mehr nach menschlichen Maßstäben, sondern mit Hilfe göttlicher Inspiration und providentia handelt und regiert.

Die weitere Entwicklung

Die am Kopf des Kolosses beobachteten "ikonenhaften" Züge werden bis zum Ende von Konstantins Regierung immer ausgeprägter. Auch wenn wir bei Portraits, wie dem kolossalen Bronzekopf im Konservatorenpalast (Abb.33) oder dem Kaiserkopf der Londoner Gemme (Abb.34) nicht mit Sicherheit sagen können, ob sie Konstantin oder schon einen seiner Söhne als Kaiser darstellen, so steht doch wohl soviel fest, daß diese Portraits auf jenen modifizierten Portraittyp zurückgehen, mit dem Konstantin zu seinen Tricennalien an die

---

[74] M.E. ist es auch möglich - wenn auch reine Hypothese - daß später das Kreuzzepter durch das Labarum ersetzt wurde. In diesem Fall wäre ein Auswechseln der Hand nicht nötig gewesen.

[75] Vgl.: M.R. ALFÖLDI, Signum DEAE, 19ff. Das Dübelloch im Oberschenkelansatz des linken Knies zeigt, daß der darüberbefindliche Arm gestützt werden mußte, woraus man schließen kann, daß er einen Gegenstand trug.

[76] L´ORANGE, Herrscherbild, 75f

[77] So zurecht: KÄHLER, Konstantin 313, 24; vgl.: DELBRUECK, Kaiserportraits,128: " ..., daß der Kaiser als seine eigene vergöttlichte Person erschien, seine divina maiestas ..."; L´ORANGE, Herrscherbild, 78

Öffentlichkeit getreten ist.[78] Bei diesen Portraits sind alle besprochenen Merkmale noch schärfer herausgearbeitet worden. In den Gesichtszügen des Bronzekopfes herrscht strenge Symmetrie. Die Umrißlinien der Augen, Augenbrauen und Haaransatz bilden zusammen sogar ein gleichsam abstrakt-ornamentales Liniensystem. Die Lockenpracht ist noch üppiger, das Nackenhaar noch länger und die Hakennase noch schärfer herausgearbeitet worden. Daß sich eine genaue Grenze zu den Portraits von Konstantins Söhnen nicht ziehen läßt, ist bezeichnend. Es handelt sich um entindividualisierte Portraits: Konstantins Imago ist zum Portrait seiner Dynastie, ja zur Formel des neuen Kaisertums überhaupt geworden.[79]

Zur "Kultbarkeit" des Kaiserbildnisses

Es gibt mehrere Hinweise dafür, daß Konstantin durch bestimmte Maßnahmen den Konnex seines Bildnisses mit dem Götterbild zu vermeiden bzw. zu lösen versuchte. Ein Indiz dafür ist schon das Verschwinden der Göttergestalten von den Münzen, die ja in engem Zusammenhang mit dem Bild des Kaisers auf dem Avers stehen.

Aus dem letzten Regierungsjahrzehnt Konstantins stammt das bekannte kaiserliche Edikt an das Städtchen Hispellum, das einen Tempel für die gens Fla-

---

[78] CALZA, 231ff Nr.143 und Nr.144 (weitere Lit.); H. v. HEINTZE, in: Helbig II (1966), 381f Nr.1578; DELBRUECK, Kaiserportraits, 14; J.D. BRECKENRIDGE, in: Age of Sp., 24f Kat.Nr.17; FITTSCHEN-ZANKER, a.a.O., 152ff Nr.123

[79] Bei der Darstellung der Entwicklung des Kaiserbildnisses Konstantins wurde bewußt auf eine Besprechung der drei zusammengehörigen Panzerstatuen in Rom verzichtet, da es sich um Spolien handelt, die für die Entwicklung des Portraitstiles nicht viel aussagen, zumal die Gesichter besonders schlecht erhalten sind (vgl. FITTSCHEN-ZANKER, a.a.O., 144ff Nr.120f; weiters: H. v. HEINTZE, Statuae quattuor marmorae pedestes quorum basibus Constantini nomen inscriptum est, in: MDAI.R 86 (1979), 399ff). Dasselbe gilt für die von Konstantin wiederverwendeten Porphyrgruppen. Zu diesen stellte jüngst A. EFFENBERGER (ders., Bildende Kunst, 47) angesichts der Wiederverwendung der Porphyrtetrarchen durch Konstantin in Konstantinopel die Frage, ob diese damit vom Kaiser vielleicht als Repräsentanten des tetrarchischen Herrschaftsprinzip aufgefaßt wurden, mit anderen Worten, daß Konstantin dieses Herrschaftsprinzips "auch in der angestrebten dynastischen Erbfolge gewahrt wissen wollte." Dazu ist zu bemerken, daß bereits der junge Konstantin als Usurpator, der das tetrarchische System durchbrach und deshalb in einen Legitimationsnotstand geriet, sich bewußt vom tetrarchischen System abwandte und dies auch in der Staatskunst signalisierte (vgl. oben das Kap. über die Sol-Ikonographie). Daß Konstantin das tetrarchische System sicher nicht fortführen wollte, zeigen die politischen Vorgänge nach seinem Tod und die daraus zum Teil rekonstruierbaren testamentarischen Anordnungen Konstantins. M.E. interessierte Konstantin an den Tetrarchengruppen vor allem die mit ihnen ausgedrückte Concordia/Homonoia der Dynastie - eine Botschaft an die Bevölkerung, die (wie noch zu zeigen sein wird) für Konstantin zentral und in seiner Spätzeit auch sehr nötig war.

via, also für das Kaiserhaus, errichten wollte.[80] Konstantin gibt die Erlaubnis
dazu nur unter der Bedingung, daß keine Opfer im Tempel vollzogen werden.
Der Kaiserkult in seiner heidnischen Form wird also verboten.[81] Die Opfer für
das konstantinische Kaiserhaus wären natürlich in Zusammenhang mit einem
Bild des Kaisers vollzogen worden. Indem Konstantin dies untersagt, löst er
sein Bildnis vom heidnischen Kaiserkult, es ist nach der Absicht des Kaisers in
diesem Sinn offiziell nicht mehr kultbar.

Genau denselben Vorgang überliefert uns Euseb, wenn er in der VC von
einem Erlaß Konstantins berichtet, in dem das Aufstellen des Bildnisses des
Kaisers in heidnischen Tempeln verboten wurde.[82] Indem Konstantin so das
Kaiserportrait aus dem kultisch paganen Kontext zu lösen suchte, destruierte er
aber ohne Zweifel damit zugleich ein Stück von der systemerhaltenden Funktion des Kaiserkultes. Es war deshalb notwendig, diesen Verlust zu kompensie-
ren. Dies geschah durch Neuerungen an Stil und Ikonographie am Kaiserportrait selbst. Die Innovationen treten uns erstmals in den ab 325 geprägten Münzen entgegen, auf denen der diademtragende Kaiser nach oben blickt. Konstantin erscheint nun als göttlich inspirierter Herrscher, in ihm wohnt das göttliche
Numen, der transzendente Blick verweist auf seine Providentia. Eusebs Freude
an diesem neuen Kaiserbild, das er so lebhaft begrüßt und als Beweis für Konstantins christliche Frömmigkeit gerühmt hat, wird, wie gesagt nur verständlich, wenn er darunter ein Abrücken vom herkömmlichen heidnischen Kaiserbild erblicken konnte, wodurch es ihm möglich war, es auch christlich zu interpretieren.

Wenn in vorkonstantinischer Zeit "Göttlichkeit" eines Kaisers dargestellt
wurde, tat man dies mit Hilfe göttlicher Attribute wie z.B. dem Fell des He-
rakles, der Strahlenkrone usw. Die Providentia des Kaisers etwa stellte man
mit Hilfe des Steuerruders in der Hand des Kaisers dar, mit dem er den Glo-
buslenkt.[83] Dies alles war für einen offiziell christlichen Herrscher nicht mehr
möglich. Nicht nur, daß er sein Verhältnis zum Göttlichen neu bestimmen und
definieren mußte - darauf wird später noch genauer eingegangen werden - sondern darüberhinaus war es nun notwendig, eine neue Darstellungsweise für
dieses Verhältnis und den damit implizierten politischen Anspruch zu finden.
Genau aus diesem Grunde wurde m.E. ab 325 der für die römische Kunst
vollkommen neue Portrait*stil* entwickelt, dessen ikonenhafter Habitus den
Herrscher als einen allem irdischen Entrückten und göttlich Inspirierten charak-

---

[80] CIL XI.2 Nr.5265

[81] Vgl. dazu: DOERRIES, 209ff

[82] VC IV 16 = W 126,2f. Nach der Stellung dieser Mitteilung in der VC muß dies jedenfalls nach 324 geschehen sein.

[83] Z.B.: A. ALFÖLDI, Die monarchische Repräsentation, Taf.8 Nr.14

terisieren konnte, ohne dabei ausgesprochen heidnische Elemente zu verwenden. So wurde wegen des Verlustes der realen "Kultbarkeit" die religiöse Ausdruckskraft des offiziellen kaiserlichen Antlitzes mit stilistischen Mitteln umso mehr gesteigert und damit auch christlicher Interpretation geöffnet.[84] Auf der anderen Seite wurde aber der alte Anspruch nicht einfach aufgegeben, sondern hinsichtlich der damit propagierten politischen Aussage sogar noch gesteigert. Der Grund für die ständigen Modifikationen und Änderungen beim ofiziellen Kaiserbildnis waren nämlich Änderungen in der Staats- und Herrscherideologie. So beginnt Konstantin gleich am Anfang seiner Regierung sein Portrait deutlich vom tetrarchischen Kaiserbildnis abzurücken. Der angestrebte und schließlich voll ausgebildete Klassizismus verrät ein messianisch-politisches Konzept (messianisch im römisch-hellenistischen Sinn): ein neues saeculum aureum soll heraufgeführt werden. Die goldene Zeit Roms im 1. Jahrhundert wird beschworen. Ab 324/25 kann man von einem regelrechten Neuansatz sprechen. Ein neuer Typus des Kaiserbildes wird entwickelt, der das absolute Kaisertum Konstantins ausdrücken soll. Für die Entwicklung der imperialen Repräsentation und der Staatsideologie - und das ist das festzuhaltende Hauptergebnis dieses Kapitels - müssen demnach die Jahre ab 325 von entscheidender Bedeutung gewesen sein.

---

[84] J. ENGEMANN (ders., Art. "Herrscherbild", 978) meint, " ... daß das Eindringen der entrückten, erhabenen Ruhe in das H(errscherbild) des 4.Jh. nicht mit der Christianisierung des römischen Kaisertums in Zusammenhang stand." ENGEMANN begründet dies zweifach. Zum einen bezweifelt er grundsätzlich, daß die neuen Stilqualitäten des Herrscherbildes als "christlich" interpretiert werden können. Dem ist natürlich zuzustimmen. Es ist fraglich, ob es je einen "christlichen" Stil in diesem Sinn gegeben hat. Aber dies schließt nicht aus, daß die neuen Stilmerkmale als Folge der Christianisierung des Reiches und der Herrscherideologie entstanden sind. Es handelt sich um einen Stil der *auch* (und zwar beabsichtigt) einer christlichen Interpretation zugänglich werden sollte. Die Änderung bzw. Modifizierung der Herrscherideologie (dazu siehe unten) erforderte eben auch eine neue Imago, aber diese war - und hier ist Engemann rechtzugeben - noch nicht "christlich". Das zweite Argument das ENGEMANN anführt, ist ein stilkritisches. Er sieht in den Portraits des Maxentius, an denen eine gewisse Beruhigung der Gesichtsformen zu beobachten ist, eine Vorstufe zu den späteren Konstantinportraits (Abb. bei : MEISCHNER, a.a.O., Abb.14-17). Es ist sicher richtig, daß kein neuer Stil gleichsam "vom Himmel fällt", doch darf andererseits die ganz neue ikonenhafte Qualität der späten Konstantinbildnisse nicht übersehen werden, die bei den Köpfen des Maxentius nirgends zu belegen ist und deshalb von dort nicht abgeleitet werden kann. Bei Konstantins späten Portraits ist die zugrundeliegende Herrscherideologie eine andere geworden und diese forderte entsprechende andere Stilmittel - ein Vorgang der eben schon vor Konstantin und auch in dessen Frühzeit bereits zu belegen ist. M.E. führt kein direkter Weg von den Portraits des Maxentius zu den späten von Konstantin.

Konstantins Kirchenbaupolitik

Einleitung

Zu der Zeit, als Konstantin an die Macht kam, hatte die Bautätigkeit der Kaiser gerade ihren Höhepunkt erreicht. Seit Augustus hatte sie sich zur reinen Macht- und Repräsentationsarchitektur entwickelt und war zum vielleicht wichtigsten Instrument der imperialen Propaganda geworden. Je schwieriger die politische Konstellation des Reiches war, desto höheren Stellenwert bekamen gigantische Prunkbauten, die der Bevölkerung - entgegen der tatsächlichen Situation - Reichtum, Wohlfahrt und Prosperität des Staates signalisieren und damit zugleich den jeweiligen Herrscher verherrlichen sollten.[1] Bei diesen Bauten handelt es sich vor allem um Thermenanlagen, Basiliken und Neugründungen von Residenzstädten (z.B. Nikomedia, Thessalonike, Trier).[2] Auch Konstantin setzte diese Baupolitik fort. Er errichtete z.b. Thermenanlagen in Rom und Trier, wo er auch das Palastareal umgestalten ließ, baute Städte wieder auf (Cirta/Constantina) und stampfte die neue Hauptstadt Konstantinopel aus dem Boden.[3] Aber im Unterschied zur Tetrarchenzeit war zusätzlich, und zwar in beträchtlichem Ausmaß, der christliche Sakralbau ein wichtiges Thema seiner Baupolitik.[4] Konstantins Brief über den Kirchenbau ist ein eindrucksvolles Dokument für diese neue Gesinnung.[5]

Folgende Kirchengründungen können nach dem derzeitigen Stand der schriftlichen und archäologischen Quellen auf Konstantin selbst zurückgeführt werden:[6]

---

[1] R. MacMULLEN, Roman Imperial Building in the Provinces, in: HSCP 64 (1959), 217; R. KRAUTHEIMER, Constantine's Church Foundations, in: Akten des VII. Internationalen Kongresses für Christliche Archäologie. Trier 1965, 237

[2] MacMULLEN, Roman Imperial Building, 219; KRAUTHEIMER, ebd.; ders., Christian Cap., 25f

[3] Vgl. die Übersicht bei: F.W. DEICHMANN, Die Architektur des konstantinischen Zeitalters, in: ders., Rom, Ravenna, Konstantinopel, 113f, 124

[4] KRAUTHEIMER, Constantine's Church Foundations, 238

[5] VC II 4 = W 67,8ff

[6] Im Folgenden wird der Katalog von G.T. ARMSTRONG (ders., Constantine's Churches, in: Gesta 6 (1967), 1ff) zum Ausgangspunkt genommen, dem ich aber nicht in allen Punkten folge.

Die Märtyrerbasiliken in Rom: Santi Pietro e Marcellino (begonnen vor 320),[7] San Lorenzo fuori le Mura (begonnen vor 325),[8] San Sebastiano (Basilica Apostolorum),[9] St. Peter.[10] Mit Ausnahme von St. Peter folgen alle Märtyrerbasiliken exakt demselben Grundriß und bilden deshalb eine geschlossene Gruppe.

Weiters sind mit Konstantin in Verbindung zu bringen: Aquilea,[11] Trier,[12] Lateranbasilika (um 313),[13] Santa Croce in Rom (nach 326),[14] Antiocheia (begonnen 327),[15] Nikomedia (nach 325),[16] Hagia Eirene in Konstantinopel,[17] Kirche

---

[7] F.W. DEICHMANN, A. TSCHIRA, Das Mausoleum der Kaiserin Helena und die Basilika des heiligen Marcellinus und Petrus an der Via Labicana vor Rom, in: JdI 72 (1957), 44ff, jetzt auch in: F.W. DEICHMANN, Rom, Ravenna, Konstantinopel, 305ff; W.N. SCHUMACHER, Die konstantinischen Exedrabasiliken, in: J.G. DECKERS, H.R. SEELIGER, G. MIETKE, Die Katakombe "Santi Marcellino e Pietro". Repertorium der Malereien, in: Roma Sotteranea Cristiana VI, 142ff.

[8] R. KRAUTHEIMER, W. FRANKL, CBUR II, 93ff

[9] W.N. SCHUMACHER, Die Grabungen unter S. Sebastiano 95 Jahre nach den Entdeckungen Anton de Waals, in: RQ 83 (Bd.I) (1988), 134ff. Auf S.154 korrigiert SCHUMACHER die Arbeit von E. JASTRZEBOWSKA (dies., Untersuchungen zum christlichen Totenmahl aufgrund der Monumente des 3. und 4. Jahrhunderts unter der Basilika S. Sebastiano), die den Bau in vorkonstantinische Zeit datierte. Die sogenannte Basilica Anonima muß hier ausgeklammert bleiben, weil unsere Kenntnis über sie noch mit zu großen Unsicherheiten behaftet ist.

[10] Vgl. jetzt die Forschungsgeschichte von: A. ARBEITER, Alt-St. Peter in Geschichte und Wissenschaft (1988). Seitdem: R. KRAUTHEIMER, A Note on the Inscription in the Apse of Old St. Peters, in: Studies on Art and Archeology in Honour of Ernst Kitzinger, in: DOP 41 (1987), 317ff; ders., The Building Inscriptions, passim.

[11] Lit. bei: ARMSTRONG, Constantine´s Churches, Nr.8; W.N. SCHUMACHER, Hirt und guter Hirt, 314ff; bezüglich ihres Stellenwertes innerhalb der imperialen Repräsentation meldet KRAUTHEIMER (ders., Die Konstantinische Basilika, in: Ausgewählte Aufsätze zur europäischen Kunstgeschichte, 72 Anm.34) eine gewisse Skepsis an.

[12] J. ZINK, Die Baugeschichte des Trierer Domes von den Anfängen im 4. Jahrhundert bis zur letzten Restaurierung, in: Der Trierer Dom (red. F.J. RONIG), 17ff (mit einer Beurteilung der einschlägigen Arbeiten Kempfs); H. CÜPPERS, Die Trierer Doppelkirchenanlage der Constantinischen und Valentinianischen Zeit und ihre Stellung in der frühchristlichen Baukunst, in: Der Trierer Dom, 117ff. Die wirklich gesicherten Ergebnisse, die die Grundlage jeder Beurteilung bilden müssen, sind jetzt zusammengestellt bei: W. WEBER, Die Anfänge des Trierer Domes, in: TThZ 98 (1989), 147ff.

[13] ARMSTRONG, Constantine´s Churches, Nr.1; H. KÄHLER, Die frühe Kirche. Kult und Kultraum, 90ff und 100ff; KRAUTHEIMER, ECBA, 46ff

[14] Lit. bei: KRAUTHEIMER, Capitals, 486 Anm.28

[15] Vgl. VC III 50 = W 105,2ff; LC IX 15 = ed. Heikel 221,7ff; F.W. DEICHMANN, Das Oktogon von Antiocheia, in: ByZ 65 (1972), 40ff, jetzt auch in: ders., Rom, Ravenna, Konstantinopel, 783ff.

[16] VC III 50 = W 104,26ff; LC IX 14 = ed. Heikel, 221,4ff.

[17] Socr. h.e. I 16 u. II 16 = ed. Hussey I 103,3ff u. 212,29; ARMSTRONG, Constantine´s Churches, Nr.19; U. PESCHLOW, Die Irenenkirche in Istanbul. Untersuchungen zur Architektur, 21ff

bei Palast und Hippodrom in Konstantinopel,[18] die sog. Apostelkirche in Konstantinopel,[19] Cirta/Constantine (zwei Kirchen, nach 320 bzw. 330/31),[20] Heliopolis in Syrien,[21] Helenopolis/Depranum.[22]

Als eigene Gruppe stellen sich auch die von Konstantin gegründeten Kirchen im Heiligen Land vor: Grabeskirche in Jerusalem (frühestens 326),[23] die sog. Eleona auf dem Ölberg (um 333),[24] Mamre[25] und die Kirche in Bethlehem.[26] Von den Kirchengründungen Konstantins lassen sich also zwei eigene Gruppen ausgliedern - die sog. Märtyrerbasiliken und die Kirchenbauten im Heili-

---

[18] Die spätere Hagia Sophia. DEICHMANN (ders., Das Oktogon, 52ff)) und H.G. THÜMMEL (ders., Hagia Sophia, in: H. KÖPSTEIN (ed.), Besonderheiten der byzantinischen Feudal-entwicklung, in: Berliner Byzantinische Arbeiten 50, 119ff versuchen zu erweisen, daß dieser Bau erst unter Konstantius errichtet wurde. THÜMMEL argumentiert begriffsgeschichtlich: Der Weihename "Hagia Sophia" sei zur Zeit Konstantins nicht möglich gewesen. Dem ist entgegenzuhalten, daß der Kirche der Name erst bei ihrer Weihe im Jahr 360 gegeben wurde (Chron.Pasch. ad ann. 360 = PG 92,736B und 737A). Erstmals belegt ist der Name bei Socr. h.e. II 16 = ed. Hussey I 212,16ff. Die Schwierigkeit liegt darin, daß Euseb den Bau nicht erwähnt und auch Sokrates in seiner Kirchengeschichte nur von zwei Kirchenbauten Konstantins weiß (sog. Apostelkirche und Eirenenkirche) und die "Hagia Sophia" Konstantius zuschreibt (Socr. h.e. I 16 = ed. Hussey 212,16f). Sicher wird man die Ausführung des Baues Konstantius zuschreiben müssen (vgl. A.M. SCHNEIDER, Die vorjustinianische Sophienkirche, in: ByZ 36 (1936), 78). Aber das schließt nicht aus, daß der Bau noch unter Konstantin geplant und in die Wege geleitet wurde (KRAUTHEIMER, Constantine´s Church Foundations 133f Anm.61; ders., ECBA, 486 Anm.27). Die Eintragung im Chronicon Paschale vermerkt, daß die Kirche 34 Jahre vorher - also 326 - noch von Konstantin selbst gegründet wurde (darauf wies schon SCHNEIDER (ders., ebd.) hin, ebenso: KRAUTHEIMER, ebd. (irrtümlich 336) und ders., Capitals, 135 (mit Anm.7)). Daß diese Nachricht durchaus ihre Richtigkeit haben kann, zeigt die Lage der Kirche, die nicht Ost-West gerichtet war, sondern deren Längsachse stattdessen im rechten Winkel auf das Hippodrom stieß. Beim Bau der Kirche orientierte man sich also am Verband der Palastanlage, woraus man schließen kann, daß Palast und Kirche einer einheitlichen Planung angehörten: " ... so wird man nicht fehlgehen, wenn man die ganz beträchtliche Achsenabweichung der Kirche auf den Stadtbebauungsplan der Gründerzeit zurückführt, in dem Hippodrom, Palast, Augusteumplatz und Kirche zu einer Einheit zusammengeschlossen waren." (SCHNEIDER, ebd.). Für eine Gründung durch Konstantin spricht sich auch DEICHMANN (ders., Die Architektur im konstantinischen Zeitalter, 120) aus.

[19] Vgl. unten das der Kirche gewidmete Kapitel.

[20] Überliefert in einem kaiserlichen Brief: Opt. App.10 = ed. Ziwsa, 213ff

[21] VC II 58 = W 111,5ff; ARMSTRONG, Constantine´s Churches, Nr.16; vgl. dazu aber auch: O. EISSFELDT, Art. "Baalbek", in: RAC 1 (1950), 1113ff, der darauf hinweist, daß die konstantinische Basilika vermutlich außerhalb des Tempelbezirkes lag.

[22] Vgl. dazu unten im Kapitel. "Die Rolle der nicaeakritischen Theologen".

[23] Dazu vgl. ausführlich weiter unten.

[24] VC III 41f = W 101,7ff; LC IX 17 = ed. Heikel 221,20ff; Lit. bei: ARMSTRONG, Constantine´s Churches, Nr.13

[25] VC III 51-53 = W 105, 10ff (Brief Konstantins); E. MADER, Mambre I, 95ff; ARMSTRONG, Constantine´s Churches Nr.15

[26] VC III 41-43 = W 101,7ff; LC IX 17 = ed. Heikel 221,20ff; ARMSTRONG, Constantine´s Churches Nr.14; M. RESTLE, Art. "Betlehem", in: RBK I (2966), 599ff.

gen Land. Auf letztere wird weiter unten eigens eingegangen werden. Die Märtyrerkirchen sollen hier nur gestreift werden, da sie - soweit wir heute sehen - einen Sonderfall darstellen.[27] Der verbleibenden Hauptruppe wenden wir uns im Folgenden zu.

Der älteste Bau, den man in der Tat als "Gründungsbau" der "Kirchen in Basilikaform" (ich folge der Sprachregelung Christerns)[28] bezeichnen kann, ist die Lateranbasilika. Sie hat wahrscheinlich als so etwas wie ein "Grundmodell" für den konstantinischen Kirchenbau gedient, an dem man sich mehr oder weniger orientiert bzw. den man je nach lokalen Gegebenheiten und Bautradition variiert hat.[29] Die lange geführte Diskussion über den architekturgeschichtlichen Ursprung solcher basilikalen Kirchenanlagen darf nun wohl in ihren Hauptergebnissen als abgeschlossen gelten.[30] Sie ist zuletzt von Deichmann und vor allem von Christern zusammenfassend dargestellt worden.[31] Demnach wurden

---

[27] Der Themenkomplex "Konstantin und der Märtyrerkult" würde eine eigene Untersuchung verdienen. ARMSTRONG zählt zu den persönlichen Gründungen Konstantins ("Securely established attributions to Constantine", ders., Constantine's Churches, 41) auch die Akakioskirche und die Michaelskirche in Konstantinopel. Beide Kirchen werden von Euseb nicht erwähnt. Die Akakioskirche wird erstmals von Sokrates genannt, der aber sie nicht in Zusammenhang mit Konstantin bringt (Socr. h.e. II 38 = ed. Hussea I 335,26). Selbst Soziomenos weiß noch nichts von einer Beteiligung Konstantins (Soz. h.e. IV 21,4 = ed. Bidez-Hansen, 171,29). Da auch sonst keine entsprechende relevante Nachriht zu finden ist, ist die Entstehung in nachkonstantinischer Zeit am wahrscheinlichsten. Die älteste Erwähnung der Michaelskirche bietet Sozomenos (Soz. h.e. II 3,9 = ed. Bidez-Hansen, 53ff), der sich ihr recht ausführlich widmet. Er nennt dabei Konstantin als den Erbauer der Kirche. Er berichtet, daß sowohl von Freunden als auch von den Einheimischen sie als bemerkenswerteste Kirche Konstantinopels angesehen wurde und daß ihre Gründung auf eine Erscheinung an dem beteffenden Ort zurückgehe. Offensichtlich projiziert Sozomenos die Entstehung der Kirche, wegen ihrer Bedeutung zu seiner Zeit, in die Regierungszeit Konstantins zurück. Der Bericht des Sozomenos trägt überdies stark legendarische Züge.

[28] J. CHRISTERN, Die "Gerichtsbasilika" beim Forum von Tipasa (Neuaufnahme). Ihre Funktion und die Frage nach den Vorbildern für den basilikalen Kirchenbau, in: Studien zur spätantiken und byzantinischen Kunst. Friedrich Wilhelm Deichmann gewidmet (O. FELD, U. PESCHLOW edd.) Bd.I, 195 Anm.81

[29] J.B. WARD-PERKINS, Constantine and the Origins of the Christian Basilica, in: PBSR 22 (1954), 84f; KRAUTHEIMER, Constantine's Church Foundations, 250

[30] Gegen A. ARBEITER (ders., a.a.O., 197). KRAUTHEIMER und DEICHMANN, die die beiden Hauptrichtungen der Forschung repräsentieren, sind sich bei der Ableitung der frühchristlichen Basilika als neuer Architekturform in der Sache einig. Unterschiede gibt es allerdings bei der Frage nach der Deutung der basilikalen Kirchen. Die Etappen der Diskussion dieser Fragen markieren die Veröffentlichungen von: KITSCHELT, STANGE, DEICHMANN u. LANGLOTZ (Art. "Basilika in der RAC), die Tagungsberichte in der Kunstchronik 4 (1951) und 6 (1953), DUVAL, WARD-PERKINS, BANDMANN, KRAUTHEIMER, LANGLOTZ (Ableitung vom kaiserlichen Thronsaal), DEICHMANN und zuletzt CHRISTERN (vgl. das Literaturverzeichnis).

[31] F.W. DEICHMANN, Einführung in die christliche Archäologie, 75ff; CHRISTERN, a.a.O., 194ff; vgl. dazu auch : KRAUTHEIMER, ECBA, 39ff.

verschiedene in der spätantiken Baukunst längst entwickelte Architekturformen, die in erster Linie von römischen Forumbasiliken abstammen, zu einem neuartigen Raumgebilde zusammengefügt. Da der neue Bautyp auf bekannten Bauformen beruhte, konnte man sich überall mit jedem Architekten vor Ort schnell über das Aussehen des neuen Kirchenbaues verständigen (für die Architekten ja eine neue, ungewohnte Aufgabe), was auch notwendig war, um das Bauprogramm in der gebotenen Schnelligkeit verwirklichen zu können.[32] Die These von Langlotz, der die basilikalen Kirchen ihrer Form nach monokausal von der Palastaula abzuleiten versuchte,[33] kann als widerlegt gelten. Ist man sich so über die architekturgeschichtliche Ableitung der kirchlichen Basiliken als Bauform im Großen und Ganzen einig, so ist die Antwort auf die Frage nach der Bedeutung, also der Ikonologie, dieser neuen Art Kirche noch strittig. Stange, Langlotz und in gewisser Weise auch Kitschelt[34] verstehen die Kirche als Thronsaal Christi. Christern und Deichmann meiden offensichtlich diese Interpretation, was aus ihrer berechtigten Ablehnung der These von Langlotz zu erklären ist. Gegenüber einem eigenen Versuch bleibt Christern abstinent und Deichmann merkwürdig inkonkret und unscharf: "Raum gemeinsamer Andacht, gemeinsamen Opfers, ist sie aber das Mal der Allgegenwärtigkeit Gottes." Er beschreibt sie als Gottes irdisches Heiligtum, das stellvertretend für das Himmlische steht.[35] Es bleibt aber erst noch zu klären, ob mit der Widerlegung der These der architekturgeschichtlichen Ableitung von der Palastaula zugleich auch die Deutung der kirchlichen Basilika als "Thronsaal" für den himmlischen

---

[32] Vgl.: KRAUTHEIMER, Constantine´s Church Foundations, 247f

[33] E. LANGLOTZ, Der architekturgeschichtliche Ursprung der christlichen Basilika, passim; LANGLOTZ steht dabei in der Tradition von L. KITSCHELT (ders., Die frühchristliche Basilika als Darstellung des himmlischen Jerusalem, 51ff) und A. STANGE (ders., Das frühchristliche Kirchengebäude als Abbild des Himmels, 36ff), die er mit einer architekturgeschichtlichen Ableitung bestätigen will.

[34] KITSCHELT, ebd.; STANGE, ebd; LANGLOTZ, a.a.O., 46ff

[35] DEICHMANN, Einleitung, 72 und 73; vgl.: ders., Vom Tempel zur Kirche, in: Mullus. Fs. T. Klauser, JAC.E 1, 52ff, jetzt auch in: ders., Rom, Ravenna, Konstantinopel, 27ff. DEICHMANN unterscheidet dabei zwischen Zweck und Bedeutung der neuen Bauform. Der Zweck des Baues war es, als Versammlungs- und Kultraum zu dienen und dieser Zweck sei sowohl in vor- und nachkonstantinischer Zeit derselbe geblieben. Die davon zu unterscheidende sakrale Bedeutung wird von DEICHMANN mit "irdisches Heiligtum" umschrieben. Diese Bedeutung sei das neu hinzugekommene Spezifikum der konstantinischen Zeit. Dieser neu hinzugekommene symbolische Gehalt des Baues wird dabei nicht aus der Architekturform abgeleitet. In seinem Vortrag "Entstehung der christlichen Basilika und Entstehung des Kirchengebäudes" (ders., Rom, Ravenna, Konstantinopel, 60ff) hatte DEICHMANN Zweck und Bedeutung der Bauten noch gleichgesetzt. Bemerkenswert ist in diesem Zusammenhang ein Aufsatz von P.C.FINNEY (ders., Early Christian Architecture:The Beginnings (A Review Article), in: HThR 81 (1988), 319ff), der nachweist, daß DEICHMANN bei seiner Interpretation unbewußt ein bestimmtes theologisches Vorverständnis über den frühchristlichen Kirchenbau zugrundelegt.

Kaiser fallen muß.[36] Um diese Frage jedoch beantworten zu können, muß zuerst eine andere abgeklärt werden. Der Frage nach der Bedeutung muß die Frage vorausgehen, inwiefern und in welchem Ausmaß die konstantinischen Kirchengründungen Teil der imperialen Repräsentation waren.

Die Kirchengründungen Konstantins als Teil der imperialen Repräsentation

Wenden wir uns zunächst dem vorkonstantinischen Kirchenbau zu.[37] Die ersten Christen kamen bekanntlich in gewöhnlichen Wohnhäusern zusammen. Es wurden schon bestehende Räunlichkeiten adaptiert. Mit der Zeit wurden diese auch künstlerisch ausgestaltet (Dura Europos). Im 3. Jahrhundert wurden in Rom anscheinend schon stattliche "palazzi" für den christlichen Gottesdienst umgebaut.[38] Man darf vermuten, daß im 3. Jahrhundert auch schon eigens Gebäude für gottesdienstliche Zwecke errichtet worden sind.[39] Gemeinsames Kennzeichen dieser Gebäude ist, daß sie keine sakrale und monumentale Architekturform darstellen. Sie gehören alle in die Gattung der *Haus*kirche.[40] Beispiele für diesen Typ finden sich noch im 4. Jahrhundert.[41] Die Edikte des Galerius von 311, des Maximian von 313 und des Licinius sprechen nur von Häusern bzw. loca, die den Christen zurückzugeben seien.[42] Auch die von Lak-

---

[36] DEICHMANN (ders., Entstehung der Basilika und Entstehung des Kirchengebäudes, ebd.) und CHRISTERN (ders., ebd.) haben selbst darauf hingewiesen, daß zwischen der Ableitung der architektonischen Form und der Frage nach der Bedeutung der Bauten unterschieden werden muß.

[37] Neben den "klassischen" Darstellungen des vorkonstantinischen Kirchenbaues von C.H. KRAELING (ders., The Christian Building, in: The Excavations at Dura Europos. Final Report VIII,2, 127ff), KRAUTHEIMER (ders., ECBA, 27ff), vgl. auch: WARD-PERKINS, a.a.O., 79ff; J.P. PETERSEN, House-Churches in Rome, in: VigChr 23 (1969), 264ff; W. RORDORF, Was wissen wir über die christlichen Gottesdiensträume der vorkonstantinischen Zeit?, in: ZNW 55 (1964), 110ff; H.-J. KLAUCK, Hausgemeinde und Hauskirche im frühen Christentum, bes. 68ff u. jetzt auch: FINNEY, a.a.O., passim.

[38] PETERSEN, a.a.O., 272

[39] KLAUCK, a.a.O., 74; RORDORF, a.a.O., 123f

[40] Monumentale Architekturformen fanden anscheinend leichter in die christliche Grabarchitektur Eingang (vgl. WARD-PERKINS, a.a.O., 80f; KRAUTHEIMER, ECBA, 37).

[41] Z.B. in Syrien Qirk Bizze und Umni al - Jemal (vgl. J. LASSUS, Art. "Syrie", in: DACL 15,2 (1953), 1863ff; zu den syrischen Hauskirchen vgl. jetzt auch: C. STRUBE, Hauskirche und einschiffige Kirche inSyrien: Beobachtungen zu den Kirchen von Marmaya, Israg, Nuriyye und Bangfur, in: Studien zur spätantiken und byzantinischen Kunst. Fs. F.W. Deichmann (edd. O. FELD, U. PESCHLOW), 109ff.

[42] Galerius: Eus. h.e. VIII 17 = ed. Schwartz (kleine Ausgabe), 338,21ff und Lact. De mort. pers. 34,4 = ed. Creed, 52; Maximian: Eus. h.e. IX 10 = ed. Schwartz (kleine Ausgabe), 361,6ff; Licinius: Lact. De mort. pers. 48 = Creed, 68ff

tanz erwähnte Kirche von Nikomedia[43] war sicher kein monumentaler Bau. Laktanz berichtet nämlich, daß sie inmitten hoher Gebäude lag - selber also anscheinend klein war. Ihr Abriß in der diokletianischen Verfolgung war nach Laktanz die Arbeit von ein paar Stunden, was bei einem größeren Bau unmöglich der Fall hätte sein können.[44] Zwar konnte am Beginn des vierten Jahrhunderts ein christliches Kultgebäude schon relativ große Ausmaße erreichen, wie die vielleicht noch aus dem 3. Jahrhundert stammende ergrabene Kirche unter dem heutigen San Crisogono in Rom zeigt. Sie wies eine Länge von 27m auf. Trotzdem handelte es sich dabei immer noch um einen architektonisch anspruchslosen einfachen Saalbau, der nicht im entferntesten etwas mit den basilikalen Kirchen Konstantins zu tun hat.[45] Die christlichen Gemeinden hatten noch keine eigene Sakralarchitektur entwickelt. Sie waren - vielleicht mit Ausnahme Roms -in der Regel weder finanziell noch organisatorisch in der Lage, solche Großbauten noch dazu in entsprechend großer Zahl in so kurzer Zeit zu entwickeln, zu planen und zur Ausführung zu bringen. Die Initiative zur Errichtung der Basiliken und ihre Ausführung konnte nur vom Staat ausgegangen sein. Die Kirche spielte bestenfalls eine untergeordnete Rolle.

Wohl wird man beim Bau der Kirchen auf die schon bestehenden liturgischen lokalen Gebräuche Rücksicht genommen haben. Hier hatte die Kirche sicher ein Mitspracherecht.[46] Aber die Gestaltung der neuen Kirchengebäude, die der Kaiser stiftete, lag in der Hand kaiserlicher Architektenteams. Der Staat war der Schöpfer der christlichen Sakralarchitektur.[47] Die Kirchen werden Repräsentationsbauten des Kaisers. In diesem Licht ist der berühmte Kirchenbauerlaß VC II 46 zu sehen.[48] Einen Einblick in die Kompetenzverteilung erlauben Konstantins Briefe an Bischof Makarios, betreffend den Bau der Grabeskirche und der Basilika in Mamre. Wie Kraft zu Recht bemerkt hat, ist der Brief betreffend den Bau der Grabeskirche eine reine Geste. In allen wesentlichen Dingen ist der Kaiser der Entscheidungsträger, nicht der Bischof,[49] was bei diesem in seiner Bedeutung für Konstantin kaum zu überschätzenden Bau auch nicht verwunderlich ist. Bei dem bezeichnenderweise bescheidenen Bau der Mamre

---

[43] Lact. De mort. pers. 12,2 = ed. Creed, 20

[44] Vgl. auch die Beurteilung von KRAUTHEIMER (ders., ECBA, 38)

[45] KRAUTHEIMER, in: CBUR I, 144; ders., ECBA, ebd.

[46] WARD-PERKINS, a.a.O., 81. Man versuchte z.B. die Einführung der querschiffartigen Gestaltung im Bereich des Presbyteriums in der Lateranbasilika mit der benötigten großen Zahl der Altäre zu erklären (T. KLAUSER, Die konstantinischen Altäre der Lateransbasilika, in: RQ 43 (1935), 179ff, jetzt in: ders., Gesammelte Arbeiten zur Liturgiegeschichte, Kirchengeschichte und christlichen Archäologie (ed. E. DASSMANN), in: JAC.E 3, 155ff)

[47] Die Überschrift von A. EFFENBERGER (ders., Frühchristliche Kunst und Kultur, 104) "Die basilica als kirchlicher (!) Bautypus" ist insofern irreführend.

[48] VC II 46 = W 67, 8ff

[49] KRAFT, 121

kirche hatte der Bischof anscheinend mehr Mitspracherecht. Bezüglich des Kirchenbaues heißt es da im Brief an Makarios zu dem Bischof: "wie ihr bestimmen werdet".[50] Doch war dies mit Sicherheit der Ausnahmefall. Maßgeblich waren der Kaiser und seine Büros. Woher sollten Bischöfe in der vorkonstantinischen Zeit die architektonischen und logistischen Kenntnisse für solche Bauten auch haben? Voelkl konnte anhand des Gebrauches des Wortes "basilica" in den Briefen Konstantins zeigen, daß den basilikalen Kirchen öffentlicher Charakter eignete,[51] was nichts anders bedeutete, als daß sie Teil der kaiserlichen Selbstdarstellung und Propaganda geworden waren.

Schon die Umstände der Entstehung der ersten basilikalen Kirche, also der Laterankirche, illustrieren die neue Situation deutlich. Die Kirche wurde nämlich auf kaiserlichem Grund im Bereich eines Palastgebäudes des Maxentius errichtet. Dieses wurde zugleich dem römischen Bischof geschenkt. Die Kirche selbst steht auf dem Areal der Kaserne der equites singulari, einer Elitetruppe, die auf Seiten des Maxentius gegen Konstantin gekämpft hatte. Die Kaserne wurde geschliffen und an ihre Stelle die Basilika gebaut. Die Kirche wurde also nach vollzogener damnatio memoriae des Maxentius[52] als ein Siegesmonument über Residenz und Kaserne des besiegten Tyrannen gesetzt, dessen Besitz nun in Konstantins Hände gefallen war.[53] Sie wurde dem siegbringenden Gott gewidmet und verkündete den Ruhm des Siegers und trug auch deshalb seinen Namen: "Basilica Constantiniana". Das geschah ganz nach dem Usus der imperialen Baupropaganda von Konstantins Vorgängern.[54]

Die Laterankirche ist aber alles andere als ein Einzelfall. Die Basilika in der Residenzstadt Trier lag am Nordrand der Palastanlage. Für sie wurde sogar ein

---

[50] VC III 53 = W 106,19. DEICHMANNS Einschätzung, daß die Bischöfe vor Ort in der Vorbereitung und Planung eine "eminente, architektengleiche (!) Rolle" spielten (ders., Waren Eustathios und Zenobios die Architekten der Grabeskirche?, in: ByZ 82 (1989), 221 und ders., Rezens A. Arbeiter, Alt-St.Peter in Geschichte und Wissenschaft, in: ByZ 82 (1989), 301f) scheint mir die Möglichkeiten der Bischöfe weit zu überschätzen. Dies gilt insbesondere für den Bischof der verschlafenen und unbedeutenden Provinzstadt Jerusalem. Die Beoachtung DEICHMANNS (ders., Rezens. Arbeiter, 302), daß in den Briefen Konstantins bezüglich der Kirchenbauten immer nur die Bischöfe erwähnt werden, aber keine Architekten, ist ganz zwanglos mit der Überlieferung zu erklären. Euseb standen eben nur die Briefe des Kaisers an die palästinensischen Bischöfe zur Verfügung. Die anderen waren für ihn gar nicht erreichbar und interessierten ihn im Kontext seiner Schriften bzw. eigenen Interessen auch gar nicht.

[51] L. VOELKL, Die konstantinischen Kirchenbauten nach Eusebius, in: RivAC 29 (1953), 58ff; ders., Die Kirchenstiftungen Konstantins im Lichte des römischen Sakralrechts, 29f; vgl. auch: G.T. ARMSTRONG, Imperial Church Building and Church-State Relations. A.D. 313-363, in: Church History 36 (1967), 9

[52] KRAUTHEIMER, ECBA, 46. Zur vorherigen damnatio vgl.: VOELKL, Kirchenstiftungen, 10f

[53] KÄHLER, Die frühe Kirche, 91; R. KRAUTHEIMER, Rom, 33f

[54] Vgl.: KRAUTHEIMER, Constantine´s Church Foundations, 242. Der Name ist im Liber Pontificalis (ed. Duchesne-Vogel I, 172,7) überliefert.

kurz zuvor gebauter Prunksaal niedergelegt.[55] Man war also anscheinend daran
interessiert, sie im Palastbereich, also innerhalb der Sphäre des Kaisers zu errichten. Dasselbe gilt für die Doppelkirche in Aquilea, wo man Mitte der zwan-
ziger Jahre einen Saal des kaiserlichen Palastes für eine Kirche adaptierte.[56] In
Rom wird im Palast der Helena, dem sog. Sessorianum, ein großer Saal wohl
zwischen 325/26 - 329, also während oder kurz nach ihrer Palästinareise,[57] zu
einer Kirche umgebaut.[58] Auch das Oktogon von Antiocheia befand sich ohne
Zweifel im Verband des Palastes.[59] Die von Konstantin geplante große Kirche

---

[55] ZINK, a.a.O., 18f

[56] So schon: J. FINK, Der Ursprung der ältesten Kirchen am Domplatz zu Aquilea, 66ff;
SCHUMACHER, Hirt und Guter Hirt, 234ff u. passim

[57] Zur Datierung der Reise: E.D. HUNT, Holy Land Pilgrimage , 30ff

[58] KRAUTHEIMER, ECBA, 51 und 486 Anm.28; HUNT, a.a.O., 31f

[59] DEICHMANN meldete in seinem Aufsatz "Das Oktogon von Antiocheia: Heroon, Martyrion, Palastkirche oder Kathedrale?" (ByZ 65 (1972), 40ff, jetzt in: ders., Rom, Ravenna,
Konstantinopel, 783ff) Zweifel an dieser von W. ELTESTER (ders., Die Kirchen Antiocheias
im 4.Jh., in: ZNW 36 (1937), 251ff) vorgenommenen Lokalisierung an. Anlaß dazu war für
DEICHMANN die "ideologische Deutung" dieser Nachbarschaft mit dem Palast durch ELTE-
STER (ders., a.a.O., 267: "Die räumliche Nachbarschaft von Palast und Kirche drückt symbo-
lisch die enge Verbindung aus, in der Thron und Altar durch seinen Willen (scil.: Konstan-
tins) getreten waren.") und vor allem durch A. GRABAR (ders., Martyrium I, 214ff), der aus
Lage und oktogonalem Grundriß des Baues auf ein vom Kaiserkult inspiriertes imperiales
Heroon schloß. Darüberhinaus hat DEICHMANN auch KRAUTHEIMER im Auge, der das Oktogon als Urtypus der frühmittelalterlichen Palastkirche versteht (KRAUTHEIMER, ECBA,
79f mit Anm.22 auf 491, die schon eine Replik auf DEICHMANN enthält.). DEICHMANNS
Kritik richtet sich auch gegen den Namen (Homonoia/Concordia), den die Kirche schon in
konstantinischer Zeit getragen haben soll (GRABAR, a.a.O., 233 und auch: KRAUTHEIMER,
ebd.). Obwohl der Begriff und die Ausrufung der Homonoia ein gängiger Topos der kaiserzeitlichen Panegyrik ist - und dies besonders bei Konstantin! (DOERRIES, 317ff) - , muß man
bei der gegenwärtigen Quellenlage in diesem Punkt vorerst DEICHMANN folgen und auf die
Einbeziehung dieses Namens in die Überlegungen verzichten. Hingegen sind aber DEICH-
MANNS Einwände gegen eine Lokalisierung im Palast nicht stichhaltig. Die Lokalisierung
beruht vor allem auf der Darstellung Antiocheias auf dem Mosaik von Yakto. Man weiß, daß
der Palast auf der Insel im Stadtgebiet lag (Abb.38). Der von ELTESTER als das Oktogon bezeichnete Bau liegt auf dem Mosaik tatsächlich auf einer Insel. Wie die Abildung zeigt, handelt es sich wirklich um ein Oktogon (Abb.39). Schon dies allein würde m.E. nach als Beleg
hinreichen, denn es gab in Antiocheia nur eine Insel und oktogonale Bauten sind sehr selten
und in dieser Größe nur in Palastanlagen zu finden (Split). Auch auf die überzeugende Identifizierung des dargestellten Tores mit der Porta Tauriana durch ELTESTER (ders., a.a.O., 261f),
die die Lokalisierung des Oktogons auf der Insel bestätigt, geht DEICHMANN leider nicht ein.
Ebenso erscheint es verwunderlich, warum DEICHMANN die exakt als Oval dargestellte Renn-
bahn mit Reiter auf dem Mosaik als "private Anlage in ländlicher Umgebung" bezeichnet, wo
man doch weiß, daß das Hippodrom von Antiocheia beim Palast auf der Insel lag (ELTESTER,
a.a.O.,260). Die Identifizierung des Oktogons auf dem Mosaik von Yakto mit der konstanti
nischen Kirchenanlage und ihre Lokalisierung bleiben deshalb weiterhin gültig. KRAUTHEI-
MER (ders., ECBA, ebd.) und z.B. auch J. LASSUS (ders., La ville dÁntioche, in: ANRW I
8, 444ff) sind DEICHMANN darin auch nicht gefolgt.

.

bei Palast und Hipppodrom in Konstantinopel, die spätere Hagia Sophia, wurde von Anfang an in die Konzeption der Palastanlage miteinbezogen.[60] Die Kirche bildete mit der Hagia Eirene einen Baukomplex und beide Kirchen wurden später von denselben Klerikern betreut.[61] Mit Berechtigung darf man m.E. auch deshalb vermuten, daß die von Euseb erwähnte Kirche von Nikomedia ebenso wie in den anderen Residenzstädten, beim Palast lag.[62]

Aufgrund dieser Kirchengründungen kann man sicher von einem Bestreben Konstantins sprechen, die von ihm gegründeten Kirchen mit dem Palast zu verbinden. Neben den Märtyrerplätzen und den Loca Sancta in Palästina zählen offensichtlich in erster Linie Kaiserpaläste zu den bevorzugten Orten des Kirchenbaues unter Konstantin.[63] Schon dies allein erweist den äußerst hohen Stellenwert innerhalb der imperialen Repräsentation, den die vom Kaiser gegründeten Kirchenbasiliken besaßen. Zwar war natürlich jedes vom Kaiser gegründete und errichtete Bauwerk eo ipso Teil der imperialen Repräsentation,[64] aber darüberhinaus zeigt die eben skizzierte Sachlage eine derartig enge Verflechtung der Kirchenbasilika mit der kaiserlichen Sphäre, daß dies für die Deutung der Kirchengebäude von Belang sein muß.Auf die Zeitgenossesn

---

[60] Vgl. Anm.18 dieses Kapitels; G. KRETSCHMAR, Der Standort des Kirchengebäudes als städtebauliches und geistesgeschichtliches Problem in Antike und Mittelalter, in: Kirchenbau und Ökumene, 163; KRAUTHEIMER, Christian Cap., 50: " ...It was an integral part of government aula and almost an appendage to the adjoining imperial residence."

[61] T.F. MATHEWS, The Early Churches of Constantinople, 29 und PESCHLOW (ders., Irenenkirche, 21f). Diese von Sokrates überlieferte Nachricht (Socr. h.e. II 16 = ed. Hussey I, 212,26ff) zeigt, daß die Hagia Eirene vor der Fertigstellung der Hagia Sophia wahrscheinlich die Funktion einer "Kirche beim Palast" erfüllt hat, wofür schon die räumliche Nähe zum Palast spricht.

[62] Die Topographie von Nikomedien ist leider noch weitgehend unerforscht; vgl.: S. SAHIN, Neufunde von Inschriften in Nikomedien (IZNIT) und in der Umgebung der Stadt, Phil. Diss. Münster 1973, 9ff.

[63] FINK, a.a.O., 66f; ähnlich M.H. SHEPHERD (ders., Liturgical Expressions of the Constantinian Triumph, in: DOP 21 (1967), 72. Allerdings läßt die von Shepherd in diesem Zusammenhang zitierte Stelle Athan. apol. Const. 16 = ed. Szymusiak, 104,1ff), aus der er herleiten will, daß es sich bei der Kirche um ein umgebautes Caesaraeon handelte, diesen Schluß nicht zu.

[64] Die Kirchen von Cirta spiegeln ebenfalls diesen Sachverhalt. Das vom Usurpator Domitius Alexander zerstörte Cirta wurde von Konstantin 320 neu gegründet, der der Stadt damit auch seinen eigenen Namen gab: Constantine. Sie war deshalb mit dem Kaiserhaus verbunden. Beim Neubau der Stadt ließ Konstantin für die dortige Gemeinde auch eine kirchliche Basilika errichten. Von daher war diese Kirche schon von ihren Voraussetzunge her Teil der kaiserlichen Propaganda, die die Neugründung einer Stadt immer bedeutete. Die Kirche war damit Teil der Selbstdarstellung des Kaisers. Nachdem diese erste Kirche von den Donatisten besetzt worden war, baute Konstantin für die Gemeinde eine neue. Vgl. Opt. App. X = ed. Ziwsa, 213f, wo die diesbezüglichen Briefe Konstantins erhalten sind (dazu: KRAFT, 198ff; DOERRIES, 40ff; zu den kirchlichen Verhältnissen: S. GSELL, Art. "Constantine", in: DACL 3.2 (1914), 2713ff).

mußten diese neuen Kirchenbasiliken vor allem als die Kirchen des Kaisers und erst in zweiter Linie als die gottesdienstlichen Räume der christlichen Gemeinden wirken.[65] Auf welche Weise die Kirchenbasiliken in die imperiale Symbolik eingefügt wurden, können neben der als Siegesmonument errichteten Laterankirche noch weitere Beispiele illustrieren.

Es wurde schon darauf hingewiesen, daß die Südhalle der Doppelkirche von Aquilea ein zu einer Kirche umgestalteter Saal des Palastes war. Dabei wurde das Fußbodenmosaik mit einem imperialen Programm gleich mitübernommen.[66] Dargestellt war das für einen Palastsaal zu erwartende Thema des Triumphes Konstantins und seiner Dynastie.[67] Die einzige Änderung, die man Mitte der Zwanziger-Jahre bei der Umgestaltung zu einem Kirchenraum vornahm, war die Einführung der Jonasgeschichte in die maritimen Szenen.[68] Das bedeutet nun aber für den Kirchenraum, daß das Triumphalprogramm mit seiner politischen Aussagekraft voll und ganz erhalten blieb. Es wurde für den Kirchenraum nur christlich "verbrämt". Bei einer Kirche im Palastverband und vor dem Hintergrund des bisher Gesagten, kann das kein Zufall sein und darf auch nicht auf Sparsamkeit bzw. Bequemlichkeit zurückgeführt werden. Das Kirchengebäude wurde für die imperiale Repräsentation und die kaiserliche Propaganda in Dienst genommen: Der Triumph des Kaisers ist der Triumph des Christentums, der Sieg des Christusgottes, des neuen Comes Konstantins. Dasselbe begegnet uns bei der Basilika von Nikomedia, deren Größe und Schönheit imposant gewesen sein muß.[69] Euseb berichtet in der VC über sie, daß Konstantin sie zu Ehren seines eigenen (!) Sieges *und* des Sieges seines Erlösers errichten ließ. Der Sieg Christi und *zugleich* der Sieg Konstantins sind ausschlaggebend für die Gründung dieser Basilika gewesen. Bestätigt wird diese enge Verknüpfung vom Sieg des Kaisers mit dem Sieg Christi schließlich auch noch durch die kaiserliche Weihinschrift von St. Peter:

QVOD DVCE TE MVNDVS SVRREXIT IN ASTRA TRIVMPHANS
HANC CONSTANTINVS VICTOR TIBI CONDIDIT AVLAM[70]
"Weil durch Deine Führung die Welt sich triumphierend zum Himmel erhob,
hat Konstantin der Sieger Dir diesen Prunksaal gegründet."

---

[65] Man bedenke allein die Tatsache, daß Konstantin eine Kirche als seine eigene Grablege bauen und sich darin begraben ließ. Kaiserlicher Bau und Kirche fallen hier zusammen.

[66] SCHUMACHER, Hirt und Guter Hirt, 234ff

[67] Vgl. die glänzende Analyse von: SCHUMACHER, ebd. bes. 251

[68] SCHUMACHER, Hirt und Guter Hirt, 253ff

[69] VC III 50 = W 1044,26ff und LC IX 14 = ed. Heikel 223,3. Euseb bezeichnet sie als "riesig" und als eine der schönsten, die Konstantin gebaut habe.

[70] Sie befand sich auf dem Triumphbogen. ICUR II.1,2o Nr.6 bzw. 345 Nr.1 bzw. 410 Nr.1. Zur genauen Lokalisierung vgl.: ARBEITER, a.a.O., 55 Anm.104

Mit dem Angesprochenen ist ohne Zweifel Christus gemeint.[71] In dieser Inschrift ist Christus für Konstantin Führer, insofern er Sieger und Triumphator
ist. Konstantin widmet die Kirche dem Triumphator Christus, der Führer und
Vorbild für ihn ist.[72] Der Kaiser verstand sich also in seinen Siegen als Nachfolger Christi und deshalb gründete er die Basilika.

Laterankirche, Aquilea, Nikomedia und die Inschrift der Petersbasilika illustrieren denselben Sachverhalt: Konstantin hat die basilikalen Kirchen auch als
seine eigenen Siegesmonumente gebaut: das Medium, in dem die Incorporation
der Kirchenbauten in die imperiale Repräsentation vorgenommen wurde, war
auch in diesem Fall die spätantike kaiserliche Siegestheologie. Ganz unabhängig von der Analyse von Konstantins Sonnensymbolik, der neu eingeführten
christlichen Insignien und dem Bild über dem Palasttor, treffen wir beim Kirchenbau auf dieselbe Grundstruktur, nämlich das Ineinandergreifen der Gestalt
Christi und Konstantins in der Staatsrepräsentation mittels der Siegestheologie.

Zur Deutung der von Konstantin gegründeten basilikalen Kirchen

Im Grunde liefen alle bisherigen Deutungsversuche, mit Ausnahme jenes vor-
sichtig zurückhaltenden von Deichmann, darauf hinaus, die konstantinische
Basilika als irdischen "Thronsaal" des himmlischen Christus zu erklären.[73]
Läßt man die von Langlotz repräsentierte These beiseite, so wurden dabei folgende Wege beschritten.

Zum einen hat man sich auf Belegstellen aus der patristischen Literatur berufen. Die allermeisten wurden schon von Kitschelt zusammengestellt.[74] Dölger
fügte noch einen Beleg bei Isidor von Sevilla hinzu.[75] Keiner dieser Belege
reicht aber in die erste Hälfte des vierten Jahrhunderts zurück. Sie stammen alle

---

[71] E. CASPAR, Geschichte des Papsttums I, 130; A. GRABAR, L´empereur, 194; DOER-
RIES, 214f; F.v.d. MEER, C. MOHRMANN, Bildatlas der frühchristlichen Welt, 62f; ARBEI-
TER, a.a.O., 214f. Nur R. EGGER (ders., Das Goldkreuz am Grabe Petri, in: AÖAW.PH
1959, 182ff, jetzt in: ders., Römische Antike und Frühes Christentum II, 321) glaubt, daß
sich die Verse "... eher allgemein an den Gott der Christenheit" richten. Jedoch kann sich das
"mundus surrexit in astra triumphans" wohl nur auf Christi Tod und Auferstehung beziehen;
vgl. jetzt auch: KRAUTHEIMER, The Building-Inscriptions, 7ff.

[72] GRABAR, ebd.; R. HERNEGGER, a.a.O., 148f; ähnlich: DOERRIES, ebd.; ARBEITER,
ebd

[73] Ein Sonderfall sind die Umgangsbasiliken in Rom, die in erster Linie überdachte Fried-
höfe waren (KRAUTHEIMER, ECBA, 52ff mit Anm.32 auf 486 (Antwort auf DEICHMANN)).

[74] KITSCHELT, a.a.O., 52ff; STANGE, a.a.O., 53f und 61 wiederholt sie nur.

[75] F.J. DÖLGER, "Kirche" als Name für den christlichen Kultbau, in: AuC 6 (1940), 173;
es handelt sich um Isid. v. Sev. etym. XV 4, 11.

aus späterer Zeit und können daher nicht ohne weiteres auf die konstantinischen Erstlingsbauten angewendet werden.

Ein anderer Versuch deutete die zeitgenössische Bezeichnung "aula" in der schon erwähnten Triumphbogeninschrift der Peterskirche (... HANC CONSTANTINVS CONDIDIT AVLAM) als "Thronraum".[76] Voelkl hat schon 1954 dieses Argument entkräftet, indem er nachwies, daß das Wort ganz allgemein einen Innenraum bezeichnete und kein terminus technicus für die Palastaula war.[77] Auch der ebenfalls zeitgenössische schillernde Terminus "basilica", bei dem es sich sogar um eine offizielle Bezeichnung handelt,[78] kann in seinem Gebrauch für unsere Fragestellung nicht klar erfaßt werden.[79] Im allgemeinen bezeichnet er, wie schon weiter oben erwähnt, den öffentlich-rechtlichen Status der Kirchenbasiliken und nicht eine bestimmte Bauform. Er schließt zwar die Deutung als Saal des himmlischen Kaisers nicht aus, kann aber dafür nicht als ein Beweis ins Feld geführt werden.[80]

Anders steht es mit Wendungen wie βασίλειοσ οἶκος und βασίλειος νεώς bei Euseb.[81] "Kaiserliches Haus" meint bei Euseb nachgewiesenermaßen das Haus des Basileus Christus.[82] Er beschreibt die Kirche von Tyrus unzweifelhaft als Thronraum des himmlischen Kaisers. Allerdings ist nicht auszu - schließen, daß die Bedeutung des Eusebius vielleicht von dem schon ausgebildeten neuen Bautyp sekundär abgeleitet wurde.[83] Aber immerhin stammt sie von einem Mann der Kirche, der damals noch nicht in Kontakt mit dem Kaiserhof stand, und stellt deshalb - und das darf nicht unterschätzt werden - die Meinung eines unmittelbaren und in dieser Hinsicht noch unbefangenen Zeitgenossen dar.[84] In diesem Zusammenhang hat Krautheimer schon immer darauf hingewiesen, daß am Beginn des vierten Jahrhunderts im Zuge der "Revitali-

---

[76] STANGE, a.a.O., 72; R. KRAUTHEIMER, The Constantinian Basilica, in: DOP 21 (1967), 129; in: ECBA 43 bringt KRAUTHEIMER dieses Argument allerdings nicht mehr; LANGLOTZ, a.a.O., 47

[77] L. VOELKL, Die konstantinischen Kirchenbauten nach den literarischen Quellen des Okzidents, in: RivAC 30 (1954), 106ff

[78] Neben: VOELKL, a.a.O., 58ff, noch: DÖLGER, "Kirche" als Name für den christlichen Kultbau, 172f

[79] VOELKL, a.a.O., 100-105 und 121-125

[80] VOELKL, a.a.O., 125; vgl. auch die Kritik DEICHMANNS (ders., Einführung, 77) an den entsprechenden Deutungsversuchen.

[81] Eus. h.e. X 4,63 = ed. Schwartz (kleine Ausgabe), 385,25f; VC III 36 und 38 = W 100,14 und W 100,24

[82] L. VOELKL, Die konstantinischen Kirchenbauten nach Eusebius, 192 und 200; KRAUTHEIMER, The Constantinian Basilica, 129; aber auch: DEICHMANN, Einführung, 77 und 97

[83] So zurecht: EFFENBERGER, Frühchristliche Kunst und Kultur, 104

[84] Zur Datierung der Rede in die Jahre 314/15 vgl. oben S.33 Anm.26

sierung" der Bauform Basilika, die Grenzen zwischen Forum- und Palastbasi-
lika zu verschwimmen begannen und damals auch sogenannte "profane" Basiliken per se eine religiöse Funktion im Herrscherkult einnahmen, ja daß diese
religiöse Funktion um 300 sogar immer mehr in den Vordergrund trat. "The
presence of the emperor, in effigy or in flesh, had become increasingly the pre-
dominent element in any basilica."[85] Jede "profane" Basilika war ein "sanc-
tuary of the god on earth" (also für den Kaiser) geworden.[86] Demnach war am
Beginn des vierten Jahrhunderts jede Profanbasilika in gewisser Hinsicht eine
Art "Thronsaal", auf jeden Fall war mit und in ihr der jeweils regierende Kaiser
präsent. Es spricht nun einiges dafür, daß mit der Übernahme basilikaler Architekturformen in die basilikalen Kirchen auch die innewohnende Sphäre des
"Kaiserlichen" mittransferiert wurde, zumal, wie wir gesehen haben, diese
Kirchen vorzugsweise im Palastbereich gebaut, also eng an den Kaiser gebunden wurden. Als zentraler Bestandteil der kaiserlichen Repräsentation und als
Teil der imperialen Siegesideologie war in ihnen der Kaisergedanke präsent.
Beleg dafür ist auch die Inschrift von St. Peter und zwar nicht der Terminus
"aula", sondern die kaiserliche Triumphsprache, die hier auf Christus und die
für ihn gebaute Kirche übertragen wird. Die basilikalen Kirchen waren demnach also Herbergen des Christus-Basileus und insofern "Thronsäle", auch
wenn sie ihrer Architekturform nach von diesen nicht abzuleiten sind.

Diese Prägung der neuen Kirchenbauten durch den Christus-Basileusgedanken wird an den Kirchenbasiliken in Palästina (einschließlich Antiocheia) besonders anschaulich. Bei der Geburtskirche in Bethlehem und der Grabeskirche in Jerusalem bilden Zentralbauten (Oktogon bzw. Rotunde) den Zielpunkt
der Komplexanlagen. Diese Zentralbauten liegen genau über der jeweiligen
Christusmemorie (Geburtshöhle, Grabeshöhle). Sie leiten sich von kaiserlichen Mausoleen ab.[87] Es werden also Bautypen, die sonst nur für Angehörige
der kaiserlichen Familie verwendet wurden, über der Christusmemorie errichtet. Dies setzt den Christus-Basileusgedanken voraus.[88]

---

[85] KRAUTHEIMER, The Constantinian Basilica, 124

[86] KRAUTHEIMER, ebd.

[87] KRAUTHEIMER, ECBA, 66; Beispiele bei: F.W. DEICHMANN, Römische Zentralbauten. Vom Zentralraum zum Zentralbau. Ein Versuch, in: ders., Rom, Ravenna, Konstantinopel, 51ff; ders., Einführung, 249f; F. TOLOTTI, Il S. Sepolcro di Gerusalemme e le Coeve
Basiliche di Roma, in: MDAI.R 93 (1986), 473f, 485ff

[88] Die Vorstellung des Christus-Basileus ist bereits vorkonstantinischen Ursprungs. Vgl.:
P. BESKOW, Rex Gloriae. The Kingship of Christ in the Early Church, 197ff. Es ist daran
festzuhalten, daß in speziellen diesen Fällen, eine Architekturform bzw. Gebäudetyp wegen
seiner vorherigen Funktion in den Kirchenbau übernommen wurde (gegen das pauschale Urteil CHRISTERNS (ders., a.a.O., 202f), der diese Zentralbauten in seine Überlegungen nicht
einbezieht.

Auch die Gesamtkonzeption der Kirchenbasiliken weist Merkmale auf, die diese Annahme bestätigen. Die von Konstantin gegründeten Anlagen betrat man im Idealfall, indem man zunächst Propyläen und Atrium passierte.[89] Schon das Atrium mußte, wie Stapleford gezeigt hat, den Eintretenden an die Architektur der Kaiser erinnert haben, genauerhin an ein "arachitectural setting for appearences of the emperor to the people."[90] Im Innern der Kirche empfingen den Besucher Haupt- und Seitenschiffe, die auf das Presbyterium zuliefen, dem ein Triumphbogen vorgelagert sein konnte. Bei den Basiliken im Heiligen Land war der eigentliche Zielpunkt die Christusmemorie im Zentralbau (Abb.35-37). Die konstantinischen Anlagen stellen sich so als "Wegkirchen" dar.[91] Die architektonische Abfolge ist als Steigerung hin zum Presbyterium bzw. der Christusmemorie als Ziel des Ganzen gedacht.[92] Erwähnt sei auch, daß die Einweihungsrede Eusebs in Tyrus ebenfalls von diesem Gedanken der Steigerung hin zum Presbyterium geprägt ist.[93] Vorhandene Triumphbögen dürften die Funktion gehabt haben, das Presbyterium "nimbusartig einzurahmen und hervorzuheben."[94] Im Unterschied zu den vorkonstantinischen Hauskirchen trennten nun Altar- bzw. "Chorschranken" das Presbyterium vom übrigen Kirchenraum.[95] Der Altar hat einen ganz neuen Stellenwert bekommen.[96] Euseb scheint dies wiederzuspiegeln, er nennt ihn τὸ τῶν ἁγιον θυσιαστήριον.[97] Alles dies verweist auf eine zugrunde liegende Vorstellung, die den Altar- und Apsisbereich als einen heiligen Ort ansieht. Diese Heiligkeit des Altarbereiches wird aber nur erklärbar, wenn man glaubte, daß in ihm während des Gottesdienstes der Christus-Basileus anwesend ist.

Symbolisiert bzw. repräsentiert wurde diese "Gegenwart" des himmlischen Kaisers während des Gottesdienstes wohl auf verschiedene (sich ergänzende) Weisen. Vor allem wurde er m.E. durch den auf dem Altar liegenden Evangeli-

---

[89] Anscheinend besaßen nicht alle Anlagen ein Atrium; vgl. : S.S. ALEXANDER, Studies in Constantinian Church Architecture, in: RivAC 47 (1971), 281ff und 46 (1973), 33f.

[90] R. STAPLEFORD, Constantinian Politics and the Atrium Church, in: Art and Architecture in the Service of Politics (ed. H.A. MILLON), 2ff.

[91] STANGE, a.a.O., 46; vgl. auch die Bezeichnung "processional church" von G.H. FORSYTH (ders., The Transept of Old St. Peter´s at Rome, in: Late Classical and mediaeval Studies in Honour of Albert Mathias Freind Jr. (ed. K. WEITZMANN, 68).

[92] KITSCHELT, 51; STANGE, ebd.; KLAUSER in einem Diskussionsbeitrag inKunstchronik 4 (1951), 116.

[93] VOELKL, Der konstantinische Kirchenbau nach Euseb, 64ff.

[94] STANGE, a.a.O., 48; vgl. auch den Diskussionsbeitrag von KLAUSER in: Kunstchronik 4 (1951), 118 (mit Gall).

[95] Eus. h.e. X 4,44 = ed. Schwartz (kleine Ausgabe), 381,27; in der Trierer Südkirche? (ZINK, a.a.O., 19); zu Schranken in der Anastasis in Jerusalem vgl. TOLOTTI, a.a.O., 471f.

[96] F. WIELAND, Altar und Altargrab im 4. Jahrhundert, 29ff

[97] Eus. h.e. X 4, 44 = ed. Schwartz (kleine Ausgabe), 386,3ff

encodex (bzw. Vollbibel) repräsentiert. Durch den aufgeschlagenen Evangelien-
codex wurde z.B. bei Konzilien die Anwesenheit Christi symbolisiert.[98] Der
Großauftrag Konstantins an das Scriptorium in Caesarea zur Herstellung von
50 Vollbibeln als Prunkcodices[99] ist vielleicht auch von daher zu erklären.[100]
Ebenso war der himmlische Kaiser im eucharistischen Geschehen präsent:
"Was ist denn der Altar anders als der Thron (sedes) des Leibes und Blutes
Christi?".[101] In der Einweihungsrede äußert hierzu Euseb den bezeichnenden
Gedanken, daß im Gottesdienst während des Altaropfers neben dem Altar
Christus selbst anwesend ist, der das unblutige und geistige Opfer entgegen-
nimmt und es dem himmlischen Vater übergibt.[102] Zu fragen wäre auch, inwie-
fern der Bischof, dessen cathedra ja der Blickpunkt der Anlage war und der in
der Apsis nun den Platz einnahm, den in der Profanbasilika die Kaiserstatue in-
nehatte, die Gegenwart Christi versinnbildlichte.[103]

Konstantins Kirchengründungen im Heiligen Land

Unter unserer Fragestellung "Konstantin und Christus" müssen von den Kirchengründungen Konstantins natürlich besonders die Kirchenbauten in Palästina interessieren. Die Quellen nennen uns vier Bauten:
Die Grabeskirche und die Eleona in Jerusalem (auf dem Ölberg über jener Stelle, an der die Himmelfahrt Christi lokalisiert wurde), die Kirche in Mamre und
die Geburtskirche über der Geburtshöhle in Bethlehem.[104] Im folgenden werden zunächst die besonderen Umstände der Entstehung dieser Bauten bzw. ihre
Rolle in der imperialen Repräsentation beschrieben, hernach auf das ihnen meiner Meinung nach zugrundeliegende Konzept eingegangen. Die Berichte des
Euseb über diese Bauten verraten, daß mit Ausnahme der Eleona alle Kirchen
frühere heidnische Kultstätten ablösten. Belege, daß Christen schon vor Konstantin diese Stätten für die historischen Orte der Christophanien hielten, sind

---

[98] Beispiele bei: MICHEL, Art. "Evangelium", in: RAC 6 (1966), 1153f

[99] VC IV 36 = W 133,8ff

[100] K. WENDEL, Der Bibelauftrag Konstantins, in: ders., Kleine Schriften, 35ff

[101] Opt. VI 1 = ed. Ziwsa 143,5f (der älteste Beleg); F.J. DÖLGER, Die Heiligkeit des Al-
tars und ihre Begründung im christlichen Altertum, in: AuC 2, 173ff (weitere Belege); auch:
KITSCHELT, a.a.O., 52

[102] Eus. h.e. X 4, 68 = ed. Schwartz (kleine Ausgabe), 386,3ff

[103] Diese schon bei Ignatios vorkommende Anschauung findet sich auch bei Euseb in
h.e. X 4, 67 = ed. Schwartz (kleine Ausgabe), 386,22f: "In dem obersten Vorsteher aber
wohnt dem Rechte gemäß Christus in ganzer Fülle ..." (vgl.: DEICHMANN, Vom Tempel zur
Kirche, 58).

[104] Belege siehe oben S. 74f

für die Höhlen in Bethlehem, die Eleona und vielleicht auch für die Grabeskirche erhalten.[105] Die kaiserlichen Stellen haben also an bereits vorhandene Traditionen angeknüpft. Hunt, Stemberger und Walker meinen, daß Makarios von Jerusalem bzw. Euseb der Initiator war.[106] Die Anregung für diese Bauten kam aber sicher von staatlicher Seite. Wie schon bemerkt, zeigen die Briefe an Makarios, daß der Jerusalemer Bischof kaum etwas zu sagen hatte. Ihm wurden bei der Grabeskirche nur nebensächliche Kleinigkeiten zur Entscheidung überlassen. Den Bau führte sehr wahrscheinlich ein aus (dem gerade in Bau befindlichen) Konstantinopel und aus dem kaiserlichen Stab stammender Architekt namens Zenobios aus.[107] Mit ihm kommt ein Presbyter Eustathios aus Konstantinopel mit nach Jerusalem.[108] Die Mission dieses Klerikers wäre sinnlos gewesen, wenn er nicht in kirchlichen bzw. liturgischen Fragen den Willen des Kaisers durchsetzen sollte.[109] Auch hier wird der örtliche Bischof der damals verschlafenen und unbedeutenden Provinzstadt Jerusalem zurückgesetzt. Im Brief betreffend der Mamrekirche heißt es ausdrücklich, daß Eutropia (die Mutter der Fausta) auf diesen sträflich vernachlässigten Ort als erste hingewiesen habe.[110] Dazu kommt noch, daß dieses Kirchenbauprogramm in Palästina als Ganzes Teil eines Staatsaktes war. Der Beginn der Bautätigkeit fällt nämlich mit der offiziellen Pilgerfahrt der Helena (und Eutropia) nach Palästina im Jahr 326 zusammen.Hunt zeigte, daß diese Reise mit den mysteriösen Vorgängen im Kaiserhaus im Mai desselben Jahres zusammenhängt, denen Konstantins älterer und begabtester Sohn Crispus und Fausta, die Frau des Kaisers zum Opfer fielen.[111] Die Pilgerreise der überlebenden Frauen des Kaiserhauses demonstrierte

---

[105] Zusammengestellt bei: J. WILKINSON, Christian Pilgrims in Jerusalem During the Byzantine Period, in: PEQ 108 (1976), 84; ders., Jerusalem Pilgrims before the Crusades, 151f, 166ff; HUNT, a.a.O., 3; B. KÖTTING, Peregrinatio religiosa, 83ff; und jetzt bei: P.W.L. WALKER, Holy City, Holy Places?, 17ff, 199ff, 235ff

[106] HUNT, a.a.O., 7; G. STEMBERGER, Juden und Christen im Heiligen Land. Palästina unter Konstantin und Theodosius, 57; WALKER, a.a.O., 188 u. 194

[107] W. TELFER, Constantine´s Holy Land Plan, in: Studia Patristica I = TU 63 (1957), 699. Er brachte wohl auch schon den Bauplan aus Konstantinopel mit (KRAUTHEIMER, Christian Cap., 53). Theoph. Conf. Chron. 5828 = ed. de Boor, 33,9ff. Die kritische Vorsicht DEICHMANNS (ders., Waren Eustathios und Zenobios die Architekten der Grabeskirche?, 222ff) gegenüber dieser Nachricht ist m.E. nicht nötig. Theophanes überliefert den Namen zugleich mit dem schon bei Hieronymus bestens bezeugten Eustathios (vgl. unten Anm.108). Bei dem nach Theophanes von Zenobios in Jerusalem erbauten "Martyrium" kann es sich nur um jenes der Grabeskirche gehandelt haben und nicht um ein anderes kleines, von Konstantin in Jerusalem erbautes, da es bei Theophanes mit dem bestimmten Artikel steht: τὸ Μαρτύριον.

[108] Bestens bezeugt durch: Hier. Chron. ad. ann. 336 = ed. Helm, 233,25.

[109] TELFER, ebd.; HUNT, a.a.O., 22f

[110] VC III 52 = W 106,5ff

[111] HUNT, a.a.O., 33f (zu den Vorkommnissen weiter unten)

die Überwindung der Krise. Bei Euseb lesen wir von Gebeten der Helena für
den Kaiser (und damit für die Dynastie) bei den eben erst entdeckten heiligen
Stätten. Die Reise als religiöser Akt sollte ohne Zweifel nach der überstandenen
Krise auch dem Wohlergehen des Staates dienen. Die Kirchenbauten in Palästina müssen vor dem Hintergrund dieser Staatswallfahrt verstanden werden. Bedenkt man diese Umstände der Entstehung der Kirchen in Palästina, so darf
man annehmen, daß sie in gewisser Hinsicht auch die Funktion von "Votivkir-
chen" erfüllt haben.

Nach Euseb gehen die Gründung der Geburtskirche und der Eleona auf
Helena zurück,[112] die Basilika in Mamre auf Eutropia. Hingegen war die frühestens erst 326 begonnene Grabeskirche sicher eine persönliche Stiftung des
Kaisers.[113] Insgesamt erscheint also die ganze Aktion als Staatssache von größter Bedeutung, bei der der kleine Bischof von Jerusalem und schon gar die
christlichen Gemeinden der anderen Dörfer keine Rolle gespielt haben werden.
Wenn Vertreter der Kirche dabei mitgewirkt haben, dann waren es Kleriker bei
Hof aus der unmittelbaren Umgebung des Kaisers, aber sicher keine Vertreter
der Ortsgemeinden.[114]

Der ganze Vorgang bedeutete sicher auch ein stärkeres Hervortreten der
christlich-religiösen Betätigung des Kaiserhauses in der Öffentlichkeit. Hier ist
daran zu erinnern, daß genau zur selben Zeit die Prägung mit dem die Schlange
durchbohrenden Labarum in Umlauf gebracht wurde, eine Münze auf der das
Heil des Staates nach der Krise von 325 von einem Christuszeichen, dem Christogramm, also von Christus selbst - trotz aller synkretistischen Merkmale des
Labarums - garantiert wird.[115]

---

[112] VC III 41-43 = W 101,7ff; LC IX 17 = ed. Heikel, 221,20ff

[113] Der Beginn der Bauarbeiten an der Grabeskirche, der üblicherweise in das Jahr 325 angesetzt wurde (vgl. etwa noch: STEMBERGER, a.a.O., 54; HUNT, a.a.O., 38),fiel frühestens
in das Jahr 326. Im Brief Konstantins an Makarios wird Drakilian als Vikar des Orients bezeichnet. Dieses Amt hat er aber erst 326 angetreten (vgl. Seeck, Regesten, 68 Z38ff). Die
Grabeskirche muß eine Gründung des Kaisers gewesen sein, da Euseb im Kapitel über Helena
in der VC, in dem er alle frommen Verdienste der Helena aufzählt, gerade die Gründung der
Grabeskirche nicht erwähnt, obwohl sie doch das größte fromme Verdienst gewesen wäre.
Stattdessen trennt er den Bericht und die Beschreibung der Grabeskirche deutlich von dem
Helena-Kapitel. Schon aus ideellen und propagandistischen Gründen kann nur der Kaiser
selbst der Fundator gewesen sein, wie sich auch noch im weiteren Verlauf der Arbeit bestätigen wird.

[114] Zu den Klerikern in der unmittelbaren Umgebung des Kaisers vgl. VC I 42 = W
37,18ff und VC II 4 = W 49,7ff. Es soll an dieser Stelle ausdrücklich festgehalten werden,
daß mit dieser Sicht der Kompetenzverteilung keine Konsequenzen in architekturgeschichtlicher Hinsicht gezogen werden, wo lokale Gegebenheiten bzw. stilistische Traditionen durchaus Eingang gefunden haben können. Nur sollte dies nicht mit der Rolle der Bischöfe in Verbindung gebracht werden.

[115] Es wäre zu überlegen, ob vor dem Hintergrund dieser Neuentwicklungen, die auf eine
starke Präsenz christlicher Symbolik im öffentlichen Auftreten Konstantins hinausläuft, die

Ein Zweck des Kirchenbauprogrammes war es in diesem Zusammenhang vermutlich auch, Pilgerzentren aus dem Boden zu stampfen, um die Voraussetzungen für ein christliches Pilgerwesen großen Stils zu schaffen. In vorkonstantinischer Zeit gab es nur ganz vereinzelt Palästinapilger, die konstantinischen Prachtbauten lösen nun eine Massenbewegung aus - ab den Dreißiger-Jahren sind uns Pilgerberichte erhalten. Gemeinsames Merkmal der Anlagen sind deshalb die großen Höfe, die den Pilgerscharen den benötigten Platz schaffen sollten. Die Kirchen selbst sind relativ klein gehalten, vor allem wenn man sie mit den Gründungen im Westteil des Reiches vergleicht.[116] Konstantin schafft demnach bewußt ein neues christliches, religiöses Zentrum im Osten des Reiches. Er bzw. seine Berater werden so eigentlich zu den Erfindern und Schöpfern der Idee des "Heiligen Landes". Erst jetzt hat Jerusalem die Voraussetzungen zur "Heiligen Stadt" zu werden.[117] Der programmatische Charakter des ganzen Unternehmens ist nicht zu verkennen. In Palästina sind Konstantin im Unterschied zu Rom auch keine politischen Grenzen gesetzt.[118] Das religiöse Zentrum des Reiches wird zu den Herrenmemorien im Osten verlegt und zugleich das Pilgerwesen im wahrsten Sinn des Wortes "hoffähig" gemacht.Die Grundrisse der Kirchen unterscheiden sich, wie schon erwähnt, von jenen der vor 324 gebauten basilikalen Kirchen. Das Neue besteht in der Anfügung eines Zentralbaues, der über dem Martyrion liegt und dieses damit besonders kennzeichnet. Über dem Grab Christi wird eine Rotunde, die sogenannte Anastasis errichtet und über der Geburtshöhle ein Oktogon (Abb.36 u. 37).[119] 328 beginnt man in Antiocheia die dortige Kirche ebenfalls als Oktogon zu bauen. Bedeutsam ist dieser Einzug ausgesprochen imperialer Architektur und die Entwicklung hin zu Komplexbauten nach 326[120] insofern, als man sie m.E. als eine verstärkte Betonung des Christus-Basileusgedanken deuten muß.

---

bekannte bissige Bemerkung des Zosimus zu verstehen ist, in der er behauptet, daß Konstantin nur Christ geworden sei, weil die Christen so schäbig gewesen seien, ihm seine Morde in der Familie zu verzeihen und zu vergeben (Zos. II 29 u. 34 = ed. Paschoud 101,12ff).

[116] HUNT, a.a.O., 20f

[117] G.T. ARMSTRONG, Imperial Church Building in the Holy Land, 97. HUNT, a.a.O.,23

[118] Zu den Einschränkungen in Rom vgl. schon: SCHOENEBECK, a.a.O., 87f; A. ALFÖLDI, The Conversion of Constantine and Pagan Rome, 50ff; jetzt: KRAUTHEIMER, Christian Cap., 28 u. 39f und ders., Rom, 42

[119] Auch die Höhle der Eleona wird insofern ausgezeichnet, als nach der Rekonstruktion von Vincent-Abel das Presbyterium, das über der Höhle lag, sich auf einem höheren Niveau befand als Hauptschiff und Seitenschiffe und nur über Treppen zu betreten war (Abb.35).

[120] Diese Neuentwicklung macht sich auch in gewisser Weise im Westen bemerkbar. Nach 330 plant man bei der Trierer Nordkirche das Presbyterium als einen quadratischen Hallenraum. Der dort nachgewiesene vorgesehene, memorienartige Einbau, den man wohl zu einem Dodekagon ergänzen darf, stammt ebenfalls aus dieser Zeit und es scheint, daß diese Neukonzeption mit den Bauten über den Herrenmemorien korrespondierte (CÜPPERS, a.a.O., 121;

Vergegenwärtigt man sich zum Schluß die Orte, an denen der Kaiser die Kirchen im Heiligen Land errichten ließ, so scheint auf den ersten Blick die Kirche in Mamre aus der Reihe zu fallen, da sie an der Stätte einer alttestamentlichen Begebenheit - dem Besuch der Männer bei Abraham (Gen 18,1ff) - errichtet wurde, während die anderen Stationen aus dem Leben Christi markieren. Aber in seinem Brief an Bischof Markarios, in dem Konstantin die Anweisung zu dem Bau gibt, führt der Kaiser als Begründung für den Bau an, daß dort das erstemal der Erlöser selbst (!) (ὁ σωτὴρ αὐτός) mit zwei Engeln dem Abraham erschienen sei.[121] Auch Euseb faßt in der Passage, in der er zum Brief überleitet, die Erscheinung an Abraham als Christophanie auf,[122] ebenso auch Sozomenos an der entsprechenden Stelle.[123] Sie wurde also als Stätte einer Christuserscheinung verstanden.[124] Alle vier Basiliken in Palästina waren demnach Christophaniekirchen. Die sakralrechtliche Grundlage dafür bot die im römischen Recht verankerte Vorstellung, daß der Ort, an dem sich eine Gottheit manifestierte, von dieser ab da in Besitz genommen war, wodurch er zum "locus sacratus" wurde.[125] Es zeigt sich aber, daß die Orte ganz gezielt ausgewählt worden sind, denn sie spiegeln als Ganzes genommen ein Konzept: Die Mamrekirche steht an dem Ort der Erstepiphanie Christi in der Welt, Bethlehem kennzeichnet den Ort seiner Fleischwerdung, die Grabeskirche wurde über der Stätte seiner Kreuzigung und Auferstehung, also am zentralen Ort für das Heilsgeschehen, errichtet[126] und die Eleona liegt auf dem Ölberg über jener Höhle, von der nach damaliger Ansicht Christus, nachdem er dort die Jünger über seine Wiederkunft belehrt hatte, in den Himmel auffuhr.[127] Die Kirchen markieren so die wichtigsten Etappen der Heilsgeschichte und Lebensgeschichte Christi, sie markieren die Stätten der Epiphanie seiner Gottheit. Bezeichnend ist im Brief, betreffend den Bau der Grabeskirche, die Bemerkung Konstantins, daß dort der Ort der Auferstehung "ἅγιον μὲν ἀρχῆς" sei, also heilig seit

---

KRAUTHEIMER, ECBA, 90; zur Datierung vgl. jetzt: ZINK, ebd. und: WEBER, passim. Falls die Ergänzung zu einem Dodekagon zutrifft, könnte dieser zwölfeckige Grundriß vielleicht für eine Herrenmemorie sprechen (vgl. unten das Kapitel über die Grablege Konstantins).

[121] VC III 53 = W 107,9f: ἐκεῖ πρῶτον ὁ σωτὴρ αὐτός μετὰ τῶν δύο ἀγγέλων

[122] VC III 51 = W 105,10ff

[123] Soz. h.e. II 4,2 = ed. Bidez-Hansen, 54,24ff

[124] DOERRIES, 88; G.T. ARMSTRONG, Imperial Church Building in the Holy Land in the 4´th Century, in: The Biblical Archeologist 30 (1967), 96; KRAUTHEIMER, ECBA, 60

[125] VOELKL, Kirchenstiftungen, 13ff und 36ff

[126] Vgl. auch : Eus.: Onom. 31 = ed. Klostermann 74, 19f

[127] Vgl. den Pilger von Bordeaux: Itin. Burdig. 18 = ed. Biehler (CCL 175), 18,5f: "et in montem Oliveti, ubi Dominus ante passionem apostolos docuit ..." ; VC III 41,1 = W 101,7ff: Himmelfahrt; VC III 43,3 = W 102,5ff: Belehrung der Apostel; LC IX 17 = ed. Heikel 221,20ff: Himmelfahrt.

Anbeginn, gleichsam von seinem Ursprung her. Dasselbe ist im Brief über die Stätte der Mamre-Kirche ausgesprochen, der nach den Worten Konstantins eine "ἀρξαίαν ἁγιότητα" eignet.[128] Dies verrät, daß hinter dem Bauprogramm im Heiligen Land ein heilsgeschichtliches Konzept steht - eine völlig neuartige Idee, die ohne Vorbild ist und der wir uns noch widmen werden.

Entsprechend unserer Fragestellung sei auch hier im Fall der Kirchenbauten im Heiligen Land kurz das Verhältnis von Eusebs Darstellung zur offiziellen Staatspolitik beleuchtet. Auch hier zeigen sich nämlich Unterschiede.

Schmaltz hat als erster darauf aufmerksam gemacht, daß nach Euseb in der Tricennalienrede die Basilika der Grabeskirche (im Unterschied zur Anastasis) dem "σωτηρίῳ σημείῳ" geweiht war.[129] Eine Bemerkung in Anwesenheit des Kaisers getan, die aber in der VC merkwürdigerweise verschwiegen wird. Das ist vor allem deshalb auffällig, weil Konstantin in seinem Brief an Makarios als Grund für den Bau angibt, daß dort das "γνώρισμα τοῦ ἁγιοτάτου ἐκείνου πάθους"[130] entdeckt worden sei. Unter diesem "Erkennungszeichen des Leidens" versteht man in jüngster Zeit gerne die Reliquie vom wahren Kreuz Christi,[131] doch kann m.E. bei vorliegender Quellenlage nur der Golgathafelsen gemeint sein, denn der bekannte Felsen im Bereich der Grabeskirche galt schon zur Zeit Eusebs als der Golgathafelsen, auf dem die Kreuzigung stattgefunden hatte, wie uns vor allem der Pilger von Bordeaux bezeugt.[132] Nach der Darstellung der VC hingegen war der alleinige Grund für die Errichtung die Entdeckung der Grabeshöhle, d.h. der Stätte der Auferstehung Christi. Es besteht hier also ein Widerspruch zwischen dem kaiserlichen Brief und der in der VC direkt daran anschließenden Darstellung Eusebs.[133] Auf die Beurteilung und Erklärung dieses Phänomens soll im Schlußkapitel eingegangen werden.

Walker hat jüngst auf zwei weitere Punkte hingewiesen, an denen zwischen Konstantin und Euseb Differenzen bestehen.[134] Für Euseb sind Jerusalem und die Stätten des Lebens Jesu bis 325 keineswegs "heilige" Stätten, sondern sie

---

[128] VC III 30 u. III 53 = W 98,8 und W 107,17. Auf diese Stellen hat als erster WALKER (ders., a.a.O., 48, 111f) hingewiesen.

[129] SCHMALTZ, a.a.O., 52

[130] VC III 30 = W 97,13

[131] DRAKE, Eusebius on the True Cross, passim; WALKER, a.a.O., 127ff;

[132] Itin. Burdig. 593,4ff = ed. Weber (CCL), 17. Vgl. dazu: Z. RUBIN, The Church of the Holy Sepulchre and the Conflict between the sees of Caesarea and Jerusalem, in: The Jerusalem Cathedra 2 (1982), 79ff; B. BAGATTI, La configurazione semiariana della costruzione Costantiniana del S. Sepolcro a Gerusalemme, in: Augustinianum 24 (1984), 566f, der noch weitere Belege bietet. Ebenso: G. KRETSCHMAR, Festkalender und Memorialstätten Jerusalems in altkirchlicher Zeit, in: H. BUSSE, G. KRETSCHMAR, Jerusalemer Heiltumstraditionen in altkirchlicher und frühislamischer Zeit, 57f und 62f.

[133] Dazu zuletzt: WALKER, ebd. und: DRIJVERS, Helena Augusta, 84ff

[134] WALKER, ebd.

sind für ihn vornehmlich von historischem Interesse. Wohl nennt Euseb ab 325 manche Stätten dann zwar "heilig", aber auch hier nur in Bezug und im Rahmen ihrer historischen Bedeutung. Für Konstantin bzw. für die Staatssymbolik hingegen sind die betreffenden auszuzeichnenden Stätten des Wirkens Jesu ein echter "locus sacer" nach antikem Verständnis. In der Einleitung zum Brief über Mamre versucht Euseb diese Auffassung Konstantins (die sich im Brief äußert) sogar abzuschwächen.[135] Ebenso gibt es einen Unterschied in den Äußerungen Eusebs bezüglich der Eleona in der VC und den LC. In der VC wird der Ort nicht nur als Stätte der Himmelfahrt Jesu, sondern auch ein Platz, an dem er gelehrt hat, beschrieben. In der Tricennalienrede, die vor dem Kaiser gehalten wurde, ist aber in betonter Weise nur von der Himmelfahrt die Rede.[136] Gerade letzteres ist m.E. bezeichnend, da gerade der Kontext dieser Stelle in der Rede exakt das heilsgeschichtliche Konzept des Kirchenbauprogramms in Palästina wiedergibt. Die Lehrtätigkeit Jesu am Ölberg gehört nicht in dieses Konzept Konstantins und deshalb läßt Euseb es in seinem Panegyrikos weg. Ein Beweis dafür ist der Umstand, daß Euseb immer nur von einer Triade von Kirchen (Bethlehem, Eleona, Grabeskirche) spricht, also die Kirche in Mamre vernachlässigt bzw. abseits liegen läßt.[137] Selbst die detailreicheund sorgfältige Monographie von Walker steht hier noch deutlich unter dem Einfluß Eusebs, indem er die Mamre-Kirche praktisch unter den Tisch fallen läßt und sogar meint, auch Konstantin habe nur eine Triade von Kirchen geplant und beabsichtigt.[138] Dies entspricht jedoch keineswegs dem oben geschilderten Quellenbefund (haben wir doch hier einen kaiserlichen Brief selbst in der Hand), sondern schreibt nur die Sicht Eusebs fort. Für Konstantin waren zur Darstellung seines heilsgeschichtlichen Konzepts eben alle vier Kirchen notwendig. Nur dies erklärt m.E. auch das historisch ganz ungewöhnliche Phänomen, daß ein Kaiser seiner Gottheit innerhalb kürzester Zeit eine Serie von Kultgebäuden errichtet. Der eigentliche, tiefere Sinn dieses Kirchenbau-Konzepts, das Euseb meiner Meinung nach abschwächen wollte, ja der gesamten Kirchenbaupolitik Konstantins überhaupt, wird aber erst klar, wenn Konstantins letzter Bau, die Kirche, in der er begraben wurde, untersucht worden ist. Ihr wollen wir uns als nächstes zuwenden.

---

[135] WALKER, a.a.O., 48

[136] WALKER, a.a.O., 204f

[137] WALKER, a.a.O., 110f u. 171ff

[138] WALKER, a.a.O., 184ff

"Apostelkirche" und Grabeskirche:
Konstantin im Zentrum des Kreuzes

Der Grundriß von Konstantins Mausoleum und die Situation im Inneren des Gebäudes

Euseb beschreibt Konstantins Grablege in VC IV 58-60.[1] Der Anfang dieser Beschreibung ist leider verlorengegangen, sie ist also nur fragmentarisch erhalten:

" ... Als er den ganzen Tempel bis zu einer ungeheuren Höhe aufgeführt hatte, ließ er (ihn) in der Farbenpracht von allerlei verschiedenen Steinen aufblitzen, die sich vom Boden bis zur Decke ausbreiteten. Nachdem er die Decke aber mit kleinteiliger Täfelung strukturiert hatte, überzog er sie ganz mit Gold. Oben aber, über dieser auf dem Dach bewilligte er Erz statt der Dachziegel zur Sicherheit und zum Schutz für den Bau vor dem Regen. Auch dieses erstrahlte vor lauter Gold, so daß es für die aus der Ferne Hinblickenden durch die reflektierten Sonnenstrahlen flimmerte und glitzerte. Das Häuschen[2] umgab ringsherum ein flach reliefiertes Gitter aus Erz und Gold gearbeitet.

So wurde der Tempel durch den großen verehrungswürdigen Eifer des Kaisers prachtvoll geschmückt. Um ihn herum lag ein sehr großer Hof, der sich unter freiem Himmel erstreckte. In einem Viereck durchliefen diesen Säulenhallen, die das Atrium in der Mitte samt Tempel abschlossen. Kaiserliche Gebäude erstreckten sich entlang der Säulenhallen. Bäder und Promenaden sowie noch andere Gebäude, die für die Wächter der Stätte in angemessener Weise errichtet waren. Dies alles weihte der Kaiser, um das Andenken der Apostel unseres Erlösers für immer zu verewigen. Bei dem Bau verfolgte er aber zugleich noch eine andere Absicht, die anfangs verborgen war, zuletzt aber allen offenbar wurde. Er selbst hatte diesen Ort für den zwangsläufigen Zeitpunkt seines Todes ausersehen, wobei er in freudiger Zuversicht, die ihm sein überaus fester Glaube eingab, voraussah, daß sein Leichnam nach dem Tode des Apostelnamens teilhaftig und so nach dem Ende der Gebete gewürdigt werde, die hier

---

[1] VC IV 58-60 = W 144,15 - 145,8

[2] Dazu siehe unten

zu Ehren der Apostel verrichtet würden. Deshalb befahl er, dort auch Gottesdienst zu halten, und stellte in der Mitte einen Altar auf. Zwölf Kenotaphe errichtete er wie heilige Säulen zu Ehren und zum Gedächtnis des Chores der
Apostel. Mitten unter sie stellte er seinen eigenen Sarg, so daß zu beiden Seiten
desselben je sechs für die Apostel standen. Und dies also, wie gesagt, sah er in
weisen Erwägungen vor, damit sein Leichnam nach dem Tod in geziemender
Weise ruhen solle. Da er dies in seinem Herzen schon längst vorausbestimmt
hatte, weihte er die Kirche den Aposteln im Vertrauen, daß das Gedächtnis der
Apostel auch seiner Seele zum Nutzen gereichen werde. Und Gott schlug ihm
auch in seiner Huld nicht ab, was er nach den Gebeten erwartete."[3]

Wegen der verwickelten Forschungs- und Quellenlage sollen im folgenden
gleich anschließend die weiteren uns überlieferten Nachrichten zur Geschichte
dieses Baukomplexes in chronologischer Reihenfolge angeführt werden:

Kaiser Julian erwähnt Konstantins Grablege in seinem Panegyrikos auf Kaiser Konstantios in den Jahren 355/56. In der entsprechenden Passage rühmt
Julian die Pietät des Konstantios gegenüber seinem Vater. Konstantios habe
das Grab seines Vaters geehrt, weil er der einzige Sohn gewesen sei, der zu
seinem Sterbebett eilte. Er habe auch die Begräbnisfeierlichkeiten veranstaltet
und vor allem, sagt Julian, " ... schmücktest Du die Grablege ... indem Du
Fülle und Schönheit hinzufügtest."[4] D.h. wir besitzen hier eine (meist übersehene) Nachricht, daß Konstantios noch an der Grablege seines Vaters gebaut
hat. Mit anderen Worten hat er die (nach dem Zeugnis des Euseb beim Tode
Konstantins in ihren Hauptteilen schon fertige) Anlage vollendet.

Hieronymus erwähnt in seiner Chronik zu den Jahren 356 und 357 Transla-
tionen von Reliquien des Timotheus, Andreas und Lukas: Ad ann. 356: "Reli-
quiae apostoli Timothei Constantinopolim invectae." Ad ann. 357: "Constantio
Romam ingresso ossa Andreae apostoli et Lucae evangelistae a Constantinopo-
litanis miro favore suscepta."[5]

Dasselbe überliefert das Chronicon Paschale ebenfalls zu den Jahren 356 und
357: Ad ann. 356: "Unter deren Konsulat am ersten Tag des Monats Panemos
wurden die Gebeine des hl. Timotheus, der Schüler des Apostels Paulus und
erster ernannter Bischof von Ephesus in Asien mit allen Ehren nach Konstantinopel gebracht und bei den Heiligen Aposteln unter dem heiligen Tisch in Ver-
wahrung gegeben." Ad ann. 357: "Unter deren Konsulat am dritten Tag des
Monats Dystros wurden Gebeine der heiligen Apostel Lukas und Andreas
durch die Bemühung des Augustus Konstantios mit Eifer unter frommen Psal-

---

[3] Schlußabschnitt eng nach der Übersetzung von: P. STOCKMEIER, Herrscherkult und Totenkult. Konstantins Apostelkirche und Antiochos´ Hierothesion, in: Pietas. Fs. Bernhard
Kötting, in: JAC.E 8, 106f

[4] Jul. Or. I 16 = Bidez I 1,28,21ff

[5] Ed. Helm 240,15 und 240,26ff

modien und Hymnen nach Konstantinopel gebracht und bei den Heiligen Aposteln hinterlegt."[6] Noch vor 370 berichtet Gregor von Nazianz in einer Rede gegen Julian von dessen von den Soldaten erzwungenem Zug zum Grab des Konstantios. Julian sei gezwungen worden " ... so mit den anderen das Geleit zu geben bis zum Grab und zum Heiligtum der Apostel, die das heilige Geschlecht (sc.: die konstantinische Dynastie) aufgenommen haben und bewachen."[7] Vielleicht wird hier schon zwischen der Kirche und einem separaten Mausoleum differenziert.

Derselbe Gregor von Nazianz beschreibt in einem Gedicht um 380 über die Apostelkirche: "Der hochbedeutende Wohnsitz der Jünger Christi ist mit den eine Kreuzform (bildenden) Seiten vierfach geteilt."[8] Johannes Chrysostomos äußert sich zweimal über die Anlage: Zum einen in der 26. Homilie über den zweiten Korintherbrief, wo er sagt, daß der Sohn Konstantins glaubte, seinem Vater eine hohe Ehre zu erweisen, indem er ihn in der Vorhalle des Fischers beisetzte. Was die Türhüter in den Kaiserpalästen, das seien jetzt die Kaiser am Grabe der Fischer. Aus dem Kontext der Stelle wird klar, daß mit den Fischern die Apostel gemeint sind. Und Chrysostomos fährt fort, daß die Apostel den inneren Raum innehätten und die Kaiser auch als Nachbarn und Türhüter zufrieden seien.[9] In der Schrift "Adversus Iudaeos et gentiles" heißt es: "Und in Konstantinopel glauben diejenigen, die das Diadem tragen, nicht mehr nahe bei den Aposteln, sondern außerhalb bei der Vorhalle zufrieden zu sein und ihre Körper zu begraben. Und so sind die Kaiser nun Türhüter der Fischer geworden."[10] Am Anfang des 5. Jahrhunderts hält Paulin von Nola im Carmen 19 den Bau der Apostelkirche für ein Werk Konstantins, datiert aber fälschlicherweise auch die Reliquientranslation noch unter seine Regierungszeit.[11]

Philostorgios: "Er sagt, daß Konstantios löblicherweise veranlaßte, die in Konstantinopel befindliche Kirche zu bauen, die "die Riesige" genannt wird. Und danach ließ er auch den Apostel Andreas aus Achaia in die Kirche translozieren, die er gebaut hatte und die gemeinhin den Namen der Apostel trägt. Dort angrenzend errichtete er auch das Grab für seinen Vater."[12]

---

[6] PG 92, 733A u. B

[7] Or. 5 contra Jul. 2,15 = PG 35, 685Cff

[8] Gr. Naz. carm. = PG 37, 1258 V.59f

[9] Chrys. hom. in 2 Cor. = PG 61, 582

[10] Chrys. Jud. = PG 48, 825: καὶ ἐν τῇ Κωνσταντινουπόλει δὲ οὐδὲ πρὸς ἀπο-στόλους ἐγγύς, ἀλλὰ παρ᾽ αὐτὰ πρόθυρα ἔξω ἀγαπητὸν εἶναι ἐνόμισαν οἱ τὰ διαδήματα περικείμενοι τὰ σώματα αὐτῶν κατορύττεσθαι, καὶ γεγόνασι θυρ-ωροὶ λοιπὸν τῶν ἁλιέων οἱ βασιλεῖς.

[11] Paulin Carm. 19, 239ff = ed. Hartel, 130

[12] Nach dem Excerpt des Photios: Philost. III 2 = ed. Bidez-Winkelmann, 31,1ff

Sokrates nennt gegen 440 in seiner Kirchengeschichte I 16 in Konstantinopel zwei Kirchen, die Konstantin d. Gr. gebaut habe: Die Apostelkirche und die Hagia Eirene. In I 40 berichtet er, daß Konstantin in der Apostelkirche bestattet wurde: "... niedergelegt in der Kirche, genannt Apostelkirche, die für diesen Zweck gebaut worden war." II 38 schildert er, wie im Jahr 359 Bischof Makedonios den Sarkophag Konstantins in die Akakioskirche transferierte und daß dieser Vorgang von blutigen Tumulten begleitet war.[13]

Sozomenos erwähnt in II 34, daß Konstantin und seine Nachfolger in der Apostelkirche beigesetzt wurden.[14]

Prokopios geht bei seiner Beschreibung der justinianischen Apostelkirche in "de aedificiis" auch auf den konstantinischen Vorgängerbau ein. Als Erbauer der gesamten Anlage nennt er Konstantios, der den Komplex als seine eigene Grablege errichten ließ. Und Prokopios fährt fort: "Auch seines Vaters Konstantinos´Leiche ließ er dort bestatten."[15]

Anfang des 9. Jahrhunderts berichtet auch Theophanes von der Aktion des Makedonios im Jahr 359. Makedonios habe den Leib Konstantins aus den "Heiligen Aposteln" in die Akakioskirche gebracht, indem er die Baufälligkeit der Kirche zum Vorwand gebrauchte.[16]

Konstantinos Rhodios hält am Anfang des 10. Jahrhunderts Kaiser Konstantios für den Erbauer der Anlage.[17]

Nikolaos Mesaritess glaubt um 1200 offensichtlich, daß Konstantin ursprünglich in der Akakioskirche begraben war, die er fälschlicherweise für einen Bau Konstantins hält. Erst Konstantios habe die Apostelkirche mit einem anschließendem Rundmausoleum erbauen lassen und Konstantin aus der Akakioskirche in das Mausoleum transferiert.[18]

Abschließend sei noch angeführt, daß es eine gut bezeugte Chroniküberlieferung gibt, die die Weihe der Apostelkirche für das Jahr 370 vermerkt (Hieronymus, Chronicon Paschale).[19]

Grundlage jeglicher Untersuchung bildet bei vorliegender Quellenlage natürlich die ausführliche Beschreibung des Zeitgenossen Euseb.

---

[13] Socr. h.e. I 16 = ed. Hussey I, 103,24; I 40 = ed. Hussey I, 175,1f; II 38 = ed. Hussey I, 334,10 - 336,40. Zum Ganzen vgl.: DAGRON, Naissance, 404ff.

[14] Soz. h.e. II 34 = ed. Bidez-Hansen 100,7ff

[15] Procop. Aed. I 4,19 = ed. Veh, 46

[16] Theoph. Conf. Chron. 5852 = ed. de Boor, 46,1ff

[17] Vgl. dazu: G. DOWNEY, The Builder of the Original Church of the Apostles, in: DOP 6 (1951), 55

[18] HEISENBERG, Grabeskirche und Apostelkirche II, 10f und 81f

[19] Hier. Chron. ad ann. 370 = ed. Helm, 245,24f; Chron. Pasch. ad ann. 370 = PG 92, 760B; zu weiteren (recht zahlreichen) kurzen Erwähnungen der Anlage vgl.: DOWNEY, a.a.O., passim.

Als erstes ist festzuhalten, daß Euseb einen einzigen Bau beschreibt und nicht zwei (Kirche und separates Mausoleum). Der Text bietet keinen einzigen Anhaltspunkt dafür, daß Euseb im Zuge seiner Darstellung des Baues z.B. von einer Kirche zu einem eigenen Mausoleum übergeht, ja im Gegenteil, die Beschreibung Eusebs wäre in diesem Fall sogar unverständlich.[20] Es handelt sich also um einen einzigen Bau, der ein Kaisermausoleum war, in dem nach dem Willen Konstantins im Zentrum des Baues an einem Altar Gottesdienst gehalten wurde. Diese zwei verschiedenen Funktionen (Mausoleum und Kirche), die der Bau in sich vereinte, wurden offensichtlich schon bald getrennt, d.h. eine der Funktionen wurde auf ein neuerrichtetes zweites Gebäude übertragen. In den Quellen ist dieser neue separate Bau ab der zweiten Hälfte des vierten Jahrhunderts belegt: Vielleicht schon in der Rede des Gregor von Nazianz gegen Julian, sicher und unbestritten dann in den Bemerkungen des Johannes Chrysostomos. Ab dieser Zeit bis zu Justinian besteht die Anlage jedenfalls aus einer großen Kirche, in der nur mehr der Gottesdienst gehalten wurde, und einem an diese angebauten Rundmausoleum mit den Kaisergräbern. Als erstes erhebt sich damit die Frage, welcher dieser beiden Bauten von Euseb beschrieben wird, d.h. noch von Konstantin selbst in seinen Hauptteilen errichtet wurde und zunächst beiden Funktionen diente.

Jüngst hat C. Mango in einem (vor dem Hintergrund der Forschungsgeschichte als ingeniös zu bezeichnenden) Aufsatz dafür plädiert, daß das von Konstantin errichtete Gebäude das Rundmausoleum war. An dieses hätte dann Konstantins Sohn Konstantios die große Kirche anbauen lassen. Der Beginn dieses Kirchbaues sei ungefähr mit den Jahren 356/57 markiert, als Konstantios unter dem Altartisch der (nach Mango neuen) Kirche die Reliquien beisetzen

---

[20] Die These von zwei Gebäuden, die Konstantin errichtet haben soll, geht auf HEISEN-BERG (ders., Grabeskirche und Apostelkirche II, 100f) zurück, der dies aber - ohne nähere Begründung - schlicht in den Text hineinliest (vgl. die herbe Kritik schon von: K. SCHMALTZ, Mater Ecclesiarum. Die Grabeskirche in Jerusalem, 147). Wie R. EGGER (ders., Die Begräbnisstätte des Kaisers Konstantin, in: JÖAI 16 (1913), 11f) und R. KRAUTHEIMER (ders., Zu Konstantins Apostelkirche in Konstantinopel, in: Mullus. Festschrift Theodor Klauser, in: JAC.E 1, 226, jetzt in: ders., Ausgewählte Aufsätze zur europäischen Kunstgeschichte, 84) gezeigt haben, gibt der Text des Euseb außerdem nur einen Sinn, wenn Euseb einen einzigen Bau beschreibt. Der geheime Grund von Heisenbergs Postulat war die von ihm vermutete Ähnlichkeit der Grundrisse der Jerusalemer Grabeskirche und der Apostelkirche in Konstantinopel, die aber - wie wir heute wissen - nicht gegeben war. Jüngst hat nun unvermutet W.N. SCHUMACHER (ders., Die konstantinischen Exedrabasiliken, 170) HEISENBERGS These wieder aufgegriffen, obwohl dies, wie gesagt, von Eusebs Text her nicht möglich ist. SCHUMA-CHER, der auf die umfangreiche Literatur zu dem Thema nicht eingeht, geht methodisch ähnlich vor wie einst HEISENBERG, indem er den Grundriß der konstantinischen Exedrabasiliken mit Kaisermausoleum auf die "Apostelkirche" in Konstantinopel überträgt. Zur Widerlegung dieses Postulats vgl. das Folgende. Auch M. RESTLE (ders., Art. "Konstantinopel", in: RBK 4 (1989), 377), der ebenfalls davon ausgeht, daß an die Kirche von Anfang an ein separates Rundmausoleum angeschlossen war, ist in diesem Punkt zu korrigieren.

ließ.[21] Die herkömmliche Auffassung der Forschung, für die vor allem Krautheimer steht, vertritt die Meinung, daß zuerst die große Kirche erbaut wurde
(in der demzufolge zunächst Konstantin begraben lag) und erst danach durch
Konstantios das Rundmausoleum, in das dann nach einem Zwischenaufenthalt
in der Akakioskirche der Sarkophag Konstantins transferiert wurde und in dem
auch seine Nachfoler bestattet wurden.[22]

Nach der Meinung Mango´s wäre also der Sarkophag Konstantins mit der
kurzen Unterbrechung seiner "Auslagerung" in der Akakioskirche immer im
selben Gebäude bestattet gewesen. Nach ihm hätte sich höchstens seine Position im Mausoleum ändern können. Genau dies ist der Punkt, an dem Mango´s
These scheitert. Denn die Äußerungen von Johannes Chrysostomos, insbesondere die Stelle in "Adversus Judaeos et gentiles", zeigen eindeutig, daß Konstantins Gebeine von Konstantios transferiert wurden: Vorher sei Konstantin
"nahe" (ἐγγύς) bei den Aposteln gewesen, jetzt ist er mit einem Platz "außerhalb" zufrieden. Die Passagen ergeben nur Sinn, wenn Konstantin ursprünglich in der (späteren) großen Kirche beigesetzt war. Als die Apostelreliquien
kamen, mußte er nach einer Weile seinen Platz räumen und als "Türhüter" zufrieden sein, d.h. sein Sarkophag befand sich nun nicht mehr in der Kirche,
sondern in dem von Konstantios erbauten Rundmausoleum, in dem Konstantins Leichnam von seinem Sohn neu beigesetzt worden war.[23]

Mango stützt sich bei seiner Argumentation unter anderem auch auf die unein-
heitliche Überlieferung bezüglich des Erbauers der Kirche. Philostorgios, Prokopios, Konstantinos Rhodios und Mesarites nennen ja Konstantios als den
Erbauer der Kirche. Allerdings bezeichnen genau dieselben Quellen denselben
Konstantios auch als Erbauer des Mausoleums. Vor allem aber nennt keine einzige Quelle Konstantin als Erbauer des Mausoleums. Auf diese Schwierigkeit

---

[21] C. MANGO, Constantine´s Mausoleum and the Translation of Relics, in: ByZ 83
(1990), 51ff.

[22] Das Mausoleum, das den justinianischen Neubau der Apostelkirche überdauert hat, wird
von Mesarites beschrieben (vgl. die Edition mit Komm. von: G. DOWNEY, Nikolaos Mesarites. Description of the Church of the Holy Apostles at Constantinople, in: TAPhS NS Vol.
47,6 (1957), 915ff u. 891ff). Von den Porphyrsarkophagen des Mausoleums sind noch Teile
erhalten: P. GRIERSON, The tombs and obits of Byzantine emporers (337-1042), in: DOP 16
(1962), 1ff ; A.A. VASILIEV, Imperial Porphyry Sarcophagi in Constantinople, in: DOP 4
(1948), 1ff u.: G. BOVINI, Le tombe degli imperatori d´Oriente dei secoli IV, V, VI, in:
Corsi Ravenna IX (1962), 155ff. VASILIEV (ders., a.a.O., 20) hält es für möglich, das ein er-
haltenes Fragment, das stilistisch mit dem Sarkophag der Konstantia in Rom verwandt ist,
vom Sarkophag Konstantins stammt. Eine exakte Datierung solcher Porphyrwerke nach stilistischen Kriterien ist leider nicht möglich. Es ist auch nicht sicher, daß im neuen Mausoleum derselbe Sarkophag verwendet wurde. Nach den Schilderungen Eusebs war z.B. der Sarkophag, in dem Konstantin aufgebahrt wurde, aus Gold (VC IV 66 = W 148,1).

[23] Vgl.dazu: J. STRAUB, Divus Alexander - Divus Christus, in: Kyriakon. Festschrift Johannes Quasten I, 461ff, jetzt auch in: ders., Regeneratio imperii I, 178 hier bes. 190ff.

geht Mango nicht ein. Dabei läßt es sich leicht erklären, warum Konstantios in Teilen der Überlieferung zum Erbauer der Kirche werden konnte. Die Bemerkung Julians von 355/56 zeigt, daß erst Konstantios den Bau vollendet hat. Auch mit der Reliquientranslation, der Translozierung sowie der Neubeisetzung von Konstantin und dem Bau des Rundmausoleums - alles bedeutende Eingriffe in die Anlage - war der Name des Konstantios verbunden, sodaß es verständlich ist, daß sich dieser an die Überlieferung heften konnte. Beim ältesten Zeugen Philostorgios kommt noch hinzu, daß er aus eunomianisch arianischen Kreisen stammt und deshalb ein Interesse daran haben konnte, den "homöischen" Kaiser Konstantios zu ehren. Vor diesem Hintergrund gibt also schon allein die Beurteilung der literarischen Quellen den Ausschlag für die Annahme, daß Konstantin der Gründer der späteren Kirche war.

An dieser Stelle sei auch an eine Beobachtung Vogts erinnert, der gegen die Annahme einer Erbauung der Kirche durch Konstantios einwandte, daß in diesem Fall nicht erklärbar würde, wie die Kirche in der Überlieferung unter dem Namen aller zwölf Apostel laufen konnte.[24] Bei der neuen These von Mango hätte die Kirche 356 auf den heiligen Timotheus (keiner der 12 Apostel!) gegründet, 357 zusätzlich auf den Evangelisten (!) Lukas und den Apostel Andreas geweiht werden müssen. Die Verbindung des Namens der Zwölf Apostel mit der Kirche konnte doch wohl nur dann entstehen, wenn die neuen Reliquien in dem Raum, in dem sich die zwölf Apostelstelen befanden, also in der Grabanlage Konstantins (der späteren Kirche), bestattet wurden.

Der Ablauf der Ereignisse war demnach folgender: Konstantin ließ für sich die spätere große Kirche als Grablege errichten. 356 und 357 wurden die Reliquien in diese Grablege gebacht und unter dem dortigen Altar beigesetzt. 359 läßt Makedonios den Sarkophag hinausschaffen und transloziert ihn in die Akakioskirche. Spätestens ab diesem Zeitpunkt müssen die Bauarbeiten für das Rundmausoleum und die Reperaturen an der Kirche begonnen haben. Nach Fertigstellung wird die Anlage 370 neu geweiht. Den neuen Zustand spiegelt dann Chrysostomos.

Über den Grundriß des Kirchengebäudes erfahren wir bei Euseb gar nichts.[25] Aus seinen Worten läßt sich lediglich entnehmen, daß es sich um einen einzigen Bau inmitten eines Atriums handelte, an das sich diverse kirchliche und imperiale Annexbauten anschlossen. Da archäologische Zeugnisse fehlen, sind

---

[24] J. VOGT, Der Erbauer der Apostelkirche in Konstantinopel, in: Hermes 81 (1953), 116

[25] Daß Euseb sich zum Grundriß nicht direkt äußert, kann mehrere Gründe haben. Vor allem ist daran zu erinnern, daß der Beginn seiner Baubeschreibung verlorengegangen ist. Der Bericht setzt abrupt mit der ungeheuren Höhe des Baues ein. Es ist vorstellbar, daß er unmittelbar vor dieser Sttelle auf den Grundriß eingegangen war. Sodann ist es möglich, daß Euseb aus Gründen, die noch zu erörtern sein werden (vgl. das Schlußkapitel), dies absichtlich verschwiegen hat.

wir auf andere literarische Quellen und architekturgeschichtliche Rückschlüsse angewiesen. Für einen basilikalen Grundriß traten bzw. treten vor allem Heisenberg, Kaniuth und neuerdings wieder Schumacher ein.[26] Heisenberg ging von seiner - heute überholten - Rekonstruktion der Grabeskirche in Jerusalem aus und glaubte, die Apostelkirche nach demselben Plan rekonstruieren zu müssen. Kaniuth und Schumacher gehen methodisch ähnlich vor, indem sie dieselbe Konzeption wie bei den Märtyrerkirchen in Rom vermuten (Umgangsbasilika mit gleichzeitig gebautem Mausoleum) und einen entsprechenden Grundriß annehmen. Doch scheitern diese Thesen daran, daß Konstantin eben nur einen einzigen Bau plante und errichten ließ. Schon die gesamte Forschung vor der Publikation Heisenbergs und die allermeisten Autoren danach sind der Meinung, daß die Grablege Konstantins einen kreuzförmigen Grundriß besaß.[27] Folgende Gründe lassen m.E. nur diesen Schluß zu:

1.) Die erste Äußerung, die sich auf den Grundriß der Kirche bezieht, ist jene des Gregor von Nazianz in seinem um 380 verfaßten Gedicht. Dort heißt es: "Der hochbedeutende Wohnsitz der Jünger Christi ist mit dem eine Kreuzform (bildenden) Seiten vierfach geteilt." (Σύν τοῖς καὶ μεγάλαυχον ἕδος Χριστοῖο μαθητῶν Πλευραῖς σταυροτύποις τέτραχα τεμνόμενον).[28] In derForschung begegnet man öfters der Meinung, daß diese Formulierung "alles mögliche" bedeuten könne bzw. inkonkret ist. Doch ist hier ohne Zweifel ein kreuzfömiger Grundriß gemeint. Dies zeigt ein schon von Strzygowski beigezogenes Zitat aus dem Brief Gregors von Nyssa an Bischof Amphilochios von Ikonium, in dem es über das Oktogon von Nyssa heißt "ἐν τῷ σταυροειδεῖ τύπῳ" (die Passage: "wie man es durchwegs beim kreuzförmigen Grundriß

---

[26] HEISENBERG, a.a.O., passim; KANIUTH, a.a.O., 10ff; SCHUMACHER, ebd.

[27] Z.B.: H. HOLTZINGER, Die altchristliche Architektur in systematischer Darstellung (1889), 96; J. STRZYGOWSKI, Kleinasien, ein Neuland der Kunstgeschichte (1903), 73f und 136ff; V. SCHULTZE, Archäologie der altchristlichen Kunst (1895), 103; G. DEHIO, G.v. BEZOLD, Die kirchliche Baukunst des Abendlandes I (1892), 44; O. WULFF, Die sieben Wunder von Byzanz und die Apostelkirche nach Konstantinos Rhodios, in: ByZ 7 (1898), 322. Nach HEISENBERG vertraten bzw. vertreten den kreuzförmigen Grundriß: R. EGGER, Die Begräbnisstätte des Kaisers Konstantin, 8 u. 21; O. WULFF, Rezens. Heisenberg, Grabeskirche und Apostelkirche, in: ByZ 18 (1909), 554f; E. WEIGAND, Die Geburtkirche von Bethlehem. Eine Untersuchung zur Christlichen Antike, 37ff; F. GERKE, Spätantike und frühes Christentum, 202; J.B. WARD-PERKINS, Memoria Martyr's Tomb and Martyr's Church, in: Akten des VII. Internationalen Kongresses für christliche Archäologie, Trier 1965, 3ff, erschienen auch in: JThS 17 (1966), 20ff (hier: 34f; KRAUTHEIMER, ebd; ders., ECBA, 73f; ders., Christian Capitals, 58f; G. DOWNEY, Constantine's Churches at Antioch, Tyre and Jerusalem. Notes on Architectural Terms, in: Mélanges de L'Université Saint Joseph 38 (1962), 193f; DEICHMANN, Die Architektur des konstantinischen Zeitalters, 120 (zurückhaltend); ders., Einleitung, 246 (zustimmend), 250 (vorsichtiger); zurückhaltend auch: DAGRON, Naissance, 403 u. 406 und ebenso: MANGO, a.a.O., 56f. Daß Euseb sich zum Grundriß nicht direkt äußert, kann mehrere Gründe haben

[28] Gr. Naz. carm. = PG 37, 1258 V.59f

findet")[29] D.h. auch Gregor von Nyssa verwendet dieselbe Formulierung für die Kreuzform einer Kirche.

2.) Weiters legt die Bemerkung Eusebs, daß sich das Atrium um die Kirche *ringsherum* zog, den kreuzförmigen Grundriß nahe und schließt den basikalen aus.[30]

3.)Ab der zweiten Hälfte des vierten Jahrhunderts ist plötzlich ein sehr häufiges Auftreten von Kirchen mit kreuzförmigem Grundriß zu beobachten. Darunter fällt besonders die Apostelkirche in Mailand auf. Dies läßt sich nur mit der Vorbildwirkung des Gründungsbaues dieses Typs in Konstantinopel erklären. Dieses auf Strzygowski, Wulff und Egger zurückgehende Argument wird heute von Krautheimer mit Nachdruck vertreten.[31] Es in seinem methodischen Ansatz nicht gelten zu lassen, würde bedeuten, an den Grundlagen jeglicher architekturgeschichtlicher Forschung in Spätantike und Frühmittelalter zu zweifeln. Die Bauten müssen auf ein Vorbild zurückgehen und dies kann nach unserem heutigen Wissensstand nur die Apostelkirche sein.Eine Bestätigung hierfür liefert die von der Kaiserin Euphemia über den Ruinen des geschleiften Tempels von Gaza errichtete Kirche.[32] In der Vita Porphyrii des Markos Diakonos ist über sie überliefert, daß sie über kreuzförmigen Grundriß errichtet wurde und daß dies auf ausdrücklichen Wunsch der Kaiserin geschah, die zu diesem Zweck einen Bauplan samt 32 marmornen Säulen von Konstantinopel nach Gaza sandte.[33] Dies beweist, daß Ende des vierten Jahrhunderts dieser

---

[29] Gr. Nyss. ep. 25 = ed. Pasquali, 80,1; STRZYGOWSKI, a.a.O., 73f. HEISENBERG wollte justament (und zwar ohne jede nähere Begründung) genau diesen Vers für gefälscht erklären. Er ist dafür von allen Rezensenten heftig kritisiert worden, insbesondere zeigte WEIGAND (ders., a.a.O., 37ff), daß dieser Vers sowohl vom Inhalt her nicht einfach gestrichen werden kann, als auch sprachlich und grammatikalisch zum Übrigen paßt (vgl. auch: SCHMALTZ, a.a.O., 147).

[30] Vgl. schon: SCHMALTZ, ebd; jetzt auch: S.S. ALEXANDER, Studies in Constantinian Church Architecture, in: RivAC 47 (1971), 326.

[31] STRZYGOWSKI, a.a.O., 136ff; WULFF, Rezens. Heisenberg, 554: "Daß in Byzanz ein Schöpfungsbau von vorbildlicher Bedeutung wirklich den besagten Grundriß hatte, wird in hohem Maß wahrscheinlich angesichts der Tatsache seiner von dort ausgehenden Verbreitung."; EGGER, Die Begräbnisstätte des Kaisers Konstantin, 8 u. 21 (er erwähnt S. Croce in Ravenna und die Mailänder Apostelkirche); KRAUTHEIMER, Zu Konstantins Apostelkirche, 82; ders., ECBA, 73; ders., Christian Cap., 58f. Zu den frühen Kreuzbauten vgl.: S. LEWIS, The Latin Iconography of the Single Naved Cruciform Basilica Apostolorum in Milan, in: Art Bulletin 51 (1969), 205ff und passim. Eine Zusammenstellung der frühen Kreuzbauten bieten auch: E. DINKLER - E. DINKLER-V.SCHUBERT, Art. "Kreuz" (RBK), 83ff.

[32] Zu den Vorgängen vgl.: G. DOWNEY, Art. "Gaza", in: RAC 8 (1972), 1123ff.

[33] Marc. Diac. Vit. Porph. 75 = ed. Gregoire-Kugener, 60, 23ff. Auch hier finden wir dieselben Termini für die Kreuzform: ὁ σκάριφος τῆς ἁγίας ἐκκλησίας σταυροειδής. Die Vita wurde zwar wohl spätestens im 6. Jh. überarbeitet, doch kann diese Bearbeitung nicht die eben angezogenen Grunddaten verändert bzw. verfälscht haben. Diese können auch nicht einfach erfunden worden sein, sodaß sie als verläßlich anzusehen sind.

Bautyp in Konstantinopel bereits Tradition hatte. Die Pläne dürften sich demnach aller Wahrscheinlichkeit nach an der "Apostelkirche" orientiert haben.[34]

4.) Die Entstehung des Motivs des "Kaiserbildes im Kreuz" noch in konstantinischer Zeit verweist ebenfalls auf einen von Konstantin errichteten Kreuzbau (vgl. dazu unten). Dies stellt außerdem ein zusätzliches Argument dafür dar, daß Konstantin ursprünglich in der Kirche und nicht im Rundmausoleum bestattet war.[35]

Das genaue Aussehen des Grundrisses und des Baues läßt sich damit natürlich nicht erschließen. Klar ist jedoch, daß die Kreuzform intendiert war und daß diese am Bau auch sicht- bzw. ablesbar war.

Bei der Ausstattung der Kirche wurde nach Euseb kein Aufwand gescheut. Er berichtet von einer Wandverkleidung aus farbigen Steinplatten, von der vergoldeten Decke und dem ebenso vergoldeten Dach, wodurch die Kirche schon aus der Ferne zu sehen war. Die monumentale Wirkung des Baues wurde noch durch seine Lage auf einer der zwei höchsten Erhebungen Konstantinopels verstärkt.[36]

Mehr erfahren wir über die Situation im Inneren des Baues. Da Konstantin befohlen hatte, darin Gottesdienst zu halten, wurde ein Altar in der Mitte errichtet. Ebenso wurden dort zwölf Kenotaphe (θῆκαι) der Apostel aufgestellt. Konstantins Sarkophag wurde so plaziert, daß zu seinen beiden Seiten je sechs Apostelkenotaphe zu stehen kamen. Die genaue Lage von Altar und Kai-sersarkophag läßt sich nach den Formulierungen Eusebs nicht genau bestimmen. Ebenso ist nicht ganz klar ersichtlich, ob die Kenotaphe einen Kreis oder zwei Halbkreise oder zwei gerade Reihen links und rechts vom Sarkophag gebildet haben. Gegen einen geschlossenen Kreis spricht Eusebs Formulierung "ἧς ἑ-κατέρωθεν ... ἕξ ...". Zwei Halbkreise links und rechts des Sarkophages dürften am wahrscheinlichsten sein.[37] Jedenfalls bildete Konstantins Sarkophag ihr

---

[34] Vgl.: KRAUTHEIMER, ECBA, 167

[35] An dieser Stelle sei auch auf einen Aufsatz von K.WULZINGER hingewiesen (ders., Die Apostelkirche und die Mehmedije zu Konstantinopel, in Byz 7 (1932), 7ff bes. 10f.), der zeigte, daß die heute an der Stelle der Apostelkirche stehende Mehmedije auf die Fundamente des Vorgängerbaues, nämlich des justinianischen Neubaues der Apostelkirche Rücksicht genommen hat. WULZINGER meint, daß dies schon allein aufgrund möglicher Setzungserscheinungen im Erdreich notwendig war. Unter dieser Voraussetzung darf man dann vermuten, daß die justinianische Apostelkirche, die bekanntlich ebenfalls einen kreuzförmigen Grundriß besaß, sich ihrerseits an den Fundamenten des konstantinischen Vorgängerbaues orientierte.

[36] ALEXANDER, Studies in Constantinian Church Architecture, 327; G. WAURICK, Untersuchungen zur Lage der römischen Kaisergräber von Augustus bis Constantin, in: Jb. des Römisch-Germanischen Zentralmuseums Mainz 20 (1973), 144.

[37] HEISENBERG (ders., a.a.O., 100) ist der Meinung, daß der Sarkophag das Zentrum eines Halbkreises war. Als Beleg dafür bringt er ein Beispiel aus den Apostolischen Konstitutionen (II 7), wo über die halbkreisförmige Presbyterbank der Apsis gesagt wird, daß dort "παρ᾽ ἑκάτερα" vom Thron des Bischofs die Presbyter und Diakone saßen. Dagegen ist

Zentrum. Fraglich ist, ob mit dem von Euseb erwähnten "δωμάτιον" ein Aufbau in der Kirche gemeint ist, der sich dann über Sarkophag und vielleicht auch Kenotaphe erhoben hätte, oder ob damit ein Tambour auf dem Dach bezeichnet wird, der im Schnittpunkt der Kreuzesarme der Kirche lag.[38] Für einen Tambour spricht, daß Euseb in seiner Beschreibung der Kirche, bevor das "Häuschen" erwähnt wird, gerade beim Dach angelangt ist. Aber auch ein kleines Gebäude in der Kirche ist möglich, da solche ja in konstantinischer Zeit in der Jerusalemer Anastasis (Hl. Grab) und vielleicht auch in Trier belegt sind. Hinzu kommt die Unschärfe von Eusebs Beschreibungen, die nie exakt Lokalisation und Aussehen angeben. Sokrates berichtet auch, daß der Sarkophag in (ἔνθα) einem "οἶκος" (Kirche oder Häuschen) stand.[39]

Christus - Konstantin

Das merkwürdige Ineinander von Kirche und Kaisergrab, das schon aus der unmittelbaren Nähe und dem Aufeinanderbezogensein von Altar und Kaisergrab ersichtlich wird, sowie die Stellung von Konstantins Sarkophag als Zentrum der Apostelkenotaphe haben die Forschung natürlich zu vielen Erklärungsversuchen angeregt. Der älteste Interpret ist Euseb selbst. Konstantin habe in seinem Glauben vorausgesehen, daß sein Leichnam den Namen eines Apostels erhalten werde und wollte deshalb an den Gebeten, die den Aposteln dargebracht würden, teilhaben. Aus dieser Deutung entwickelte sich die seit dem 5. Jahrhundert in Byzanz geläufige Bezeichnung für Konstantin als "ἰσα-

---

einzuwenden, daß mit diesen Worten keine Kreisform ausgedrückt wird, sondern diese muß sich der Leser aufgrund seiner Kenntnis des Aussehens einer Apsis dazudenken. Falls mit dem von Euseb erwähnten "Häuschen" ein Tambour im Schnittpunkt der Kreuzesarme gemeint ist (vgl. dazu die nachfolgende Anmerkung), scheinen zwei Halbkreise wahrscheinlicher, weil der Grundriß des Tambours, der sich dann über den Sarkophagen befunden hätte, diese Form vorgab und eine Aufstellung in zwei geraden Reihen mit dem Grundriß des Tambours nicht gut harmoniert hätte. Für zwei zueinander parallelstehende gerade Reihen tritt EGGER (ders., a.a.O., 12) ein.

[38] KRAUTHEIMER (ders., Christian Cap., 58f), PFÄTTISCH (ders. in der Übersetzung der VC in der zweiten Auflage BKV, S.180) und HEISENBERG (ders., a.a.O., 98) übersetzen mit "Dach". Wohl kann das Wort den Dachfirst bezeichnen (vgl. LIDELL-SCOTT, Greek-English Lexicon, 464 und: LAMPE, A Patristic Greek Lexicon, 395: "house-top"), doch handelt es sich dabei nur um eine Nebenbedeutung. Die Diminutivform von το δῶμα bedeutet in erster Linie "Häuschen" bzw. umgrenzten "Raum" im allgemeinen. Die Übersetzung mit "Dach" erscheint mir auch deshalb sehr unwahrscheinlich, weil das "Häuschen" ein Gitter ἐκύκλου umgab, was bei einem kreuzförmigen Bau ohne Tambour nicht möglich ist.

[39] KRAUTHEIMER (ders., ebd. Anm.28); Socr. h.e. II 38 = ed. Hussey, 334,11

ποστόλος", als den "Apostelgleichen".[40] Diese Richtung der Interprettion ist bis heute die vorherrschende geblieben. Ihr folgten mit unterschiedlicher Nuancierung Schultze, Baumstark, Dölger, Kaniuth, Baynes, Dörries, Montgomery, Baumeister, Stockmeier, Barnes, Kerezstes u.a.[41] Nach dieser Meinung wollte Konstantin an den für die Apostel verrichteten Gebeten Anteil haben oder als dreizehnter Apostel gelten.

Die markanteste Gegenposition nimmt die These Heisenbergs ein, der meinte, daß Konstantin wie Christus begraben sein wollte: "An der Spitze der Apostel wollte er ruhen; der divus imperator, der den christlichen Staat gegründet, wollte begraben und nach seinem Tode verehrt sein nicht anders als der Sohn Gottes, der die christliche Religion gegründet hatte." Konstantin habe nach einem Ersatz für die Divinisation seiner heidnischen Vorgänger gesucht.[42] Eine ähnliche Ansicht vertrat Wilhelm Weber.[43]

In Heisenbergs Tradition stehen heute in erster Linie die Interpretation von Mango[44] und die allerdings differenzierteren Deutungen von Straub (Konstantin überließ es den Besuchern seines Mausoleums zu entscheiden, ob er als dreizehnter Apostel oder als Christusgleicher anzusehen sei), Dagron (Konstantin nehme den Platz Christi ein und werde so selbst zu einer Reliquie) und Herrmann.[45]

[40] Vgl.: Thdt. h.e. I 2 = ed. Parmentier-Scheidweiler, 5,5ff. Dazu: A. BAUMSTARK, "Konstantin der Apostelgleiche" und das Kirchengesangbuch des Severus von Antiocheia, in: Fs J. Dölger. "Konstantin der Große und seine Zeit", 248ff

[41] V. SCHULTZE, Altchristliche Städte und Landschaften I: Konstantinopel, 14; A. BAUMSTARK, a.a.O., 253; FJ. DÖLGER, "Herrschergewalt hat Gottes Macht". Ein antikes Sprichwort bei Artemidoros von Daldis, in: AuC 3, 131; KANIUTH, a.a.O., 34ff; KRAUTHEIMER, Zu Konstantins Apostelkirche, 85; VOGT, Art. "Constantinus", 370; BAYNES, Constantine the Great and the Christian Church, 30; DOERRIES, 422; H. MONTGOMERY, Konstantin, Paulus und das Lichtkreuz, in: Symbolae Osloenses 43 (1968), 88 (mit BAUMSTARK faßt MONTGOMERY das "apostelgleich" als eine Identifizierung mit Paulus - dem dreizehnten Apostel - auf); T. BAUMEISTER, Art. "Heiligenverehrung I", in: RAC 14 (1987), 109; STOCKMEIER, a.a.O., 110ff; BARNES, C.a.E., 259; vgl. schon allein den Titel des Buches von: P. KEREZSTES, Constantine. A great Christian Monarch and Apostle.

[42] HEISENBERG, a.a.O., 115. Er versuchte dies auch an dieser Stelle mit einer Parallelität der Grundrisse der Kirche am Grab Christi und jener über dem Grab Konstantins zu begründen.

[43] W. WEBER, Die Vereinheitlichung der religiösen Welt, in: Probleme der Spätantike. Vorträge auf dem siebzehnten deutschen Historikertag, 92.

[44] MANGO, a.a.O., 58

[45] J. STRAUB, Konstantin als koinos episkopos, 143; DAGRON, Naissance, 406; schwankend bzw. etwas uneinheitlich erscheint das Urteil von: E. HERRMANN (dies., Ecclesia in re publica, 383ff): "Die Angleichung des Kaisers an Christus und die Kaiserähnlichkeit Christi findet in der Intention der Apostelkirche ihre höchste Ausformung" (dies., a.a.O., 383). " ... sondern stellt ihn unter die Apostel, macht ihn zum 13. Apostel" (dies., a.a.O. 384). Insgesamt betont sie aber die Christusähnlichkeit Konstantins, wie mir scheint, mehr (vgl. dies., a.a.O., 385).

Auf ganz andere Weise versuchte Otto Weinreich, Konstantins Beisetzung als eine christliche Umwandlung der heidnischen Apotheose zu verstehen. Weinreich verwies auf die antike Vorstellung vom "Dreizehnten Gott", die von Konstantin in seiner Grablege verchristlicht worden sei: "Wie der antike Heros zu den zwölf Göttern treten konnte, wie sich schon in der alten Zeit der Herrscher sein Grabdenkmal im Bezirk der zwölf Götter errichten konnte, wie Phillip von Makedonien, Alexander, Hadrian, Alexander Severus die Würde des τρισκαι-δέκατος θεός erhielten oder erhalten sollten, und wie ungefähr in konstantinischer Zeit der römische Kaiser auf den lykischen Reliefs inmitten der zwölf lykischen Götter dargestellt wird, so stellt sich Konstantin als dreizehnter an die Spitze des christlichen Dodekatheons."[46] Weinreich hielt darüberhinaus eine Notiz bei Nikephoros Kallistos[47] für historisch verläßlich, nach der Konstantins Grablege über einem Zwölfgötterheiligtum gebaut wurde.[48] Jüngst aber konnte Long zeigen, daß diese Nachricht aus dem vierzehnten Jahrhundert sehr wahrscheinlich falsch ist. Das besagte Zwölfgötterheiligtum lag nämlich mit großer Sicherheit außerhalb der konstantinischen Stadt.[49]

Schließlich ist noch Krafts Deutungsversuch anzuführen, der eine Sonderposition einnimmt. "Was sich in Sarkophag, Säulen und Mausoleum ausdrückt, ist das Selbstbewußtsein des römischen Kaisers. Sie repräsentieren den Kosmos, den Tierkreis und im Zentrum den Herrscher, den Herrn der geschaffenen Welt."[50]

Als erstes kann Krafts Deutungsversuch ausgeschlossen werden, weil er das Augenfälligste nicht berücksichtigt, nämlich daß die Kenotaphe die Apostel symbolisieren sollen. Ebenso erscheint mir die übliche Interpretation einer Bestattung Konstantins als "Apostelgleichen" bzw. als des frommen Gläubigen, der der Gebete für die Apostel teilhaftig werden will, die Intention Konstantins bei diesem Bau zu verfehlen:

Hätte nämlich Konstantin der dreizehnte Apostel sein wollen, dann wäre er nur einer unter dreizehn gleichwertigen gewesen. In der Antike war aber allein schon die Zahl "Dreizehn" eine sogenannte überschießende Zahl. Sie bedeutet immer 12 plus *1*. Der Dreizehnte sprengt die Reihe, er wird herausgehoben.[51]

---

[46] O. WEINREICH, Triskaidekadische Studien, in: Religionsgeschichtliche Versuche und Vorarbeiten 16/1, 3ff

[47] Nikeph. Kall. h.e. VIII 55 = PG 146, 220C

[48] Dies legte WEINREICH erst in einem Lexikon-Artikel vor: in: W.H. ROSCHER, Ausführliches Lexikon der Griechischen und Römischen Mythologie VI, 848f.

[49] C.R. LONG, The Twelve Gods of Greece and Rome, 154 mit 315

[50] KRAFT, 159. KRAFT leitet dabei seine Interpretation von Passagen aus der "oratio ad sanctum coetum" ab.

[51] Vgl.: R. MEHRLEIN, Art. "Dreizehn", in: RAC 4 (1958), 313f; WEINREICH, Lykische Zwölfgötterreliefs, 20ff

Schon allein deshalb ist es äußerst unwahrscheinlich, daß sich der Sarkophag als gleichrangiger in einen Kreis von zwölf einreihte. Dies wird vollends durch die Anordnung der Apostelkenotaphe und des kaiserlichen Sarkophages ausgeschlossen. Konstantins Sarkophag stellte nach den Worten Eusebs eindeutig Zentrum und Mitte des Ensembles dar, die Kenotaphe orientierten sich nach dem Sarkophag Konstantins, der auf diese Weise herausgehoben wurde. Wäre Konstantin der "Dreizehnte Apostel" gewesen, so hätte er sich auch seiner Position nach, in ihren Kreis einreihen müssen. In diesem Zusammenhang ist die leider nur indirekt erhaltene Nachricht einer koptischen Handschrift bemerkenswert, die ein Ptolemäergrab beschreibt, das dort für das Grab Alexanders des Großen gehalten wird. Es heißt hier, daß der Sarkophag Alexanders von acht anderen Sarkophagen der ptolemäischen Könige im Kreis umstanden wurde. Ungeachtet der Frage nach der historischen Richtigkeit dieser Nachricht, die sicher auf ein ehemals existentes Mausoleum zurückgeht, ist die darin sich äußernde Vorstellung bezeichnend, daß der alles überragende "Alexander" das Zentrum eines Kreises aus Sarkophagen bildet.[52] Man vergegenwärtige sich auch die bauliche Gesamtsituation: Der Kaiser liegt inmitten der Apostelkenotaphe, im Schnittpunkt der Kreuzesarme und vielleicht unter dem Zenit eines Tambours, er bildet das absolute Zentrum des Baues! An diesem Punkt ist an Weinreichs Hinweis zu erinnern, der nie widerlegt werden konnte und den jüngst Long wieder bekräftigt hat: Als "Dreizehnter" im Zentrum von zwölf *mußten* dem zeitgenössischen Betrachter die Zwölfgötter in den Sinn kommen.[53] Damit ist aber zugleich gesagt, daß nach dieser Vorstellung der Dreizehnte einen qualitativ höheren Rang einnimmt. Schließlich ist zu bedenken, daß es sich bei den Apostel-θῆκαι um Kenotaphe bzw. Grabstelen der Apostel gehandelt hat und nicht um echte Gräber/Sarkophage mit Reliquien.[54] Die Apostelreliquien kamen erst unter Konstantios in die Kirche. Demnach hatten die Kenotaphe eine reine *Zeichen*funktion. Sie sollten eine Mitte bezeichnen. Architektonisches Zentrum und Sinnzentrum des Baues fielen in eines zusammen, nämlich im Sarkophag Konstantins, der die Stelle Christi einnahm. Dies kann mit weiteren Argumenten untermauert werden:

---

[52] Der Text ist abgedruckt bei: H. THIERSCH, Die alexandrinischen Königsnekropolen, in: JdI 25 (1910), 78f und bei: DELBRUECK, Porphyrwerke, 36f.

[53] LONG, a.a.O., 316 u. 328. Schon KANIUTH (dies., a.a.O., 37) mußte zugeben: "Beim Bau des Mausoleums müssen Konstantin Gedanken an den triskaidekatos theos vorgeschwebt haben."

[54] Das betont zurecht: KANIUTH, a.a.O., 28f

Grabeskirche und "Apostelkirche"

Mag auch Heisenbergs enge Parallelsetzung der Grundrisse von Grabeskirche und Apostelkirche heute überholt sein, so besteht aber trotzdem ein Zusammenhang zwischen den beiden Bauten, der von der Identität der Grundrisse
unabhängig ist.

Euseb berichtet in seiner Beschreibung der Grabeskirche in Jerusalem von
zwölf Säulen in einem "Hemissphairion", die die Apostel symbolisierten. Für
die nähere Beurteilung dieser Information ist es notwendig, den lange umstritten gewesenen, jetzt aber gesicherten Grundriß der Grabeskirche, wie er durch
die Ausgrabungen und Arbeiten von Ikonomopulos, Coüasnon und Corbo[55] rekonstruiert werden konnte, mit der Beschreibung Eusebs zu vergleichen
(Abb.37). Nach diesem Grundriß bestand die Anlage aus einer Rotunde, der
sogenannten Anastasis, in deren Mitte sich das Heilige Grab befand.[56] An diesen Zentralbau schloß im Osten ein Hof an und an diesen wiederum die fünf-
schiffige Basilika, das sogenannte "Martyrium".[57] Hält man neben diesen
Grundriß die Beschreibung Eusebs in VC III 33-39,[58] so stellt sich heraus, daß
dieser in seinen Darlegungen von West nach Ost fortschreitet. Er beginnt im
Bereich der Anastasis mit dem Heiligen Grab, beschreibt danach den Hof, um
schließlich auf die Basilika überzugehen. Nachdem er die drei Eingangstore der
Basilika erwähnt hat, fährt er fort: "Diesen gegenüber lag der wichtigste Teil
des Ganzen, eine Halbkugel, an der Spitze der Basilika aufgebaut, welche 12
Säulen kränzten, den Aposteln des Heilands gleich an Zahl, die Kapitelle ge-
schmückt mit sehr großen aus Silber gefertigten Mischgefäßen, welche der
Kaiser selbst als schönstes Weihgeschenk seinem Gotte darbrachte."[59] In der
Regel glaubt man in der Forschung, daß Euseb nun die Apsis der Basilika be

---

[55] Vgl. den Bericht von A. IKONOMOPULOS, in: La Terra Santa XLVII (1971), 107ff; C.
COÜASNON, The Church of the Holy Sepulcre in Jerusalem (1974); V. CORBO, Il Santo Se-
polcro di Gerusalemme (1982; zugleich die Zusammenfassung der vorangegangenen Arbeiten
CORBO´S); dazu die Rezens.von: R. ROSENTHAL-HEGINBOTTOM, in: JAC 29 (1986), 217ff.

[56] Mit CORBO halte ich die Anastasis für konstantinisch. Es ist (gerade im Vergleich
mit der Geburtskirche von Bethlehem und der Eleona) nur sehr schwer vorstellbar, daß Konstantin die wichtigste Herrenmemorie gleichsam im Freien stehen gelassen hätte. Die Anastasis muß von Anfang an konzipiert gewesen und zur Zeit der Abfassung der VC (also am Ende
der Dreißigerjahre) schon größtenteils fertig gewesen sein.

[57] Diese Bezeichnung hat sich auch für die Basilika in konstantinischer Zeit eingebürgert,
obwohl sie in dieser Zeit nicht zu belegen ist. Euseb bezeichnet damit nur den Ort, an dem
die Kreuzigung und die Auferstehung stattfanden, aber nicht die Bauten. Erst in späterer Zeit
ist der Ausdruck für die Basilika (im Unterschied zur Anastasis) belegbar. Vgl. dazu: E. WI-
STRAND, Konstantins Kirche am Heiligen Grab in Jerusalem nach den ältesten literarischen
Zeugnissen, 11.

[58] VC III 25-39 = W 94,24ff.

[59] VC III 38 = W 100,123ff

schreibt.[60] Nur Krautheimer stellt noch eine andere Möglichkeit zur Diskussion. Er meint, es wäre zu überlegen, ob Euseb nicht zum Heiligen Grab bzw. der Anastasis zurückgekehrt ist.[61]

Euseb leitet die Passage mit "τούτων δ᾽ ἄντικρυς ..." ein. Dies kann sich grammatikalisch auch auf den *ganzen* vorher beschriebenen Komplex beziehen, also nicht bloß auf das Innere der Basilika allein. In diesem Fall würde Euseb nur die Anastasis beschreiben. Für diese Möglichkeit sprechen in der Tat einige Indizien. Euseb nennt den Teil, den er nun beschreibt, "das Haupt des Ganzen". Es ist fraglich , ob diese Formulierung die Apsis meint, die doch wahrlich nicht architektonisches und ideelles "Haupt" (κεφάλαιον) des ganzen Baukomplexes ist, insbesondere dann nicht, wenn Euseb selbst vorher das Grab Christi mit "τοῦ παντὸς κεφαλὴν" gekennzeichnet hat.[62] Die Crux der Eusebschen Beschreibung, an der die hauptsächlichen Differenzen aller Rekonstruktionen entstanden sind, ist ja die eigentümlich kurze Beschreibung des Bereiches um das Grab. Euseb sagt hier bloß: "Dieses also schmückte zuerst gleichsam als Haupt des Ganzen die Freigiebigkeit des Kaisers mit auserlesenen Säulen und reichstem Schmucke, indem er durch mannigfache Verzierungen die heilige Höhle erstrahlen ließ."[63] Es ist tatsächlich schwer, sich unter diesem Satz den imposanten Bau der Anastasisrotunde vorzustellen. Es ist m.E. wahrscheinlicher, daß Euseb hier nur das Grab beschreibt, von dem wir ja wissen, daß es Säulen besaß,[64] und dann später zum Grab wieder zurückkehrt, um sich der Anastasis zuzuwenden. Euseb bezeichnet ja das bewußte "Haupt des Ganzen" beim zweiten Mal mit dem Terminus "ἡμισφαίριον", also

---

[60] In diesem Fall kommen die Säulen in der Apsis zu stehen. Um alle Säulen unterzubringen, gibt CORBO der Apsis in seiner Rekonstruktion sogar eine ganz merkwürdige Hufeisenform, obwohl dies keinen Anhaltspunkt im Ausgrabungsbefund hat. Vgl. dazu auch: ROSENTHAL-HEGINBOTTOM, ebd.

[61] KRAUTHEIMER, ECBA, 63. Wie CORBO gezeigt hat, kann man davon ausgehen, daß die Anastasis von Konstantin geplant und auch begonnen wurde. Vgl. auch: DEICHMANN, Die Architektur des Konstantinischen Zeitalters, 122 Anm.37, der darauf hinweist, daß ein einfacher Hof um das Grab Christi der üblichen Bauweise der konstantinischen Memorialbauten widerspricht. Es wäre in der Tat auch nicht einzusehen, warum Konstantin für das wichtigste Monument der Christenheit und seiner imperialen Repräsentation nur eine bescheidene Hofanlage vorgesehen hätte.

[62] WISTRAND (ders., a.a.O., 13), der diese Schwierigkeit sieht, versucht die Bezeichnung "Haupt des Ganzen" in ihrer Bedeutung abzuschwächen, indem er meint, daß solche Formulierungen Euseb leicht aus der Feder flössen. Dagegen ist einzuwenden, daß solche Formulierungen bei Euseb im Gegenteil sehr selten sind, und zum anderen beweist eine Überprüfung der von WISTRAND angeführten Stellen gerade das Gegenteil. Sie zeigen, wie pointiert Euseb diese Formulierung eingesetzt hat.

[63] VC III 34 = W 99,25ff

[64] Vgl.: J. WILKINSON, The Tomb of Christ. An Outline of its Structural History, in: Levant 4 (1972), 83ff und: D. BARAG, J. WILKINSON, The Monza-Bobbio Flasks and the Holy Sepulchre, in: Levant 6 (1974), 179ff

mit Halbkugel. In der Architekturterminologie meint das Wort sogar eine Kuppel.[65] Für Conant war das Wort die Ursache zu einer ausgefallenen und ungewöhnlichen Rekonstruktion der Apsis der Basilika.[66] Es ist naheliegender, den Terminus als das zu nehmen, was er bedeutet, nämlich als eine Halbkugel, womit Euseb also eine Kuppel, d.h., die Rotunde beschreiben würde.[67] Die Arbeiten Corbos haben gezeigt, daß die Anastasis genau 12 Säulen, in vier Dreiergruppen um das Grab Christi besaß. Hier hätte die Symbolfunktion der Säulen, nämlich Sinnbilder der Apostel zu sein, wie Euseb schreibt, ihren vollen Sinn. Die zwölf Apostel-Säulen umstehen Christus, der durch das Grab repräsentiert wird. Die Parallele und die Verwandtschaft in diesem Punkt mit Konstantins Mausoleum in Konstantinopel ist offensichtlich. Nur nimmt in Konstantinopel Konstantin die Stelle des Grabes Christi ein.[68]

Ebenso besteht m.E. in der Kreuzform eine Beziehung zwischen den beiden Bauten. Die drei kleinen Apsiden im Westen, Norden und Süden der Anastasis einschließlich der ihnen gegenüberliegenden Doppelpfeiler bilden ein Kreuz. Die Anastasis ist so das erste Beispiel eines "kreuzdurchsetzten Zentralbaues". Bemerkenswert ist hier das Urteil Deichmanns, der bei symbolischer Deutung von Architektur bekanntlich zurecht Vorsicht walten läßt, der hier aber meint, daß " ... funktional und bedeutungsmäßig (!) ... eine Reihe von Argumenten

---

[65] SCHMALTZ, a.a.O., 46f

[66] K.J. CONANT, The Original Buildings at the Holy Sepulchre in Jerusalem, in: Speculum 31 (1956), 51ff

[67] Gegen diese Nachricht scheint eine Nachricht eines Pilgerführers aus dem 6. Jhdt. zu sprechen. Gemeint ist der sogenannte Brevarius und zwar in seiner Version A. Über die Basilika der Jerusalemer Grabeskirche heißt es da: "In ipsa apsida in circuitu duodecim columnae marmoreae, omnino incredibile, super ipsas columnas hydriae argenteae duodecim, ubi sigilavit Salomon demones" (Brev. de Hier. Forma a 1 = ed. Weber (CCL), 109,18ff). Nach dieser aus dem 6. Jhdt. stammenden Version A wäre also in der Apsis ein Templon mit 12 Säulen und 12 Silberkrateren aufgestellt gewesen. Allerdings ist diese Nachricht mit großen Unsicherheiten behaftet. R. WEBER gelang es in seiner Edition des Brevarius (CCL 175,107ff) aus der Überlieferung zwei Versionen herauszuschälen, die anscheinend auf eine gemeinsame Quelle zurückgehen (vgl. dazu: J. WILKINSON, Jerusalem Pilgrims before the Crusades, 182). Die Version A, die unsere Nachricht bietet, ist ausführlicher. Version B, die der Vorlage nähersteht, weiß nichts von einem Säulenaufbau in der Apsis. Man darf also annehmen, daß die Nachricht in der Quelle noch gefehlt hat. Die betreffende Stelle der Version A ist übrigens nur in einem einzigen Codex des 12. Jahrhunderts erhalten geblieben (vgl. den Apparat bei Weber). Vielleicht hat in späterer Zeit im Zuge der Überlieferung der Bericht des Euseb in der VC auf den Brevarius eingewirkt. Es fällt auch auf, daß die anderen Pilgerberichte, insbesondere die späteren, die allesamt ausführlicher und literarisch viel anspruchsvoller als der Brevarius sind, nichts von diesen Säulen in der Apsis wissen. Auch in den Grundrißzeichnungen Arculfs sind sie nicht eingezeichnet (die Grundrisse gesammelt abgebildet bei: WILKINSON, Jerusalem Pilgrims, Pl.5 und 6). Aus diesen Gründen braucht man m.E. der Version A des Brevarius nicht viel Glauben zu schenken.

[68] Der Platz der Silberkratere ist dann wohl auf einem Gesims des Architravs der Anastasisrotunde (genau über der jeweiligen Säule) zu suchen.

für eine solche Annahme sprechen."[69] Ein kreuzdurchsetzter Bau über dem
Grab Christi kann wohl kein Zufall und nicht ohne Bedeutung sein: Der Chri-
stus-Basileus ist das Zentrum des Kreuzes. Was nach 326 in Jerusalem erst in
Ansätzen vorhanden und noch in der Entwicklung begriffen war, erscheint bei
der Apostelkirche voll ausgebildet: Der Kreuzbau, in dessen Zentrum der wie
Christus begrabene Konstantin liegt.

Konstantin im Zeichen des Kreuzes

Konstantin ließ sich für seine Grablege einen neuen Bautypus schaffen: die
Kreuzkirche. Es ist merkwürdig, daß die Forschung diese Tatsache bisher
nicht in ihre Interpretationsversuche miteinbezogen hat. Der Umstand, daß
Konstantins Sarkophag im Zentrum des Kreuzes liegt, hat sowohl für die Interpretation und die Sicht von Konstantins kaiserlichem Selbstverständnis als
auch für das Verständnis der Entwicklung der frühchristlichen bzw. frühkon-
stantinischen Symbolgeschichte weitreichende Konsequenzen.

Im Kapitel über die Silbermünze aus Ticinum wurde darauf hingewiesen, daß
Konstantin bald nach 313 Versuche unternommen hat, daß Kreuz - wenn auch
in "verschleierter" Form - in die kaiserliche Ikonographie einzuführen (Kreuzszepter, Kreuzmonogramm). Diese Versuche waren, so scheint es, nicht besonders erfolgreich gewesen. Der Kaiser begann deshalb, das Christogramm
zu favorisieren. Konstantins Grablege hat aber plötzlich die Kreuzform und
zwar die *reine* Kreuzform. Am Ende der Regierungszeit ist das Kreuz das zentrale (!) Symbol der kaiserlichen Repräsentation geworden, denn anders kann
man das Auftauchen des Kreuzzeichens bei einem Kaisermausoleum nicht bewerten![70] Natürlich erhebt sich nun die Frage, ab wann diese Wiederaufnahme
des Kreuzzeichens in die Staatssymbolik festgestellt werden kann bzw. ob
noch weitere Belege für eine Verwendung des Kreuzzeichens in der imperialen
Repräsentation beigebracht werden können.

---

[69] F.W. DEICHMANN, Die Architektur des Konstantinischen Zeitalters, 122; (vgl. auch:
KRAUTHEIMER, ECBA 77, der die architektonische Struktur der Anastasis genauso beurteilt). Unbeschadet der Tatsache, daß Arculf hunderte Jahre später nach Ausweis seiner Grundrisse im frühen Mittelalter diese Symbolik nicht mehr wahrgenommen hat, scheint mir in
diesem Fall mit DEICHMANN und KRAUTHEIMER die symbolische Deutung der Anastasis
zuzutreffen. Für sie spricht auch, daß es sich bei der Anastasis um die zentrale Christusmemorie gehandelt hat.

[70] Gegen E. DINKLER und E. DINKLER V. SCHUBERT (dies., a.a.O., 83ff und passim),
die zwar nicht ungeneigt sind, für die Apostelkirche kreuzförmigen Grundriß anzunehmen,
aber (wie überhaupt bei allen in konstantinischer Zeit belegbaren Kreuzzeichen) für die Deutung des Mausoleums die Kreuzform gleichsam für irrelevant erklären wollen.

Es ist schon oft darauf hingewiesen worden, daß unter Konstantin bis in die Zwanzigerjahre die Kreuzigung eine erlaubte Hinrichtungsart war. Noch 320 hat Konstantin ein entsprechendes Gesetz erlassen.[71] Dies hat oft zur Bestreitung einer Verwendung des Kreuzzeichens in der konstantinischen Staatssymbolik geführt , was zuletzt ausführlich durch E. Dinkler und E. Dinkler - v. Schubert geschah.[72] Aber sowohl Aurelius Victor als auch eine Nachricht bei Sozomenos bezeugen die Rücknahme dieses Gesetzes und das Verbot der Kreuzigung noch unter Konstantin.[73] In gewisser Weise kann man diese Maßnahme Konstantins als den Startschuß für den offiziellen Aufstieg des Kreuzzeichens bezeichnen, und zwar nicht nur für die konstantinische Zeit, sondern für die Spätantike überhaupt.

Einen Terminus post quem können dafür wohl die Figurengedichte des schon erwähnten Publius Porphyrius Optatianus bilden, der in seinen 325 Konstantin gewidmeten Figurengedichten zwar sehr massiv das Christogramm in den Vordergrund rückt, aber noch nicht das Kreuz verwendet.[74] Wäre das Kreuz zu dieser Zeit bereits etabliertes Symbol gewesen, so hätte der Dichter daran nicht vorübergehen können.

In Konstantins schriftlichem Selbstzeugnis findet man zu dieser Frage keinen Hinweis. Das Kreuzzeichen wird nirgends erwähnt. Die in Frage kommenden Stellen meinen alle das Labarum.[75]

---

[71] Cod. Theod. IX 5,1

[72] Vgl. dazu oben S.29ff

[73] Aurel. Vict. Lib. de Caes. 41,4 = ed. Pichlmayr, 125,3ff: "Denique Constantinus cunctos hostes honore ac fortunis manentibus texit recepitque, eo pius, ut etiam vetus terrimumque supplicium patibulum et cruribus suffrigendis primus removerit."; Soz. I 8,13 = Bidez-Hansen, 19,17ff. Eine gewisse Skepsis scheinen DINKLER u. DINKLER-V.SCHUBERT (dies., a.a.O., 22f) zu äußern, indem sie darauf hinweisen, daß kein entsprechendes Gesetz Konstantins überliefert ist und sich auch die VC darüber ausschweigt. Doch kann dies keinenfalls die zwei genannten Nachrichten außer Kraft setzen.

[74] Vor allem fällt dies bei an Christus gerichteten Gedichten auf (z.B. Carmen XXIV in der Edition von Kluge). Allerdings hat der Dichter frühmittelalterliche Autoren zu Kreuzfigurengedichten angeregt. Vgl. dazu den Aufsatz von: C. NORDENFALK, A Note on the Stockholm Codex Aureus, in: Nordisk tidskrift för bok-och biblioteksväsen 38 (1951), 1ff. Zwar findet sich in einem mittelalterlichen Codex mit den Gedichten des Publius Porphyrius Optatianus (cod. Parisinus 241, vgl. ed. Kluge, IX; 9.Jhdt.) der Brief Konstantins an denDichter in Kreuzform ausgeführt, doch geht dies sicher auf das Konto des mittelalterlichen Kopisten bzw. der Überlieferung.

[75] Konstantin spricht immer von einem σημεῖον. So z.B. einmal in VC III 60,9 = W 114,30ff (Brief an die Antiochener), wo der Kaiser die Antiochener wegen ihrer wiedergewonnen Eintracht lobt, die damit das "Zeichen" sicher in sich aufgenommen hätten (PFÄTTISCH, in: BKV, 137 und ihm folgend: KRAFT, 250 übersetzen sehr frei "die Fahne aufgepflanzt") und so gleichsam mit einem eisernen Steuerruder in den Himmel auffahren. Da Konstantin auch im folgenden im Bild des Schiffes bleibt, hat man hier es sicher mit einer Anspielung auf das Labarum zu tun, die die Assoziation an ein Segel wecken soll. Verblüffend ist hier

Ähnlich ist der Befund bei Euseb, der nahezu vierzigmal σημεῖα und τρο-
παια erwähnt und dabei fast immer das Labarum und das Christogramm im
Auge hat.[76] Allerdings gibt es in der VC (außer dem Visionsbericht) zwei wichtige herausstechende Ausnahmen.

Zum einen ist dies die in diesem Zusammenhang nicht beachtete Stelle VC III
1.2.[77] Euseb zieht hier einen Vergleich zwischen Konstantin und den Kaisern
der Verfolgungszeit: "Ferner verhöhnten jene den Christus Gottes mit gotteslä-
sterlichen Stimmen, er aber erkor gerade das zum siegbringenden Schutzmittel,
worauf die Gottlosen am meisten ihre Blasphemien richteten, indem er sich
des Siegeszeichens des Leidens rühmte (τῷ τοῦ πάθους σεμνυνόμενος τροπαίῳ)." Mit dem Tropaion des *Leidens* kann hier nicht das Christogramm oder
das Labarum gemeint sein, sondern nur das Kreuz. Der Spott der Verfolger
konnte sich nur auf die "Torheit des Kreuzes" beziehen. Hier sagt Euseb eindeutig, daß Konstantin das Kreuz zu seinem persönlichen "νικητικὸν φυλακτήριον" erhoben hat. An einer anderen Stelle berichtet Euseb (VC III 49)[78]
von der großen Liebe zu Gott, die Konstantins Seele erfaßt habe. Sie habe den
Kaiser dazu getrieben, im hervorragendsten bzw. vornehmsten Raum (κατὰ
τὸν πάντων ἐξοχώτατον οἶκον) - also wohl dem Thronsaal - auf einer
großen Tafel in der Mitte der vergoldeten Decke das Leidenssymbol des Erlösers" (τὸ τοῦ σωτηρίου πάθους σύμβολον) als Mosaik in Gold und Steinen
anbringen zu lassen. Auch hier kann mit dem Leidenssymbol wohl nur das
Kreuz gemeint sein. Die Behauptung von E. Dinkler und E. Dinkler-von
Schubert , daß Euseb mit genau denselben Termini die Bekrönung des Labarums (also das Christogramm) beschreibe, ist falsch.[79] Die von ihr ange-

---

übrigens ein Vergleich mit einem Figurengedicht des Publius Porphyrius Optatianus, der in
einem Figurengedicht ein Schiff mit dem Christogramm als Segel abgebildet hat (ed. Kluge,
XIX), doch kann man hier aller Wahrscheinlichkeit nach keine direkte Abhängigkeit annehmen. Es ist interessant zu sehen, daß Konstantins Anspielung auf das Labarum genau in die
Zeit der Entstehung dieser Insignie fällt (der Brief ist in die Jahre 327/28 zu datieren). In VC
IV 9 = W 123,17 (der sogenannte Brief an Sapor, vgl. dazu: De DECKER, Eusébe de Césarée, Vit. Const. IV, 9-13 et la conversion de l´Armenie à la religion chrétienne, in: Persica 8
(1979), 9ff) heißt es: "Diesen Gott verehre ich, sein Zeichen trägt mein gottgeweihtes Heer
auf den Schultern." Auch hier ist das christliche Feldzeichen gemeint.

[76] VC I 6 = W 17,24; I 11 = W 20,18; I 29 = W 30,13 und 14; I 30 = W 30,17; I 31 =
W 31,14; I 32,1 = W 31,20ff; I 37,1 = W 34,6; I 40,1 = W 36,12-14; I 40,2 = W 36,19; I
46 = W 39,27; II 3,2 = W 49,4; II 5,2 = W 50,8; II 6,2 = W 51,9; II 7 = W 51,14; II 8 = W
51,17 und 18; II 9,1 = W 51,24; III 1 = W 80,12; III 3 = W 82,1 und 82,12; III 33 = W
99,22; IV 5,2 = W 121,17; IV 21 = W 127,22 und 25; IV 53 = W 142,18. Dasselbe gilt für
die LC.

[77] VC III 1,2 = W 80,12

[78] VC III 49 = W 104,23

[79] E. DINKLER, E. DINKLER-v.SCHUBERT, a.a.O., 50

führte Stelle VC I 31 = W 31,2f beschreibt nicht die Szepterbekrönung, sondern Schaft und Querstange des Labarums, die von Euseb als "Leidenssymbol" und damit eben als Kreuz beschrieben werden! Konstantin thronte demnach unter dem Zeichen des Kreuzes. Nach seinem Tod, so überliefert uns Euseb, wurde Konstantin im selben Raum aufgebahrt, d.h. er lag dabei wieder genau unter dem Kreuz,[80] und so wurde ihm von den Großen des Reiches die letzte Ehre erwiesen - eine Situation, die schon an die Bestattung im Zentrum des Kreuzes erinnert.

Als letztes ist noch auf jene schon oben erwähnte interessante Bemerkung im kaiserlichen Brief an Makarios hinzuweisen, nach der Grund und Ursache des Baues der Grabeskirche die Auffindung des "Erkennungszeichens des Leidens" war, womit m.E. nur der Golgathafelsen gemeint sein kann. Wie schon erwähnt hängt damit eine Äußerung Eusebs in der Tricennalienrede zusammen, in der es heißt, daß die Basilika der Grabeskirche (im Unterschied zur Anastasis!) dem "σωτηρίῳ σημείῳ" geweiht war.[81] Mit dem erlösenden bzw. heilbringenden Zeichen kann hier bei Euseb meiner Meinung nach auch das Kreuz gemeint sein. Auf alle Fälle aber setzt die Einbeziehung des Golgathafelsens durch Konstantin den Willen des Kaisers zur Einführung des Kreuzes in die imperiale Repräsentation voraus.[82]

Selbst in der bei christlichen Symbolen so zurückhaltenden Münzprägung lassen sich Anzeichen für diesen Umschwung wahrnehmen. Auf einer für Konstantin II. im Jahr 333 geprägten Münze hält der stehende Cäsar eine Feldstandarte in seiner Rechten, die von einem kleinen Kreuz bekrönt wird (Abb.42).[83] Bruun möchte dies nicht überbewerten und meint, dieses Detail sei dem Belieben des Stempelschneiders überlassen gewesen.[84] Dinkler und Dinkler-v. Schubert glauben, daß das Kreuz bloß als Unterscheidungsmerkmal zur bildgleichen Prägung des Bruders Konstantins diente.[85] Beides erscheint nicht plausibel, da es sich dabei um ein Kreuz auf einer Insignie handelt. Bei einer Feldstandarte in der Hand des Kaisers durften weder eigenmächtige Experimente gemacht werden, noch wurden an ihnen gleichsam Münzzeichen zur Unterscheidung von Emmissionen angebracht. Es fällt außerdem die zeitliche Nähe zur Entstehung des Labarums auf, die das kleine Kreuz auf der Standar-

---

[80] VC IV 66 = W 147,21ff

[81] Vgl. oben S.92f

[82] An dieser Stelle sei auch auf eine Beobachtung durch COÜASNON (ders., a.a.O., 41) hingewiesen, der die nichtaxiale Lage von Anastasis und Basilika damit zu erklären versuchte, daß die Erbauer bestrebt gewesen wären, den Golgathafelsen nicht zu verletzen.

[83] RIC VII 580 Nr.65; vgl.: BRUUN, The Christian Signs on the Coins of Constantine, 26ff; TOYNBEE, Roman Medaillons, 27

[84] BRUUN, The Christian Signs on the Coins of Constantine, ebd.

[85] DINKLER, DINKLER-v.SCHUBERT, a.a.O., 44

te ebenfalls aus dem Bereich der Zufälligkeit entrückt - auch wenn diese Münze einen Einzelfall darstellt, wohl deshalb, weil sich diese Standarte gegen das Labarum nicht durchsetzen konnte.

Bemerkenswert sind auch Prägungen aus den Jahren 334/35 aus Aquilea, die als Münzzeichen ein Kreuz aufweisen und zwar in einer auffälligen Form. Es unterscheidet sich von den Kreuzen der frühen Prägungen Konstantins (Abb.43), die Münzzeichen ohne jeglichen Symbolgehalt waren.[86] Auch wenn es hier auf den Münzen aufgrund seiner Funktion nur von marginaler Bedeutung ist, so bleibt doch bemerkenswert, daß nun das christliche Kreuz als Münzzeichen Verwendung findet. Ein bezeichnendes Phänomen, auf das noch zuletzt hingewiesen sei, finden wir auf Münzen aus den letzten Regierungsjahren aus Antiocheia. Hier ist nun auf den Münzen erstmals das Kreuzmonogramm zu belegen - nach einer Pause von ca. 20 Jahren, in denen es für uns nicht zu greifen ist, weil es zurückgestellt worden war.[87]

Trifft die Deutung der Jersualemer Anastasis als "kreuzdurchsetzter" Bau zu, so kommt man auf diesem Wege vielleicht zu einem Datum der Aufnahme des Kreuzes in die imperiale Repräsentation. Diese wäre dann bald nach 326 geschehen. Damit wäre möglich, daß das Kreuzzeichen, genauso wie das zur selben Zeit entstehende Motiv des den Drachen durchbohrenden Labarums, eine direkte Folge der Palastkrise von 326 war und zur der danach entwickelten Propaganda gehörte. 330 (Dedicatio von Konstantinopel) befand sich das Kreuz bereits auf der Decke des Thronsaales des Palastes und war damit ein zentrales Symbol des Staates.

---

[86] RIC VII 407 Nr. 124-127; vgl. dazu: BRUUN, The Christian Signs on the Coins of Constantine, 25f und: ders., in: RIC VII, 62.

[87] Vgl.: BRUUN, The Christian Signs on the Coins of Constantine, 29 und 30; RIC VII 695 Nr. 98 u. 99. An dieser Stelle sei kurz auf weitere Versuche, Kreuze bzw. Kreuzzeichen in der Staatssymbolik Konstantins nachzuweisen, eingegangen. Die Forschung hat hier vorzugsweise bei den in den Parastaseis und in der Patria überlieferten monumentalen Kreuzen auf Forum und Philadelphion in Konstantinopel angesetzt (Parastaseis 16 = ed. Preger 30,12ff; diese Nachricht wurde doppelt in die Patria übernommen: Patria 18 u. 50 = ed. Preger 160,16ff u. 178,8ff; vgl. dazu: BERGER, a.a.O., 290 u. 322ff). H. BUSCHHAUSEN, H. LENZEN und J. FLEMMING traten für deren konstantinischen Ursprung ein (H. BUSCHHAUSEN, H. LENZEN, Ein konstantinisches Silberreliquiar aus Jabolkovo, in: JÖBG 13 (1965), 190; J. FLEMMING, Das Schutzzeichen des Herrschers, in: WZ(J).GS 30 (1981), 448ff). Dies erscheint aufgrund der aus den Quellen zu erschließenden Ikonographie der Kreuze als unmöglich. Die Kreuze treten nämlich zusammen mit Statuen Konstantins, dessen Söhnen und Helena auf. Dies setzt aber die Helenalegende voraus, die jedoch erst ab der zweiten Hälfte des 4. Jhdts. nachgewiesen werden kann. Auch auf dem Golgathafelsen ist erst ab dieser Zeit ein monumentales Kreuz überliefert. Zur These von L´ORANGE (ders., In hoc signo vinces, in: Boreas 5 (1982), 160ff) vgl. DINKLER-DINKLER-v.SCHUBERT, 50.

Zur Deutung von Konstantins Mausoleum

Wie ist aber nun Konstantins Beisetzung im Schnittpunkt der Kreuzesarme und als Zentrum der zwölf Apostelkenotaphe genauerhin zu interpretieren? Gleich vorweg sei festgehalten: Konstantin nimmt hier zwar die Stelle Christi ein, aber er hat sich dabei nicht als Christus begraben lassen. Von einer Divinisation oder einem Streben nach christusgleichen Ehren im Sinne Heisenbergs und Webers kann keine Rede sein. Dies zeigen die Gestaltung der Begräbnisfeierlichkeiten und die Ikonographie der zu diesem Anlaß geschlagenen Konsekrationsmünzen. An ihnen kann abgelesen werden, daß keine Apotheose stattgefunden hat, z.B. wurde das übliche Wachsbild des Kaisers nicht mehr verbrannt, und bei den Konsekrationsmünzen wurden gerade die bekanntesten heidnischen Motive für eine vollzogene Apotheose fortgelassen.[88] Dies ist im übrigen ein weiteres Argument gegen die Annahme Mango´s, daß Konstantin in einem alleinstehenden Rundmausoleum als Christusgleicher beigesetzt wurde. Denn diese Art der Beisetzung würde in der Tat eine Apotheose/Divinisation im Sinne Heisenbergs und Webers bedeuten. Diese Grenze hat Konstantin aber nie überschritten, wie z.B. die eben angesprochenen Maßnahmen zeigen. Es würde Konstantins gesamter Religionspolitik und dem Profil der Entwicklung der Staatssymbolik widersprechen. Die Bestattung in einem Rundmausoleum wäre nur vorstellbar, wenn zugleich mit diesem eine Kirche errichtet worden wäre (wie etwa in S. Pietro e Marcellino (Abb.46). Dies war aber nicht der Fall. Konstantin hat unter Beibehaltung seines mittels der Kaiserideologie propagierten Anspruchs die notwendige Abgrenzung eben auf eine andere, neue Weise dargestellt. Dazu diente die Kreuzform seines Mausoleums, denn sie zeigte an, daß Konstantin nicht im strengen Sinn christusgleich war. Das Kreuz in dem er begraben lag, zeigte an, woher er seine Kraft zum Siegen bezog. Er wird durch das Kreuz als "christusähnlicher" Herrscher erst legitimiert ("*Durch* dieses siege"). Das Kreuz zeigt an, in wessen Nachfolge sich Konstantin stellt, nämlich in die Nachfolge Christi, aber natürlich so, wie sie ein spätantiker Herrscher auffaßte, und dieser verstand sie als eine Nachfolge im Siegen,[89] als ein Erobern der ganzen Oikumene im Zeichen des Kreuzes, im Zeichen des Sieges und Triumphes Christi. Es handelt sich um eine Mimesis

---

[88] Zu diesem Problemkreis vgl.: E. BICKERMANN, Die römische Kaiserapotheose, in: ARW 27 (1929), 1ff, jetzt auch in: A. WLOSOK (ed.), Römischer Kaiserkult, 82ff bes. 105; L. KOEP, Die Konsekrationsmünzen Kaiser Konstantins und ihre religionspolitische Bedeutung, 511ff; CALDERONE, Teologia politica, successione dinastica e consecratio in età constantiniana, 241ff; zu den Begräbnisfeierlichkeiten: P. FRANCHI DE CAVALIERI, I funerali ed il Sepolcro di Costantino Magno, in: Mélanges d´Archeologie et d´Histoire XXXVI (1916/17), 205ff; KANIUTH, a.a.O., 71ff.

[89] Vgl. das schon besprochene Bild auf dem Palasttor in Konstantinopel.

Christi im Siegen. Konstantin hat sich in seiner Funktion und mit dem von den Untertanen anerkannten Charisma des römischen Kaisers als christusähnlicher irdischer Stellvertreter Christi verstanden und auch so beisetzen lassen.

Aus all dem bisher Dargelegten läßt sich noch ein weiterer Schluß ziehen. Die sogenannte Apostelkirche war ursprünglich keine Apostelkirche, sondern ein Christusmartyrion. Die Apostelstelen sind strenggenommen nur Hilfszeichen, die auf den Christus-Konstantin ausgerichtet sind, der der eigentliche Sinn und Zweck des Baues ist. Ebenso ist die Kreuzform der Kirche ein Beweis dafür. Allein das Faktum ihrer Aufnahme in die kaiserliche Staatssymbolik legt die Bedeutung fest: Das Kreuz mußte ein Siegeszeichen sein.[90] Noch in der nach dem Vorbild des Konstantinopler Mausoleums 382-386 errichteten Apostelkirche zu Mailand heißt es in der Weihinschrift: "FORMA CRVCIS TEMPLVM EST, TEMPLVM VICTORIA CHRISTI". Die Inschrift zeigt nicht nur, daß das Wissen um die Bedeutung des kreuzförmigen Grundrisses erhalten geblieben ist, sondern darüberhinaus, daß die Kirche durch ihre Kreuzform zum Tempel *Christi* wird.[91] Allein schon aus der Kreuzform von Konstantins Mausoleum darf man auf eine Christuskirche schließen.[92] Zur Apostelkirche wurde sie erst mit der Ankunft der Apostelreliquien in den Jahren 356 und 357. Vorher war sie Christusmartyrion und Kaisermausoleum in einem gewesen und diente der Darstellung der notwendig gewordenen neuen religiösen Begründung des Gottesgnadentums des ersten christlichen Herrschers. Eine Bestätigung dafür, daß sowohl die vorliegende Rekonstruktion als auch die Interpretation von Konstantins Mausoleum richtig ist, liefert m.E. das merkwürdige ikonographische Motiv des "Kaiserbildes im Kreuz", bei dem im Schnittpunkt der Kreuzesarme die Büste des Kaisers erscheint. Seine geistigen Wurzeln müssen auf die dem Konstantin-Mausoleum zugrundeliegende Konzeption zurückgehen und das älteste Beispiel muß meiner Meinung nach noch in konstantinischer Zeit entstanden sein.[93] Nebenbei widerlegt dieses Motiv nocheinmal Mango´s Rekonstruktionsversuch von Konstantins Mausoleum.

---

[90] Gegen DINKLER-DINKLER V.SCHUBERT, a.a.O., passim, die merkwürdigerweise jegliche "symbolische" Bedeutung der Kreuzzeichen in konstantinischer Zeit ausschließen wollen. Vgl. dazu schon oben S.38f

[91] Vgl.: LEWIS, The Latin Iconography of the Single-Naved Cruciform Basilica Apostolprum in Milan, 205 und passim.

[92] Mit Ausnahme der Märtyrerkirchen scheinen alle Gründungen Konstantins Christuskirchen gewesen zu sein. Belegbar ist dies neben den Basiliken in Palästina auch für die Laterankirche, Antiocheia, Nikomedia und wohl auch Trier (der dodeanogale Aufbau scheint für eine Christusmemorie zu sprechen).

[93] J. DEÉR, Das Kaiserbild im Kreuz, in: Schweizer Beiträge zur allgemeinen Geschichte 13 (1955), 48ff, jetzt auch in: P. CLASSEN (ed.), Byzanz und das abendländische Herrschertum, 125ff; dazu: R. LEEB, Zum Ursprung des Kaiserbildes im Kreuz, in: JÖB 40 (1991), 1ff. Letztlich muß auch die singuläre Ikonographie des in München aufbewahrten soge-

Konstantin und seine Programminventoren haben es also auch im Falle des kaiserlichen Mausoleums verstanden, eine Symbolsprache zu entwickeln, die Heiden und Christen erreichte, denn den heidnischen Beobachter mußte insbesondere die Bestattung Konstantins als "Dreizehnter" an eine Apotheose erinnern. Wahrscheinlich assoziierte er (und mit ihm wahrscheinlich auch ein Christ) dabei sogar den Sonnengott, der sehr oft die Rolle des Dreizehnten Gottes einnahm, wie es z.b. ein erstmals von Altheim veröffentlichtes Diadem aus vermutlich aurelianischer Zeit illustriert.[94] Diese Assoziation lag besonders bei Konstantin nahe, ließ er sich doch selbst als Helios darstellen.

Um die Entwicklung der kaiserlichen Repräsentation hin zum Konzept der sog. "Apostelkirche" anschaulich zu machen und um die Eigenart dieses Baues noch schärfer fassen zu können, ist es zum Abschluß lehrreich, ihn mit dem Mausoleum bei S. Pietro e Marcellino in Rom zu vergleichen. Dieses Mausoleum kann in die Jahre vor 324 datiert werden, also noch vor die Wiedereinführung des Kreuzes in die Staatssymbolik, und man darf davon ausgehen, daß Konstantin es ursprünglich für sich selbst bestimmt hat. Beim Bau dieses Mausoleums hielt sich Konstantin noch ganz an die spätantike Tradition kaiserlicher Grabbauten mit kreisrundem Grundriß (Abb.45).[95] Ein erstes leises Abrücken von dieser Tradition läßt sich bald nach 326 am kreuzdurchsetzten Rundbau der Anastasis über dem Grab Christi feststellen. In den Dreißiger-Jahren hat Konstantin dann seinen ursprünglichen Plan, sich in Rom vor den Mauern der Stadt bestatten zu lassen, aufgegeben und sein Mausoleum nun in Konstantinopel innerhalb der Stadtmauern als einen Kreuzbau errichtet und sich damit von der Tradition vollends gelöst. Das Kreuz, das in der Anastasis nur angedeutet gewesen war, wurde nun gebaut. In Rom, wo uns das erstemal

---

nannten Apostelintglio (vgl. K. WESSEL, Ein verkanntes Denkmal der frühbyzantinischen Kaiserikonographie. Der "Apostelintaglio" in der Münchener Staatlichen Münzsammlung, in: JAC 24 (1981), 131ff auf das Konzept der Apostelkirche zurückgehen. Anders kann man diese merkwürdige Ikonographie wohl nicht erklären.

[94] F. ALTHEIM, Soldatenkaiser, 281ff (Abb.67); G.H. HALSBERGHE, The Cult of Sol Invictus, 160f. LONG (dies., a.a.O., 316 , fig. 60 u. 61) verweist noch auf ein zweites Diadem dieser Art. Erwähnenswert ist die in diesen Zusammenhang ge-hörende Weihnachtspredigt Zenos von Verona. Zeno vergleicht hier Christus mit der Sonne, wobei von Christus als der Sonne, die zwölf Strahlen der Apostel ausgehen (F.J. DÖLGER, Das Sonnengleichnis in einer Weihnachtspredigt des Bischof Zeno von Verona, in: AuC 6, 1ff).

[95] Zur Datierung: DEICHMANN-TSCHIRA, a.a.O., 65; zuletzt: SCHUMACHER, Die konstantinischen Exedrabasiliken, 175. Die ursprüngliche Bestimmung für Konstantin leitt sich u.a. von dem im Mausoleum gefundenen sogenannten "Helenasarkophag" ab (G. BOVINI, H. BRANDENBURG, Repertorium der christlich-antiken Sarkophage, 105ff Nr.173), dessen Motive zeigen, daß er ursprünglich für einen Kaiser bestimmt war. Die Zuschreibung an Konstantin vertreten: DEICHMANN-TSCHIRA, a.a.O., 74; SCHUMACHER, a.a.O., 175; H. BRANDENBURG, in: B. BRENK, Spätantike und Frühes Christentum, 121; E. JASTRZEBOWSKA, Untersuchungen zum christlichen Totenmahl, 156.

in der Geschichte ein Kaisermausoleum in Verbindung mit einer Kirche begegnet, wollte Konstantin offensichtlich noch in der Nähe der Märtyrer, also
gleichsam "ad sanctos" begraben sein.[96] Mausoleum und Kirche sind zwar als
eine einheitliche Anlage aufgefaßt, sie sind aber andererseits noch als zwei
deutlich voneinander getrennte Raumeinheiten gedacht. In Konstantinopel hingegen sind nun Mausoleum und Kirche zu einem einzigen Bau verschmolzen
worden. Es entstand so das architekturgeschichtliche Unikum eines kaiserlichen Mausoleums, das als solches zugleich eine Kirche mit ständigem Gottesdienst war, in der alles auf den Sarkophag des Kaisers ausgerichtet war.
Hauptzweck dieses Gottesdienstes war wohl die Anrufung seines Comes Christus und (damit zugleich mitgesetzt) das Gebet für den Kaiser, für sein politisches Werk, seine Dynastie und damit für den Staat. Nach der bemerkenswer-
ten Stelle VC IV 14,2 lag Konstantin alles daran, daß für ihn gebetet wurde,
damit die Wohlfahrt des Staates gesichert sei.[97] Euseb berichtet auch in VC IV
71 über den Begräbnisgottesdienst für den Kaiser, daß alle Kleriker undGläu-
bige für Konstantin beteten "so den Herzenswunsch des gottgeliebten Kaisers
erfüllend".[98] Auch wenn der Gottesdienst dem Christus-Gott galt, von dem der
christusähnliche Herrscher seine Macht ableitete, und wenn die Gebete nach
Konstantins Verständnis der Wohlfahrt seines Staates dienen sollten, so war
doch durch diese Art der Bestattung eine gewisse Zweideutigkeit und Ambiva-
lenz gegeben, die natürlich beabsichtigt war. Denn dieser Gottesdienst mußte
bei diesem Bau für Heiden wohl wie eine Art Kaiseropfer wirken und bei so
manchem Christen Unbehagen hervorrufen, da im Unterschied zum römischen
Mausoleum nun der Kaiser selbst zum Thema des Kirchenbaues geworden
war. Der Bau als solcher ist ganz auf den einen Kaiser Konstantin zugeschnit-
ten, denn für weitere Kaisergräber seiner Dynastie war kein Platz, zumindest
kein gleichrangiger Platz in diesem Bau. Mit diesem solitären Zug, der dem
Bau anhaftet, wollte Konstantin wahrscheinlich sein eigenes Kaisertum über
jenes seiner Nachfolger erheben. Er war es ja gewesen, der das Reich christlich gemacht hatte. Diese Annahme wird durch die von Calderone 1972 auf-
gestellte These unterstützt, derzufolge Konstantin in seinem Testament ver-

---

[96] Schon für diese Zeit dürfte die Deutung von Konstantins Exedrabasiliken und seinem
Mausoleum durch SCHUMACHER (ders., a.a.O., 172) nur zum Teil zutreffen, der meint, " ...,
daß der Kaiser mit dem Eifer für seine Kirchengründungen bestrebt war, an den Gebeten und
Fürbitten für die Apostel und an dem Preis und Ruhm der Märtyrer teilzuhaben." Auf irgendeine Weise muß darüberhinaus damit auch die Herrschaftslegitimation und der Herrschaftsanspruch mitausgedrückt gewesen sein.

[97] VC IV 14,2 = W 125,15ff; vgl. auch die ähnliche Äußerung in VC III 21,4 = W
94,1ff. Noch Athanasius kann in seiner Apologie an Konstantios ganz selbstverständlich
voraussetzen, daß der Kaiser weiß, daß man sich zum Ostergottesdienst versammelt, um für
ihn zu beten (Ath. apol. Const. 14 = ed. Szymusiak, 102,1ff).

[98] VC IV 71 = W 149,21ff bes. 26

fügt hätte, daß er auch nach seinem Tode als einziger "Augustus" bleiben sollte und seine Söhne nur den Titel "Caesar" führen durften. Auch nach seinem Tod sollten seine Söhne ihm gleichsam gehorchen.[99] M.E. bestätigt Konstantins Bestattung diese These.

Der Vergleich des Konstantinopler Mausoleums mit der Grablege in Rom macht aber etwas weiteres deutlich. Der Weg von einem Grabbau zum anderen spiegelt eine Entwicklung in Konstantins eigenem Selbstverständnis wider, die auch in den anderen Bereichen der Staatsrepräsentation zu beobachten war. Konstantin hat offenbar seine ganze Regierungszeit hindurch nach einem adaequaten Ausdruck seines eigenen Kaisertums in der imperialen Repräsentation gesucht. Augenscheinlich war Konstantin am Ende seiner Regierungszeit die alte "heidnische" Form des Grabmals mit seinem Grundriß nicht mehr aussagekräftig genug. Deshalb wurde das Konzept eines Mausoleums als Kirche mit kreuz-förmigem Grundriß entwickelt, in dem Konstantin wie Christus begraben sein sollte. Die Konstantinopler "Apostelkirche" ist somit ein Beweis dafür, daß Konstantin bzw. sein Beamtenstab intensiv an einer christlichen Herrscherideologie gearbeitet haben, die an Konstantins Lebensende in ihrer Entwicklung offensichtlich abgeschlossen war, wie die beeindruckende schöpferische Leistung der Konzeption seines Mausoleums zeigt. Zu Lebzeiten Konstantins und kurz nach seinem Tod war diese Konzeption des wie Christus begrabenen Herrschers, an dessen Grab ständiger Gottesdienst gehalten wurde, noch durchsetzbar und tragbar. Aber je länger je mehr mußte das Unbehagen stärker werden, sowohl bei der Kirche als auch bei Konstantins Nachfolgern, die deshalb bald gegen seinen Willen den Titel "Augustus" annahmen, womit ja zugleich die Art und Weise von Konstantins Bestattung überholt war. Beide Seiten hatten deshalb Interesse daran, diese zu ändern. 356 und 357 brachte Konstantius darum Apostelreliquien nach Konstantinopel, um das Christusmartyrion in eine Apostelkirche zu verwandeln.[100] 359 nutzte Bischof Makedonios die erstbeste Gelegenheit, Konstantins Sarkophag nach einem Erdbeben aus der Kirche hinauszuschaffen. Es wurde darauf mit dem Bau eines neuen, separaten Mausoleums bei dem nun in der Tat als "Apostelkirche" anzusprechenden Kreuzbau begonnen. Es entstand bezeichnenderweise ein kreisrunder, herkömmlicher kaiserlicher Grabbau für die ganze Dynastie, in dem Konstantin als Begründer der Dynastie wohl einen Ehrenplatz (im Osten dem Eingang gegenüber) besaß,[101] aber nicht mehr christusähnliches Zentrum des Kreuzes und der Apostel war.

---

[99] CALDERONE, Teologia politica, successione dinastica e consecratio in età Costantiana, 253ff.

[100] Im Gegensatz zu KRAUTHEIMER glaube ich, daß der Skandal damit abgeschwächt werden sollte und nicht, daß er erst dadurch entstand.

[101] Mesarites = ed. DOWNEY, 915ff u. 891ff.

Konstantins Mausoleum als Schlüssel zum Verständnis seines Kirchenbauprogramms

Von der Konzeption der Grabkirche Konstantins fällt nun ein neues Licht auf Konstantins Kirchenbauprogramm als Ganzes, insbesondere aber auf die Basiliken im Heiligen Land. Die Bauten über den heiligen Stätten der Erstepiphanie, der Fleischwerdung, der Kreuzigung, Auferstehung und Himmelfahrt Christi kennzeichnen die Stationen der Heilsgeschichte Christi. Durch Konstantins Angleichung an Christus, wie sie am massivsten in seinem Mausoleum in Konstantinopel zum Ausdruck kommt, werden diese Kirchenbauten auch ideell in die staatliche Repräsentationskunst eingebunden. Da die Bauten im Heiligen Land die Heilsgeschichte Christi in der Welt abbilden und Konstantin sich selber wie Christus bestatten ließ, wird klar, daß der Kaiser sich auch eine zentrale Rolle in der irdischen Heilsgeschichte zuwies: Konstantin verstand sich gleichsam als "Achse der Weltgeschichte", insofern er dem Christentum zum Durchbruch verholfen hat: In der Nachahmung des Sieges Christi hatte er durch seine Politik und durch seine Siege, die er nach eigenem Verständnis seinem engen und über das normale menschliche Maß hinausgehenden Verhältnis zum Christus-Gott verdankte, dem Christentum zum Sieg verholfen, den orbis terrarum geeint und das Reich dadurch zu neuer Größe gebracht. Zugleich wird damit ein Neuansatz innerhalb der spätantiken, kaiserlichen Geschichtsschau sichtbar. Diese war bisher ja durch ein Kreislaufdenken gekennzeichnet gewesen. Die Geschichtsauffassung der römischen Kaiser, die sich messianische Züge beilegten, war immer als eine Wiederbelebung einer schon *gewesenen* goldenen Zeit (z.B. das 1. Jhdt. n.Chr.) gedacht. So kommt es z.B. noch am Konstantinsbogen in der Frühzeit Konstantins selbst zum Ausdruck. Die offizielle Geschichtsschau Konstantins in seinen späten Regierungsjahren ist aber *gerichtet*. Nach ihr hatte Konstantin die Weltgeschichte mit Hilfe der göttlichen Vorsehung real vorangebracht und das römische Reich mit der Christianisierung des Kaiserhauses in ein neues Zeitalter geführt. Durch das Christentum war die offizielle staatliche Geschichtsschau eine heilsgeschichtliche geworden.

Die Herrschertheologie Konstantins
nach der imperialen Repräsentation und im
Kontext der paganen Herrscherideologie

Das wichtigste Ergebnis unseres Durchgangs durch die Staatssymbolik Konstantins unter dem Aspekt ihrer Verchristlichung ist ohne Zweifel die dabei während der gesamten Regierungszeit festzustellende durchgängige Bezugnahme auf die Gestalt Christi. Alle neu eingeführten christlichen, ikonographischen Motive sind Christussymbole, bzw. orientieren sich an Christus: Christogramm, Staurogramm, Kreuzszepter, Sol-Christus, Kirchenbauprogramm usw. Wir stehen vor einer massiven Konstantin - Christus - Typologie. Konstantin hat diese Christustypologie seit seinen Anfängen modifiziert und weiterentwickelt. Ihre Genese ist bereits am Ticineser Silbermedaillon von 315 zu beobachten, wo sich Konstantin als vicarius Christi im Sinne eines Gesandten und Bevollmächtigten propagiert, der seine Siege dem allmächtigen und höchsten Christus-Gott, seinem neuen Comes verdankt. Diese frühe Christustypologie entwickelt sich weiter zu einer Christusmimesis, die uns erstmals nach 326, nach der Palastkrise, bei der Idee des Kirchenbauprogramms im Heiligen Land und am Mosaik am Konstantinopler Palasttor greifbar wird und schließlich im Konzept der Bestattung als Zentrum des Kreuzes und der zwölf Apostel kulminiert. Die Jahre 325/26 stellen dabei einen Einschnitt dar, der vor allem in der Entwicklung des Portraits und der Münzplastik seinen Niederschlag findet. Ab nun läßt sich anhand der staatlichen Ikonographie ein gesteigerter Herrschaftsanspruch ablesen, der mit der Vergrßerung des Machtbesitzes korrespondiert. Als ein charakteristisches Merkmal aus dieser Zeit sei hier noch kurz auf das im Wiener Kunsthistorischen Museum befindliche, wohl gegen 330 entstandene große Goldmedaillon eingegangen (Abb.41).[1] Das für Konstantin II. geprägte Goldmedaillon zeigt auf seinem Revers im Zentrum den übergroß dargestellten Konstantin zwischen seinen Söhnen. Während den Caesaren Personifikationen der Virtus und der Victoria Kränze über das Haupt halten, wird Konstantin von einer Hand aus dem Himmel gekrönt. Da dieses ikonographische Motiv bei Kaiserdarstellungen der Spätantike hier das erstemal auftaucht,

---

[1] MAURICE, a.a.O., II, 526f Nr.XIV; ALFÖLDI, Die monarchische Repräsentation, 174; TOYNBEE, Roman Medaillons, 198ff; RIC VII 576 Nr.42; M.R. ALFÖLDI, Goldprägung, Nr.148 und ihr folgend L. KÖTZSCHE (dies., Art. "Hand", in: RAC 13 (1986), 421f) datieren das Goldmultiplum auf 326/27.

kommt ihm große Bedeutung zu. Sein Zweck ist zweifellos die Darstellung der Einsetzung seines Kaisertums als Tat der göttlichen Vorsehung. Zugleich zeigen die Vorgeschichte des Motivs der "Hand Gottes" und seine neue Verwendung auf diesem Medaillon, daß es dabei sowohl für heidnische als auch für christliche Interpretation offen war.[2] Dieser doppelten Lesbarkeit begegnen wir in Konstantins Staatskunst auf Schritt und Tritt. Trotz ihrer Verchristlichung und trotz ihres Abbaues der pagan-kultischen Motive schaffen es Konstantin und seine Programminventoren, daß die Staatssymbolik auch für eine pagane Interpretation zugänglich bleibt. Die voll entwickelte Staatssymbolik Konstantins am Höhepunkt seiner Macht propagierte so den Kaiser als den von der göttlichen Vorsehung eingesetzten Stellvertreter und Nachahmer Christi. Seine Person und sein kaiserliches Amt wurden durch die Ausübung dieses Amtes und durch den Vollzug dieser Nachahmung (nämlich in seinen militärischen und politischen Siegen und Triumphen) dem himmlischen Kaiser Christus gleich und ähnlich. Das Medium, in dem sich diese Verchristlichung der kaiserlichen Repräsentation vollzog, war die Siegestheologie. Sie war das verbindende und vermittelnde Element. Die Siegestheologie, die für das römische Reich seit seinen Anfängen konstitutiv war,[3] erreichte unter Konstantin ihren Höhepunkt und entbehrt nicht einer gewissen Penetranz. Symptomatisch für die vermittelnde Funktion der Siegestheologie unter Konstantin ist die Beibehaltung der Sol-Symbolik und ihre Verschmelzung mit der Christusikonographie. Auch alle anderen christlichen, ikonographischen Motive sind durchweg auf irgendeine Weise der Siegestheologie einverleibt worden: Das Christogramm (im Lorbeerkranz), das Kreuzszepter als Triumphinsignie, das Kreuz als Siegeszeichen. Damit ist zugleich auch die kaiserliche Siegestheologie verchristlicht worden. Umgekehrt wird dabei auch das Christusgeschehen selbst von Seiten des Staates als Urbild des Sieges schlechthin interpretiert. Der imperialen Repräsentation zufolge versteht sich Konstantin ja in seinen Triumphen als Nachfolger bzw. Nachahmer Christi. Diese Sicht der Herrschertheologie Konstantins wird auch durch Konstantins schriftliches Selbstzeugnis bestätigt. Konstantin bezeichnet hier ausdrücklich sein Kaisertum als ein Werk der göttlichen Vorsehung bzw. der göttlichen Erwählung.[4] Allerdings findet sich in den Briefen mit Ausnahme der Briefe zum Bau der Kirchen im Heiligen Land kaum ein greifbarer Niederschlag der Christussymbolik.[5] Diese spiegelt aber wahr-

---

[2] KÖTZSCHE, ebd.

[3] Siehe oben S.23ff

[4] Z.B.: VC II 28. 55. 71 = W 60,1ff. 70,2ff. 77,15ff und den bei Optatus erhaltenen Brief an die Syndalen von Arles (Opt. App. V = ed. Ziwsa, 208ff).

[5] Die Erwählung bzw. Vorsehung rührt immer nur von der "Gottheit" her. Das Wort "Christus" kommt in den echten Briefen Konstantins überhaupt nur zweimal und zwar in allgemein gehaltenen Eingangsformeln vor (VC IV 42 = W 137,2 und IV 35 = W 133,10). Im

scheinlich der Wechsel in der Kaisertitulatur von INVICTUS auf VICTOR, da VICTOR ja die Verbindung zum Christus-Gott betonen soll, der Konstantin zu seinen Siegen verholfen hatte.[6] Konkret greifbar ist die Christusmimesis weiter in der Inschrift von St. Peter.[7] Hierher gehört auch eine zentrale Passage in der Tricennalienrede Eusebs, die zwar nicht zum Selbstzeugnis Konstantins im strengen Sinn gehört, aber doch ohne Zweifel die Meinung des Kaisers wiedergibt, da sie in Konstantins Anwesenheit gehalten wurde und - im Unterschied zur VC - in dieser Hinsicht damit denselben verläßlichen Aussagewert wie die Panegyrici besitzt.[8] Vorausgeschickt sei, daß hier nicht die politische Theologie Eusebs zur Debatte steht, auf die weiter unten eingegangen werden wird, sondern nur die in dieser Stelle massive Christus-Konstantintypologie ins Auge gefaßt wird. Sie findet sich im zweiten Kapitel der Rede. II 1-5[9] enthält in fünf Parallelismen über die Wirksamkeit des Logos-Christus und die Taten Konstantins: 1.) Der Logos herrscht mit dem Vater von Ewigkeit her. Konstantin, der Freund (φίλος) des Logos , regiert mit Hilfe "kaiserlicher Ströme von oben" viele Jahre. 2.) So wie der Erlöser das Universum für seinen Vater bereitet, so führt Konstantin die Menschen auf Erden zum Erlöser-Logos und seinem Reich. 3.) Christus hält die unsichtbaren Dämonen von den Seelen der Menschen fern. Sein Freund Konstantin, gewappnet mit dem von Christus verliehenen Labarum, schlägt die sichtbaren politischen Gegner der Wahrheit in der Schlacht. 4.) Der Logos-Christus gibt den Menschen Vernunft, damit sie das Reich seines Vaters erkennen. Und Konstantin verkündigt, für jedermann auf der Erde hörbar, wie ein Dolmetscher des Logos die Gesetze der wahren Frömmigkeit. 5.) Der Erlöser öffnet weit die Tore des Reiches seines Vaters für jene, die vom Irdischen weg zu ihm hinanziehen. Konstantin, indem er dem Logos-Christus nacheifert, hat die Erde vom gottlosen Irrtum gereinigt und hat heilige und fromme Männer in den Palast geladen.

LC II 5 - III 1[10] ergänzt diese Christustypologie um einen interessanten neuen Aspekt. Konstantin ist nach Euseb ein Priester, indem er ein Selbstopfer wie Christus (natürlich in übertragenem Sinn) darbringt.[11] Wenn das Selbstopfer

---

bei Optatus überlieferten Brief an die Synodalen von Arles wird zwar von der "providentia Christi salvatoris" gesprochen (Opt. App. V = ed. Ziwsa, 209,5), aber gerade dieser Teil des Briefes ist unecht (so zurecht: KRAFT, 185f gegen: DÖRRIES, 28f).

[6] RÖSCH, a.a.O., 79

[7] Vgl. oben S.83

[8] Die VC bleibt hier in diesem Kapitel deshalb außer acht, weil sie kein Panegyrikos im strengen Sinn ist.

[9] LC II 1-5 = ed. Heikel 199,4ff

[10] LC II 5 - III 1 = ed. Heikel, 199,32ff

[11] K.M. GIRADET, Das christliche Priestertum Konstantins d. Gr. Ein Aspekt der Herrscheridee des Eusebius von Caesarea, in: Chiron 1980, 569ff

Christi mit einem Selbstopfer von Konstantin in einen Zusammenhang gebracht wird, so bedeutet dies auch eine Mimesis des soteriologischen Handelns
Christi durch Konstantin. Es soll hier nicht der Frage nachgegangen werden,
inwieweit diese theologische Qualifikation Eusebs auf Konstantin selbst
zurückgeht oder nicht, bzw. ob Konstantin sich in diesem Punkt selbst so verstanden hat. Hier ist zunächst nur von Belang, daß in einem Panegyrikos, der
vor dem Kaiser selbst vorgetragen wurde, eine sehr deutliche Christustypologie und Chistusnachahmung nachzuweisen sind, die aufgrund der Gattung der
Quelle in ihrem Kern als solche nicht von Euseb stammen kann, sondern auf
den Kaiser selbst zurückgehen muß. Die Christusmimesis Konstantins in der
Repräsentationskunst findet auch hier eine Bestätigung.

Als Abschluß dieses Kapitels und zugleich des ersten Teiles der Arbeit soll
die eben skizzierte Herrschertheologie Konstantins im Kontext der paganen
Herrscherideologien vor Konstantins Zeit betrachtet werden. Es zeigt sich
dabei dasselbe Phänomen wie in der Repräsentationskunst: Ein radikaler Bruch
findet nicht statt.

Wir haben bereits gesehen, daß Konstantin für sich die Vorstellung des Kaisers als "deus praesens" natürlich abgelehnt hat. Schon vor ihm war die Abkehr von dieser Anschauung praktisch vollzogen, wie als erster Wilhelm Enß-
lin ausführlich gezeigt hat.[12] Sie war durch jene vom "Gottesgnadentum" ab-
gelöst worden.Die Idee des "Kaisers von Gottes Gnaden" schloß aber "Gott-
ähnlichkeit" selbstverständlich weiterhin ein, insofern nämlich die von seinem
Gott verliehene Macht des Kaisers schlechthin übermenschlich war.[13] Seit der
Mitte des 3. Jahrhunderts haben sich die Kaiser als durch einen bestimmten
Gott erwählt verstanden und dargestellt.[14] Göttliche Erwählung und göttliche
Vorsehung sind zu Zeiten Konstantins längst gängige Topoi der Kaiserideologie.[15] Konstantins Herrscherideologie mit ihrem schon erwähnten Erwählungs-
bewußtsein hat hier nahtlos angeschlossen. Auch der Gedanke der Mimesis der

---

[12] W. ENSSLIN, Gottkaiser und Kaiser von Gottes Gnaden, 53-56; vgl.: CALDERONE,
Teologia politica, successione dinastica e consecratio in età costantiniana, 217. Vgl. auch:
J.R. FEARS, Art. "Gottesgnadentum", in: RAC 11 (1981), 1127ff; D. FISHWICK, Votive
Offerings to the Emporer?, in: ZPE 80 (1990), 130

[13] FEARS, Art. "Gottesgnadentum", 1129

[14] FEARS, Art. "Gottesgnadentum", 1126

[15] Zur Geschichte des Erwählingsgedankens: A.D. NOCK, A Diis electa, in: HThR 23
(1930), 231ff; ENSSLIN, Gottkaiser und Kaiser von Gottes Gnaden, 44; J.R. FEARS, Princeps a diis electus (passim); ders., Art. "Gottesgnadentum", 1124. R. LORENZ (ders., Das
vierte bis sechste Jahrhundert I 15) weist in diesem Zusammenhang auf die Schrift von Konstantins Hofphilosophen Sopatros "peri pronoias" hin. Auch die Christen vorkonstantinischer
Zeit vertraten selbstverständlich die Erwählung des Kaisers durch Gott (Beispiele bringen:
ENSSLIN, Gottkaiser und Kaiser von Gottes Gnaden, 57ff; W. PÖHLMANN, Art. "Herrscherkult II", in: TRE 15 (1986), 252). Das war aber natürlich nicht gleichbedeutend mit einem
völligen Eingehen auf den Kaiserkult.

Gottheit war im Gottesgnadentum bzw. Gottkönigtum des hellenistisch-römischen Kulturkreises angelegt. So vertrat die hellenistische Herrschertheorie die Meinung von der Gottebenbildlichkeit des Herrschers, die unter anderem auch durch Nachahmung der Tätigkeit des Gottes erreicht werden konnte.[16] Es entsprach dem Wesen der antiken Vorstellung von Göttlichkeit, daß der Kaiser durch seine Verdienste, Tugenden, Wohltaten und andere große politische Leistungen "θεός" wurde. Die Erwählung zum Herrscher durch einen bestimmten Gott bedeutete deshalb zugleich die Verpflichtung, den Auftrag dieses Gottes zu erfüllen, "das Amt des Gottes auf Erden zu verwalten."[17] Dies führte automatisch zur Mimesis dieses Gottes. Am klarsten ausgesprochen wird sie in den Herrschertheorien von Sthenides und Diotogenes.[18] Bei Diotogenes kommt zwar der Terminus "Mimesis" für den Kaiser nicht vor, aber die Vorstellung ist der Sache nach klar vorhanden: So wie Gott den Kosmos regiert, so der König die Polis.[19] Sthenides fordert explizit, daß der Herrscher das Werk Gottes nachzuahmen und ihm nachzueifern habe.[20] Diese Vorstellung wurde also ebenfalls von Konstantin nicht neu erfunden, sondern anscheinend aus dem hellenistischen Bereich übernommen. Charakteristisch für seine Repräsentationskunst ist im Unterschied zu diesen Vorläufern freilich die Konkretheit, mit der diese mimesis artikuliert und dargestellt wurde.

Viele Motive von Konstantins Herrscherideologie und Staatssymbolik stellen also nichts vollkommen Neues dar. Erwählungsvorstellung, Mimesis, selbstverständlich die Siegestheologie und der messianische Anspruch waren gängige Vorstellungen bereits vor Konstantin. Der Kaiser unterscheidet sich hierin von seinen Vorgängern nur durch Nuancierungen und Betonungen. Wirklich

---

[16] Plut. Them. 27,4; vgl.: H. MERKI, Art. "Ebenbildlichkeit", in: RAC 4 (1958), 461 und: H. HUNGER, Prooimion, 58ff

[17] FEARS, Art. "Gottesgnadentum", 1130. Zu dieser Verflichtung vgl. die kurzen Bemerkungen von: H. EGER, Kaiser und Kirche in der Geschichtstheologie Eusebs von Caesarea, in: ZNW 38 (1939), 111 und: R. FARINA, L'impero e l'imperatore cristiano in Eusebio di Cesarea, 123.

[18] Herausgegeben von: L. DELATTE, Le Traites de la Royauté d'Ecphante, Diotogène et Sthenidas (Paris 1942). Ihre Datierung bereitt Schwierigkeiten. DELATTE (ders., a.a.O., 97) setzt sie in die Kaiserzeit. N. BAYNES, der als erster die Bedeutung dieser Fragmente erkannt hat (des., Eusebius and the Christian Empire, in: Melanges Bidez, 13ff, jetzt in: ders., Byzantine Studies and other Essays, 168ff, hier: 172 Anm.33), datiert sie vor Philo. Weitere Meinungen bei: CALDERONE, Teologia politica, successione dinastica e consecratio in età Costantiniana, 225 und: SIEBEN, a.a.O., 459 Anm.173.

[19] Diot. = Delatte, 39,6ff. Gegen CALDERONE (ders., a.a.O., 238), der versucht, die an dieser Stelle eindeutig ausgesprochene "Mimesis" abzuschwächen, indem er von einem "confronto proporzionale" spricht.

[20] Sthen. = ed. Delatte, 45,13ff; vgl. dazu die jetzt maßgebliche Edition des Textes bei: R. MERKELBACH, Kritische Beiträge zu antiken Autoren mit den Fragmenten aus Ekphantos "Über ds Königtum", in: BKP 47 (Meisenheim 1974), 76ff bes. 88,15ff u. 90,10ff

neu sind die eingebauten christlichen motive, die aber ihrerseis, der allgemeinen Verständlichkeit und Akzeptanz halber, an die schon bestehenden Anschauungen anknüpften und immer "doppelt lesbar" waren. Mit dem Einzug der christlichen Motive vollzog sich jedoch auch eine hochbedeutsame Veränderung in der Grundkonzeption der antiken Herrscherideologie. Sie ist im Unterschied zu vorher ab nun heilsgeschichtlich orientiert. Dies ist m.E. der eigentliche und wesentliche Unterschied zum vorangegangenen paganen, römisch-hellenistischen Gottesgnadentum.

Rückblickend kann demnach festgstellt werden, daß Konstantin und sein Beamtenstab die imperiale Repräsentation und den Herrscherkult natürlich nicht abgeschafft oder in wesentlichen Teilen beschnitten haben - dies war gar nicht möglich. Stattdessen fand eine Umformung, eine "Transponierung" (Aland)[21] statt. Daß dieser sensible Prozeß überhaupt gelungen ist, und in der Art der Durchführung allem Anschein nach auf Akzeptanz in der Bevölkerung gestoßen ist, ist die große schöpferische, politische Leistung Konstantins und seiner Programminventoren.

---

[21] ALAND, Der Abbau des Herrscherkultes, passim

Teil II: Die Vision

Eines der größten Probleme, die sich der Konstantinforschung seit jeher gestellt haben, sind die verschiedenen und sich zum großen Teil widersprechenden Berichte über Konstantins "Bekehrung" und seinen Sieg über Maxentius
bei der Milvischen Brücke vor Rom.[1] Die Behandlung dieser Berichte erfolgt
erst an dieser Stelle, weil - wie schon eingangs erwähnt - die Entwicklung der
imperialen Repräsentation m.E. einen wichtigen Zugang zur Lösung dieses
Problems darstellt. Im folgenden sollen aus Gründen methodischer Klarheit
zunächst die Texte innerhalb ihrer Gattung besprochen werden. Erst in einem

---

[1] Aus der abundanten Literatur zu diesem Thema und den damit verbundenen Fragen wurden vor allem herangezogen: H. SCHRÖRS, Konstantins des Großen Kreuzeserscheinung
(1913); ders., Zur Kreuzeserscheinung Konstantins des Großen, in: ZThK 40 (1916), 485ff;
N.H. BAYNES, Constantine the Great and the Christian Church, in: PBA Vol.XV (1929), 9ff
und 58ff; H. GREGOIRE, La conversion de Constantin, in: RUB 36 (1930/31), 231ff, jetzt
auch in: H. KRAFT (ed.), Konstantin der Große, 175ff (danach zitiert); J. GAGE, stauros nikopoios, passim; A. ALFÖLDI, The Helmet of Constantine with the Christian Monogramm,
in: JRS 22 (1932), 9ff; ders., "Hoc signo victor eris". Beiträge zur Geschichte der Bekehrung
Konstantins des Großen, in: Pisciuli. Studien zur Religion und Kultur des Altertums F.J.
Dölger dargeboten, in: AuC E.1, 1ff, jetzt auch in: H. KRAFT (ed.), Konstantin der Große,
224ff (danach zitiert); ders., The Conversion of Constantine and pagan Rome, 18ff; ders.,
Kreuzscepter, 81f; J. VOGT, Berichte über Kreuzeserscheinungen aus dem 4. Jahrhundert
n.Chr., in: Mélanges Henri Grégoire, in: Annuaire de l'Inst. de philol. et d'histoire orientales
et slaves vol.9 (1949), 593ff; ders., Die Constantinische Frage: A) Die Bekehrung Constan-
tins, in: Relazioni del X. Congresso Internazionale di Scienze Storiche 6, 733ff, jetzt auch
in: H. KRAFT (ed.), Konstantin der Große, 345ff (danach zitiert); ders., Art. "Constantinus der
Große", in: RAC 3 (1955), 318ff; P. FRANCHI-De CAVALIERI, Constantiniana, 5ff; J.J.
HATT, La vision de Constantin au sanctuaire de Grand et l'origine celtique du labarum, in:
Latomus 9 (1950), 427ff; F. VITTINGHOFF, Eusebius als Verfasser der Vita Constantini, in:
RMP 96 (1953), 336ff; A.H.M. JONES, Constantine and the Conversion of Europe (1949),
96; F. ALTHEIM, Konstantins Triumph von 312, in: ZRGG 9 (1957), 221ff; KRAFT, 15ff;
ders., In welchem Zeichen siegte Konstantin?, in: ThLZ 77 (1952), 118f; C. CECCHELLI, Il
trionfo della Croce, 86ff; R. EGGER, Das Labarum, die Kaiserstandarte der Spätantike, in:
SAWW.Ph Bd.234 (1960) 1.Abhdlg., jetzt auch in: ders., Römische Antike und Frühes Christentum Bd.2, 325ff (danach zitiert); J. MOREAU, Lactance, De la mort des persécuteurs, SC
39, 433ff; F. WINKELMANN, Zur Geschichte des Authenzitätsproblems der Vita Constantini,
218ff; H. MONTGOMERY, Konstantin, Paulus und das Lichtkreuz, in: Symbolae Osloenses
43 (1968), 84ff; K. BAUS, Von der Urgemeinde zur frühchristlichen Großkirche, in: HKG(J),
Bd.1 (1962), 457ff; J.H.W.G. LIEBESCHUETZ, Continuity and Change in Roman Religion
(1979), 277ff; NORDENFALK, Die spätantiken Zierbuchstaben, 41ff; J. HELGELAND, Christians and the Roman Army from Marcus Aurelius to Constantine, in: ANRW II 23.2
(1973), 801ff;D. MACDONALD, The Vision of Constantine as Literary Motif, in: Studies in
Honor of Tom B. Jones (edd. M.A. POWELL jr., R.H. SACK) (AOAT 1979); T.D. BARNES,
C.a.E., 43; P. KERESZTES, Constantine. A great Christian Monarch and Apostle, 27ff; SEE-
LIGER, a.a.O., passim; M. DI MAIO, J. ZEUGE, N. ZOTOV, Ambiguitas Constantiniana:
The CAELESTE SIGNUM DEI of Constantine the Great, in: Byz. 58 (1988), 33ff.
Die Literatur bis 1929 findet sich einschließlich einer verläßlichen Beurteilung bei: BAYNES,
a.a.O., 27ff. Die bis 1954 erschienen Titel sind gesammelt bei: ALFÖLDI, Kreuzscepter, 84
gesammelt. Eine Zusammenstellung und kritische Würdigung der Literatur bis 1962 bietet:
WINKELMANN, ebd. u. passim.

zweiten Schritt wird die Entwicklung der imperialen Repräsentation mit den Er-
gebnissen der Textanalyse konfrontiert.

Die antiken Nachrichten über die "Bekehrung" Konstantins des Großen
haben die Forschung deshalb vor so schwierige Probleme gestellt, weil die beiden wichtigsten Zeugnisse, die wir von den Vorgängen an der Milvischen
Brücke besitzen, sich in wesentlichen Punkten widersprechen und nicht in Einklang zu bringen sind. Es handelt sich dabei um Laktanz, de mort. pers. 44,5
und Euseb VC I 28.

Laktanz berichtet, daß Konstantin vor der Konfrontation mit dem zahlenmäßig überlegenen Heer des Maxentius im Traum aufgefordert wurde, ein Zeichen auf den Schilden seines Heeres anzubringen: "Commonitus est in quiete
Constantinus, ut caeleste signum dei notaret in scutis atque ita proelium com-
mitteret. Facit ut iussus est, et transversa "X" littera summo capite circumflexo
Christum in scutis notat."[2] Mit diesem Zeichen bewaffnet errang Konstantin
den vollständigen Sieg.

Euseb beschreibt den Hergang, nachdem er zuvor in VC I 27 die Entscheidung Konstantins für den Gott seines Vaters Konstantius Chlorus geschildert
hatte, in VC I 28 folgendermaßen:[3] "So rief er im Gebet diesen (sc.: den Gott
seines Vaters) an, bat ihn und flehte ihn an, ihm zu offenbaren, wer er sei, und
seine Rechte zu dem Bevorstehenden zu reichen. Während er so im Gebet eif-
rig darum flehte, erschien dem Kaiser ein ganz unglaubliches Gotteszeichen,
das, wäre es ein anderer, der davon berichtete, kaum Aussicht hätte, auf Glauben zu stoßen;[4] weil es aber der siegreiche Kaiser selbst uns, die wir diesen
Bericht schreiben, lange Zeit später, als wir seiner Bekanntschaft und des Umgangs mit ihm gewürdigt wurden, erzählt und es mit Eiden bezeugt hat, wer
sollte da noch schwanken, der Erzählung Glauben zu schenken; zumal ja die
Zeit danach deren Wahrheit bestätigte? Um die Mittagszeit, als der Tag sich
schon neigte, habe er mit eigenen Augen, erzählte er, oben am Himmel über
der Sonne gelegen das Siegeszeichen des Kreuzes aus Licht gebildet gesehen,
mit dem folgende Inschrift verbunden war: ´Durch dieses siege!´ "

Die beiden Berichte unterscheiden sich hauptsächlich in folgenden Punkten:[5]
1.) Laktanz berichtet nur von einer einfachen Aufforderung an Konstantin im
Traum, Euseb hingegen weiß von einer mirakelhaften Erscheinung bzw. Vision
2.) Die beschriebenen Zeichen sind nicht dieselben. Laktanz beschreibt ein

---

[2] Lact., De mort. pers. 44,5 = ed. Creed, 62

[3] VC I 28 = W 29,23ff

[4] Die letzte Passage nach: A.M. RITTER, Kirchen- und Theologiegeschichte in Quellen
Bd.I: Alte Kirche, 12

[5] Besonders krass wurden die Differenzen von SCHRÖRS (ders., Konstantins des Großen
Kreuzeserscheinung, passim) herausgearbeitet.

Kreuzmonogramm.[6] Euseb weiß aber von einem "Kreuz über der Sonne gelegen", daß er später in VC I 29 mit dem Labarum identifiziert, von dem Laktanz wiederum gar nichts weiß, sondern das von ihm beschriebene Monogramm wird auf die Schilde gemalt. Diese Widersprüche waren naturgemäß der Ansatzpunkt für zahlreiche Hypothesen, die sich im Laufe der Zeit zu einem wahren Dschungel von Meinungen auswuchsen.[7] Die ganze Diskussion wurde darüberhinaus durch den Umstand belastet, daß man in der Forschung seit jeher die Frage nach der Historizität der Bekehrungsberichte mit der Frage nach dem Christentum bzw. der Christlichkeit Konstantins verknüpfte. Exemplarisch können hierfür die Arbeiten Gregoire´s genannt werden. Er erklärte bekanntlich den Visionsbericht des Euseb zu einer späten christlichen Bearbeitung und zu einer Umformung des ursprünglichen Berichtes über eine heidnische Helios-Sol-Vision Konstantins,[8] die uns im Panegyriker aus dem Jahre 310 überliefert ist, und stellte so überdies - um die Forschungslage vollends zu komplizieren - auch noch die Authentizität der VC in Frage. Gregoires Thesen, die die Forschung ungemein befruchtet haben, mußten erst in mühevoller Kleinarbeit von Vogt, Vittinghoff, Aland, Franchi de Cavalieri und A. Alföldi widerlegt werden.[9] Die so im Laufe der Zeit geäußerten Meinungen lassen sich in drei Gruppen einteilen: 1.) Man bestritt die Glaubwürdigkeit beider Berichte[10] 2.) Man gab einer Version allein den Vorzug[11] 3.) Man vesuchte, beide Berichte irgendwie miteinander zu kombinieren und in Einklang zu bringen.[12] Einen Sonderfall stellen jene Versuche dar, die Eusebsche Vision aus astronomischen Erscheinungen und ähnlichem zu erklären.[13] Beherrschendes Leitmotiv war da-

---

[6] Siehe oben S.36

[7] Vgl. die Äußerung ALANDS (K. ALAND, Das Verhältnis von Staat und Kirche, 133): "Aber schon der Versuch, die einander widerstreitenden Berichte des Euseb und Laktanz miteinander in Übereinstimmung zu bringen, bietet so viele Schwierigkeiten, daß mannicht den Mut hat, sich in das Dickicht der miteinander streitenden Theorien zu begeben."

[8] Vgl. dazu unten

[9] Vgl. die unter Anm.1 dieses Kapitels genannten Arbeiten und weiters: K. ALAND, Die religiöse Haltung Kaiser Konstantins, in: Studia Patristica I (TU 63 (1957)), 549ff, jetzt auch in: ders., Kirchengeschichtliche Entwürfe, 202ff. Auf eine genaue und detaillierte Darstellung der Forschungsgeschichte kann hier verzichtet werden.

[10] GREGOIRE. Auch SEELIGER geht (trotz aller Unteschiede) in diesem Punkt mit GREGOIRE konform, indem er Eusebs Bericht legendarischen Charakter beimißt (ders., a.a.O., 151) und Laktanz bezüglich des Monogramms als uninformiert betrachtet ("Das hat Lactantius wohl nicht verstanden oder nicht gewußt ... "; ders., a.a.O., 155 u. 157). Stattdessen setzt er ausschließlich bei den archäologischen Quellen (beim Silbermultiplium aus Ticinum) an.

[11] So schenkte SCHRÖRS nur Euseb Glauben, EGGER, ALFÖLDI u.a. bevorzugten bzw. bevorzugen Laktanz.

[12] Dieser Weg wurde am häufigsten beschritten: z.B.: H. KRAFT

[13] Vgl.: BAYNES, a.a.O., 58 Anm.31; A.H.M. JONES, a.a.O., 85f; BARNES, C.a.E., 306 Anm.148. Vgl. auch: DI MAIO, ZEUGE, ZOTOV, a.a.O., 341ff (vgl. unten Anm.48).

bei die Frage nach der Historizität der jeweiligen Quelle, d.h. es wurde fast ausschließlich danach gefragt, welches Zeugnis die konkreten historischen Geschehnisse und Vorgänge bei der Schlacht am pons milvius am verläßlichsten überliefert. Dabei nahm man m.E. den offiziellen Charakter der wichtigsten Quellen nicht ernst genug.

Im folgenden soll deshalb zunächst die Frage nach der Historizität der Quellen, sofern damit die konkreten Ereignisse bei der Milvischen Brücke gemeint sind, zurückgestellt werden. Mit anderen Worten: Für unsere Fragestellung ist es zunächst sekundär, ob die z.B. uns überlieferten Traum- bzw. Visionserlebnisse in dieser Weise stattgefunden haben oder nicht. Wichtig ist in unserem Zusammenhang vor allem, daß Konstantin bzw. sein Staatsapparat die Vorgänge so verstanden wissen wollte, wie die Quellen es beschreiben. Es geht also um den Nachweis der Historizität der Quelle als offizielles Zeugnis. Zu diesem Zweck sollen im folgenden die in Frage kommenden Quellen unter dem Aspekt einer historischen Entwicklung betrachtet werden. Sie werden in der chronologischen Reihenfolge ihrer Entstehungszeit besprochen, um danach aus den Beobachtungen Schlüsse zu ziehen.

Die erste Stellungnahme zu den Ereignissen, die die Meinung des Kaisers und seiner Umgebung spiegelt, ist der Panegyriker vom Jahre 313.[14] Der heidnische Panegyriker sucht in seiner Rede nach einer Erklärung für den mutigen Angriff und den glanzvollen Sieg des zahlenmäßig doch viel kleineren konstantinischen Heeres, das dabei sogar gegen den Rat der Haruspices gegen Maxentius in das Feld gezogen war.[15] Er findet die Erklärung in einem besonderen Nahverhältnis Konstantins zur "Gottheit" bzw. zum göttlichen Numen, wobei er diesen Gott nicht näher bezeichnet.[16] In Konstantin habe bei seiner Entscheidung dieses göttliche Numen eingewohnt,[17] bzw. er habe den göttlichen Geist besessen.[18] Bei seinem Entschluß habe der Kaiser deshalb nicht geschwankt, weil ihn ein göttlich eingegebenes Versprechen des Sieges antrieb und schließlich wird über jenen göttlichen Geist gesagt, daß er "geruht", Konstantin alleine zu erscheinen, während er die Sorge um die übrigen Menschen den niedrigeren Göttern überläßt.[19] Wir finden hier also schon im Jahre 313 im Zusam-

---

[14] XII Panegyrici Latini XII (IX) = ed. Mynors, 271ff

[15] XII (IX) 2ff = ed. Mynors, 272f

[16] Es liegt wahrscheinlich ein synkretistisch-neuplatonisch geprägter Gottesbegriff zugrunde (ALTHEIM, a.a.O., 221ff). Ob auch christliche Züge festzustellen sind, wie VOGT andeutet (ders., Die Constantinische Frage, 352), bleibe dahingestellt.

[17] XII (IX) 4,1 = ed. Mynors 273,21: " ... dic, quaeso, quid in consilio nisi divinum numen habuisti?"

[18] XII (IX) 2,5 = ed. Mynors, 272,14f: "Habes perfecto aliquod cum ille mente divina, Constantine, ..."

[19] XII (IX) 3,3 = ed. Mynors 273,3f: " ..., ut appareret penitus considerantibus ... non du-

menhang mit der Schlacht an der Milvischen Brücke die Andeutung von einer Erscheinung, einer Epiphanie dieser Gottheit (bzw. dieses göttlichen Geistes) an Konstantin. Die Einwohnung des göttlichen Numens, das Konstantin zu seiner richtigen Entscheidung trieb, und das Bewußtsein, im Schutz eines göttlichen Versprechens zu handeln, scheint nach dem Panegyriker eine direkte Folge dieser Erscheinung/Epiphanie zu sein. Es ist an dieser Stelle lehrreich, den Panegyriker von 313 mit jenem aus dem Jahr 310 zu vergleichen. Der Festredner von 310 berichtet nicht nur in Andeutungen, sondern ausführlich von einer Epiphanie bzw. einer Vision in einem gallischen Tempel. Nach dem Zusammenbruch des Aufstandes des Maximian habe Konstantin einen Apollotempel besucht: " ... ipsa hoc sic ordinante Fortuna ut te tibi rerum tuarum felicitas admoneret dis immortalibus ferre quae voveras, ubi deflexisses ad templum toto orbe pulcherrimum, imo ad praesentem, ut vidisti, deum. Vidisti enim, credo, Constantine, Appollinem tuum comitante Victoria coronas tibi laureas offerentem, quae tricenum singulae ferunt omen annorum. Hic est enim humanarum numerus aetatum quae tibi utique debentur ultra Pyliam senectutem. Et - immo quid dico ´credo´? - vidisti teque in illius specie recognovisti, cui totius mundi regna deberi vatum carmina divina cecinerunt. Quod ego nunc demum arbitror contigisse, cum tu sis, ut ille, invenis et laetus et salutiter et pulcherrimus, imperator."[20] In diesem Visionsbericht wird die Gottheit, die Konstantin erschienen ist, beim Namen genannt. Es ist der Sonnengott (Sol.-Apollo).[21] Konstantin wird hier während der Vision sogar zum Abbild des Sol-Apollo. Er erkennt sich in dessen Antlitz wieder. Aus dieser Ähnlichkeit mit dem universalen Gott Sol leitet der Redner auch einen Anspruch Konstantins auf die Weltherrschaft ab:Mit dem Auftreten Konstantins beginnt die Herrschaft Apollos, also das goldene Zeitalter. Der Kaiser erhält die Züge eines messianischen Herrschers.[22] Zeitgleich mit diesem Visionsbericht entwickelt sich, wie schon beschrieben, das Portrait Konstantins hin zum klassizierenden "schönen" Typ (vgl. die schon erwähnte Bemerkung im Bericht: "pulcherrimus, imperator" - Konstantin wird Apoll ähnlich!). Ebenso vollzieht sich zu diesem Zeitpunkt um 309/10 bekanntlich die erste religionspolitische Wende hin zum

---

biam te sed promissam divinitas petere victoriam."; XII (IX) 2,5 = ed. Mynors, 272,14ff: "Habes perfesto aliquod cum ille mente divina, Constantine, secretum, quae delegata, nostri diis minoribus cura uni se tibi dignatus ostendere."

[20] VI (VII) 21,3-6 = ed. Mynors, 201,20ff

[21] Die eingehendste und m.E. beste Analyse dieser Stelle findet sich bei: KRAFT, 10ff; vgl. auch: VOGT, Die Constantinische Frage, 348f; B. SAYLOR-ROGERS (ders., Constantine´s Pagan Vision, in: Byz 50 (1980), 259ff) kennt anscheinend die Arbeit von KRAFT nicht und versucht den Bericht von Prophezeiungen in Vergils Aeneis abzuleiten.

[22] So zurecht: J. VOGT, Constantin der Große und sein Jahrhundert, 150 und: KRAFT, 12f (mit Anm.)

Sol-invictus. Konstantin betreibt zu jener Zeit offensichtlich eine ähnliche Staats- und Religionspolitik wie vor ihm Aurelian. Der Visionsbericht und seine Umstände erinnern denn auch an das Visionserlebnis Aurelians, über das die Historia Augusta berichtet. Von Aurelian heißt es da, daß er nach dem Sieg über Zenobia " ... statim ad templum Heliogabali tendit, quasi eam formam numinis reperit, quam in bello vidit." [23] D.h. Aurelian begegnete im Tempel des Sonnengottes dieselbe Gestalt des Numens, das er während des siegreichen Kampfes gegen Zenobia gesehen hatte. Die damals noch ganz heidnische Staatssymbolik Konstantins orientiert sich zu diesem Zeitpunkt augenscheinlich an jener Aurelians. Jedenfalls fällt vor diesem Hintergrund die Zurückhaltung des Panegyrikers von 313 gegenüber jenem von 310 auf, der sich auf möglichst allgemein formulierte Andeutungen beschränkt und es vermeidet, eine konkrete Gottheit zu nennen. Man wird hier mit Vogt einen Reflex von Konstantins zweiter religionspolitischer Wende (nun weg von Sol und hin zum Christentum) erkennen dürfen,[24] auf die der Panegyriker nach Konstantins Verzicht auf den Opfergang zum Kapitol[25] Rücksicht nehmen mußte.

Das chronologisch gesehen nächste antike Zeugnis über die Schlacht gegen Maxentius ist der Bericht Eusebs in seiner Kirchengeschichte.[26] Er hat natürlich keinen offiziellen Charakter - Euseb schreibt seinen Bericht fern von Rom und Trier in Caesarea. Nach seiner Schilderung habe Gott im Kampf auf Seiten Konstantins (und damals auch noch auf Seiten des Licinius) "auf ganz wunderbare Weise" mitgefochten. Von Konstantins Sieg über Maxentius weiß er soviel, daß Konstantin am Beginn des Italienfeldzugs zu Gott gebetet und festes Vertrauen auf den göttlichen Beistand gehabt habe. Er erwähnt keine Vision, kein göttliches Versprechen, noch weiß er von einer göttlichen Einwohnung. Stattdessen zieht er zwischen Konstantin und Maxentius den für einen christlichen Theologen sich aufdrängenden Vergleich mit Moses bzw. dem Untergang des Pharao beim Durchzug durch das Rote Meer. Offizielle Diktion war diese Typologie sicher nicht. Sie hat dementsprechend auch keine Nachfolge gefunden. Eusebs Darlegungen in seiner Kirchengeschichte lassen sich alle zwanglos und überzeugend in ein Bild einfügen, das ein christlicher Historiker im fernen Palästina im Jahr 313 von den Vorgängen bei Rom gehabt haben muß.

---

[23] Historia Augusta, vit. Aureliani 25,4 = ed. Hohl, 168,23ff

[24] VOGT, Constantinische Frage, 352f

[25] J. STRAUB, Konstantins Verzicht auf den Gang zum Kapitol, in: Historia 4 (1955), 297ff, jetzt auch in: ders., Regeneratio Imperii Bd.I, 100ff (danach zitiert).

[26] Eus. h.e. IX 9,1ff = ed. Schwartz (kleine Ausgabe), 355,20ff; diese Passage stammt aus der Auflage von ca. 313; zu den von E. SCHWARTZ herausgearbeiteten verschiedenen Auflagen der Kirchengeschichte Eusebs vgl. jetzt: T.D. BARNES, The Editions of Eusebius'Ecclesiastical History, in: GRBS 21 (1980), 191ff.

Zeitgleich mit Euseb schrieb auch Laktanz seinen Bericht in "De mortibus persecutorum".[27] Laktanz hat sich zu dieser Zeit mit hoher Wahrscheinlichkeit am Hof Konstantins in Trier aufgehalten und war als Erzieher von Konstantins ältestem Sohn Crispus tätig.[28] Der enge Kontakt des Laktanz mit dem Kaiserhaus läßt auch seinen Bericht in einem offiziösen Licht erscheinen, d.h. in ihm ist sicher die Version des Hofes um 314/15 erhalten. Konstantin wird im Traum aufgefordert, ein Zeichen Christi auf die Schilde seines Heeres anbringen zu lassen. Konstantin befolgt diese Anweisung und zieht so gerüstet in die Schlacht. Die Beschreibung des Zeichens, die Laktanz bietet, war in ihrer Deutung umstritten. Die Stelle läßt aber, wie schon oben gezeigt wurde, ihrem Wortsinn nach nur zwei Möglichkeiten zu. Laktanz beschreibt entweder ⳨ oder

---

[27] Zur Datierung der Schrift ist jetzt auf BARNES (ders., Lactantius and Constantine, in: JRS 63 (1973), 29ff) zu verweisen, der die bis dahin vorherrschende Spätdatierung (zwischen 316 und 321) als unwahrscheinlich erwiesen hat. Die Entstehungszeit der Schrift hängt vom Sterbedatum Diokletians ab, dessen Tod Laktanz noch schildert. SCHWARTZ, SEECK und STEIN setzen dieses Ereignis in das Jahr 316 (SEECK I, 460 und 501; E. STEIN, Kleine Beiträge zur römischen Geschichte, in: Hermes 52 (1917), 558ff; E. SCHWARTZ, Konstantins Aufstieg zur Alleinherrschaft, in: NGWG.PH 1904, 536; vgl. auch: W. ENSSLIN, Art. "Valerius Diocletianus", in: PW VII A,2 (1910), 2493) und kommen so zur Spätdatierung. BARNES hingegen datiert Diokletians Tod in das Jahr 311 (ders., New Empire, 31f) und vermutet eine Entstehung der Schrift um 314/15. Diese These wurde von CREED (ders., a.a.O., XXIIIff) untermauert. Vgl. dazu auch: A.S. CHRISTENSEN, Lactantius the Historian, 23 und jetzt: A. WLOSOK, in: R. HERZOG, P.L. SCHMIDT (edd.), Handbuch der lateinischen Literatur der Antike Bd.5 (ed. R. HERZOG), 397.

[28] Die Erziehertätigkeit in Trier verzeichnet Hieronymus in De vir. inl. LXXX (= ed. Herding, 50) und in seiner Chronik zum Jahr 317 (ed. Helm, 230). Das Datum, das Hieronymus angibt, besitzt keine Aussagekraft, da der Kirchenvater die vorliegende Information der Übersichtlichkeit halber zur Notiz über die Erhebung des Crispus zum Caesar, die 317 stattgefunden hat, stellt (BARNES, Lactantius and Constantine, 40 Anm.136). Der wohl um 300 geborene Crispus (BARNES, New Empire, 44) dürfte 317 keinen Erzieher mehr benötigt haben. Von Laktanz weiß man, daß er kurz nach 305 nicht mehr in Nikomedia lebte und sich 311 im Territorium Konstantins aufhielt (BARNES, a.a.O., 40; ders., C.a.E., 291 Anm.96) d.h. zu dieser Zeit wohl als Erzieher am Hof in Trier lebte. Oft wurde aufgrund der guten Informationen, die Laktanz über die Vorgänge in Nikomedia im Jahre 312 besaß, vermutet, daß er sich 312 ebendort aufhielt. Diese Kenntnisse können aber zwangloser erklärt werden. In der Residenzstadt des Westens war man über die Vorgänge im Osten sicher bestens informiert und Laktanz hatte als Prinzenerzieher sicher Zugang zu diesen Informationen. Es ist unwahrscheinlich, daß der sich im hohen Greisenalter befindliche Laktanz (Hier. De vir. inl. ebd.: "extrema senectute") noch die Strapazen einer solchen Reise auf sich nehmen konnte. Es ist deshalb m.E. nicht nötig, als Abfassungsort der Schrift Nikomedia anzunehmen. Im Zusammenhang mit der Frühdatierung und der Frage nach dem Entstehunsort hat sich in der Forschung zugleich Skepsis bezüglich der Glaubwürdigkeit von "De mortibus persecutorum" als offizieller Quelle des konstantinischen Staatsapparates breitgemacht (vgl.: CHRISTENSEN, a.a.O., 26 und jetzt: WLOSOK, a.a.O., 397f). Diese Zweifel sind zumindest für den hier zur Debatte stehenden Bekehrungsbericht nicht gerechtfertigt, wie CREED (ders., a.a.O., XXVII und XLV) gezeigt hat. Insbesondere wird dabei übersehen, daß Laktanz die zweite Auflage der Schrift Konstantin gewidmet hat.

das ✝. Die Grundform ist also ein Kreuz, dessen Spitze umgebogen ist. Mehr läßt sich aus dem Text allein nicht erschließen. Die Vorgänge, wie sie Laktanz schildert, passen sich, wie schon oft gezeigt worden ist,[29] sehr gut in die Gepflogenheiten des römischen Heeres ein. "Die Kürze und die Sachlichkeit des Berichtes sprechen für seine Glaubwürdigkeit."[30] Es besteht auch eine Gemeinsamkeit mit dem ebenfalls offiziellen Panegyriker von 313 insofern, als beim Panegyriker im Zusammenhang mit der Einwohnung des Numens in Konstantin von einem Versprechen des göttlichen Sieges die Rede ist, was bei Laktanz mit dem Konstantin im Traum eingegebenen siegbringenden Christuszeichen korrespondiert. Hingegen unterscheidet sich der Bericht des Laktanz vom Panegyriker (und das hat Laktanz mit Eusebs Darstellung in der Kirchengeschichte gemeinsam) darin, daß der Panegyriker von einer Epiphanie/Vision spricht,[31] Laktanz hingegen nur von einem Traum bzw. Euseb nur von einem Gebet weiß. Man darf dies wohl auf den christlichen Charakter der beiden Werke zurückführen. Auf die offiziöse Darstellung des Laktanz angewendet heißt dies, daß die bei Hof um 314/15 kursierende Version, die Laktanz spiegelt, im Unterschied zu 313 schon unverhohlen christlich aufgetreten zu sein scheint - eine Parallelerscheinung zum Silbermedaillon aus Ticinum.

Diese Tendenz zur Verchristlichung findet man auch ca. 6 Jahre später im Panegyricus des Nazarius, obwohl dieser auf die mehrheitlich heidnischen Hörer Rücksicht nehmen mußte.[32] Konstantin kommen während der Schlacht himmlische Heerscharen zu Hilfe, die auf göttliches Geheiß deshalb eingreifen, weil Konstantin von Gott geliebt wurde und sich den himmlischen Beistand wegen seiner pietas verdient habe.[33] Eine Vision oder ein Traum werden nicht erwähnt, auch kein Zeichen. Konstantin muß sich auch für nichts mehr entscheiden, vielmehr wird er nun für seine fromme Gesinnung, für seine pietas, belohnt.[34]

Der jüngste in Frage kommende Bericht ist jener in VC I 28, der von Euseb Ende der Dreißigerjahre nach Konstantins Tod geschrieben wurde.[35] Er ist für uns von höchstem Wert, da hinter ihm, worauf Vogt und Vittinghoff als erste

---

[29] Z.B.: EGGER, a.a.O., 328f; zuletzt ausführlich: SEELIGER, a.a.O., passim.

[30] VOGT, Constantinische Frage, 363

[31] Das Numen bzw. die Gottheit *zeigt* sich (ostendere). In diesem Punkt schließt der Panegyricus von 313 bei aller Zurückhaltung noch an die Vision von 310 an.

[32] Herausgearbeitet bei: VOGT, Constantinische Frage, 553ff

[33] XII Panegyrici IV (X), 14 = ed. Mynors, 154,21ff; IV (X) 7,4 = ed. Mynors 150,22ff; IV (X) 14,6 = ed. Mynors 155,10ff; IV (X) 16,1f = ed. Mynors, 156, 15ff

[34] Eusebs Konstantinbild in der VC, das noch ausführlich besprochen werden wird, ist hier bereits im Ansatz vorhanden (der fromme Kaiser Konstantin wird für seinen Glauben belohnt, vgl. VC I 3).

[35] Zur Datierung vgl. unten das letzte Kapitel.

hingewiesen haben,[36] der Kaiser höchstpersönlich steht. In der Einleitung zum Visionsbericht bemerkt Euseb ausdrücklich, daß er seine Informationen von Konstantin persönlich und unter eidlicher Bekräftigung erhalten habe. Zudem sichert sich Euseb gegenüber dem Leser gegen das fast Unglaubliche seines Berichtes ab, indem er selber eine gewisse Skepsis äußert: " ... wäre es ein anderer, der davon berichtete, kaum Aussicht hätte auf Glauben zu stoßen; weil es aber der siegreiche Kaiser selbst uns, die wir diesen Bericht schreiben, lange Zeit später, als wir seiner Bekanntschaft und des Umgangs mit ihm gewürdigt wurden, erzählt und es mit Eiden bezeugt hat, wer sollte da noch schwanken, der Erzählung Glauben zu schenken?" Euseb versucht hier das Unglaubliche glaubwürdig zu machen. Durch die doppelte Absicherung gegenüber dem Leser trägt der Bericht auch den Charakter einer Ersterzählung. Nur eine Neuigkeit wird mit einem solchen Aufwand eingeleitet.[37] Am offiziellen Charakter dieses Berichtes kann demnach nicht gezweifelt werden. Beschrieben wird von Euseb eine himmlische Erscheinung, eine Vision bzw. Epiphanie eines himmlischen *Zeichens*. Dieses Zeichen ist ein Siegeskreuz aus Licht gebildet, das über der Sonne erscheint: ὑπερκείμενον τοῦ ἡλίου σταυροῦ τρόπαιον ἐκ φωτὸς συνιστάμενον. Und es ist mit einer Beischrift versehen: τούτῳ νίκα. Deutlich wird hier das Kreuz über der Sonne als solare Erscheinung gekennzeichnet und zugleich als Siegeszeichen interpretiert. Christi Leidenswerkzeug und Sol werden hier an entscheidender Stelle von Konstantin selbst in einen engen Zusammenhang gebracht. Das erschienene Zeichen wird nach Euseb in der auf die Vision folgenden Nacht Konstantin noch ein zweitesmal, diesmal aber von Christus selbst, gezeigt.[38] Das Kreuz-Sonnenzeichen wird hier nocheinmal pointiert als ein signum Christi dargestellt, als Christuszeichen. Das genaue Aussehen dieses Zeichens läßt sich nicht rekonstruieren.[39] Betrachtet man den Eusebschen Bericht im Kontext der übrigen, so fallen zwei gegenläufige Tendenzen auf. Zum einen ist der Prozeß der Verchristlichung weiter fortgeschritten. Hugo Montgomery wies in diesem Zusammenhang darauf hin, daß Kreuzeserscheinungen bzw. Kreuzesvisionen in Taufberichten, in

---

[36] VOGT, Kreuzeserscheinungen, 599; VITTINGHOFF, a.a.O., 343f

[37] VOGT, ebd.; VITTINGHOFF, ebd.; WINKELMANN, Authentizitätsproblem, 220. Daß der Bericht Euseb von Konstantin vorgegeben war, zeigen auch die Schwierigkeiten, die Euseb dabei hat, den Bericht Konstantins mit der VC I 28 folgenden Beschreibung des Labarums (das nach Euseb ja eine Nachbildung des von Konstantin und seinem Heer am Himmel gesehenen Zeichens war) zu harmonisieren.

[38] VC I 29 = W 30,10f

[39] KRAFT, 20 (ähnlich: KEREZSTES, a.a.O., 29) vermutete, daß sowohl Laktanz als auch Euseb dasselbe Zeichen beschrieben, nämlich ☨. Euseb kann aber dieses unmöglich meinen, denn nach ihm erscheint das Kreuz *über* der Sonne, beim ☨ befindet es sich aber darunter. Ebenso sind Christogramm, Labarum oder ein "Kreuz in der Sonnenscheibe" (SIEBEN) mit Eusebs Text in keiner Weiser zu vereinbaren.

denen von Säulenkreuzen aus Licht die Rede ist, eine große Rolle spielten.[40]
Demnach erzählt der Bericht, den uns Euseb überliefert, wahrscheinlich von
einer "geistigen Taufe" Konstantins.[41] Der Bericht hat den Charakter einer
christlichen Bekehrungsgeschichte. Zum anderen muß man bei VC I 28 auch
einen Rückgriff auf Konstantins "heidnische" Frühzeit feststellen. Waren im
Laufe der Zeit in den Berichten alle Anklänge an eine Epiphanie bzw. Vision
immer mehr zurückgetreten, so begegnet uns in der VC zwar keine Epipha-
nie/Vision eines Gottes, aber doch die Epiphanie eines göttlichen Siegeszeichens, das aus dem Lichtkreuz und *Sol* besteht. Die Christlichkeit versucht der
Bericht an diesem Punkt insofern zu wahren, als nicht Sol selbst als Gott erscheint, sondern Sol nur als ein Zeichen und als solches in Verbindung mit
dem solaren Kreuz figuriert. D.h. aber, daß Konstantin in seiner Spätzeit als
Alleinherrscher wieder Elemente der Sol-Symbolik, die ja nach 310 verschwunden gewesen waren, in die offizielle Version, nun allerdings in unver-
fänglicher Form, aufnimmt.[42] Konstantins Siegeszeichen ("Durch dieses
siege!), das Kreuz als "τρόπαιον", erhält seinen Siegescharakter demnach
auch vom Symbol des universalen Sol-invictus, der unbesiegten Sonne. Die
Helios-Christus-Symbolik ist hier mithin vorausgesetzt. Für die Datierung des
Berichtes Konstantins in der VC läßt sich ein ungefährer Zeitrahmen angeben.
Euseb erwähnt, daß er die Informationen von Konstantin persönlich "μακροῖς
ὕστερον χρόνοις",[43] also lange Zeit nach dem Geschehen an der Milvischen
Brücke erhalten habe. Euseb hat Konstantin nur viermal getroffen:[44] 325 in Nicaea, Ende 327 (Konzil von Nikomedia), 335 (Tricennalien und Synode von
Tyrus/Jerusalem), 336 (Synode von Konstantinopel, deren Vorsitz Euseb führte). Terminus ante quem ist die vor Konstantin gehaltene Tricennalienrede Eusebs, in der er eindeutig auf die Vision anspielt: " ... dem als einziger seit ewi-
gen Zeiten der Allkönig Gott persönlich schon (die Gunst) schenkte, das

---

[40] MONTGOMERY, a.a.O., 103ff. Die Texte stammen allerdings alle aus nachkonstantinischer Zeit.

[41] MONTGOMERY, a.a.O., 107. Der Bericht hat m.E. die Funktion, den Makel der fehlen-
den Taufe Konstantins auszumerzen. Denselben Sachverhalt spiegelt LC XI 1 (= ed. Heikel,
223,23ff), wo Euseb betont, daß Konstantin - im Unterschied zu den anderen Menschen - von
Gott selbst belehrt wurde und ihm eigene Offenbarungen zuteil wurden. Auch dies bedeutet
eine "Taufe" im übertragenen Sinn. M.E. ist von daher der späte Zeitpunkt von Konstantins
Taufe zu verstehen. Der spätantike Kaiser mit seiner Stellung "zwischen Mensch und Gott",
der als Christ von Gott selbst durch Offenbarungen belehrt wurde, hatte keine Taufe nötig
(vgl.: SCHWARTZ, Art. "Eusebios von Caesarea", in:PW VI (1909), 1429).

[42] VOGT (ders., Kreuzeserscheinungen, 594f; vgl. auch: WINKELMANN, Authenzitätspro-
blem, 223ff) hat gezeigt, daß diese starke Afinität zum Sol-Kult des Eusebschen Visions-
berichtes Rufin wohl zu seiner "Gegendarstellung" in der Kirchengeschichte veranlaßt hat
(Rufin h.e. IX 9 = ed. Mommsen 827,31ff).

[43] VC I 28 = W 30,1f

[44] Vgl.: BARNES, C.a.E., 266

menschliche Leben zu reinigen, dem er auch sein heilbringendes Zeichen zeigte."[45] Da Euseb mit Konstantin wohl erst im Zusammenhang mit den Wirren um den Bischofsstuhl in Antiochia (327) näher bekannt geworden ist, sind die Treffen im Jahr 327 bzw. 335 (zu den Tricennalien selbst) die wahrscheinlichsten Daten.

Zur Auflösung der beim Durchgang durch die Quellen beobachteten Widersprüche und Differenzen soll nun zur eingangs getroffenen Unterscheidung der Fragestellungen zurückgekehrt werden. Befragt man die Quellen danach, welcher Bericht die realen historischen Vorgänge von 312 bei der Milvischen Brücke am besten bewahrt hat, so wird man sicherlich mit Vogt, Egger, u.a.[46] Laktanz den Vorzug geben und Euseb beiseite schieben müssen. Laktanz´ Darstellung ist klar, sachlich, frei von Widersprüchen und entspricht den Gepflogenheiten des römischen Heeres.[47] Davon methodisch zu trennen ist aber die Frage, die für unsere Problemstellung die entscheidende ist, was nämlich die jeweiligen Berichte über die damalige Auffassung der Vorgänge bei Hof verraten. Offiziös sind beinahe alle Quellen: Der Panegyriker von 310 und jene von 313 und 321, aber ebenso Laktanz und vor allem Euseb, und jede dieser Quellen ist nach unserem heutigen Erkenntnisstand integer. Unter dieser Fragestellung hat keine der angeführten Quellen eine prinzipielle Vorrangstellung gegenüber den anderen, keine kann gegen die andere ausgespielt werden. Mit Ausnahme der Darstellung Eusebs in seiner Kirchengeschichte spiegeln alle mehr oder weniger die offizielle Meinung des Hofes zu ihrer jeweiligen Entstehungszeit wider. Sie dürfen deshalb nicht miteinander harmonisiert werden. Die Berichte wollen ihrer Gattung nach in der Mehrzahl in erster Linie nicht historische Fakten betreffend die Schlacht von 312 liefern, sondern möchten vor allem Propaganda, Sprachrohr des Staatsapparates sein. Unter diesem Blickwinkel wird die Entwicklung, die wir bei den Berichten feststellen konnten, bedeutsam. Alle Berichte/Visionen (einschließlich jener von 310) haben die Funktion Konstantins Herrschaft, seinen Sieg, überhaupt seinen Herrschaftsanspruch zu begründen: Um 309/10 geschieht dies mittels der Sol-Symbolik,

---

[45] LC VI 21 = ed. Heikel, 212,4; VITTINGHOFF, a.a.O., 339; zum Datum der Rede vgl. jetzt: T.D. BARNES, Two Speeches by Eusebius, in: GRBS 18 (1977), 341ff.Übersetzung nach: VITTINGHOFF, ebd.

[46] VOGT, Constantinische Frage, 363; EGGER, a.a.O., 328f

[47] Die Glaubwürdigkeit der Beschreibung des Laktanz wurde meiner Meinung nach durch die Untersuchung von DI MAIO, ZEUGE, ZOTOV untermauert, indem sie nachwiesen, daß zur Zeit der Schlacht an der Milvischen Brücke eine Planetenkonstellation am Himmel zu sehen war, die ein Staurogramm ergab. Angesichts der magischen und astrologischen Praktiken im Umfeld von Schlachten und wichtigen politischen ereignissen in der Antike, erscheint mir eine Anregung Konstantins durch diese Sternenkonstellation als plausibel bzw. möglich. Vgl. auch die m.E. richtige Beurteilung von Eusebs Bericht als "strictly imperial Propaganda" (dies., a.a.O., 338).

312 tritt diese zurück und christliche Elemente treten auf, die Spätzeit wiederum versucht soetwas wie eine für Christen akzeptable Synthese zwischen früher Sol-Symbolik und der Symbolik des Christentums zu ziehen.

Hier an diesem Punkt bringt nun m.E. die Gegenüberstellung dieser Entwicklung mit jener der Staatssymbolik für das Verständnis der widerstreitenden Berichte über die Geschehnisse an der Milvischen Brücke einen Erkenntnisfortschritt. Denn es ist deutlich erkennbar, daß die Entwicklung der imperialen Repräsentation mit jener der zeitgleichen Texte korrespondiert und konform geht. Die Widersprüche, die die Forschung bisher irritierten, würden so ihre Erklärung finden. Konstantin bzw. sein Staatsapparat hat die offizielle Version im Laufe der Zeit geändert, weiterentwickelt und der jeweils aktuellen kaiserlichen Herrschaftsbegründung angepaßt. Im Nachhinein wird so klar, daß die bei Euseb in der VC zu beobachtende enge Verknüpfung, ja Durchdringung von Kreuz und Sonne, daß das ganze Bemühen, dieses Christuszeichen als solares Phänomen zu kennzeichnen, einzig den Zweck hat, die Siegesideologie der Sol-Symbolik mit der Gestalt Christi zu verschmelzen, dessen Symbol deshalb nur ein Siegeszeichen und zwar ein *Licht*kreuz sein kann. Im Vergleich mit der frühen Version des Laktanz, die das Silbermedaillon aus Ticinum und das Kreuzzepter repräsentiert, zeigt sich nun, daß der Eusebsche Bericht den Endpunkt einer inzwischen vor sich gegangenen Entwicklung darstellt. Die sich in Konstantins Spätzeit wieder steigernde Indienstnahme der Sonnenikonographie in ihrer modifizierten Form und die Einführung des Kreuzzeichens in die Staatssymbolik hat nun ihren Niederschlag im späten offiziellen Visionsbericht gefunden. Die Integrität der literarischen Quellen wird damit bestätigt.

Teil III: Die Auswirkungen von Konstantins Herrscherideologie auf die Kirche

Konstantin als Vollstrecker des Gesetzes Christi

Es ist klar, daß die an der Staatssymbolik Konstantins ablesbare Herrscherideologie auch Auswirkungen auf seine Kirchenpolitik haben mußte. Jegliche
Religionspolitik der römischen Kaiser vor Konstantin, aber auch jene der frühbyzantinischen Zeit, war darauf ausgerichtet, einen einheitlichen Kult zu schaffen, denn der einheitliche Kult bewirkte die Einheit und die Wohlfahrt des Staates.[1] Auch Konstantin hat zu diesem Zweck eine Hoftheologie entworfen, die
er als Instrument zur Vereinheitlichung der Gottesverehrung unter den Völkern
des Reiches und auch zur politischen Vereinheitlichung des Imperiums selbst
brauchte.[2] Die offiziellen Schreiben des Kaisers liefern dafür reiche Belege. Als
von Gott erwählter und vor allen anderen Menschen begnadeter Herrscher stellt
Konstantin schon 313 klar, daß er als Instrument der göttlichen Vorsehung die
Pflicht habe, dafür zu sorgen, daß innerhalb der Kirche kein Streit und keine
Zwistigkeiten bestehen.[3] Denn - so Konstantin während des donatistischen
Streites in fast allen Briefen - der rechte, in Eintracht gepflegte Kult, den der
Kaiser zu fördern und zu schützen hat, bewirkt die Wohlfahrt des Staates, an-

---

[1] Vgl. das Edikt des Galerius von 311 (Lact. De mort. pers. 34 = Creed, 52; Parall. Eus.
h.e. VIII 17, 3-10). Diese Anschauung (der richtige Kult garantiert die Wohlfahrt des Staates)
bezeugte auch das tetrarchische Fünfsäulendenkmal auf dem Forum in Rom. Auf der Hauptan-
sicht der Säulen wurden die opfernden Herrscher dargestellt. "Diese Hervorhebung der ... opfernden Herrscher entspricht der Bedeutung, die in der Staatsideologie der Tetrarchen dem Beistand der Staatsgötter für das Wohlergehen des Staates und der Herrscher zugeschrieben
wurde." (Engemann, Art. "Herrscherbild", 987). Konstantin bewegt sich also vollkommen im
traditionellen römischen Religionsverständnis. Vgl.: H. BERCKHOF, Kirche und Kaiser, 14f;
STRAUB, Konstantin als koinos episkopos, 135; P. STOCKMEIER, Christlicher Glaube und
antike Religiosität, in: ANRW II 23.2, 906f. Für die spätere frühbyzanztinische Zeit vgl. die
Einleitung zur dritten Novelle im Cod. Theod.: "Inter ceteras sollicitudines ... praecipuam
imperatoriae maiestatis curam esse perspicimus verae religionis indaginem ..." (ed. Momm-
sen-Meaer, 7,1ff) und die Einleitung zum Enkyklion des Basiliskos (= ed. Schwartz, Cod.
Vat. Graec. 1431, 49,4-50,4 bzw. Euagr. Schol. III 4 = ed. Bidez-Parmentier 101,11-27). Vgl.
auch: F. WINKELMANN, Die östlichen Kirchen in der Epoche der christologischen Auseinandersetzungen, 71 und: W.H.C. FREND, The Rise of the Monophysite Movement, 51.

[2] LORENZ, Das vierte bis sechste Jahrhundert, 14

[3] Vgl. den Schluß des Briefes an Miltiades: Eus. h.e. X 5,20 = ed. Schwartz (kleine Ausgabe), 392,18. Zum Kaiser als Instrument der göttlichen Vorsehung vgl. den Brief an Aelafi-
lus, Opt. App. III = ed. Ziwsa, 206,13ff. Zur problematischen Überlieferung dieses Briefes
vgl.: KRAFT, 177ff, der hier wie immer vorsichtiger agiert als DOERRIES (ders., 21ff). Die
hier zitierte Schlußpassage kann aber aufgrund von Stil und Inhalt als authentischer Konstan-
tintext bzw. Kanzleitext betrachtet werden (KRAFT, 183).

dernfalls den Zorn der Gottheit bzw. der göttlichen Vorsehung.[4] Von Anfang an taucht das Generalthema von Konstantins Kirchenpolitik auf: die Forderung nach der Befolgung des "göttlichen Gesetzes" um der einheitlichen Gottesverehrung willen, die das Wohl des Staates garantiert.[5] Im Brief an Annulinus über die Privilegierung der Kleriker heißt es in der Begründung, daß die Priester wegen der Wohlfahrt des Staates ohne irgendeine Behinderung ihrem Gesetz dienen sollen.[6] Im Brief an Celsos droht der Kaiser an, selbst nach Afrika zu kommen, um nach dem Rechten zu sehen, und die Halsstarrigen und Wahnsinnigen zu bestrafen, weil sie Gegner des Gesetzes, also Religionsfrevler sind und damit die für den Staat notwendige Eintracht der wahren Religion zerstören.[7] Ihnen spricht Konstantin den vollständigen Glauben ab, da sie das Gesetz nicht befolgen.[8]

Dieser Appell Konstantins, daß göttliche Gesetz um der Einheit willen zu beachten, ist in den Briefen ab 324 noch viel deutlicher vernehmbar. Er wird immer mehr zu einer sittlichen Forderung.[9] Gleich im ersten Brief (einem Edikt) an die östlichen Provinzen schreibt der Kaiser, daß er deshalb gesiegt und die Länder erobert habe, damit das Menschengeschlecht zum Gehorsam gegenüber dem ehrwürdigen Gesetz zurückkehre, und der Glaube sich so ausbreite.[10] Am Beginn desselben Schreibens weist Konstantin darauf hin, daß diejenigen, die das ehrwürdige Gesetz erfüllen und keines seiner Gebote übertreten, alles im Überfluß haben.[11] Dank der göttlichen Gnade, so schreibt der Kaiser am Schluß desselben Briefes, hätten nun alle die Möglichkeit, dem göttlichen Gesetz zu dienen, und deshalb hofft er auf eine gebührende Ehrung und Beobachtung dieses Gesetzes.[12] Der programmatische Charakter dieser Forderung am Beginn der Gesamtherrschaft im ersten Schreiben an die östlichen Provinzen ist nicht zu übersehen. Es ist bezeichnend, wie Konstantin den arianischen Streit beurteilt. Er meint nämlich, daß dieser gar nicht die Haupt-

---

[4] Brief an Annulinus, Eus. h.e. X 7,1ff = ed. Schwartz (kleine Ausgabe), 394,4ff; das Schreiben an die Synodalen von Arles, Opt. App.V = ed. Ziwsa 210,15ff (diese Stelle wohl echt, vgl. KRAFT, 185).

[5] H.H. ANTON, Kaiserliches Selbstverständnis in der Religionsgesetzgebung der Spätantike und päpstliche Herrschaftsinterpretation im 5. Jahrhundert, in: ZKG 88 (1977), 46f aber auch 45

[6] Eus. h.e. X 7,2 = ed. Schwartz (kleine Ausgabe), 395,18

[7] Opt. App. VII = ed. Ziwsa 211,31 und 212,9ff

[8] " ... scire itaque pro certo quae habere debeant ad plenissimam fidem." Opt. App. VII = ed. Ziwsa 212,2f

[9] KRAFT, 85

[10] VC II 28 = W 60,11ff

[11] VC II 24,2 = W 58,14ff

[12] VC II 42 = W 66,2ff

sache des christlichen Glaubens betreffe, nämlich das "was im Gesetz befohlen ist."[13] Keine Vorschrift des Gesetzes zwinge zu solchen theologischen Fragestellungen, meint der Kaiser.[14] Der Zweck dieser Befolgung des Gesetzes ist dabei klar und immer der gleiche. Es geht um die Eintracht und Einheit der Kirche, aus der die Wohlfahrt des Staates erwächst: Aus seiner Mißachtung entstehen Kriege mit all ihren Folgen.[15] Und diejenigen, die es beachten, erfreuen sich des Friedens.[16] Kein Wunder, daß es Konstantins erstes und einziges Ziel (πρῶτος καὶ μόνος μοι σκοπός) ist, daß der Eifer bezüglich des heiligen Gesetzes zunehme.[17]

Exakt definiert wird dieses "Gesetz" nirgends. Es läßt sich nicht auf eine einzige Bedeutung festlegen. Zum einen scheint es oft soetwas wie "Kirchenrecht" zu meinen. So wird z.B. Euseb von Konstantin einmal gelobt, weil er die Gebote Gottes und das Gesetz der Apostel und Kirche beachtet habe.[18] Zum Lehrstreit in Alexandria meint der Kaiser wiederum, daß es dabei um eine Stelle "des im Gesetz Geschriebenen" gehe, womit wohl nur die Bibel gemeint sein kann.[19] Oft ist die Tendenz festzustellen, Glauben und Beobachten des Gesetzes miteinander zu identifizieren.[20] Zum Beispiel setzt die Bemerkung, daß die arianischen Streitigkeiten nicht die Hauptsache dessen betreffen, was im Gesetz geboten ist, Glaube und Gesetz im Grunde gleich. Überall ist aber auch die realpolitische Relevanz dieser Gesetze zu spüren. Die Einhaltung der göttlichen Satzungen bewirkt ja die Wohlfahrt des Staates. Nur dadurch wird das Insistieren Konstantins auf das Beachten des Gesetzes verständlich. Wenn es im Brief an Alexander und Arius deshalb heißt, er, Konstantin, habe das Kaiseramt übernommen, um das religiöse Streben der Völker zu vereinheitlichen,[21] so ist das Instrument, mit dem das in die Tat umgesetzt wird, offensichtlich das göttliche Gesetz, das von allen beachtet werden muß. Die Indifferenz bezüglich dessen, was damit inhaltlich gemeint ist, erklärt sich bei den kaiserlichen Briefen daraus, daß es Konstantin nur wichtig war, was mit seiner Einhaltung und Beobachtung erreicht werden konnte, nämlich Ordnung und Einheitlichkeit.

[13] VC II 70 = W 76,18f

[14] VC II 69,2 = W 76,3f

[15] VC II 27 = W 59,19ff

[16] VC IV 12 = W 124,24ff

[17] VC III 3 = W 98,1f; vgl. auch den bei Athanasius überlieferten Brief: apol. sec. 86,12 = ed. Opitz, 165,30ff (Brief an die Synode von Tyrus).

[18] VC III 61 und 62,2 = W 115,9ff und 116,18ff

[19] VC II 69 = W 75,19f. Daher die Meinung von DOERRIES (ders., 301), Konstantin verstehe die Bibel als Gesetzbuch.

[20] Am deutlichsten am Beginn der Oratio ad Sanctum Coetum (Gel.Cyz. h.e. II 7,1 = ed. Loeschke-Heinemann, 46,6ff). Vgl. auch: A.A.T. EHRHARDT, Politische Metaphysik von Solon bis Augustin II, 266, der von einer "legalistischen Auffassung" der Religion spricht.

[21] VC II 71 = W 77,15ff

Die Erinnerung an das göttliche Gesetz ist die Chiffre für einen Ordnungsaufruf. An diesem Punkt ist es für Konstantin wie ein profanes Gesetz. Daß dieser Ordnungsaufruf göttlicher Herkunft war, machte seine Autorität aus.

Dieser Ordnungsaufruf zur Einhaltung des göttlichen Gesetzes aus dem Munde Konstantins bekommt nun aber eine neue Dimension, wenn man ihn vor dem Hintergrund der Christusmimesis des Kaisers zu sehen beginnt. Wenn der christusähnliche Herrscher die Einhaltung des Gesetzes einzuklagen beginnt, so spricht er mit der Autorität des Gesetzgebers Christus! Um 326 ist im Mamrebrief belegt, daß Konstantin dieses heilige Gesetz mit Christus verbindet. Konstantin schreibt hier, daß bei der dortigen Erstepiphanie Christi auf Erden die Beobachtung des heiligen Gesetzes in der Welt begonnen hat: "ἐκεῖ μὲν οὖν πρῶτον ἡ τοῦ ἁγίου νόμου θρησκεία τὴν καταρχὴν εἴληφεν."[22] Eine andere Stelle im Brief an Arius und Alexander beschreibt denselben Sachverhalt, wenn es dort heißt, daß durch die Wohltat des Höchsten aus dem Schoße des Ostens das Gesetz gegeben wurde, und damit sicher Christi Geburt in Palästina umschrieben wurde.[23] In der Oratio ad Sanctum Coetum lesen wir schließlich über Christus, der die Wildheit der unvernünftigen Völker dem Gesetz untertan machte.[24] Der Ursprung des Gesetzes ist also Christus, es ist sein Gesetz. Der christusähnliche Herrscher Konstantin wird damit zur irdischen Verkörperung des himmlischen Gesetzgebers Christus. Seine die Kirche mahnende Stimme ist gleichsam die Stimme Christi.

Die Mahnung an die Kirche, die göttlichen Ordnungen zu befolgen, hat durchaus ihren juristischen, realpolitischen Hintergrund. Die Einheit und die Eintracht innerhalb der Kirche war ja Teil von Konstantins politischem Programm.[25] Ullmann konnte darlegen, mit Hilfe welches rechtspolitischen Ansatzes der Kaiser diese Absicht zu verwirklichen trachtete.[26] Konstantin versuchte, den Schismen in der Kirche, die sein Programm bedrohten, dadurch beizukommen, daß er die Kirche gleich zu Beginn zu einer Körperschaft öffentlichen Rechtes machte und so in das legislative System eingliederte.[27] Das "ius publicum" war das Instrument und der Kanal, mit dem er die Kirche in den Griff bekam, da dieses Recht nun direkt auf sie anwendbar war. Dadurch machte Konstantin nun *rechtlich* auch gegenüber der christlichen Kirche sein

---

[22] VC III 53,3 = W 107,8ff

[23] VC II 67 = W 74,21fff

[24] Gel. Cyz. h.e. II 7,19 = ed. Loeschke-Heinemann, 49,9ff

[25] Zum folgenden: W. ULLMANN, The Constitutional Significance of Constantine the Great´s Settlement, in: JEH 27 (1976), 2 und: ders., Gelasius I., 1f

[26] ULLMANN, a.a.O., passim

[27] Wie das konkret aussah, konnte anhand einiger Beispiele E. HERRMANN (dies., Ecclesia in re publica, 207ff, 232ff) zeigen. HERRMANN kennt anscheinend leider die Arbeit ULLMANNS nicht.

Amt als Pontifex maximus geltend. Und als solcher hatte er das Recht und die Pflicht, für den einheitlichen, korrekten Kult zu sorgen.[28] Wie die Kaiser des dritten Jahrhunderts versuchte auch Konstantin nun mit dem Christentum die Einheit des Kultes und damit des Staates zu erreichen.[29] Ermahnt deshalb Konstantin die Kirche, Ordnung zu halten - und bis Justinian gibt es keinen Kaiser mehr, der so auf die öffentliche Disziplin pocht[30] - so spricht der dazu rechtlich befugte Pontifex maximus, der vom Christus-Gott selbst dazu beauftragt und autorisiert wurde.

Dabei ist zu beachten, daß in der Spätantike der Kaiser alleinige Quelle des Rechts geworden war. Seit Diokletian beriefen sich die Kaiser als Gesetzgeber dabei *direkt* auf den Willen der Götter, denen sie sich unterstellt hatten.[31] Vorher hatte der Kaiser seine Gesetzgebung und seine politischen Handlungen nur mit der politischen Notwendigkeit bzw. dem Anspruch auf Ruhm begründet. Erst der Erfolg dieser Maßnahmen bestätigte den Herrscher in seiner "Göttlichkeit".[32] Nun aber begründete man die Gesetzgebung und die politischen Handlungen direkt mit dem Willen der Götter.[33] Konstantin schließt hier nahtlos an. Er führt seine Gesetze, Beschlüsse und politischen Willensäußerungen auf den göttlichen Ursprung im Christus-Gott zurück und stattet so seine religionspolitischen Forderungen mit für die Kirche unerhörter Autorität aus.[34] In gewisser Weise wird Konstantins politischer Wille gegenüber der Kirche gleichsam sak-

---

[28] So schon: K. VOIGT, Staat und Kirche von Konstantin dem Großen bis zum Ende der Karolingerzeit, 23ff. Konstantin hat dabei, worauf ULLMANN hinweist, innerhalb dieses gesetzlichen Rahmens auch die Konzile und Synoden für dieses politische Ziel dienstbar gemacht. Vgl. jetzt auch: H.C. BRENNECKE (ders., Bischofsversammlung und Reichssynode. Das Synodalwesen im Umbruch der konstantinischen Zeit, in: F. v. LILIENFELD, A.M. RITTER (edd.),Einheit der Kirche in Vorkonstantinischer Zeit), der besonders die Rolle Konstantins als Pontifex maximus betont.

[29] Vgl. auch: K.L. NOETHLICHS, Rezens. K.M. GIRADET, Kaisergericht und Bischofsgericht, in: JAC 18 (1975), 188

[30] ULLMANN, The Constitutional Significance, 7

[31] J. MARTIN, Zum Selbstverständnis, zur Repräsentation und Macht des Kaisers in der Spätantike, in: Saeculum 35 (1984), 116ff

[32] MARTIN, ebd.

[33] Vgl. das von MARTIN (ders., ebd.) zitierte Manichäeredikt (FIRA II 580f): "Die Götter haben sich in ihrer Voraussicht herabgelassen zu regeln und festzulegen, daß das, was gut und wahr ist, durch den Rat und die Behandlung vieler tüchtiger, höchst ausgezeichneter und weiser Männer unumstößlich bewiesen und festgelegt werde. Dem sich zu widersetzen ist Frevel." (nach MARTIN)

[34] Konstantin vertrat vielleicht die Anschauung vom Kaiser als "nomos empsychos", in der der Kaiser mit dem Gesetz identifiziert wird. Vgl.: A.A.T. EHRHARDT, a.a.O., 266; F. DVORNIK, Early Christian and Byzantine political philosophy I, 241ff; SIEBEN, a.a.O., 459f. Zu diesem Thema allgemein die oft übersehene Arbeit von: A. STEINWENTER, nomos empsychos - Zur Geschichte einer politischen Theorie, in: AAWW.PH 83 (1946), 250ff (für die nachkonstantinische Zeit).

rosankt gemacht. Konstantin ist die irdische Verkörperung des himmlischen Gesetzgebers. Er monopolisiert den Willen des Christus-Gottes für das, was er als richtig erachtet.die penetrante und stereotype Mahnung Konstantins, die göttlichen Gesetze einzuhalten, sind nichts anderes als der Befehl und die Forderung eines Kaisers, der sich auf den göttlichen Ursprung seines Willens beruft und dabei für sich in Anspruch nimmt, den Willen seines Christus-Gottes zu erfüllen, den er nachahmt und dem er ähnlich ist. Unter diesem Blickwinkel muß die Kirchenpolitik Konstantins gesehen werden. Vor dem Hintergrund seiner imperialen Repräsentation und seines Gesetzes- und Rechtsverständnisses wird klar, daß der Kaiser nicht bloß "Wächter"[35] oder "Schiedsrichter"[36] über die Kirche war, sondern daß er beanspruchte, ihr christusähnlicher Herrscher zu sein. Konstantins Herrschaft darf spätestens ab 326 ihrem Anspruch nach ein Caesaropapismus genannt werden.

Nur innerhalb dieses Rahmens können auch die bekannte, bei Euseb überlieferte Selbstbezeichnung Konstantins als "ἐπίσκοπος τῶν ἐκτὸς"[37] und die ähnliche Formulierung aus der Hand Eusebs "κοινὸς ἐπίσκοπος"[38] interpretiert werden. Die imperiale Repräsentation bestätigt so über weite Strecken die Analyse dieser Termini durch Straub, die danach von seinem Schüler Giradet, sowie De Decker und Dupuis-Masay weiter modifiziert worden ist.[39] Mit "Bischof" ist hier also eine *sakrale Vollmacht* gemeint, aus der heraus der Kaiser die Oberaufsicht über Staat und Kirche ausübte, und der Heiden und Christen gleichermaßen verpflichtet waren. Sein Erwählungs- und Sendungsbewußtsein ließen Konstantin sich als Stellvertreter und Beauftragten Christi verstehen, der dessen Amt auf Erden ausübte und insofern "Bischof" war. Dasselbe gilt für die bei Konstantin häufig anzutreffende Bezeichnung "Mitdiener" bzw. "Diener".[40] Anton weist richtig darauf hin, daß "Diener Gottes" ein Titel ist, der den Kaiser "erhöht". Er ist Diener als Gottes Erwählter und Beauftragter.[41]

---

[35] ULLMANN, The Constitutional Significance, 12. Nach ULLMANN ging Konstantins Amt nicht über ein Wächteramt hinaus, weil die Kirche allein mit Hilfe des schon bestehenden gesetzlichen Rahmens in den Staat incorporiert worden sei. Die von Konstantin vertretene Christusähnlichkeit seiner Person geht aber in ihrem politischen Anspruch weit über ein bloßes Wächteramt hinaus.

[36] J.M. SANSTERRE, Eusèbe de Césarée et la naissance de la théorie "césaropapiste", in: Byz 42 (1972), passim, bes. 170 und 176

[37] VC IV 24 = W 128,21f

[38] VC I 44 = W 38,27

[39] J. STRAUB, Kaiser Konstantin als episkopos ton ektos, ipassim; K.M. GIRADET, Kaisergericht und Bischofsgericht, 6-75; D. DeDECKER - G. DUPUIS-MASAY, L'"Episcopat" de l'empereur Constantin, in: Byz 50 (1980), bes. 135ff und jetzt: BRENNECKE, Bischofsversammlung und Reichssynode, ebd.

[40] Belege bei: DOERRIES, 29,52, 57, 64, 121, 254ff

[41] ANTON, a.a.O., 47

H.J. Sieben zur bekannten Stelle VC III 12: "Der Kaiser bezeichnet sich als συνθεράπων - aber in einem Satz, in dem er sich ungeniert neben Gott selber stellt!"[42]

---

[42] VC III 12 = W 88,1f: "Denn so werdet ihr sowohl zustande bringen, was dem höchsten Gott angenehm ist, als auch wir eurem Mitknecht übergroßen Gefallen erzeigen." (nach: PFÄTTISCH, in: BKV, 104); SIEBEN, a.a.O., 455. Diese Bezeichnungen können also nicht als Beleg für eine "kirchenfromme", bescheidene und zurückhaltende Position gegenüber den Bischöfen (so DOERRIES, ebd.) angeführt werden.

Der Ablauf der Ereignisse

Dieses Kapitel verfolgt zwei Ziele. Zum einen soll die Entwicklung der imperialen Repräsentation der zeitgleichen Kirchenpolitik Konstantins gegenübergestellt werden, um zu zeigen, daß Staatssymbolik und Kirchenpolitik miteinander korrespondieren und spätestens ab 325 koordiniert sind. Zum anderen soll illustriert werden, daß der caesaropapistische Anspruch Konstantins zu seinen Lebzeiten von ihm tatsächlich durchgesetzt wurde, mit anderen Worten, daß die später in byzantinischer Zeit zu beobachtende Kluft zwischen kaiserlichem Anspruch gegenüber der Kirche und der Effektivität ebendesselben Anspruches unter Konstantin d. Gr. noch nicht besteht: Konstantin besaß noch die Macht, diesen Anspruch auch in die Tat umzusetzen.

Die imperiale Repräsentation in der Frühzeit Konstantins konzentriert sich naturgemäß auf Rom. Im Stile seiner Vorgänger läßt Konstantin an prominenten Plätzen der Stadt große, öffentliche Monumentalbauten errichten: Die Thermen am Quirinal, gefolgt von der Adaptierung der Maxentiusbasilika auf dem Forum, Restaurierung des Circus Maximus und der vom Senat für Konstantin errichtete Triumphbogen.[1] Im Unterschied zu seinen Vorgängern läßt Konstantin nun aber auch einen christlichen Bau errichten, nämlich die Laterankirche. Die Lage dieses Baues ist sehr aufschlußreich. Im Unterschied zu den profanen Monumentalbauten wurde der Bau auf einem Privatgrund des Kaisers errichtet, also nicht auf einem öffentlichen Platz, über den der Senat verfügte. Er liegt weitab vom politischen, religiösen und architektonischen Zentrum der Stadt auf einem Feld nahe den Stadtmauern, ein Umstand, der die Macht und den Einfluß des römischen Senates spiegelt und zugleich den Spielraum und den öffentlichen Stellenwert der christlichen imperialen Staatsrepräsentation Konstantins im Rom jener Zeit illustriert.[2] Nur im Bereich der Insignien gelingt Konstantin in den ersten Jahren nach seinem Sieg eine Verchristlichung der imperialen Repräsentation in ihrem Kernbereich (wozu die Lateranbasilika und später die Exedrabasiliken außerhalb der Stadtmauern m.E. zu dieser Zeit noch nicht zu zählen sind). Man führt ein neues Stirnjuwel, das Christogramm

---

[1] KRAUTHEIMER, Christian Cap., 25; DEICHMANN, Die Architektur des Konstantinischen Zeitalters, 113ff.

[2] KRAUTHEIMER, Christian Cap., 28-40 (mit Anm.19 auf S.130); ders., Rom. Geschichte einer Stadt, 31ff; vgl. aber auch schon: SCHOENEBECK, Beiträge zur Religionspolitik des Maxentius und Konstantin, 87f und: A. ALFÖLDI, The Conversion of Constantine and Pagan Rome, 50f.

im Lorbeerkranz, ein, sowie ein neues Szepter in Kreuzform. Letzteres scheint
nur ein Teilerfolg gewesen zu sein, da es danach während Konstantins Herrschaft nicht mehr zu belegen ist. Offensichtlich mußte Konstantin noch experimentieren bzw. war noch auf der Suche nach einer politisch umsetzbaren Symbolsprache, was bei der völlig neuartigen Situation, vor der man stand, auch
nicht verwundern kann. Die anderen Hauptmerkmale der imperialen Repräsentation jener Zeit sind das Forcieren der Sol-Symbolik und das neue klassizie-
rende Kaiserbildnis. Beides sollte Konstantin messianische Züge verleihen und
die fehlende Absicherung seines Kaisertums durch die tetrarchische Ordnung
wettmachen.

In den Jahren zwischen 316-324, die von der Auseinandersetzung mit Licinius geprägt sind, ist über die imperiale Repräsentation wenig bekannt. Man ist
vor allem auf das Zeugnis der Münzen angewiesen. Es zeigt, daß sich das
Christogramm als persönliches Sieges- und Triumphmonogramm des Kaisers
durchgesetzt hat. Neue Symbole bzw. Insignien scheinen nach dem Ausweis
der Quellen nicht entwickelt worden zu sein. In Rom werden die ersten Memorialbauten über Märtyrergräbern errichtet (Santi Pietro e Marcellino mit dem ursprünglich für Konstantin bestimmten Kaisermausoleum, Basilica Apostolorum). Das Hauptmerkmal jener Zeit ist aber zweifellos der konsequente
Abbau der heidnischen Motive in der Münzikonographie. Einzig Sol durfte
verbleiben. Gerade dieser Abbau der paganen Elemente beweist den politischen
Willen Konstantins, die Staatssymbolik zu verchristlichen, und zeigt, daß dies
planmäßig geschehen ist. Doch kann für die Zeit bis zum Jahre 325 nicht behauptet werden, daß der Prozeß der Christianisierung der imperialen Repräsentation tiefgreifend war bzw. auf breiter Front eingesetzt hatte. Das wichtigste
und in dieser Hinsicht am weitestgehende Denkmal ist das Silbermedaillon aus
Ticinum, dem programmatischer Charakter zugesprochen werden kann. Indem
Konstantin sich mit diesem Medaillon im oben beschriebenen Sinn als Statthal-
ter Christi auf Erden propagiert, ist auch klar, daß er bereits 315 gegenüber der
Kirche als Vollstrecker des Willens Christi aufgeteten sein muß.

Das erstemal überprüfbar wird dies für uns bald nach dem Mailänder Ab-
kommen von 313 im Donatistenstreit. Nachdem die Donatisten ein staatliches
Gericht angerufen hatten, beauftragte Konstantin den römischen Bischof mit
der Klärung des Falles. Auf Befehl des iudex Konstantin richtet nun ein Bischof, römischem, staatlichem Prozeßrecht gemäß, als Vorsitzender eines kaiserlichen consiliums wie ein magistratischer Einzelrichter. Auf Anordnung des
Kaisers übt eine kirchliche Versammlung die staatliche Gerichtsbarkeit aus. Da
die Donatisten mit dem Ergebnis dieses Verfahrens unzufrieden waren, wird im
Jahr darauf 314 eine Synode in Arles einberufen. Der Kaiser befiehlt die
Bischöfe zur Synode, er setzt Veranstaltungsort, Zeitpunkt und auch die Ver-

handlungsgegenstände fest. Die Kosten werden vom Staat getragen. Ja der Kaiser selbst erklärt die Synode für beendet und erlaubt den Bischöfen die Heimreise. Mit anderen Worten hat der Kaiser die Oberherrschaft über die Kirche bereits übernommen.[3]

In die darauffolgenden Jahre fallen vor allem gesetzgeberische Maßnahmen, insbesondere die erste Konstitution über die audientia episcopalis von 318[4] und die Konstitution über die manumissio in ecclesia (wohl 321),[5] die rechtliche Unklarheiten bei diesen von Bischöfen als Privatpersonen schon immer vollzogenen Handlungen bezüglich deren Verhältnis zu den staatlichen Gerichten beseitigten. Wie Herrmann zeigen konnte, wurde in beiden Fällen die Autorität der Bischöfe den staatlichen Magistraten rechtlich gleichgestellt.[6] 319 wird die Befreiung von den Gemeindelasten, die bis dahin nur in Nordafrika verwirklicht worden war,[7] auch auf Italien ausgedehnt.[8] 320 wird die Steuerbegünstigung für Ehelose in Kraft gesetzt[9] und im Jahr 321 die Ruhe am dies solis/

---

[3] Vgl.: GIRADET, Kaisergericht und Bischofsgericht, 6ff, bes.26ff; ders., Konstantin d. Gr. und dasReichskonzil von Arles (314), in: Oecumenica et Patristica. Fs. Schneemelcher (edd. D. PAPANDREOU, W.A. BIENERT, K. SCHÄFERDIEK), 151ff und: BRENNECKE, Bischofsversammlung und Reichssynode, 45ff. Zum Donatistenstreit: E. CASPAR, Geschichte des Papsttums I, 108ff; H.U. INSTINSKY, Bischofsstuhl und Kaiserthron, 47ff; KRAFT, 28ff; B. LOHSE, Kaiser und Papst im Donatistenstreit, in: G. KRETSCHMAR, B. LOHSE (edd.), Ecclesia und Res Publica. Festschrift K.D. Schmidt, 76ff; A. RADDATZ, Weströmisches Kaisertum und römisches Bischofsamt. Ein Beitrag zur Frage nach der Entstehung des vormittelalterlichen Papsttums, 5ff; E.L. GRASMÜCK, Coercitio. Staat und Kirche im Donatistenstreit, passim; GIRADET, Kaisergericht und Bischofsgericht, 6ff; zu GIRADET vgl. auch die Rezensionen von: H.C. BRENNECKE, in: ZKG 88 (1977), 3ff und NOETHLICHS, a.a.O., 185ff; eine präzise Darstellung findet sich bei: LORENZ, Das vierte bis sechste Jahrhundert, 9 mit Anm.5; A. SCHINDLER, Art. "Afrika", in: TRE 1 (1977), 655ff; BARNES, C.a.E., 55ff; Ch. PIETRI, Roma Christiana I, 160ff: Eine Quellensammlung mit Kommentar bietet: J.L. MAIER, Le Dossier du Donatisme. Tome 1: Des Origines à la Mort de Constance II (303-361), in: TU 134 (1987). Inwieweit hier Eigenmächtigkeiten des römischen Bischofs gegenüber den Anordnungen des Kaisers bei diesen Vorgängen mit im Spiel waren (so z.B.: CASPAR, ebd.; KRAFT, 36f; LOHSE, ebd.; RADDATZ, ebd.; vgl. auch: LORENZ, ebd. und SCHINDLER, a.a.O., 656), braucht hier nicht diskutiert zu werden. Auf jeden Fall ist zur Erklärung der Vorgangsweise Konstantins eine solche Annahme nicht nötig (vgl. zuletzt: BRENNECKE, Bischofsversammlung und Reichssynode, ebd.).

[4] HERRMANN, a.a.O., 207f und 211ff; K.L. NOETHLICHS, Kirche, Recht und Gesellschaft in der Jahrhundertmitte, in: L'Église et l'Émpire au IVe Siècle, in: Entret. Fond. Hardt XXXIV (1989), 272

[5] HERRMANN, a.a.O., 232f und 235ff; NOETHLICHS, Kirche, Recht und Gesellschaft in der Jahrhundertmitte, 271f

[6] HERRMANN, ebd.

[7] Eus. h.e. X 7,2 = ed. Schwartz (kleine Ausgabe), 395,12f

[8] Cod. Theod. XVI 2,2; vgl.: KRAFT, 69; DÖRRIES, 177 Nr.50; HERRMANN, a.a.O., 326

[9] Cod. Theod. VIII 16,1; DÖRRIES, 177 Nr.55; HERRMANN, 272

Sonntag eingeführt.[10] Diese gesetzlichen Maßnahmen sind ein weiterer Schritt zu der von Konstantin angestrebten Aufhebung der kirchlichen Pseudostaatlichkeit durch die Incorporation der Kirche in den Staat.

Insgesamt kann unter unserer Fragestellung für die Zeit zwischen 313 und 324 gesagt werden, daß Konstantin seine sakrale, politische Vollmacht in der Kirche durchgesetzt hat. Nirgendwo finden sich in den Quellen Hinweise für politischen bzw. institutionellen Widerstand innerhalb der Kirche gegenüber dem Kaiser. Eine gezielte und bewußte Abstimmung und Koordination in großem Stil zwischen der staatlichen Repräsentation und der Kirchenpolitik kann noch nicht beobachtet werden.

Dies ändert sich aber von Grund auf ab 324. Der Sieg von Chrysopolis und zwei Jahre später die Überwindung der Staatskrise von 326 stellen zwei kurz hintereinanderliegende, aber entscheidende Einschnitte dar. In allen Bereichen der kaiserlichen Selbstdarstellung lassen sich Veränderungen und Weiterentwicklungen feststellen, die allesamt auf eine Steigerung der Majestät und sakralen Vollmacht Konstantins hinauslaufen und seinen absoluten politischen Herrschaftsanspruch über alle Bereiche des Staates verkünden und zugleich legitimieren. Die imperiale Repräsentation erscheint ab nun als ein auf breiter Front auftretendes, geschlossenes Programm, dessen innere Kohärenz die Siegestheologie gewährleistet und dessen einzelne Teile miteinander koordiniert sind und sich gegenseitig interpretieren: Kreuz-Sol-Christus beginnen sich ihrer Bedeutung nach in der Staatssymbolik zu durchdringen. Der Neuansatz in der kaiserlichen Selbstdarstellung ist als erstes beim Kaiserbildnis zu beobachten. Zu den Vicennalien erhält Konstantin ein neues, idealistisches, "religiöses" Antlitz und er trägt ab nun das Diadem. Dies muß als Steigerung des Herrschaftsanspruches gewertet werden, die natürlich Staat und Kirche gleichermaßen betrifft. Mit der Steigerung in der imperialen Selbstdarstellung wird der Zugriff auf die Kirche stärker. In der Kirchenpolitik wird dies erstmals in Nicaea spürbar. Hier wird Konstantins kirchenpolitische Maxime, die den Kaiser als von Gott eingesetztes und beauftragtes Herrschaftsorgan der Kirche versteht, das wegen der Wohlfahrt des Staates für einen durch keine Spaltung gestörten, einheitlichen Kult zu sorgen hat, mit Hilfe einer neuen politischen Vorgangsweise konsequent in die Tat umgesetzt. Der durch meletianisches und arianisches Schisma zerstrittene Osten wird auf Befehl Konstantins in Nicaea in der Palastaula der dortigen Residenz versammelt, und die Bischöfe tagen so unter den Augen und in Anwesenheit des Kaisers. Konstantin legt die Tages-

---

[10] Cod. Theod. IV 8,1 und 1a; IV 7,1; XVI 2,4; DÖRRIES, 181f Nr.65, 66, 68 und 71; vgl. Eus. VC IV 18 = W 126,9ff und IV 23 = W 128,13f; vgl. dazu: A. EHRHARDT, Constantin d. Gr. Religionspolitik und Gesetzgebung, in: ZSRG 72 (= ZRG LXXXV) Romanist. Abt. (1955), 127ff, jetzt in: H. KRAFT (ed.), Konstantin der Große, 445ff (danach zitiert), der zeigt, daß damit kein offizieller Bezug zum Christentum hergestellt werden sollte.

ordnung fest, er leitet die Debatte und greift im wichtigsten Punkt der Lehrentscheidung massiv ein. Dabei wird seitens des Kaisers mit Drohungen und Ankündigungen von Repressalien gearbeitet: Jeder Bischof wird einzeln vorgenommen. Ihm wird das neue Bekenntnis vorgelegt und er wird zugleich vor die Alternative gestellt, entweder zu unterschreiben oder in die Verbannung zu gehen.[11] Mit dem in Nicaea so verabschiedeten Symbol bekam Konstantin ein "Schibboleth",[12] ein politisches Instrument für sein Vereinheitlichungsprogramm - seinem eigentlichen angestrebten Ziel - in die Hand. Bei diesem Symbol ließ Konstantin in der Folge bei allen Parteien " .. die verschiedensten Deutungen zu, wenn nur die formelle Unterwerfung geleistet wurde."[13] In Nicaea wird auch die Kirchenorganisation in die Organisation des Reiches eingepaßt.[14] Folgerichtig werden alle in Nicaea gefaßten Beschlüsse zum Reichsgesetz erhoben. Insgesamt ist so das Dogma " ... zu einer Größe erzwingbaren Rechts ..."[15] geworden. Es ist kein Zufall, daß gerade in jenen Jahren in den kaiserlichen Briefen sich das Insistieren auf Einhaltung der "göttlichen Gesetze" bis zur Penetranz steigert. In Nicaea war - um in der Sprachregelung Giradets zu bleiben - Kaisergericht und Bischofsgericht identisch geworden.

Die Koordination der Kirchenpolitik und der kaiserlichen Selbstdarstellung wird nun nicht nur am neuen Portrait, sondern auch daran deutlich, daß das Konzil selbst mit den daran anschließenden Vicennalienfeiern Konstantins ver-

---

[11] Dies wird von Euseb in der VC geflissentlich verschwiegen. Die Nachricht ist uns im sogenannten Codex Angelicus A überliefert und stammt wohl aus Philostorgios (vgl.: ed. Bidez-Winkelmann, LXXXIX und 10,16ff). GIRADET (ders., Kaisergricht und Bischofsgericht, 49f) hat auf sie aufmerksam gemacht (zum Ganzen vgl.: GIRADET, a.a.O., 43-51; ders., Kaiser Konstantius II als "episcopus episcoporum" und das Herrscherbild des kirchlichen Widerstandes, in: Historia 26 (1977), 104: " ... mit brutaler Gewalt aufoktruiert."). Die bloße Schiedsrichterrolle (SANSTERRE, a.a.O., 170 und 176) entspricht nicht den Tatsachen. GIRADET konnte auch zeigen, daß es sehr unwahrscheinlich ist, daß Hosios den Vorsitz geführt hat. T.D. BARNES (ders., Emperor and Bishops, A.D. 324-344: Some Problems, in: AJAH 3 (1978), 56f) vermutet dies, weil Hosios auf allen Unterschriftslisten, die uns überliefert sind, als erster aufscheint und weil der Kaiser in einem Brief die Ansicht äußert, daß Beschlüsse von Konzilien göttlichen Ursprungs sind (Opt. App. V = ed. Ziwsa 209,23ff). Wie oben dargelegt, schließt der "göttliche Ursprung" dieser Gesetze Konstantins Vorsitz überhaupt nicht aus, sondern ist eher eine Bestätigung dafür, denn alle Beschlüsse und Gesetze des Kaisers sind seinem Selbstverständnis nach göttlichen Ursprungs. Zum anderen ist es selbstverständlich, daß der damalige theologische Chefberater Konstantins an erster Stelle der Unterschriftsliste der Bischöfe steht. Übrigens lehnen mehr als dreißig Jahre später die Homöusianer das Homoousios u.a. mit der Begründung ab, daß Konstantin damals die Unterschriften der Bischöfe mit Gewalt erpreßt habe (Hil. syn. 81; vgl.: BRENNECKE, Bischofsversammlung, 52).

[12] A.M. RITTER, Dogma und Lehre in der Alten Kirche, in: HDThG 1, 169

[13] E. SCHWARTZ, GS III, 210

[14] RITTER, a.a.O., 167. Zur weiteren Entwicklung vgl.: J. KODER, Der Lebensraum der Byzantiner, 103f; vgl. auch: NOETHLICHS, a.a.O., 267

[15] RITTER, ebd.

bunden wird.[16] Der politische Erfolg wird sofort für die imperiale Repräsentation ausgewertet (und umgekehrt). Regierungsjubiläen waren immer Siegesfeiern.[17] Der politische Erfolg der in der Kirche hergestellten Einheit wird der Triumphalpropaganda und Siegesideologie des Kaisers einverleibt. Einen sinnenfälligeren Ausdruck für die Kirche als beherrschtes Glied und als Dienerin des Staates konnte es in der Propagandasprache der Spätantike nicht geben.

Das für die Entwicklung der imperialen Selbstdarstellung Konstantins unter dem Aspekt ihrer Verchristlichung folgenschwerste Ereignis ist die Palastkrise im Frühjahr 326:

Am 15. März wird der Caesar Crispus in Pola hingerichtet,[18] im Sommer des gleichen Jahres Konstantins Frau Fausta.[19] Als Grund für die Hinrichtungen wird von manchen Quellen, die aber Konstantin nicht freundlich gesinnt sind, bekanntlich Ehebruch angegeben.[20] Seeck vermutete aufgrund dieser Nachrichten und wegen des geringen zeitlichen Abstandes der beiden Hinrichtungen,der auf einen bestehenden Zusammenhang schließen läßt, ebenfalls Blutschande.[21] Diese Annahme scheint durch die gleichzeitige Gesetzgebung gestützt zu werden.[22] Mit zwei Erlassen vom 3.2.326 und 1.4.326 verschärft Konstantin die Gesetze über Prostitution und Ehebruch. Piganiol[23] schloß daraus (etwas abweichend von Seeck), daß Konstantin dadurch zum Gefangenen seiner eigenen Gesetze wurde und nun gezwungen war, Crispus und Fausta exekutieren zu lassen.[24] Eine ähnliche Lösung schlug jüngst Barnes vor.[25] Er vermutete eine Verleumdung des Crispus durch Fausta, die so den Hauptrivalen ihrer eigenen Söhne beseitigen wollte. Nach der Hinrichtung des Crispus habe dann im Juni während des zweiten Teiles der Vicennalien in Rom die dort lebende Helena Konstantin über die Verleumdung aufgeklärt. Fausta sei darauf zum Selbstmord gezwungen worden. Die Hinrichtung des Crispus erscheint aus dieser Sicht als ein verhängnisvoller Irrtum.

---

[16] SEECK, Regesten, 175. Diesem von Konstantin inaugurierten Brauch folgt noch Konstantius (vgl.: H.C. BRENNECKE, Hilarius von Poitiers und die Bischofsopposition gegen Konstantius II, 126 Anm.28).

[17] A. ALFÖLDI, Die monarchische Repräsentation, 97ff

[18] SEECK, Regesten, 176

[19] BARNES, New Empire, 9

[20] Zos. II 29,2 = ed. Paschoud 240ff; Philost. II 4a = Bidez-Winkelmann, 14ff; ähnlich die Epitome: Epitom. 41,11 = ed. Pichlmayr 167,7ff. Gesammelt bei: SEECK, III. A 558 zu S.425.

[21] SEECK, ebd.; ders., Die Verwandtenmorde Constantin´s des Großen, in: ZWTh 33 (1890), 68ff

[22] SEECK, Verwandtenmorde, 68 und 70

[23] A. PIGANIOL, L´Empereur Constantin, 170

[24] Vgl. auch: KRAFT, 131

[25] BARNES, C.a.E., 219ff, bes. 220f

M.E. können nur rein politische Gründe für die Hinrichtungen ausschlaggebend gewesen sein. Die Ehebruchsversion weist zu viele Schwächen auf. Die
Quellen, die sie überliefern, sind spät und Konstantin feindlich gesonnen. Sie
zeigen nur, daß " ... der Klatsch üppig gewuchert hat."[26] Auch Seecks heute
merkwürdig anmutende psychologische Begründung ("Bei einer Liebesge-
schichte kommen zunächst die Altersverhältnisse der beteiligten Personen in
Betracht", " ... er kaum zum Jüngling entwickelt, sie in dem gefährlichen Alter
der femme de trente ans. Man weiss, daß gerade sehr junge Männer für altern-
de Frauen eine ganz besondere Anziehungskraft haben, und die Tochter Maxi-
mians dürfte wohl etwas von der zügellosen Sinnlichkeit ihres Vaters geerbt
haben."[27]) kann nicht überzeugen. Gegen sie spricht, daß Crispus weit weg
von Fausta in Trier residierte.[28] Zumal sollte Julians Lob über Fausta in seinem
Panegyrikos auf Konstantin zu denken geben. Julian sagt hier, daß sie an
Adel, Schönheit und Tugend (!) nicht leicht ihresgleichen gefunden habe.[29]
Seeck versucht diese Bemerkung abzuschwächen, weil dies alles Eigenschaf-
ten sind " ... welche man an jeder Frau lobt, wenn man zum Loben gezwungen
ist."[30] Ein Panegyriker versucht natürlich zu loben, aber er tut dies, indem er
die positiven Seiten herausstreicht und die negativen, gefährlichen Punkte mit
sorgfältigem Schweigen übergeht. Jedenfalls hätte, wenn Fausta und Crispus
tatsächlich wegen miteinander begangenen Ehebruchs hingerichtet worden
wären, Julian es sich nie leisten können, diesen heiklen Punkt in Faustas Tugend auch nur auf diese Weise zur Sprache zu bringen. Vielmehr kann man an
eine Stichelei des Julian denken, der die Tugend Faustas herausstellt, um so indirekt Konstantin am Zeug flicken zu können. Eine voreilige Handlung im
Sinne von Barnes anzunehmen, erscheint mir als deshalb wenig wahrscheinlich, weil Crispus in diesem Fall rehabilitiert worden wäre. Viele Inschriften, in
denen der Name "Crispus" getilgt, aber nie wieder hergestellt wurde, zeigen
aber, daß Crispus der damnatio memoriae verfallen blieb.[31] Die Quellen lassen
viel eher eine Verschwörung des Cripus vermuten, in die Fausta auf eine heute
nicht mehr erkennbare Weise involviert war. Es ist hier auf ein in diesem Zusammenhang noch unbeachtet gebliebenes Gesetz Konstantins hinzuweisen, das der Kaiser am 17. September 325 erlassen hat. In ihm fordert

---

[26] KRAFT, 129

[27] SEECK, Verwandtenmorde, 68 und 70

[28] BARNES, C.a.E., 220; SEECKS Annahme (ders., Verwandtenmorde, ebd.), Crispus sei
324 beim Bau der Flotte in Nikomedia gewesen und sei dort mit Fausta zusammengetroffen,
hat in den Quellen keinerlei Anhaltspunkte. Ein mögliches Verhältnis mit Fausta, wäre schon
damals sicher sofort publik geworden und nicht erst 326.

[29] Jul. = ed. Bidez I, 19f

[30] SEECK, Verwandtenmorde, 65

[31] SEECK, III, A 559 zu S.425

Konstantin zu Beschwerden selbst über Personen in seiner engsten Umgebung auf und verspricht, in diesem Fall selbst das Verhör zu übernehmen. Erweist sich diese Beschwerde als berechtigt, erhält der Beschwerdeführer eine Belohnung.[32] Dieses Gesetz spiegelt m.E. eine innenpolitische Krise kurz vor der Hinrichtung des Crispus. Es zeigt, daß Konstantin sich zu dieser Zeit der Loyalität selbst seiner engsten Mitarbeiter nicht mehr sicher ist und deshalb drastische Gegenmaßnahmen setzt, denn der Erlaß ist bei Licht besehen nichts anderes als eine Einladung zur Denuntiation. Aus diesem Blickwinkel sind wohl auch die Ehegesetze von 326 zu sehen. Barnes merkt mit Recht zu ihnen an, daß durch diese Erlasse das bis dorthin übliche und normale gesellschaftliche Verhalten der Aristokratie kriminalisiert und mit dem Tod bestraft werden konnte.[33] Sie hatten wohl dieselbe Intention wie jenes Gesetz vom September 325 und waren ebenfalls eine Einladung zur Denuntiation. Konstantin versuchte sich damit ein Instrument zur Beseitigung seiner politischen Gegner zu beschaffen. Konstantins Maßnahmen haben gegriffen. Crispus, der durch seinen glänzenden Sieg bei Gallipoli über Licinius´ Flotte sicher mächtiger geworden war, scheint in eine Verschwörung verwickelt gewesen zu sein und wurde im Interesse der Konsolidierung der Macht aus dem Weg geräumt.[34] Die Mitwisser und Helfer in den höchsten Kreisen, gegen die Konstantins Gesetze offenbar zielten, mußten ebenfalls über die Klinge springen: "Primum necessitudines, persecutus, egregium filium et sororis filium ... interfecit, mox uxorem post *numerosos amicos.*"[35]

Die gleich nach der Überwindung der Krise zu beobachtenden heftigen Reaktionen in allen Bereichen der Staatsrepräsentation lassen ahnen, wie groß die Gefahr für Konstantin gewesen sein muß. Noch im Herbst beginnen die Pilgerfahrten der Helena und Eutropia, mit ihnen setzen die Kirchengründungen in Palästina ein. Die Ikonographie der Münzreverse macht genau zu dieser Zeit die schon erwähnte bezeichnende Wandlung durch, indem ab nun nicht mehr historische Themen, sondern Konstantins Kaisertum in seiner Überzeitlichkeit - entrückt von allen Zufälligkeiten - dargestellt wird.[36] Als Reaktion auf die überwundene Bedrohung ist auch das Motiv des die Schlange durchbohrenden Labarums zu verstehen. Die Christusmimesis beginnt sich auszubilden und das

---

[32] Cod. Theod. IX 1,4; vgl.: DÖRRIES, 187f

[33] BARNES, C.a.E., 220. Dies betraf sicherlich vor allem die Heiden. Dies könnte ein Indiz dafür sein, daß sich dort eine Opposition gesammelt hatte, die vielleicht Kontakte mit Crispus knüpfte.

[34] Vielleicht spielte auch der Makel der Illegitimität eine Rolle, wie P. GUTHRIE (ders., The execution of Crispus, in: Phoenix 20 (1966), 325ff) vermutet. Doch dies allein kann keine Erklärung für die Vorgänge liefern.

[35] Eutropius X 6 = ed. Avancini, 197

[36] M.R. ALFÖLDI, Goldprägung, 136

Kreuz wird in die imperiale Repräsentation eingeführt. Ob Christusmimesis und die Einführung des Kreuzes ihre direkte Ursache in der Palastkrise von 326 haben, bleibe dahingestellt. Jedenfalls bleibt die zeitliche Koinzidenz auffällig, sodaß man zumindest annehmen darf, daß die Überwindung dieser Krise das Vordringen der neuen christlichen Elemente in das Zentrum der Staatssymbolik beschleunigt hat. Die sukzessive Steigerung der christlichen Motive in der kaiserlichen Selbstdarstellung bedeutete dabei für die Kirche nichts anderes als die Proklamation des kaiserlichen Willens, über sie zu herrschen.

Aufgrund seiner sakralen Vollmacht setzt Konstantin sein kirchenpolitisches Ziel der Einheit in der Kirche konsequent und im Grunde ohne größeren Widerstand durch - auch Athanasius bildet unter Konstantin noch kein wirkliches Hindernis.[37] Konstantins Ziel ist mit der Synode von Tyrus/Jerusalem erreicht, die den unterwerfungswilligen Arius nun auch formell wieder in die Kirche

---

[37] Vgl. dazu das folgende Kapitel. In der Literatur wird die Synode von Antiochien von 328 als erste Reaktion der Kirche auf den Herrschaftsanspruch Konstantins bezeichnet. GIRADET (ders., Kaisergericht und Bischofsgericht, 133f): " ... diese Synode hat erste verfassungsrechtliche Schritte unternommen, die Eigenständigkeit des kirchlichen Lebens institutionell abzusichern." Diese vorsichtige Beurteilung GIRADETS wurde von J. MARTIN (ders., Spätantike und Völkerwanderung, 20) aufgenommen, der sich aber in seinem Urteil zugleich weiter vorwagt: "In dieser Zeit formuliert erstmals eine Synode in Antiochien ... einen indirekten Protest gegen die kaiserlichen Eingriffe in die Synodalgerichtsbarkeit." GIRADET und MARTIN berufen sich dabei auf die Kanones IV, XI und XIV dieser Synode. Kanon IV bestimmt, daß ein exkommunizierter Kleriker, der seinen Stuhl nicht räumt, aller weiterer Mölglichkeiten, auf anderen Synoden in die Kirchengemeinschaft aufgenommen zu werden, verliusti geht (vgl. dazu: GIRADET, Kaisergericht und Bischofsgericht, 83f). Kanon XI legt fest, daß ohne die Erlaubnis des Metropoliten sich kein Kleriker zum Kaiser begeben darf. Die provinziale Gerichtsbarkeit solle beim Metropoliten verbleiben. Auch Kanon XIV hält dazu an, Probleme bei Verurteilungen von Bischöfen zunächst einmal innerkirchlih zu behandeln. (Die Kanones ediert bei: Les canons des synodes particuliers (ed. IOANNOU), 108, 113, 115f). Alle diese Kanones können m.E. nach nicht als Versuch der Kirche, ihre Selbstständigkeit zu wahren geweertet werden. Kanon IV ist ganz im Sinne Konstantins, dem alles daran gelegen ist, die Kircheneinheit zu wahren und deshalb zunächst auf den Rücktritt des exkommunizierten Bischofs drängt, um den einheitlichen Kult gewährleistet zu wissen, aber bezeichnenderweise in diesem Sinn zugleich auch für jeden Exkommunizierten die Möglichkeit einer Wiederaufnahme eingeräumt haben möchte. Kanon XI bezweckt meiner Meinung nach nichts anderes, als die kaiserlichen Büros zu entlasten und vor einer Beschwerde- und Antragsflut zu schützen, die seit 324 auf die Büros einstürzte. Man erinnere sich nur an die peinliche Szene, als Konstantin alle innerkirchliche Streitereien beteffenden Beschwerden, die ab 324 in großer Zahl bei ihm eingelangt waren, am Beginn des Konzils von Nicaea demonstrativ verbrennen ließ (Socr. h.e. I 8 = ed. Hussey I, 41,25ff). Konstantin konnte nur ein Interesse daran haben, daß die Kirche in erster Instanz ihre Angelegenheiten selber regelte, ohne dabei die staatlichen Behörden zu belästigen (Ähnlich: NOETHLICHS, a.a.O., 269f, der auf Cod. Theod. XII 1,9 vom Jahre 324 verweist). Die Möglichkeit nach seinem Gutdünken direkt in die kirchlichen Angelegenheiten einzugreifen hatte Konstantin noch immer. Mir scheinen diese Kaones ganz auf der Linie des Kaisers zu liegen. Zur Datierung der Kanones in das Jahr 328 vgl.: H.C. BRENECKE, Hilarius von Poitiers, 9 Anm.28.

jährigen Regierungsjubiläums an. Die Feier der Tricennalien fand in Jerusalem statt und ihren Höhepunkt bildete die Einweihung der Grabeskirche. Allein schon die Tatsache, daß die Einweihung einer Kirche nun Teil von staatlichen Jubiläumsfeiern sein konnte, spricht Bände. Die Tricennalien werden so zu einer einzigartigen Selbstdarstellung Konstantins des Christusähnlichen, bei der alle Linien der imperialen Repräsentation zusammenfließen: Mit der Einweihung der Grabeskirche, dem Haupt der Christophaniekirchen im Heiligen Land, an der Stätte des Erlösungswerkes Christi, zu den Siegesfeiern der Tricennalien, präsentiert sich Konstantin als Stellvertreter Christi auf Erden, der Christi Heils- und Siegesgeschichte auf Erden nachahmt, indem er sie als sakral bevollmächtigter Herrscher politisch fortsetzt. Die gelungene Befriedung der Kirche bedeutete für Konstantin dabei nichts anderes als den schuldigen Gehorsam der Bischöfe gegenüber dem Gesetz Christi, das durch ihn selbst, dem vom Christus-Gott dazu autorisierten, siegreichen, christusähnlichen Konstantin repräsentiert wird.

Die Rolle der nicaeakritischen Theologen

Mit der Synode von Tyrus/Jerusalem kam eine Entwicklung am konstantinischen Hof zum Abschluß, die bald nach Nicaea begonnen hatte: der Aufstieg und immer größer werdende Einfluß der Vertreter der in origenistischer Tradition stehenden Vertreter der östlichen "Mehrheitstheologie", die mit dem Ergebnis des Konzils von Nicaea in theologischer Hinsicht nicht zufrieden sein konnten. Konstantin, dem es um die Einheit in der Kirche ging, konnte nach dem Konzil von Nicaea weder ein Interesse an der fortdauernden Exkommunikation des Arius noch an der Ausgrenzung der großen Mehrheit der Theologen haben. Voraussetzung für die Wiederaufnahme des Arius war natürlich die Unterwerfung unter Konstantins Willen, d.h. zumindest die formelle Anerkennung von Nicaea. Der Prozeß der Wiederaufnahme des Arius und seiner Anhänger und zugleich der Beginn des Aufstiegs jener bei Hof, die Nicaea kritisch gegenüber standen, fällt bereits in das Jahr 326. Im Sommer 326 verläßt nämlich Konstantins bisheriger Berater in kirchlichen Angelegenheiten, Hosios von Cordoba den Hof, vielleicht auch in Zusammenhang mit der Crispus-Fausta-Affäre.[1] Gleich darauf wird einer der führenden Köpfe und mächtigsten Bischöfe der nicaenischen Partei, Eusthatios von Antiochien, von einer Synode unter dem Vorsitz des Euseb von Caesarea abgesetzt.[2] Jedenfalls setzt der Fall

---

[1] V.C. De CLERCQ, Osios of Cordova, 282ff; BARNES, C.a.E., 225

[2] R. LORENZ (ders., Art. "Eustathius von Antiochien, in: TRE 18 (1982), 543ff) und ebenso BARNES (ders., Emperor and Bishops, 59f und ders., C.a.E., 227f) datieren seine Absetzung auf 327. Diese Datierung ist mit Sicherheit falsch. Das Jahr 326 wurde schon von E. SCHWARTZ (ders., GS III, 233 Anm.6), dann von H. CHADWICK in seinem wichtigen Aufsatz "The Fall of Eusthatius of Antioch" (in: JThS 49 (1948), 27ff, jetzt auch in: ders., History and Thought of the Early Church XIII) und W. SCHNEEMELCHER (ders., Zur Chronologie des arianischen Streites, in: ThLZ 79 (1954), 397f) erwiesen. Die Datierung hängt vor allem am Datum der Synode von Serdika/Phillipopolis, in deren Akten vermerkt ist, daß Asklepios von Gaza "ante decem annos" (Hil. Pict. Excerpta = ed. Feder, 56.19) abgesetzt woden sei. BARNES und LORENZ, die Serdika auf 343 ansetzen (BARNES, Emperor and Bishops, 67ff), LORENZ, Art. "Eustathius", 544 setzt dies anscheinend ebenfalls voraus) kommen deshalb in das Jahr 327. Jüngst konnte aber BRENNECKE für den Beginn der Synode von Serdika den Herbst 342 außer Diskussion stellen (BRENNECKE, Hilarius von Poitiers, 25ff). Der Sturz des Eusthatios fällt damit in den Herbst des Jahres 326. Diesem Datum entspricht auch die Bemerkung des Athanasius, nach der Eusthatios unter dem Vorwand, die Kaiserin Helena beleidigt zu haben, verurteilt wurde. Diese Beleidigung könnte nur auf Helenas Pilgerreise im Herbst 326 geschehen sein (so schon: SEECK, Art. "Helena", in: PW VII.2 (1902), 2822; weiters: CHADWICK, a.a.O., 33f; HUNT, a.a.O., 36). Von allen diesen Überlegungen unberührt bleibt schließlich die, nur von Chadwick wahrgenommene, Argumentation von SCHWARTZ (ders., ebd.), der davon ganz unabhängig dieses Datum erschlossen hat.

des Eusthatios voraus, daß Hosios keinen Einfluß mehr bei Hof hatte und schon nach Spanien unterwegs war.[3] Bis dahin hatte Hosios augenscheinlich das uneingeschränkte Vertrauen des Kaisers besessen. Gleich nach dem Sieg von Chrysopolis war er von Konstantin als Vermittler ausgesandt worden.[4] Bei den dem Konzil von Nicaea vorgestaffelten Synoden in Alexandria und Antiocheia führte er den Vorsitz[5] und bestimmte dort die künftige kirchenpolitische und theologische Linie. So hievte er in Antiocheia den antiarianischen und antiorigenistischen Eusthatios auf den Bischofssitz und bezog - trotz gewisser Abstriche - eindeutig für die Partei Alexanders von Alexandrien Stellung.[6] Wie geplant und vorbereitet, setzte sich diese Richtung unter Ausnutzung der kaiserlichen Macht und Gewalt in Nicaea durch. Der Sturz von Hosios´ Gesinnungsgenossen Eusthatios, des nach dem Alexandriner mächtigsten Bischofs im Osten, hätte Hosios, wenn er noch Einfluß besessen hätte, sicher zu verhindern gewußt. Mit Eusthatios wurden auch noch andere nicaenische Bischöfe abgesetzt.[7] Der Fall des Eustathios und seiner Gesinnungsgenossen war aber nur das Vorspiel und ein Teil der Vorbereitungen für das eigentliche Ziel, das erklärtermaßen die Rehabilitierung des Arius war. Dieses Ziel wurde mit der sogenannten Nachsynode von Nicaea im November 327 erreicht,[8] auf der Konstantin persönlich die Rechtgläubigkeit des unterwerfungswilligen Arius feststellte. Im Anschluß an diesen Synodalentscheid konnten Euseb von Nikomedien und sein Gesinnungsgenosse Theognis wieder ihre Bischofssitze einnehmen.[9] Die formelle Wiederaufnahme des Arius sollte dann 335 in Tyrus/Jerusalem erfolgen.

Den Vertretern der origenistischen Richtung war es demnach - sehr wahrscheinlich unter Ausnutzung der politischen Verhältnisse des Jahres 326 - gelungen, ihre Mehrheit beim Kaiser geltend zu machen, für den es einzig wichtig war, daß er sein Vereinheitlichungsprogramm besser umsetzen konnte. Bei

---

[3] De CLERCQ, a.a.O., 282ff; BARNES, C.a.E., 384 Anm.10

[4] VC II 63 und 73 = W 73,17ff und W 79,3ff; dazu auch: Ath. apol. sec. 74,4 und 76,3 = ed. Opitz, 154,2ff und 156,6ff

[5] Zu den Ereignissen allgemein und den Daten vgl.: BARNES, Emperor and Bishops, 54ff; zur Beurteilung der Vorgänge: A.M. RITTER, Art. "Arianismus", in: TRE 3 (1978), 703f und: H. CHADWICK, Ossius of Cordova and the Presidency of the Council of Antioch 325, in: JThS 9 (1958), 292ff, jetzt in: ders., History and Thought of the Early Church, IX).

[6] L. ABRAMOWSKI, Die Synode von Antiochien 324/25 und ihr Symbol, in: ZKG 86 (1975), 356f; RITTER, ebd.

[7] Asklepios von Gaza und weiters wahrscheinlich: Euphrantion von Balanae, Cymation von Gabala, Carterius von Antadaros und Cyrus von Beroea; vgl.: Ath. h. Ar. 5,2 = ed. Opitz, 185,14ff; Ath. fug. 3,3 = ed. Opitz 70,1ff; vgl. dazu: BARNES, C.a.E., 228.

[8] Dazu: R. LORENZ, Das Problem der Nachsynode von Nicäa (327), in: ZKG 90 (1979), 22ff

[9] LORENZ, ebd.

diesem Vorgang dürften die Frauen des Kaiserhauses keine unwesentliche Rolle gespielt haben. Sie werden in der Überlieferung als das Einfallstor für den "Arianismus" bei Hof geschildert.[10] Die mächtigste und einflußreichste dieser Frauen war die Kaisermutter Helena. Konstantin hatte sie wahrscheinlich bereits 325 zur Augusta ernannt, sie hatte das Recht, das Diadem zu tragen.[11] Ausdruck ihrer Macht und Gunst, die sie bei ihrem Sohn genoß, war auch die Erlaubnis zu einer Neugründung des Dorfes Depranum als Stadt, der sie ihren Namen geben durfte: Helenopolis.[12] Das Motiv für diese Stadterhebung ist nach den Quellen eindeutig: Depranum war der Aufbewahrungsort der sterblichen Überreste des Lukian von Antiocheia, des angesehenen Märtyrers und des Lehrers der Antinicaener. Helena gründete zu seinen Ehren die Stadt.[13] Anstelle einer Kapelle errichtete sie über dem Grab eine riesige Basilika (νεὼν ... μέγιστον).[14] Das bedeutete aber nichts anderes, als daß Lukian, der Lehrer vieler Kritiker des Nicaenums, deren Häupter sich nach ihm "συλλουκιανισταί" nannten,[15] und der deshalb bei den Nicaenern verhaßt war, in die öffentliche Selbstdarstellung des Kaiserhauses aufgenommen wurde. Dies geschah vor dem September 327, also noch vor der Rehabilitierung des Arius.[16] Dieser Vorgang kann deshalb vielleicht als Sympathiekundgebung der Kaiserinmutter für die Schüler Lukians verstanden werden, deren Wiederaufnahme auf diese

---

[10] Vgl.: SEECK, III, 426f; E. SCHWARTZ, GS III, 194 Anm.1 und 208f

[11] SEECK, Art. "Helena", 2821; zu Helenas Einfluß vgl. jetzt: DRIJVERS, a.a.O., 39ff

[12] Socr. I 17,1ff = ed. Hussey I, 104,5ff; Hier. Chron. ad ann. 327 = ed. Helm 231,22ff; Vita Const. des Cod. Angelicus = ed. Bidez-Winkelmann, 24,34ff; Chron. Pasch. ad ann. 327 = PG 92,708 geben Konstantin als Gründer an. Als Gründung Helenas (wofür schon der Name der Stadt spricht) nennt die Stadt unsere älteste Quelle, nämlich das sogenannte "Leben und Martyrium des Lukian von Antiocheia" (ed. Bidez-Winkelmann: Anhang VI der Philostorgiosausgabe, 184ff, hier: 201,1ff (vgl. dazu die Einleitung CXLVIIff und XCIIff, sowie jetzt: H.C. BRENNECKE, Art. Lucian von Antiochien, in: TRE 21 (1992), 474)) und Philostorgios selbst (Philost. II 12 = ed. Bidez-Winkelmann, 24,23ff). Die Nachricht über Helena als Stadtgründerin wird also nur in der "arianischen" Tradition überliefert. Die Erlaubnis zur Gründung war aber natürlich an Konstantin gebunden.

[13] Vgl. jetzt auch: DRIJVERS, a.a.O., 10ff

[14] Martyrium und Leben des Lukian = ed. Bidez-Winkelmann, 201,8. In den einschlägigen Arbeiten über den konstantinischen Kirchenbau ist diese Basilika nicht bekannt. Ihre Bedeutung für die Geschichte der Märtyrerverehrung kann m.E. kaum überschätzt werden.

[15] Z.B. Thdt. h.e. I 5,4 = ed. Scheidweiler, 27,7. Damit ist aber keine theologische Schülerschaft gemeint gewesen: vgl., BRENNECKE, a.a.O., 476; zum Haß der Nicaener: Thdt. h.e. I 4,36 = ed. Scheidweiler, 18,3ff; SCHWARTZ, GS III, 172 Anm.3

[16] Hier. Chron. ad ann. 327 = ed. Helm, 231,22ff und Chron. Pasch. ad ann. 327 = PG 92, 708A geben die 15. Indiktion an, die mit ihrem größeren Teil in das Jahr 327 fällt. Der Wechsel auf die nachfolgende 1. Indiktion fand im September 327 statt. Schon deshalb ist das von BARNES vorgeschlagene Datum der Gründung (7.1.328) nicht möglich (BARNES, C.a.E., 221f (hier ohne Begründung und mit Fragezeichen versehen) und ders., The New Empire, 77 mit Anm.130). BARNES zieht nur die Osterchronik heran und korrigiert sie mit einer Konjektur, indem er eigentümlicherweise davon ausgeht, daß die Gründung der Stadt erst

Weise propagandistisch unterstützt wurde. Auch Konstantins Schwester Konstantia muß bei diesen Vorgängen eine aktive Rolle gespielt haben. Hieronymus überliefert, daß Arius` Rehabilitierung nur deshalb gelang, weil er Konstantia für sich gewinnen konnte.[17] Auch nach Gelasios wurde Arius auf Wunsch Konstantias aus dem Exil zurückgeholt.[18] Philostorgios wiederum berichtet, daß Konstantia während des Konzils in Nicaea Einfluß auf die Arianer nahm, um sie zur Annahme der Synodalbeschlüsse zu bewegen,[19] was wohl voraussetzt, daß sie deren Vertrauen besaß und in Kontakt mit ihnen stand. Sokrates weiß schließlich von einem "arianischen" Presbyter im Haushalt der Schwester des Kaisers, der sie auf seine Seite zu ziehen vermochte und der von Konstantia auf ihrem Totenbett dem Kaiser anempfohlen wurde, sodaß der bewußte Presbyter zu Konstantins Vertrauensmann aufsteigen konnte.[20] Auch wenn in diesen Nachrichten offensichtlich Legende und Wirklichkeit stark ineinander verwoben sind und die Diffamierungsabsicht offensichtlich ist, so verraten sie doch, daß Konstantia offensichtlich dem Lager der Antinicaener nahestand und den antinicaenischen Klerikern Einfluß bei Hof verschaffte. Vielleicht war der Kreis dieser Frauen noch größer. Athanasius berichtet noch nach Konstantins Tod über Konstantins Schwägerin Basilina, die Euseb von Nikomedien unterstützte, und beklagt sich über die Macht der Antinicaener mit den Worten: "Denn sie hatten wegen der Frauen die Unterstützung des Kaisers."[21]

Die 327 erreichte Vormachtsstellung wurde bis zu Konstantins des Großen Tod nicht mehr aus der Hand gegeben. Nichts beweist ihren Einfluß und ihre Macht besser als die Synode von Caesarea 334, als es ihnen gelang, gegen Athanasius ein weiteres Verfahren durchzuführen, obwohl es ihm zuvor zweimal geglückt war, unberechtigte Klagen gegen sich von Seiten der antinicaenischen Gegner abzuwehren, ja er sogar einen daraufhin vom Kaiser verfaßten, sehr freundlichen Brief vorweisen konnte. Dieses Verfahren fand dazu noch in

---

nach dem Tode Helenas erfolgen konnte, wofür es aber keinen Grund und keinen Anhaltspunkt in den Quellen gibt. Auf den 7.1. kommt BARNES, weil er vermutet, daß die Gründung der Stadt auf den Tag des Martyriums Lukians gefallen sein könnte (er verweist auf AS Nov. 2.2, 29; den 7.1. nennt das syrische Martyrologium (ed. Lietzmann, 9). DRIJVERS (ders., a.a.O., 11f) nimmt unter teilweiser Aufnahme der Argumentation von BARNES die Gründung am 7.1.327 an. SEECK datiert (m.E. richtig) zwischen Juli und November 327 (ders., Regesten, 178).

[17] Hier. epist. 133,4 = ed. Hilberg, 258,8f
[18] Gel. Cyz. h.e. III,12,1ff = ed. Loeschke-Heinemann, 158,21ff
[19] Philost. I 9 = Bidez-Winkelmann 19,6ff (Photios)
[20] Socr. h.e. I 25 = ed. Hussey I 136,4ff. Vgl. die Parallelüberlieferung bei Sozomenos: h.e. II 27
[21] Ath. h. Ar. 5,1 = ed. Opitz, 185,13f und h.Ar. 6,1 = ed. Opitz 186,7f; vgl.: SCHWARTZ, GS III, 194 Anm.1

Caesarea statt, einem Bischofssitz der ihm feindlich gesonnenen Partei.Alle Gegenbeweise und selbst das Wohlwollen des Kaisers konnten Athanasius nicht helfen.[22] Ihren letzten Triumph feierten sie, als Konstantin,den herannahenden Tod fühlend, sich aufmachte und dort in der neuerrichteten Basilika bei den Gebeinen des Lukian betete, beichtete und in den Katechumenenstand eintrat.[23]

Für uns ist bei all diesen skizzierten Vorgängen vor allem von Bedeutung, daß diese Machtübernahme im Jahr 326 nach der Palastkrise zeitlich mit der Neukonzipierung der imperialen Repräsentation zusammenfällt. Die nun an den Schalthebeln der Macht sitzenden Theologen müssen demnach für die neuen christlichen Elemente der neuen Repräsentationskunst, insbesondere für die Christusmimesis verantwortlich sein.[24] Der Kaiser brauchte für die neue imperiale Repräsentation, die nun verstärkt und als einen integralen Bestandteil christliche Motive einbezog und damit eine verchristlichte Herrschertheologie propagierte, theologische Berater. Daß dies Vertreter einer in origenistischer Tradition stehenden Theologie waren, kann aber freilich nicht mit einer angeblichen Affinität der "arianischen" Theologie zur absoluten Monarchie gelegen haben, wie bekanntlich Berkhof und Peterson vermutet haben.[25] Es handelte sich um einen theologisch motivierten Machtkampf innerhalb der Kirche um den Einfluß bei Hof, den die nicaeakritischen Theologen für sich entschieden, weil sie als Mehrheitspartei die Gunst des Kaisers erringen konnten, mit den Frauen die besseren und mächtigeren Fürsprecherinnen und in Euseb von Nikomedien die gewandtere und in der Hofpolitik erfahrenere Führerpersönlichkeit besaßen. Die nicaeakritischen Theologen wurden auf diese Weise in der Tat zu den Baumeistern eines Caesaropapismus, indem sie für das neue kaiserli-

---

[22] SCHWARTZ, GS III, 199f

[23] VC IV 61 = W 145,14ff. Daß dieser Besuch gleichsam zufällig geschehen sein sollte, weil Konstantin wegen seines Gesundheitszustandes gerade die Bäder von Helenopolis besuchte, erscheint mir als sehr unwahrscheinlich. Die Wahl des Ortes geschah bei einem so wichtigen und bedeutenden Staatsakt sicher aus Überlegung.

[24] Hier ist auf M.R. ALFÖLDI hinzuweisen, die als erste wegen des stilistischen und ikonographischen Wandels der Münzreverse nach 326 einen Zusammenhang zwischen imperialer Repräsentation und "Arianer" vermutete (R.M. ALFÖLDI, Der Sieg der Arianer an Constantins Hof, in: Atti del Congresso Internazionale di Archeologia Christiana. Ravenna 1962, Città del Vaticano 1965, 753f).

[25] E. PETERSON, Der Monotheismus als politisches Problem (Leipzig 1935), jetzt in: ders., Theologische Traktate, München 1951, 49fff (vgl. dazu den Sammelband: A. SCHINDLER (ed.), Monotheismus als politisches Problem?, Gütersloh 1978); H. BERCKHOF, Kirche und Kaiser (Zürich 1947). Die Thesen sind vor allem von K. ALAND (ders., Kaiser und Kirche von Konstantin bis Byzanz, in: BBA 5, Berlin 1957, 188ff, jetzt in: ders., Kirchengeschichtliche Entwürfe, 257ff) widerlegt worden. Zur systematischen Kritik dieser These vgl. C. SCHMITT (ders., Eusebius als Prototyp Politischer Theologie, in: ders., Politische Theologie II, Berlin 1970, 68f, jetzt in: G. RUHBACH (ed.), Die Kirche angesichts der konstantinischen Wende, 220ff).

che Selbstverständnis die christlich-theologische Legitimation lieferten, die dann ihren Ausdruck in der Staatssymbolik fand.

Die Rolle Eusebs von Caesarea

Jede Untersuchung über Konstantin den Großen ist aufgrund der Quellenlage zugleich eine Beschäftigung mit Euseb von Caesarea.[1] In diesem abschließenden Kapitel soll deshalb zusammenfassend überprüft werden, inwieweit die bisher gewonnenen Erkenntnisse Rückschlüsse auf die Rolle, die Euseb spielte, zulassen. Insbesondere soll dabei der Versuch unternommen werden, die Herrschertheologie Eusebs der offiziellen Hoftheologie gegenüberzustellen, wie sie in der kaiserlichen Repräsentation und in Konstantins Briefen zum Ausdruck kommt, um der Frage nachgehen zu können, inwieweit und ob überhaupt der gelehrte Bischof Einfluß bei der Herausbildung der imperialen Repräsentation und der Hoftheologie Konstantins besaß.[2]

Bereits die in der Fragestellung vorgenommene Unterscheidung zwischen offizieller Hoftheologie und der Herrschertheologie Eusebs bedarf einer Begründung, ist es doch - von wenigen Ausnahmen abgesehen - in der Forschung allgemein üblich, Euseb als Hauptrepräsentanten der offiziellen Hoftheologie anzusehen, der sich " ... als Berater und - wie wir sagen würden - Chefideologe anbot."[3]

Es ist aber sehr unwahrscheinlich, daß Euseb zu diesem Kreis der Hoftheologen gehört hat. Er kann Konstantin höchstens viermal getroffen haben: 325 in Nicaea, 327 beim Konzil in Nikomedien, dann erst wieder 335 in Tyrus/Jerusalem und schließlich 336 in Konstantinopel, als Euseb den Vorsitz bei der Synode führte, die Marcel von Ankyra absetzte.[4] Die restliche Zeit verbrachte er in Caesarea in seinem Bistum. Schon allein dieser Umstand schließt es aus, daß Euseb ein enger Berater von Konstantin gewesen ist, zumal Euseb selbst berichtet, daß Konstantin Wert darauf legte, daß sich die betreffenden Bischöfe ständig bei ihm befanden. Voraussetzung für jede intensivere Beratertätigkeit

[1] Vgl. nur den Titel des Buches von BARNES: "Constantine and Eusebius"

[2] Eine ähnliche Fragestellung: SANSTERRE, a.a.O., der aber nur das schriftliche Selbstzeugnis Konstantins heranzieht.

[3] H. HUNGER, Ideologie und Systemstabilisierung im byzantinischen Staat, in: AAH 27 (1979), 264; ähnlich: HERRMANN, a.a.O., 387; SETTON, a.a.O., 40ff; R.H. STORCH, The Eusebian Constantine, in: Church History 40 (1971), 145ff; D.S. WALLACE-HADRILL, Art. "Eusebius von Caesarea", in: TRE 10 (1982), 538 u.a.; zuletzt: A. DEMANDT, Die Spätantike, 74. Differenzierter beurteilen das Verhältnis zwischen Konstantin und Eusebius soweit ich sehe nur SANSTERRE, BARNES und zuletzt DRAKE (ders., What Eusebius knew: The Genesis of the Vita Constantini, in: CP 83 (1988), 10ff).

[4] Zu diesen Daten vgl.: BARNES, C.a.E., 266

war die ständige Präsenz bei Hof.[5] Hier ist noch ein weiteres Faktum in Betracht zu ziehen. Euseb hat die für die Herrschertheologie vornehmlich relevanten Schriften Laus Constantini I-XI und XI-XVIII sehr spät, nämlich 335/36 verfaßt,[6] die VC hat er in ihren größten Teilen erst nach Konstantins Tod 337 geschrieben. Beide Schriften konnten also für die sich ab 326 ausbildende Herrschertheologie und Repräsentationskunst keine Impulse geben. Nach der Selbstaussage Eusebs in der Beschreibung der Apostelkirche war er noch um 336 über die wahren Absichten Konstantins mit diesem Bau nicht informiert, d.h. er war in die Planung des wichtigsten und des zentralen Monumentes von Konstantins Herrschertheologie gar nicht involviert. Er kann deshalb nicht der Erfinder der Christusmimesis sein. In der Zeit um 326, als die neue Herrschertheologie entwickelt wurde, hatte Euseb gerade die Auflage des Jahres 325 seiner Kirchengeschichte herausgegeben und die "Theophanie" fertiggestellt.[7] In beiden Werken lassen sich keinerlei Anzeichen für eine ausgebildete Herrschertheologie feststellen. Hierzu ist es notwendig, kurz auf die Entwicklung von Eusebs Geschichtstheologie (im Unterschied zu seiner Herrschertheologie) einzugehen.[8]

---

[5] Zu den ständigen geistlichen Beratern in der unmittelbaren Umgebung Konstantins: VC I 42 = W 37,18ff und IV 56 = W 143,25ff. Einer dieser theologischen Berater bei Hof dürfte uns sogar namentlich bekannt sein. Euseb erwähnt in VC IV 44 = W 138,27ff einen Theologen aus der unmittelbaren Umgebung des Kaisers, den der Verfasser der Kephalaia als Marianos kennt (W 115,21). Vgl. dazu: B.H. WARMINGTON, The Sources of Some Constantinian Documents in Eusebius´ Ecclesiastical History and Life of Constantine, in: Studia Patristica XVIII,1 (1985), 95ff. Zur Beurteilung einer möglichen Beratertätigkeit Eusebs vgl.: BARNES (ders., C.a.E., 267):"Constantine doubtless regarded Eusebius highly as a scholar, writer and theologian. There is no sign that he ever sought his advice on any political issue." Andererseits ist für BARNES (ders., C.a.E., 271) Euseb der "... authoritative interpreter of the Constantinian empire, and emperor and bishop agree on fundamental theological issues."

[6] Zu den Einleitungsfragen dieser zusammen überlieferten Schriften vgl. die Einleitung in der Edition von: HEIKEL, CIVff; SCHWARTZ, Art. "Eusebios v. Caesarea", in: PW 6 (1909), 1428; H.A. DRAKE, In Praise of Constantine, 30ff und: D.T. BARNES, Two Speeches by Eusebius, in: GRBS 18 (1977), 341ff.

[7] Zur Datierung der Theophanie in diese Jahre: SCHWARTZ, Art. "Eusebios v. Caesarea", 1428f und 1431; BARNES, C.a.E., 187. Insbesondere die Ausführungen von SCHWARTZ widerlegen hieb- und stichfest die Spätdatierung auf 337, die von WALLACE-HADRILL (zuletzt: ders., Art. "Eusebius von Caesarea", 544) und GRESSMANN (in der Einleitung seiner Edition, XIV) vertreten werden

[8] Euseb als politischer Theologe wurde bekanntlich zur Zeit des Nationalsozialismus entdeckt: H.G. OPITZ, Eusebius von Caesarea als Theologe und Kirchenpolitiker, in: ZNW 34 (1935), 1ff; E. PETERSON, Der Monotheismus als politisches Problem (Leipzig 1935; vgl. dazu Anm.25 des vorigen Kapitels); H. EGER, Kaiser und Kirche in der Geschichtstheologie Eusebs von Caesarea, in: ZNW 38 (1939), 97ff (diese Untersuchung war die erste, die Eusebs Geschichtstheologie konsequent unter dem Aspekt einer Entwicklung betrachtete - und ist in dieser Hinsicht im Grunde bis heute die einzige geblieben). 1939 wurden auch die Arbeiten von H. BERCKHOF (ders., Die Theologie des Eusebius von Caesarea) und J. STRAUB (ders., Vom Herrscherideal in der Spätantike) veröffentlicht. 1947 erschien das von

Eusebs Geschichtsschau ist seit ihren Anfängen von dem Gedanken geprägt, daß der Ablauf des Weltgeschehens als ein ständiges Fortschreiten hin zum Besseren zu begreifen ist, genauerhin: als ein einziger Siegeszug des Christentums, der schlußendlich die gesamte Oikumene erfaßt. Auf diese Weise vollendet und krönt das Christentum die römisch-hellenistische Kultur. Diesem Konzept folgt auch die Kirchengeschichte. Sie ist nicht so sehr als ein erzählendes Geschichtswerk zu verstehen, sondern als eine "Dokumentation", die diesen Siegeszug des Christentums mit historischen Fakten belegt.[9] Daß die Weltgeschichte auf dieses Ziel hin angelegt ist, zeigt die für Euseb providentielle Gleichzeitigkeit von Christus und Augustus. Gleichzeitig mit dem Verschwinden des nationalen Partikularismus und dem Entstehen des einen Reiches unter dem einen Kaiser erscheint in Christus, der wahre eine Gott in der Welt und beginnt, die Vielgötterei zu verdrängen.[10] Euseb findet diese seine optimistische Geschichtsauffassung mit dem Sieg Konstantins im Jahre 324 nocheinmal bestätigt. Für Euseb ist nun der Sieg des Christentums der Beweis für

---

H. BERCKHOF 1942 geschriebene Buch "Kirche und Kaiser" (vgl. dazu oben Anm.25 des vorigen Kapitels). Seitdem erschien zu dem Thema u.a.: G. LADNER, The Idea of Reform, 119ff; R. FARINA, L'Impero e l'Imperatore Cristiano in Eusebio di Cesarea. La prima Theologia politica del Cristianesimo (1966 erschienen; sehr detailliert, aber unter Vernachlässigung des Entwicklungsaspektes); S. CALDERONE, Theologia politica e successione dinastica e consecratio in età costantiniana, 215ff (schneidet vor allem die Frage nach den Quellen Eusebs an (dazu siehe unten); ders., Eusebio e l'ideologia imperiale, in: M. MAZZA, C. GIUFFRIDA (edd.), Le Transformazioni della Cultura nella Tardo Antichità Vol.I, Roma 1985, 1ff; J.M. SANSTERRE, a.a.O., passim. H.J. SIEBEN (ders., Die Konzilsidee der Alten Kirche, 424ff) und K.M. GIRADET (ders., Das christliche Priestertum Konstantins d. Gr., in: Chiron 1980, 569ff bieten eingehende (auch traditionsgeschichtliche) Analysen einzelner zentraler Stellen. Weiters: E.F. CRANZ, The Kingdom and Polity in Eusebius of Caesarea, in: HThR 45 (1952), 47ff; S.L. GREENSLADE, Church and State from Constantine to Theodosius, 9ff; BESKOW, Rex Gloriae, 261ff; F. DVORNIK, Early Christian and Political Philosophy II, 614 ff; F. TAEGER, Charisma II, 681ff; FEARS, The Theology of Victory at Rome, 749ff u. 824; HERRMANN, a.a.O., 367ff; R. FARINA, Eusebio di Caesarea e la "svolta costantiniana", in: Augustinianum 26 (1986), 318ff; P. HADOT, Art. "Fürstenspiegel", in: RAC 8 (1972), 614f; Zu RUHBACH (ders., Die politische Theologie Eusebs von Caesarea, in: ders., Die Kirche angesichts der konstantinischen Wende, 236ff) vgl. auch die Rezens. von GIRADET (ders., in: ZKG 89 (1978), 405f). Für die Einordnung von Eusebs Herrschertheologie in seine apologetische theologische Argumentation ist jetzt hinzuweisen auf: M.J. HOLLERICH, Religion and Politics in the Writings of Eusebius: Reassesing the First "Court Theologian", in: Church History 59 (1990), 309ff. Die Arbeit von: M. GÖDECKE (dies., Geschichte als Mythos. Eusebs "Kirchengeschichte", 100ff und 187ff) trägt für unsere Fragestellung nichts aus.

[9] Vgl. M. TETZ, Christenvolk und Abrahamsverheißung. Zum kirchengeschichtlichen Programm des Eusebius von Caesarea, in: Jenseitsvorstellungen in Antike und Christentum. Festschrift A. Stuiber, JAC E.9, Münster 1982, 45f

[10] Z.B. Eus. d.e. III 7,7,30ff = ed. Heikel, 145,21ff

seine seine Wahrheit und Legitimität:[11] "Indem dies jetzt zu unserer Zeit in den Taten gesehen wird, bestätigt es die Zeugnisse der alten Worte."[12] Dem prinzipiellen Sieg, den Christus in Kreuz und Auferstehung erungen hat, folgen also die Siege der Kirche, die Christi Sieg gleichsam aktualisieren.[13] Überprüft man dabei die Rolle von Konstantins Kaisertum, so zeigt sich, daß es in diesem Geschichtsprozeß vollkommen eingebunden ist. Bis 324/25 schildert Euseb Konstantin als eines der vielen Instrumente Gottes im geschichtlichen Heilsplan, durch den die alttestamentlichen Weissagungen erfüllt werden. Wir finden also zu diesem Zeitpunkt noch keine eigene, spezielle theologische Reflexion darüber, wie die Position des ersten christlichen Kaisers genau zu bestimmen ist. Es findet sich keine Konstantin-Christus-Typologie und keine Abbildtheorie bezüglich des Christus-Gottes und des Kaisers.[14] In der Schilderung der Schlacht an der Milvischen Brücke in der Kirchengeschichte erinnert Euseb wohl an Mose Auszug aus Ägypten, aber er bringt dies nur als einen historischen Vergleich. Konstantin wurde für ihn natürlich von Gott zum Kaiser ernannt,[15] er ist der fromme Sohn eines frommen Vaters, dem die Tugend gleichsam angeboren ist[16] und dem wegen dieser seiner Frömmigkeit und Tugend der Sieg von Gott geschenkt wurde.[17] Aber er ist dabei nur politischer Helfer der Kirche, der er zur Seite steht. Er ist eine bedeutende politische Persönlichkeit - vergleichbar mit Mose - aber nicht mehr.[18] Dasselbe gilt für den wohl bald nach 324 entstandenen Jesajakommentar, wo an den in Frage kommenden Stellen ebenfalls keinerlei Ansätze für eine christliche Herrschertheologie festzustellen sind.[19] Es ist aus diesem Grunde undenkbar - um nun zu unserem Ausgangspunkt zurückzukehren - daß Euseb damals so etwas wie ein Chefideologe (die Konstantin sicher gehabt hat) gewesen ist, zu einem Zeitpunkt, als sich die

---

[11] Vgl.: EGER, a.a.O., 106; FEARS, The Theology of Victory, 759f

[12] Eus. theoph. III 3 = ed. Greßmann, 128,21ff

[13] Z.B.: Eus. d.e. III 7,39 = ed. Heikel 147,5ff; vgl.: EGER, a.a.O., 107

[14] Die von GÖDECKE (dies., a.a.O., 100ff) konstatierten Ansätze einer Abbildtheorie in der Kircheneinweihungsrede von Tyrus betreffen nur das Verhältnis zwischen himmlischem und irdischem Reich, aber nicht die Gestalt des Kaisers!

[15] Eus. h.e. VIII 13,14 = ed. SCHWARTZ (kleine Ausgabe), 332,18ff

[16] Eus. h.e. IX 9,1 und IX 9,10 = ed. Schwartz (kleine Ausgabe), 355,20ff und 357,28

[17] Eus. h.e. IX 9,3ff = ed. Schwartz (kleine Ausgabe), 356,1ff

[18] Messianische Züge sind in der Kirchengeschichte eben noch nicht vorhanden. BERCKHOF (ders., Die Theologie des Eusebius von Caesarea, 56) und FARINA (ders., L´impero, 187f) interpretieren die Schilderung der Ereignisse bei der Schlacht an der Milvischen Brücke in der h.e. und die dabei von Euseb verwendeten alttestamentlichen Zitate als eine Darstellung der alttestamentlichen messianischen Weissagungen. Dies trifft m.E. nicht zu. Die von Euseb angeführten Zitate aus der Geschichte über den Durchzug durch das Rote Meer dienen eben nur zu einem historischen Vergleich: Der Christengott hat bei der Schalcht an der Milvischen Brücke genauso gehandelt, wie zu den Zeiten des Moses.

[19] HOLLERICH, a.a.O., 314f

imperiale Repräsentation, wie wir gesehen haben, bereits in eine ganz andere Richtung zu entwickeln begann.

Anders sieht es aber 335/36 bei der Tricennalienrede aus, die vor Konstantin selbst gehalten wurde und die einen klassischen Panegyrikos darstellt.[20] Eusebs Geschichtstheologie bildet hier die Grundlage und den Rahmen des Ganzen,[21] aber nun wird die Rolle Konstantins in dieser Heilsgeschichte neu definiert und eine regelrechte Herrschertheologie entworfen. Euseb verleiht Konstantin jetzt messianische Züge. Was in der Theophanie von Euseb noch als die Werke des Christus-Logos beschrieben wurde, schildert er nun als die alleinigen Leistungen und Werke Konstantins.[22] In Konstantin ist Christus selbst auf dem Plan. Hier liegt auch der Kerngedanke der neuen politischen Theologie Eusebs in der Tricennalienrede. Er setzt jetzt nicht nur die himmlische βασιλεία mit der irdischen in eine εἰκών-μίμησις-Beziehung zueinander, sondern jetzt auch den himmlischen βασιλεύς mit Konstantin. Konstantins Reich ist Abbild des himmlischen Reiches und zugleich ist er selbst das Abbild des Logos-Christus, den er in seinen irdischen politischen (religionspolitischen) Handlungen nachzuahmen trachtet.[23] Darüberhinaus betont Euseb an Konstantins Kaisertum noch zwei weitere Aspekte, die dieses theologisch qualifizieren: Konstantin besitzt ein Priestertum und ein Lehramt. Beide Ämter sind an die Christusmimesis gebunden. In der schon erwähnten Stelle LC II 6 - III 1 wird Konstantin als Priester gesehen, indem er ein Selbstopfer (er opfert seinen Geist, seine Seele

---

[20] Es werden hier nur die Grundzüge dieser Herrschertheologie dargestellt. Wie differenziert und facettenreich die Herrschertheologie Eusebs ist, haben GIRADET (ders., Das christliche Priestertum, passim) für die Tricennalienrede und SIEBEN (ders., a.a.O., pasim) für die VC gezeigt.

[21] Gegen C. ANDRESEN (ders., Art. "Erlösung", in: RAC 6 (1964), 177), der meint, sie fehle in LC I-XI; vgl. aber LC VII, 9-13.

[22] Vgl. Eus. theoph. II 83-94 = ed. Greßmann, 119,5ff mit LC VII 9-13 = ed. Heikel, 214,20ff; BERCKHOF, Die Theologie des Eusebius von Caesarea, 58; FARINA, L´impero, 121 und 187ff

[23] LC II 1-5 und VII 9-13. Es soll hier auch kurz auf das Problem der Quellen und Vorbilder für Eusebs politische Theologie hingewiesen werden. N. BAYNES (ders., Eusebius and the Christian Empire, in: AIPh 2 (1934): Mélanges J. Bidez, 13ff, jetzt in: ders., Byzantine Studies and other Essays, 168ff), H. HUNGER (ders., Reich der Neuen Mitte, 62, 63, 65), FARINA (ders., L´impero, 260ff, 277), SIEBEN (ders., a.a.O., 458f) u.a. vermuten eine hellenistisch beeinflußte Kaiserideologie, wie sie durch Diothogenes, Sthenides und Ekphantos repräsentiert wird, als Vorbild und Quelle. Dies wurde in letzter Zeit von CALDERONE bestritten (ders., Theologia politica e successione dinastica e consecratio in età costantiniana, 215ff; und ders. noch einmal ausführlich in: Eusebio e l´ideologia imperiale, 1ff). CALDERONE tritt für eine Ableitung aus der alttestamentlichen Königsvorstellung bzw. aus der philonischen Tradition ein. Das eine schließt m.E. das andere wohl nicht aus. Mitzubedenken ist auch der Umstand, daß die Konzeption der Staats- und Kaiserideologie Euseb bei seiner Rede vom Kaiser bereits vorgegeben war. Diese ihm vorgegebene Konzeption wurde von ihm nun theologisch interpretiert.

usw.) wie Christus darbringt.[24] An anderen Stellen schildert Euseb Konstantin als Lehrer, Dolmetscher und κῆρυξ der göttlichen Botschaft an die ganze Welt.[25] Begründet wird dies interessanterweise nicht nur mit der Abbildtheorie, sondern zusätzlich noch mit "Privatoffenbarungen" Christi an Konstantin.[26] Beides dient dazu, Konstantins besondere sakrale Würde, die ihn vor allen anderen Menschen auszeichnet, herauszusteichen und christlich theologisch zu legitimieren. Auch die Sol-Symbolik fehlt, wie schon dargestellt, in der Tricennalienrede nicht.[27]

Vergleicht man nun die Herrschertheologie dieser Rede mit jener der imperialen Repräsentation, so zeigt sich, daß die Hauptmotive dieselben sind. Wir finden in beiden Bereichen die Christusmimesis, die Vorstellung von Konstantin als vicarius Christi, die heilsgeschichtliche Sonderstellung Konstantins, seine Messianität, die Siegestheologie als Rahmen des Ganzen, die Vollmacht Konstantins in religiösen Fragen. Mögliche Differenzen können nur vage bestimmt werden. Am ehesten kann man sie m.E. an Eusebs Betonung und Darstellung von Konstantins Priestertum und Lehramt festmachen. In der imperialen Repräsentation ist wohl der sakrale Charakter von Konstantins Kaisertum und seine das Normalmaß weit überschreitende Religiosität und religiöse Vollmacht nachzuweisen, aber darüberhinaus ist bei Euseb eine Tendenz zur Schilderung Konstantins als "kirchentreuen", demütig-vorbildlich frommen Kaiser zu beobachten. Dies scheint auf das Konto Eusebs bzw. der Gattung der panegyrischen Rede zu gehen. Insgesamt darf also gesagt werden, daß die Tricennalienrede durchaus die Grundstruktur und die zentralen Gedanken von Konstantins Herrscherideologie wiedergibt, was bei einem vor dem Kaiser gehaltenen Panegyrikos nicht verwunderlich ist. Zugleich muß hier aber nocheinmal festgehalten werden, daß Euseb vermutlich nicht der maßgebliche Erfinder dieser Herschertheologie, insbesondere der Christusmimesis war, sondern daß er in der Tricennalienrede auf die schon vorhandene, voll entwickelte kaiserliche Selbstdarstellung Konstantins reagiert hat. Seine theologische Leistung war es, die ihm bereits vorgegebene Herrschertheologie in sein von ihm entworfenes geschichtstheologisches, apologetisches System eingebaut und so auf theologisch und intellektuell hohes Niveau gehoben zu haben. Dafür war damals, nach unserem heutigen Wissensstand, Euseb in der Tat prädestiniert, wenn nicht gar als einziger dazu in der Lage.

---

[24] GIRADET, Das christliche Priestertum, 579ff

[25] LC X 4 = ed. Heikel, 222,26: οἱά τις ὑποφήτης; LC IX 10 = ed. Heikel 219,20f: διδάσκαλος; LC X 4 = ed. Heikel 222,22ff: κηρύττει; vgl.: SANSTERRE, a.a.O., 142

[26] LC XVIII 1 = ed. Heikel 259,6f. Ein Gedanke, der streng genommen den Mimesisgedanken überflüssig macht. Das platonische Schema wird durch den Gedanken einer direkten göttlichen Offenbarung gestört (vgl. dagegen: SANSTERRE, a.a.O., 146).

[27] Vgl. oben S.27f

Die letzte Schrift aus der Feder Eusebs ist die VC. Vielleicht schon zu Lebzeiten Konstantins begonnen, ist sie in ihren Hauptteilen erst nach dem Tod Konstantins verfaßt worden und unvollendet geblieben. Sie erschien also posthum.[28] Hinsichtlich ihrer literarischen Gattung läßt sich die VC nicht genau zuordnen. Sie vereinigt Elemente des Panegyrikos (βασιλικός λόγος) und der Biographie, ist sozusagen eine "Mischform".[29] Euseb wolte das Idealbild eines christlichen Kaisers entwerfen "als Norm und Vermächtnis für die Nachfolger Konstantins."[30]

Naturgemäß gerät unter diesem Aspekt das Hauptmotiv der Tricennalienrede - die Abbild- und Nachahmungstheorie - in den Hintergrund, aber natürlich ohne ganz zu verschwinden.[31] An ihre Stelle tritt nun die εὐσέβεια Konstantins beherrschend in den Vordergrund. Die Frömmigkeit des Kaisers ist das Leitmotiv der VC und seine Haupttugend, aus der sich alle anderen Herrschertugenden ableiten. Der ideale Kaiser ist der fromme Kaiser.[32] Gleich zu Beginn der VC hält Euseb programmatisch fest, daß für den Christen Standbilder, Malereien und Inschriften keine unvergänglichen Ehren sichern. Sondern der Christ wird für seine Frömmigkeit belohnt und zwar erhält er hier auf Erden dafür zunächst nur "Erstlingsgaben",[33] im Himmel aber sind ihm die eigentlichen Güter und Ehren aufbewahrt.[34] Dies habe das Beispiel der Propheten und das Leben der gottgeliebten Männer gezeigt und dies habe auch die Gegenwart bewiesen, nämlich in Konstantin, der als Liebling Gottes für alle ein sichtbares Beispiel der Gottesfurcht geworden ist.[35] Konstantin soll in der VC - und das wird in VC I 4 nocheinmal bekräftigt - als ein exemplum für die christliche Frömmigkeit, als Beispiel für ein christliches Leben im Allgemeinen und als

---

[28] G. PASQUALI, Die Composition der Vita Constantini des Eusebius, in: Hermes 46 (1910), 369ff; WINKELMANN in der Einleitung seiner Edition S LIII-LVII; BARNES, C.a.E., 265ff. Euseb dürfte vor der Endredaktion gestorben sein. Wohl von daher (und nicht aus Interpolationen) sind die vorhandenen inhaltlichen Spannungen in der Schrift zu erklären. E sind noch mehrere Bearbeitungsstufen zu erkennen, die zum Teil ebenfalls diese inhaltlichen Spannungen verursachen und die von Euseb nicht mehr in einer Endredaktion in Einklang gebracht werden konnten (PASQUALI, a.a.O., 383ff; WINKELMANN in seiner Edition LVIf; ebenso: BARNES, C.a.E., 265f).

[29] FARINA, L´impero, 19ff. Zu den dort übernommenen panegyrisachen Topoi und dem Umgang Eusebs mit ihnen vgl.: HEIKEL in seiner Edition XLV und: D. KAUFMANN-BÜHLER, Art. "Eusebeis", in: RAC 6 (1965), 1042ff.

[30] WINKELMANN, ebd.; FARINA, L´impero, 22

[31] VC I 5 = W 17,12ff: Gott schuf auf Erden durch Konstantin ein Abbild seiner eigenen Monarchie, indem er ihn zum Sieger über die Tyrannen machte.

[32] Zum Begriff "eusebeis": KAUFMANN-BÜHLER, a.a.O., 986ff (zu Euseb: 1042ff); FARINA, L´impero, 211ff

[33] πρωτόλεια: VC I 3 = W 16,26f

[34] VC ebd.

[35] VC I 3,4 = W 16,28ff

Kaiser im Besonderen vorgestellt werden. Zu diesem Zweck verzichtet Euseb so gut es geht auf eine ausführliche Darstellung der politischen Erfolge Konstantins und setzt sich zum Ziel " ... da die Absicht des uns vorliegenden Werkes es nahelegt, nur über das, was sich auf das gottesfürchtige Leben bezieht, zu reden und zu schreiben."[36] Daraus läßt sich der wichtige Schluß ziehen, daß Euseb nur das berichtet, was er für eine gute, fromme und vorbildliche christliche Tat des Kaisers hält.

Anhand von Konstantins βίος wird von Euseb die εὐσέβεια des Kaisers illustriert, wobei all jene Verdienste, die früher von der heidnischen Panegyrik der ἀνδρεία bzw. der φρόνεσις zugeschrieben wurden, nun von der εὐσέβεια bewirkt werden.[37] Zum Beispiel vertraut Konstantin bei seinen Siegen über Maxentius und Licinius in erster Linie nicht auf sein gut ausgerüstetes Heer, sondern auf das Gebet.[38] Der Sieg wird ihm als Lohn für seine Frömmigkeit geschenkt - ein Motiv, das auch in der Tricennalienrede zu finden ist.[39] Als jemand, der auch im Kampf Gott vor Augen hat, schont der Kaiser nach Euseb auch im Sieg Menschenleben usw.[40] Wie in der Tricennalienrede ist Konstantin "Lehrer" der Frömmigkeit und κῆρυξ Gottes. Dementsprechend tut er alles, um das Christentum zu verbreiten und zu fördern.[41] Euseb streicht heraus, daß aus diesem Grunde Konstantin Kirchen baut, Synoden einberuft, innerkirchlichen Streit schlichtet und auf christliche Beamte vertraut.[42] Konstantin fehlt auch nicht die christliche Demut: Euseb malt breit aus, wie Konstantin einen Bischof zurechtweist, der ihn in ungehörigem Maß preist[43] und wie Konstantin entgegen dem kaiserlichen Hofzeremoniell in Nicaea in Anwesenheit der Bischöfe stehenbleibt.[44]

Vergleicht man das Konstantinbild der VC mit jenem der Tricennalienrede, so stellt man fest, daß das Motiv der Frömmigkeit des Kaisers in den Mittelpunkt gerückt und die Christustypologie bzw. Christusmimesis in den Hintergrund getreten ist. Gleichwohl ist die letztere nicht ganz verschwunden: Bekannt ist die Schilderung der Vicennalienfeier Konstantins zusammen mit den Bischöfen in der VC. Zum Umstand, daß der Kaiser mit den Klerikern gemeinsam zu

---

[36] VC I 11,1 = W 20,23ff

[37] T. PAYR, Art. "Enkomion", in: RAC 5 (1961), 338; WINKELMANN in der Einleitung seiner Edition, LI

[38] VC I 27,1 = W 28,20ff; VC II 4,1 = W 49,5ff

[39] VC I 8 und 46 = W 18,16ff und 39,25ff; LC X 7 = ed. Heikel, 223,12ff und passim.

[40] VC II 13 = W 54,1ff

[41] VC II 23 = W 57,27ff; VC IV 1 = W 120,1ff

[42] Vgl. die "Summarien" in VC III 1 = W 47,1ff und VC IV 75 = W 150,28ff

[43] VC IV 48 = W 140,12ff

[44] VC III 10 = W 82,7f; vgl. dazu: SIEBEN, a.a.O., 440f und: INSTINSKY, Bischofsstuhl und Kaiserthron, 38f

Tisch liegt, bemerkt Euseb: "Leicht hätte man das für ein Bild vom Reich Christi halten können, als sei alles nur ein Traum und nicht Wirklichkeit."[45] In diesem Bild nimmt Konstantin den Platz Christi ein. In VC IV 72 schreibt Euseb zum Tod Konstantins, daß der Kaiser eben nicht mit Phönix zu vergleichen sei, sondern mit "seinem Erlöser", der ähnlich dem Weizenkorn Ähren hervorbrachte und so den ganzen Erdkreis mit Früchten füllte.[46] Eine Andeutung einer Christusmimesis findet sich in der Schilderung der Aufdeckung der Grabeshöhle wo die durch Konstantin bewirkte "Auferstehung der Höhle" mit der Auferstehung Chrisi analoggesetzt wird.[47] Schließlich fällt dem gelehrten Bischof noch der Todeszeitpunkt Konstantins auf, der nach Euseb genau auf jenen Festtag fiel, an dem Christus in den Himmel fuhr und der Heilige Geist auf die Erde kam.[48] Dies sind, soweit ich sehe, alle Stellen in der VC, die eine Christustypologie bzw. -mimesis oder einen Anklang daran aufweisen. Diese geringe Zahl an Beispielen, die zum Teil auch noch vage gehalten sind, ist auffällig und kann nicht allein mit der anderen literarischen Gattung erklärt werden. Euseb übt hier offensichtlich Zurückhaltung. Selbst aus seinen Beschreibungen und Schilderungen von Konstantins Kirchenbauten kann man nicht herauslesen, wie sehr und in welchem Ausmaß diese Basiliken Christusbauten und Siegesmonumente waren und wie stark sie tatsächlich in die Staatspropaganda eingebunden wurden. Zum Teil könnte es vielleicht damit erklärt werden, daß Euseb dies selbstverständlich findet, da alle imperialen Bauten per se Siegesbauten waren und der Verherrlichung des Kaiserhauses dienten. Jedoch das Verschweigen der Christusmimesis in der VC, insbesondere bei den Kirchenbauten im Heiligen Land, kann damit nicht verständlich gemacht werden, auch nicht mit dem unfertigen Zustand der VC. Euseb läßt in der VC den Leser absichtlich im Unklaren über die realpolitische Bedeutung dieser kaiserlichen Symbolsprache. Eusebs Unwillen, das Ausmaß von Konstantins Christusmimesis in der VC zu schildern, wird bei seiner Interpretation von Konstantins Mausoleum besonders manifest, wo er Konstantins Absichten, die für jeden Besucher offenbar und klar sein mußten, bewußt falsch darstellt.[49] Der Euseb der VC folgt hier Konstantin nicht mehr. Dabei wird Euseb mit der grundsätzlichen Konzeption der Christusmimesis sicher einverstanden gewesen sein. Zwar findet sich gleichsam als Alternative dazu in der VC auch wieder die

---

[45] VC III 15 = W 89,9f

[46] VC IV 72 = W 150,7ff

[47] vgl.: E. BENZ, Die heilige Höhle in der alten Christenheit und in der östlich-orthodoxen Kirche, in: ErJb 22 (1953), 387

[48] VC IV 64 = W 146,30ff

[49] Es gibt, soweit ich sehe, weder inhaltlich noch sprachlich einen Ansatzpunkt, von dem aus man die Beschreibung des Konstantinmausoleums als Interpolation erweisen könnte.

Konstantin-Mosetypologie,[50] aber Euseb ist schließlich auch der Verfasser der Tricennalienrede und kann sie nicht komplett gegen seine Überzeugung geschrieben und gehalten haben. Andeutungen der Christusmimesis gibt es, wie wir gesehen haben, ja auch in der VC, wo er auch ds Bild über dem Palasttor nicht verschweigt. Aber die extreme Zuspitzung, die Konstantin diesem Konzept gegeben hat, mußte Euseb mindestens zum Zeitpunkt der Abfassung der VC entweder zu weit gegangen sein, oder er hat sie aus anderen Gründen verschwiegen.[51] Jedenfalls zählte sie nicht zu dem, was Konstantin nach Euseb in seinem Leben an gottgefälligen, frommen Taten zu bieten hatte. Deshalb hat Euseb in der VC auch die Heliosstatue auf der Porphyrsäule - immerhin das Wahrzeichen von Konstantinopel! - mit Schweigen übergangen und ist mit der solaren Symbolik im Allgemeinen verblieben.

Der Wahrheit kommt man wohl näher, wenn man die politischen Umstände zur Zeit der Abfasung der VC mit ins Kalkül zieht. Pasquali konnte zeigen, daß jene Teile der Kapitel 66 und 75 des vierten Buches, die von den Söhnen Konstantins als Augusti handeln, von Euseb nachträglich eingearbeitet wurden, als er von den politischen Morden unter den Verwandten Konstantins und der damit verbundenen Erhebung der drei Konstantin-Söhne zu Augusti im September 337 erfahren hatte.[52] Weiters haben wir gesehen, daß Calderones These, Konstantin habe über seinen Tod hinaus als alleiniger, von Gott eingesetzter Augustus regieren wollen, insofern bestätigt wird, als dieser Anspruch in Konstantins Mausoleum seinen monumentalen Ausdruck gefunden hat. Mit der Erhebung der Söhne zu Augusti war aber das Programm der Apostelkirche nicht mehr aktuell. In einer offiziösen Schrift wie der VC mußte darauf Rücksicht genommen werden. Daneben bleibt aber die Möglichkeit bestehen, daß Euseb schon vorher am Konzept der Apostelkirche und der Zuspitzung der Christusmimesis als solcher Unbehagen empfunden hat. Letzteres erscheint mir wahrscheinlicher. Denn die Tugend der Demut und Frömmigkeit, mit der er das Kaiserbild in der Tricennalienrede hinterlegt und die Konstantins Herrschaftsanspruch wie mit einem Schleier bedeckt, kann am ehesten damit (und nicht nur mit der literarischen Gattung) erklärt werden. Dafür könne sprechen, daß der VC - um mit Pasquali zu reden - ein "Anstrich von Pamphlet" eignet. Deutlich wird dies z.B. an den kritischen Bemerkungen in VC IV 54, wo Euseb

---

[50] HOLLERICH, a.a.O., 316ff

[51] M.E. wird von hier aus auch verständlich, warum Euseb nicht den wirklichen Stellenwert, den das Kreuzzeichen für Konstantin besaß, wiedergibt. Euseb hatte sicher nichts gegen die Einführung des Kreuzes in die Staatssymbolik, aber die Art und Weise der Vereinnahmung ging ihm offenbar zu weit.

[52] PASQUALI, a.a.O., 380ff. Zu den Vorgängen nach Konstantins Tod vgl. den ersten Abschnitt bei: R. KLEIN, Die Kämpfe um die Nachfolge nach dem Tode Constantins des Großen, in: ByF 1979, 101ff

klagt, daß Konstantin schlechten Personen sein Vertrauen schenkte.[53] Dies muß vor dem Hintergrund der Rückkehr des Athanasius aus dem Exil (er bricht im Juni in Trier auf)[54] gesehen werden. Diese kritischen Bemerkungen sollen Ermahnungen zur richtigen Kirchenpolitik an Konstantins Nachfolger sein, genauso wie z.B. die übertriebenen und verfälschenden Darstellungen von Konstantins Kampf gegen das Heidentum[55] dem Wunschdenken Eusebs entsprechen, der es gern gesehen hätte, daß die Söhne darin seinem Konstantin der VC nacheifern und nicht dem wirklichen Konstantin zu seinen Lebzeiten. Es könnte deshalb sein, daß die äußerst zurückhaltende Darstellung der Christusmimesis in der VC etwas mit dem Idealbild des frommen Kaisers, das Euseb Konstantins Söhnen vor Augen stellen wollte, zu tun hat, ein Idealbild, das vom realen Auftreten Konstantins verschieden war. Dabei war es doch Konstantin gewesen, der Eusebs eigene theologische Grundkonzeption bestätigt hatte. Eusebs apologetisch-heilsgeschichtliche Theologie, die die Weltgeschichte als Schauplatz der Durchsetzung und des Siegeszuges des Gottes der Christen verstand, konnte nur angesichts der politischen Erfolge Konstantins bestehen. Daß Euseb anscheinend trotzdem unter den damaligen schwierigen politischen Umständen im Rahmen seiner Möglichkeiten eine kritische Distanz gegenüber dem von ihm so verehrten, gewaltigen Konstantin gewahrt und auch vertreten hat, ist eine Leistung, der man mit Respekt begegnen sollte. Vor allem sollte sie vor einer Unterschätzung Eusebs warnen.

Auf alle Fälle zeigt dies alles noch einmal, daß Euseb nicht zu dem Kreis jener Theologen am Hof gehört hat, die das neue Programm für den Kaiser erfunden haben.

---

[53] VC IV 54 = W 142,20ff

[54] Ath. apol. sec. 87,4ff = ed. Opitz, 166,11ff; SEECK, Regesten, 185

[55] Vgl. zuletzt: M.E. SALZMANN, "Superstitio" in the Codex Theodosianus and the Persecution of Pagans, in: VigChr 41 (1987), 178f

Literaturverzeichnis

Quellen

ANNA KOMNENA, Alexias, ed. A.B. LEIB, Anne Comnène, Alexiade, 3 Bde, Paris 1937- 1945

AMMIANUS MARCELLINUS, Römische Geschichte. Lateinisch und Deutsch und mit einem Kommentar versehen von W. Seyfarth. Erster Teil, Berlin 1986[6]

AURELIUS VICTOR, Liber de Caesaribus. Epitome de Caesaribus, ed. F. PICHL-MAYR, Leipzig 1970

ATHANASIUS V. ALEXANDRIEN,
- Werke, Bd II,1: Die Apologien, ed. H.-G. OPITZ, Berlin 1935ff
- Werke, Bd. III: Urkunden zur Geschichte des Arianischen Streites 318 - 328, ed. H.G.OPITZ, Berlin-Leipzig 1934
- Apologie à l'empereur Constance. Apologie pour sa fuite, ed. J.M. SZYMUSIAK (SC 56), Paris 1958
- Vita s. Antonii, PG 28 (1887), 835ff

LES CANONS DES SYNODES PARTICULIERS, Fonti IX. Discipline génerale antique (IVe-IXe) Tom. I/2, ed. P.P. JOANNOU, Roma 1962

CHRONICON PASCHALE, ed. L. DINDORF, PG 92 (1865)

CODEX THEODOSIANUS, Theodosiani Libri XVI cum Constitutionibus Sirmondianis, ed. P. KRÜGERI, T. MOMMSEN. I,1 u. I,2, Berlin 1954[2]

CONCILIA GALLIAE, Concilia Galliae A. 314 - A. 506, ed. C. MUNIER (CCL 148A), Turnholti 1963

ECCLESIAE OCCIDENTALIS MONUMENTA, Ecclesiae occidentalis monumenta iuris antiquissima. Canonum et conciliorum graecorum interpretationes latinae ..., ed. C.H. TURNER, Oxford 1899ff

EKPHANTOS, DIOTOGENES, STHENIDES, Les Traités de la Royauté d'Ecphante, Diotogène et Sthénidas, ed. L. DELATTE, in: Bilbl. de Philosophie et Lettres de l'Université de Liège, Fasc. 97, Paris 1942

EUSEB V. CAESAREA
- Jesajakommentar, ed. J. ZIEGLER (GCS 61), Berlin 1975
- Kirchengeschichte, bearb. v. E. SCHWARTZ. Die lat.Übers. des Rufinus, bearb. v. T. MOMMSEN (GCS). Kleine Ausgabe, ed. E. SCHWARTZ, Berlin 1955[5]

- Das Onomasticon der biblischen Ortsnamen, ed. E. KLOSTERMANN, Werke Euseb III,1 (GCS), Leipzig 1904, Nachdruck Hildesheim 1966
- Die Theophanie. Die griechischen Bruchstücke und Übersetzung der syrischen Überlieferungen, ed. H. GRESSMANN, Eusebius Werke III, 2 (GCS), 195ff, Leipzig 1902
- H.A. D RAKE, In Praise of Constantine. A Historical Study and Translation of Eusebius' Tricennial Orations, in: University of California Publications: Classical Studies Vol.15, University of California 1975
- Über das Leben des Kaisers Konstantin, ed. F. WINKELMANN, Eusebius Werke I,1 (GCS), Berlin 1975
- J.M. PFÄTTISCH, Über das Leben des Kaisers Konstantin, in: BKV 9, Kempten-München 1913[2]
- L. TARTAGLIA, Eusebio di Cesarea. Sulla Vita di Costantino. Introduzione, e note, Napoli 1984

EPITOME DE CAESARIBUS, siehe: Aurelius Victor

EUTROPIUS, Eutropii Breviarium ab urbe Condita, ed. C. S ANTINI, Leipzig 1979

FIRMICUS MATERNUS, Mathesis, ed. W. KROLL, O. SKUTSCH, K. ZIEGLER, 2 Bde, Leipzig 1897 u. 1913

GELASIOS V. CYZIKOS, Kirchengeschichte, ed. G. LOESCHKE, M. HEINEMANN (GCS 28), Leipzig 1918

GEORGIOS MONACHOS, Georgii Monachi Chronicon, ed. C. de BOOR, 2 Bde, Leipzig 1904

GREGOR V. NYSSA, Gregorii Nysseni Opera. Vol. VIII,2: Epistulae: ed. G. PASQUALI, Leiden 1959

HIERONYMUS
- Die Chronik des Hieronymus. Hieronymi Chronicon, ed. R. HELM, Eusebius Werke VII (GCS), Berlin 1956
- De viris inlustribus, ed. W. HERDING, Leipzig 1924
- Hieronymus. Briefe, ed. I. HILBERG (CSEL 54-56), Leipzig-Wien 1918

HILARIUS VON POITIERS, S. Hilarii Episcopi Pictaviensis Opera. Pars IV. Excerpta ex opere Historico s. Hilarii Deperdito, Collectanea Antiariana, ed. A. FEDER (CSEL 65), Wien-Leipzig 1916

HISTORIA AUGUSTA, siehe: Scriptores Historiae ...

ITINERARIA
- Itineraria et alia Geographica, CCL 175 u. 176, Turnholti 1965
- H. DONNER, Pilgerfahrt ins Heilige Land. Die ältesten Berichte christlicher Palästinapilger (4.-7. Jahrhundert), Stuttgart 1979

JULIAN, L´ empereur Julien oevres complètes: Bd.I,1: Discours de Julien César, ed. J. BIDEZ, Paris 1932

KEDRENOS, Georgii Cedreni compendium historiarum, in: PG 121 (1894)

KYRILL VON JERUSALEM
- Catechèses, PG 33 (1893), 331f
- L´ èpitre de Cyrille de Jérusalem à Constance sur la vision de la croix, in: Byz 43 (1973), 264ff

LACTANTIUS
- Lactance, De la mort des persécuteurs, ed. J. MOREAU, 2 Bde (SC 39), Paris 1954
- Lactantius. De Mortibus Persecutorum, ed. J.L. CREED, Oxford Early Christian Texts (ed. H. CHADWICK), Oxford 1984

LEON GRAMMATIKOS (PSEUDO LEON GRAMMATIKOS), Chronographia, ed. I. BEKKER (CSHB), Bonn 1842

LIBER PONTIFICALIS, ed. L. DUCHESNE, C. VOGEL, 2 Bde, Paris 1957³

MARTYROLOGIEN, Die drei ältesten Martyrologien, ed. H. LIETZMANN, KlT 2, Bonn 1903

MALALAS
- Ioannes Malalas, Chronographia, ed. L. DINDORF (CSHB), Bonn 1831
- E. JEFFREYS, M. JEFFREYS, R. SCOTT u.a., The Cronicle of John Malalas: Australian Association for Byzantine Studies. Byzantina Australiensa 4, Melbourne 1986

NIKEPHOROS CALLISTOS XANTHOPULOS, Kirchengeschichte, PG 145-146 (1904/1865)

OPTATUS, S. Optati Milevitani Libri VII, ed. C. ZIWSA (CSEL 26), Wien 1893

ORIGO CONSTANTINI IMPERATORIS, (= Excerpta Valesiana Teil 1), ed. J. MOREAU, V. VELKOV, Leipzig 1968²

OROSIUS, Paulus Orosius. Historiarum adversus paganos libri septem, ed. C. ZAN-GENMEISTER (CSEL 5), Wien 1882

PANEGYRICI LATINI, XII Panegyrici Latini, recognovit brevique abnotatione critica instruxit R.A.B. Mynors, Oxford 1964

PARASTASEIS, siehe: Scriptores originum Constantinopolitarum ...

PASSIO LUCIANI PRESBYTERI, AS Nov. 2.2., 29f, Brüssel 1931

PHILOSTORGIOS, Kirchengeschichte mit dem Leben des Lucian von Antiochien und den Fragmenten eines arianischen Historiographen, ed. J. BIDEZ, F. WINKEL-MANN (GCS), Berlin 1972

PROKOPIOS, Die Bauten, ed. O. VEH, München 1977

PRUDENTIUS, Aurelii Prudentii Clementis Carmina, cura et studio M.P. CUNNING-HAM (CCL 126), Turnholti 1966

PUBLIUS PORPHYRIUS OPTATIANUS, Publii Optatiani Porfyrii Carmina, ed. E. KLUGE, Leipzig 1926

RUFINUS, Historiae ecclesiasticae X-XI, ed. T. MOMMSEN, Euseb Werke 2,2 (GCS 9,2), Leipzig 1908

SCRIPTORES HISTORIAE AUGUSTAE, ed. HOHL, 2 Bde, Leipzig 1965

SCRIPTORES ORIGINUM CONSTANTINOPOLITARUM
- Scriptores originum Constantinopolitarum, ed. T. PREGER, 2 Bde., Leipzig 1901-1907
- A. CAMERON, J. HERRIN, Constantinople in the Early Eigth Century. The Parastaseis Syntomoi Chronikai, Leiden 1984

SOKRATES
- Socratis Scholastici Ecclesiastica Historia I-III, ed. R. HUSSEY, Oxford 1853
- The Ecclesiastical History of Socrates Scholasticus. Revised with notes by A.C. ZENOS (NPNF II,2), Grand Rapids/ Mich. 1976

SOZOMENOS
- Kirchengeschichte, ed. J. BIDEZ, G.C. HANSEN (GCS 50), Berlin 1960
- The Ecclesiastical History of Sozomen comprising a History of the Church from the Greek revised by C.D. HARTRANFT (NPNF II,2), Grand Rapids/Mich. 1976

SUETON, C. Suetoni Tranquili Opera. Vol. I: De vita Caesarum Libri VIII, ed. M. IHM, Stuttgart 1958

TERTULLIANUS, Opera Catholica. Adversus Marcionem, ed. E. DEKKERS (CCL 1), Turnholti 1954

THEODORET, Kirchengeschichte, ed. L. PARMENTIER, F. SCHEIDWEILER (GCS 44), Berlin 1954[2]

THEOPHANES CONFESSOR, Chronographia, ed. C. de BOOR, 2 Bde, Leipzig 1883/1885

URKUNDEN, Urkunden zur Entstehungsgeschichte des Donatismus, ed. H.v. SODEN, KIT 122, Berlin 1950[2]

ZONARAS, Annales, PG 134/35 (1864/1887)

ZOSIMOS, Historia nova, ed. F. PASCHOUD, Tom. I, Paris 1974

Lexika, Nachschlagewerke

H. AURENHAMMER, Lexikon der Christlichen Ikonographie Bd.1, Wien 1959-1967

F. CABROL, H. LECLERQ, Dictionnaire d'Archéologie chrétienne et de Liturgie, Paris 1907ff

DIZINARIO PATRISTICO E DI ANTICHITA CHRISTIANA, 3 Bde, Casale-Monferrato 1983ff

G.W.H. LAMPE, A Patristic Greek Lexicon, ed. by G.W.H. Lampe, Oxford 1961

LEXIKON DER CHRISTLICHEN IKONOGRAPHIE, ed. E. KIRSCHBAUM, 8 Bde, Rom-Freiburg-Basel-Wien 1968ff

LEXIKON DES MITTELALTERS, München-Zürich 1977ff

LEXIKON FÜR THEOLOGIE UND KIRCHE, 10 Bde, Freiburg 1957ff

C. LEWIS, C. SHORT, A Latin Dictionary, Oxford 1975

H.G. LIDELL, R. SCOTT, Greek-English Lexicon, Oxford 1953

M. LURKER, Wörterbuch der Symbolik, Stuttgart 1979

K. ONASCH, Kunst und Liturgie der Ostkirche in Stichworten unter Berücksichtigung der Alten Kirche, Wien-Köln-Graz 1981

DER KLEINE PAULY, Lexikon der Antike in fünf Bänden, München 1979

PAULYS REALENCYKLOPÄDIE der Classischen Altertumswissenschaft, Stuttgart 1877ff

REALENCYKLOPÄDIE FÜR PROTESTANTISCHE THEOLOGIE UND KIRCHE (ed. A. HAUCK), 24 Bde, Leipzig 1896ff[2]

REALLEXION FÜR ANTIKE UND CHRISTENTUM, Sachwörterbuch zur Auseinandersetzung des Christentums mit der Antiken Welt, Stuttgart 1950ff

REALLEXIKON ZUR BYZANTINISCHEN KUNST, Stuttgart 1966ff

REALLEXIKON ZUR DEUTSCHEN KUNSTGESCHICHTE (ed. O. SCHMITT), Stuttgart 1937ff

DIE RELIGION IN GESCHICHTE UND GEGENWART, Handwörterbuch für Theologie und Religionswissenschaft, Tübingen 1957ff

W. SCHULE, Bibliographie der Übersetzungen griechisch-byzantinischer Quellen, Wiesbaden 1982

THEOLOGISCHE REALENCYKLOPÄDIE, Berlin-New York 1977ff

TUSCULUM LEXIKON griechischer und lateinischer Autoren des Altertums und des Mittelalters, München-Zürich 1982[2]

WÖRTERBUCH DES CHRISTENTUMS (edd. V. DREHSEN, H. HÄRING, K.J. KUSCHEL u.a.), Gütersloh-Zürich 1988

Sekundärliteratur

L. ABRAMOWSKI, Die Synode von Antiochien 324/25 und ihr Symbol, in: ZKG 86 (1975), 356ff

K. ALAND, Der Abbau des Herrscherkultes im Zeitalter Konstantins, in: Studies in the History of Religions (Supplements to Numen) IV: The Sacral Kingship - La Regalità Sacra, Leiden 1959, 493ff, jetzt in: ders., Kirchengeschichtliche Entwürfe, 240ff

- Bemerkungen zum Alter und zur Entstehung des Christogramms anhand von Beobachtungen bei P66 und P75, in: ders., Studien zur Überlieferung des Neuen Testaments und seines Textes, in: Arbeiten zur neutestamentlichen Textforschung 2, Berlin 1967, 173ff

- Die religiöse Haltung Kaiser Konstantins, in: Studia Patristica I (= TU 63 (1957), 549ff, jetzt in: ders., Kirchengeschichtliche Entwürfe, 202ff
- Kirche und Kaiser von Konstantin bis Byzanz, in: BBA 5 (1957), 188ff, jetzt in: ders., Kirchengeschichtliche Entwürfe, 257ff
- Kirchengeschichtliche Entwürfe. Alte Kirche, Reformation und Luthertum, Pietismus und Erweckungsbewegung, Gütersloh 1960
- Das Verhältnis von Staat und Kirche in der Frühzeit, in: ANRW II 23.1, Berlin-New York 1979, 60ff

S.S. ALEXANDER, Studies in Constantinian Church Architecture, in: RivAC 47 (1971), 281ff und RivAC 49 (1973), 33ff

A. ALFÖLDI, The Conversion of Constantine and pagan Rome, Oxford 1948
- The Helmet of Constantine with the Christian Monogramm, in: JRS 22 (1932), 9ff
- Hoc signo victor eris. Beiträge zur Geschichte der Bekehrung Konstantins des Großen, in: Pisciculi. Studien zur Religion und Kultur des Altertums. F.J. Dölger dargeboten, in: AuC E.1, Münster 1939, 1ff, jetzt in: H. KRAFT (ed.), Konstantin der Große, 224ff
- Das Kreuzscepter Konstantins d. Gr., in: Schweizer Münzblätter IV (1954), 84ff
- Die monarchische Repräsentation im römischen Kaiserreiche, Darmstadt 1980³

M.R. ALFÖLDI, Antike Numismatik. Teil 1 und 2, in: Kulturgeschichte der antiken Welt, Bd.2, Mainz 1978
- Historische Wirklichkeit - historische Wahrheit: Constantin und das Kreuzszepter; in: H.J. DREXHAGE, J. SÜNSKES (edd.), Migratio et Commutatio. Studien zur Alten Geschichte und deren Nachleben (Fs. Th. Pekáry), St. Katharinen 1989, 318ff
- Die Konstantinische Goldprägung. Untersuchungen zu ihrer Bedeutung für Kaiserpolitik und Hofkunst, Mainz 1963
- Münzen des 4. Jahrhunderts mit christlichen Kaiserbildnissen. Wesen und Werden des christlichen Kaiserbildes auf Münzen des 4. Jahrhunderts, in: Frühchristliche Zeugnisse imEinzugsgebiet von Rhein und Mosel (edd. T. KEMPF, W. REUSCH), Ausstellungskatalog Trier 1965, 83ff
- Der Sieg der Arianer an Constantins Hof, in: Atti del Congresso Internazionale di Archeologia Christiana. Ravenna 1962, Città del Vaticano 1965, 753f
- Signum Deae. Die kaiserzeitlichen Vorgänger des Reichsapfels, in: JNG 11 (1961), 19ff
- Die Sol Comes Münze vom Jahr 325. Neues zur Bekehrung Kaiser Konstantins, in: Mullus. Festschrift Theodor Klauser, in: JAC E.1, Münster 1964, 10ff

B. ALTANER, A. STUIBER, Patrologie. Leben, Schriften und Lehre der Kirchenväter, Freiburg-Basel-Wien 1980⁹

F. ALTHEIM, Konstantins Triumph von 312, in: ZRGG 9 (1957), 221ff

- Römische Religionsgeschichte, 2 Bde, Belin 1956[2]
- Der unbesiegte Gott, Hamburg 1957

C. ANDRESEN, Einführung in die Christliche Archäologie, in: Die Kirche in ihrer Geschichte Bd.1, B1, Göttingen 1971
- Art. "Erlösung", in: RAC 6 (1964), 54ff
- Die Kirchen der Alten Christenheit, in: Religionen der Menschheit Bd. 29, 1/2, Stuttgart-Berlin-Köln-Mainz 1971

H.H. ANTON, Kaiserliches Selbstversndnis in der Religionsgesetzgebung der Spätantike und päpstliche Herrschaftsinterpretation im 5. Jahrhundert, in: ZKG 88 (1977), 38ff

A. ARBEITER, Alt - St. Peter in Geschichte und Wissenschaft. Abfolge der Bauten. Rekonstruktion. Architekturprogramm, Berlin 1988

G.T. ARMSTRONG, Constantine's Churches, in: Gesta 6 (1967), 1ff
- Imperial Church Building in the Holy Land in the 4th century, in: The Biblical Archeologist 30 (1967), 3ff

N.J.E. AUSTIN, Constantine and Crispus A.D. 326, in: Acta Classica 23 (1980), 133ff

M. AZKOUL, Sacerdotium et Imperium. The Constantinian renovatio according to the Greek Fathers, in: TS 32 (1971), 431ff

B. BAGATTI, La configurazione semiariana delle costruzioni Constantiniane del S. Sepolchro a Gerusalemme, in: Augustinianum 24 (1984), 561ff

G. BANDMANN, Mittelalterliche Architektur als Bedeutungsträger, Berlin 1979[6]

D. BARAG, J. WILKINSON, The Monza-Bobbio Flasks and Holy Sepulchre, in: Levant 6 (1974), 179ff

T.D. BARNES, Christian and Pagans in the Reign of Constantius, in: L'Eglise et l'Empire au IVe Siècle (Entret. Fond. Hardt XXXIV), Genève 1989, 301ff
- Constantine and Eusebius, Cambridge Mass.-London 1981
- Constantine and the Christians of Persia, in: JRS 75 (1985), 126ff
- The Editions of Eusebius' Ecclesiastical History, in: GRBS 21 (19800), 191ff
- The emperor Constantine's good Friday sermon, in: JThS 27 (1976), 414ff
- Emperor and Bishops. A.D. 324-344. Some Problems, in: AJAH 3 (1978), 53ff
- Lactantius and Constantine, in: JRS 63 (1973), 29-46
- The new empire of Diocletian and Constantine, London 1982
- Panegyric, history and hagiography in Eusebius'Life of Constantine, in: R. WILLIAMS (ed.), The making of orthodoxy. Essays in honour of Henry Chadwick, Cambridge 1989, 94ff
- Publius Optatianus Porphyrius, in: AJPh 96 (1975), 173ff
- Two Speeches by Eusebius, in: GRBS 18 (1977), 341ff

T. BAUMEISTER, Art. "Heiligenverehrung I", in: RAC 14 (1988), 96ff

A. BAUMSTARK, Konstantin der "Apostelgleiche" und das Kirchengesangbuch des Severus von Antiocheia, in: Konstantin d. Gr. und seine Zeit (ed. Franz Jos. DÖLGER), in: RQ Suppl. XIX, Città del Vaticano 1913, 248ff

- Die Modestianischen und Konstantinischen Bauten am Heiligen Grabe zu Jerusalem. Eine Nachprüfung der Forschungsergebnisse von A. Heisenberg, Grabeskirche und Apostelkirche. Zwei Basiliken Konstantins, Band I, in: Studien zur Geschichte und Kultur des Altertums VII (3/4), Paderborn 1915

K. BAUS, Der Kranz in Antike und Christentum. Eine religionsgeschichtliche Untersuchung mit besonderer Berücksichtigung Tertullians, in: Theophaneia 2, Bonn 1940

- Die Reichskirche nach Konstantin dem Großen. Erster Halbband: Die Kirche von Nikaia bis Chalkedon, in: Handbuch der Kirchengeschichte Bd.I, 57ff, Freiburg-Basel-Wien 1985 (Nachdruck der Ausg. v. 1962)

- Von der Urgemeinde zur frühchristlichen Großkirche, in: Handbuch der Kirchengeschichte Bd.I, 57ff, Freiburg-Basel-Wien 1985 (Nachdr. der Aus. v. 1962)

N.H. BAYNES, Constantine the Great and the Christian Church, in: PBA Vol. XV, London 1972 (Nachdr. der Ausg. 1929)

- Eusebius and the Christian Empire, in: AIPh 2 (1934): Mélanges J. Bidez, 13ff, jetzt in: ders., Byzantine Studies and other Essays, 168ff

- Rezens. Joseph Vogt, Constantin der Große und sein Jahrhundert, München 1949, in: JRS 41 (1951), 155ff

H.G. BECK, Kirche und theologische Literatur im byzantinischen Reich, in: Handbuch der Altertumswissenschaften XII, 2, 1 = Byzantinisches Handbuch II, 1, München 1959

- (ed.), Studien zur Frühgeschichte Konstantinopels, in: Studia Byzantina Monacensia 14, München 1973

E. BEKKER, Konstantin der Große der "neue Moses", in: ZKG 31 (1910), 161ff

- Protest gegen den Kaiserkult und Verherrlichung des Sieges am Pons Milvius in der christlichen Kunst der konstantinischen Zeit, in: Konstantin der Gr. und seine Zeit (ed. F.J. DÖLGER), in: RQ Suppl. XIX, Freiburg 1913, 155ff

A.R. BELLINGER, Roman and Byzantine Medaillons in the Dumbarton Oaks Collection, in: DOP 12 (1958), 127ff

E. BENZ, Die heilige Höhle in der alten Christenheit und in der östlich-orthodoxen Kirche, in: ErJb 22 (1953), 365ff

A. BERGER, Untersuchungen zu den Patria Konstantinupoleos, in: Poikila Byzantina 8, Bonn 1988

H. BERCKHOF, Kirche und Kaiser. Eine Untersuchung der Entstehung der byzantinischen und der theokratischen Staatsauffassung im vierten Jahrhundert, Zürich 1947

P. BESKOW, Rex Gloriae. The Kingship of Christ in the early Church, Stockholm 1962

E. BICKERMANN, "Consecratio", in: Le culte des souverains dans l'empire romain, in: Fond. Hardt. Entretiens 19 (1972), 1ff
- Die römische Kaiserapotheose, in: ARW 27 (1929), 1ff, jetzt in: A. WLOSOK (ed.), Römischer Kaiserkult, 82ff

H. BLANCK, Wiederverwendung alter Statuen als Ehrendenkmäler bei Griechen und Römern, in: Studia Archeologica 2, Rom 1962

A. BOETHIUS, J.B. WARD-PERKINS, Etruscan and Roman Architecture, Harmondsworth 1970

G. BOVINI, "Christo vincitore delle forze del male" nell' iconografia paleocristiana ravennate, in: Corsi Ravenna 11 (1964), 25ff
- "Christus Victor": una rara raffigurazione su un frammento di sarcofago paleocristiano del Museo Oliveriano di Pesaro, in: Studia Oliveriana 12 (1964), 47ff
- Le tombe degli imperatori d'Oriente dei secoli IV, V, VI, in: Corsi Ravenna 9 (1962), 155ff

G. BOVINI, H. BRANDENBURG, Repertorium der christlich antiken Sarkophage Bd.1: Rom und Ostia, Wiesbaden 1967

J. BRACKER, Zur Ikonographie Constantins und seiner Söhne, in: Kölner Jahrbuch für Vor- und Frühgeschichte 8 (1965/66), 12ff

H. BRANDENBURG, Roms Frühchristliche Basiliken des 4. Jahrhunderts, München 1979

J.D. BRECKENRIDGE, Likeness: A Conceptual History of Ancient Portraiture, Evanston 1969
- Roman Imperial Portraiture from Augustus to Gallienus, in: ANRW II 12.2, Berlin-New York 1981, 477ff

B. BRENK, The Imperial Heritage of Early Christian Art, in: Age of Spirituality. A Symposium. Held in Conjunction with the exhibition (ed. K. WEITZMANN), Princeton 1980, 39ff
- Spätantike und frühes Christentum (PKG S. 1), Frankfurt a. M.-Berlin-Wien 1977
- Spolia from Constantine to Charlemagne: Aesthetics versus Ideology, in: DOP 41 (1987): Studies on Art and Archeology in Honor of Ernst Kitzinger, 103ff

H.C. BRENNECKE, Bischofsversammlung und Reichssynode. Das Synodalwesen im Umbruch der konstantinischen Zeit, in: F.v.LILIENFELD, A.M. RITTER (edd.), Einheit der Kirche in vorkonstantinischer Zeit. Vorträge gehalten bei der patristischen Arbeitsgemeinschaft 2.-4. Januar 1985 in Bern (Oikonomia Bd.25), Erlangen 1989, 35ff
- Erwägungen zu den Anfängen des Neunizänismus, in: D. PAPANDREOU, W.A. BIENERT, K. SCHÄFERDIEK (edd.), Oecumenica et Patristica. Festschrift für Wilhelm Schneemelcher zum 75. Geburtstag. Stuttgart-Berlin-Köln 1989, 241ff

- Hilarius von Poitiers und die Bischofsopposition gegen Konstantius II. Untersuchungen zur dritten Phase des Arianischen Streites (337-361), in: PTS Bd.26, Berlin-NewYork 1984
- Art. "Lucian von Antiochien", in: TRE 21 (1992), 474ff
- Rezens. K.M. GIRADET, Kaisergericht und Bischofsgericht, in: ZKG 88 (1977), 344ff
- Rezens. U. SÜSZENBACH, Christuskult und kaiserliche Baupolitik bei Konstantin, in: ZKG 92 (1981), 365ff

G. BRUCK, Die Verwendung christlicher Symbole auf Münzen von Konstantin I. bis Magnentius, in: NZ 76 (1955), 26ff

P. BRUUN, The Christian Signs on the Coins of Constantine, in: Arctos 3 (1962), 5ff
- The consecration coins of Constantine the Great, in: Commentationes in honorem E. Linkomies (=Acta Philologica Fennica NS 1), Helsinki 1954, 19ff
- The Dissappearance of Sol from the Coins of Constantine, in: Arctos N.S. 2 (1958): Commentationes in honorem Ioanni Sundvall octogenarii, 15ff
- Notes on the transmission of imperial images in Late Antiquity, in: Studia romana in honorem Petri Krarup septuagenarii, Odense 1976, 122ff
- Portrait of a conspirator. Constantines break with the Tetrarchy, in: Arctos 10 (1976), 5ff
- The Roman Imperial Coinage Vol. VII: Constantine and Licinius A.D. 313-337, London 1966

T. BUDDENSIEG, Die Konstantinsbasilika in einer Zeichnung Francescos di Giorgo und der Marmorkoloss Konstantins des Großen, in: Münchner Jahrbuch der bildenden Kunst 13 (1962), 37ff

S. CALDERONE, Costantino e il cattolicesimo 1, Firenze 1962
- Eusebio e l'ideologia imperiale, in: M. MAZZA, C. GIUFFRIDA (edd.), Le Transformazioni della Cultura nella Tarda Antichitá Vol.I, Roma 1985, 1ff
- Teologia politica, successione dinastica e consecratio in età costantiniana, in: Le culte des souverains dans l'empire romain: Fond. Hardt. Entretiens 19 (1972), 213ff

R. CALZA, Iconografia romana imperiale da Carausio a Giuliano (287-363 d. Chr.), in: Quaderni e Guide di Archeologia 3, Roma 1972
- Un problema di iconografia imperiale sull'arco di Costantino, in: RPARA 32 (1959/60), 133ff

A. CAMERON, Art. "Herrscherkult III.", in: TRE 15 (1986), 253ff

E. CASPAR, Geschichte des Papsttums I, Tübingen 1930

C. CECCHELLI, Il trionfo della croce e i santi segni prima e dopo Costantino, Roma 1954

H. CHADWICK, Conversion in Constantine the Great, in: Studies in Church History 15 (1978), 1ff

- The Fall of Eustathius of Antioch, in: JThS 49 (1948), 27ff, jetzt in: ders., History and Thought of the Early Church, XIII
- Ossius of Cordova and the presidency of the Council of Antioch, 325, in: JThS 9 (1958), 292ff

M.P. CHARLESWORTH, Providentia and Aeternitas, in: HThR 29 (1936), 107ff

J. CHRISTERN, Die "Gerichtsbasilika" beim Forum von Tipasa (Neuaufnahme), ihre Funktion und die Frage nach den Vorbildern für den basilikalen Kirchenbau, in: Studien zur spätantiken und byzantinischen Kunst. Friedrich Wilhelm Deichmann gewidmet (edd. O. FELD, U. PESCHLOW), Bonn 1986, Bd.I, 163ff

V.C. De C LERQ, Ossius of Cordova. A Contribution to the History of the Constantinian Period, Washington D.C. 1954

K.J. CONANT, The Original Buildings at the Holy Sepulchre in Jerusalem, in: Speculum 31 (1956), 51ff

S.S. COOK, F.E. ADVOCK, M.P. CHARLESWORTH, N.H. BAYNES (edd.), The Imperial Crisis and Recovery. A.D. 193-324, in: CAH Vol. XII, Cambridge 1971[4]

V. CORBO, Il Santo Sepolchro di Gerusalemme. 3 Bde, Jerusalem 1982

C. COÜASNON, The Church of the Holy Sepulchre in Jerusalem, in: The Schweich Lecture of the British Academy 1972, London 1974

E. CRANZ, Kingdom and Polity in Eusebius of Caesarea, in: HThR 45 (1952), 47ff

J.W. CROWFOOT, Early Churches in Palestine, London 1941

H. CÜPPERS, Die Trierer Doppelkirchenanlage der Constantinischen und Valentinianischen Zeit und ihre Stellung in der Frühchristlichen Baukunst, in: Der Trierer-Dom (red. F. RONIG), Neuss 1980, 117ff

G. DAGRON, Constantinople imaginaire. Etudes sur le recueil des "Patria", Paris 1984
- Naissance d'une capitale, in: Bibliothèque Byzantine, Etudes 7, Paris 1974

W. DAHLHEIM, Geschichte der Römischen Kaiserzeit,in: Grundriß der Geschichte 3, München 1984

J.G. DAVIES, Eusebius Description of the Martyrium at Jerusalem, in: AJA 61 (1957), 171ff

J. DECKERS, Constantin und Christus. Das Bildprogramm in Kaiserkulträumen und Kirchen, in: Spätantike und frühes Christentum. Ausstellungskatalog Frankfurt a. M. 1984, 267ff

D. De DECKER, Le "Discours à l'assemblée des saints" attribué à Constantin et l'oeuvre de Lactance, in: J. FONTAINE, M. PERRIN (edd.), Lactance et son temps, Paris 1978, 75ff
- Eusèbe de Césarée, Vit. Const. IV, 9-13, et la conversion de l'Armenie à la religion chrétienne, in: Persica 8 (1979), 9ff

D. De DECKER, G. DUPUIS-MASAY, L'Episcopat de l'empereur Constantin, in: Byz 50 (1980), 118ff

J. DEER, Das Kaiserbild im Kreuz, in: Schweizer Beiträge zur allgemeinen Geschichte 13 (1955), 48ff, jetzt in: Byzanz und das abendländische Herrschertum. Ausgewählte Aufsätze von Josef Deér, Sigmaringen 1977, 125ff

G. DEHIO, G.v. BEZOLD, Die kirchliche Baukunst des Abendlandes Bd.I, Stuttgart 1892

F.W. DEICHMANN, Die Architektur des Konstantinischen Zeitalters, in: ders., Rom, Ravenna, Konstantinopel, Naher Osten, 112ff
- Einführung in die christliche Archäologie, Darmstadt 1983
- Entstehung der christlichen Basilika und Entstehung des Kirchengebäudes, in: Kunstchronik 4 (1951), 113ff, jetzt in: ders., Rom, Ravenna, Konstantinopel, Naher Osten, 60ff
- Frühchristliche Kirchen in antiken Heiligtümern, in: JdI 54 (1939), 105ff, jetzt in: ders., Rom, Ravenna, Konstantinopel, Naher Osten, 56ff
- Märtyrerbasilika, Martyrion, Memoria und Altargrab, in: RM 77 (1970), 144ff, jetzt in: ders., Rom, Ravenna, Konstantinopel, Naher Osten, 375ff
- Das Oktogon von Antiochien: Heroon-Martyrion, Palastkirche oder Kathedrale?, in: ByZ 65 (1972), 40ff, jetzt in: Rom, Ravenna, Konstantinopel, Naher Osten, 375ff
- Rom, Ravenna, Konstantinopel, Naher Osten. Gesammelte Studien zur spätantiken Architektur, Kunst und Geschichte, Wiesbaden 1982
- Römische Zentralbauten. Vom Zentralraum zum Zentralbau. Ein Versuch, in: ders., Rom, Ravenna, Konstantinopel, Naher Osten, 47ff
- Vom Tempel zur Kirche, in: Mullus. Festschrift T. KLAUSER, in: JAC E.1, Münster 1964, 52ff, jetzt in: ders., Rom, Ravenna, Konstantinopel, Naher Osten, 27ff
- Waren Eustathios und Zenobios die Architekten der Grabeskirche?, in: ByZ 82 (1989), 221ff
- Rez. A. ARBEITER, Alt St. Peter in Geschichte und Wissenschaft, in: ByZ 82 (1989), 296ff

F.W. DEICHMANN, A. TSCHIRA, Das Mausoleum der Kaiserin Helena und die Basilika der heiligen Marcellinus und Petrus an der Via Labicana in Rom, in: JdI 72 (1957), 44ff, jetzt in: ders., Rom, Ravenna, Konstantinopel, Naher Osten, 305ff

L. DELATTE, siehe: Quellen: EKPHANTOS, DIOTOGENES, STHENIDES

R. DELBRUECK, Antike Porphyrwerke, 2 Bde., in: Studien zur spätantiken Kunstgeschichte 6, Berlin-.Leipzig 1936
- Der spätantike Kaiserornat, in: Die Antike 8 (1932), 1ff
- Spätantike Kaiserportraits, in: Studien zur spätantiken Kunstgeschichte 9, Berlin 1933

C. DELVOYE, Art. "Basilika", in: RBK 1 (1966), 514ff

E. DEMOUGEOT, La Symbolique du Lion et du Serpent sur les solidi des Empereurs d'Occident de la Première Moitié du Ve Siècle, in: RN 28 (1986), 94ff

A. DIHLE, Art. "Heilig", in: RAC 14 (1987), 1ff

E. DINKLER, Älteste christliche Denkmäler - Bestand und Chronologie, in: Signum Crucis. Aufsätze zum Neuen Testament und zur christlichen Archäologie, 134ff

- Das Apsismosaik von S. Apollinare in Classe, in: WAAFLNW 29, Köln-Opladen 1964

- Bemerkungen zum Kreuz als TROPAION, in: Mullus. Festschrift T. Klauser, in: JAC E.1, Münster 1964, 71ff

- Das Kreuz als Siegeszeichen, in: ZThK 63 (1965), 1ff, jetzt in: ders., Signum Crucis. Aufsätze zum Neuen Testament und zur Christlichen Archäologie, 55ff

- Papyrus Yalensis 1 als ältestbekannter christlicher Genesistext. Zur Frühgeschichte des Kreuz-Symbols, in: ZNW 73 (1982), 281ff

- Signum Crucis. Aufsätze zum Neuen Testament und zur Christlichen Archäologie, Tübingen 1967

E. DINKLER, E. DINKLER V. SCHUBERT, Art. "Friede", in: RAC 8 (1970), 434ff

- Art. "Kreuz", in: LCI 2 (1970), 562ff

- Art. "Kreuz", in: RBK 5 (1991), 1ff

F.J. DÖLGER, Zur antiken und frühmittelalterlichen Auffassung der Herrschergewalt von Gottes Gnaden, in: AuC 3 (1932), 117ff

- "Herrschergewalt hat Gottes Macht". Ein antikes Sprichwort bei Artemidoros von Daldis, in: AuC 3 (1932), 128ff

- "Kirche" als Name für den christlichen Kultbau, in: AuC 6 (1941), 161ff

- Lumen Christi, in: AuC 5 (1936), 1ff

- Die Planetenwoche der griechisch-römischen Antike und der christliche Sonntag, in: AuC 6 (1941), 202ff

- Sol Salutis. Gebet und Gesang im christlichen Altertum, in: Liturgiewissenschaftliche Quellen und Forschungen, Heft 16 u. 17, Münster 1971[3]

- Sonne und Sonnenstrahl als Gleichnis in der Logostheologie des christlichen Altertums, in: AuC 1 (1929), 271ff

- Das Sonnengleichnis in einer Weihnachtspredigt des Bischofs Zeno von Verona, in: AuC 6 (1940), 1ff

H. DÖRRIE, Die Solar-Theologie in der kaiserzeitlichen Antike, in: H. FROHNES, U.W. KNORR (edd.), Kirchengeschichte als Missionsgeschichte, Bd.I: Die Alte Kirche, München 1974, 283ff

H. DÖRRIES, Das Selbstzeugnis Kaiser Konstantins, in: AAWG.PH Kl. 3, Folge Nr.34, Göttingen 1954

G. DOWNEY, Ancient Antioch, Princeton 1963

- The Builder of the Original Church of the Apostles, in: DOP 6 (1951), 53ff

- Constantine´s Churches at Antioch, Tyre and Jerusalem. Notes on Architectural Terms, in: Mélanges de L´Université Saint Joseph 38 (1962), 191ff

H.A. DRAKE, Eusebius on the True Cross, in: ChH 36 (1985), 1ff

- In Praise of Constantine, siehe: Quellen: Euseb

- What Eusebius knew. The Genesis of the Vita Constantini, in: CP 83 (1988), 20ff

B. DREWERY, Art. "Antiochien II", in: TRE 3 (1978), 103ff

N. DUVAL, Les origines de la basilique chrétienne, in: L'Information d'Histoire de
  l'Art 7 (1962), 1ff

- Les édifices de culte des origines à l'époque constantinienne, in: Atti del IX Congresso Internazionale di Archeologia Cristiana (Roma 1975) (=Studi di antichità
  cristiana 32) , Bd.1, Citta del Vaticano 1978, 513ff

F. DVORNIK, Early Christian and Byzantine political philosophy - origins and back-
  ground, 2 Bde, in: Dumbarton Oaks Studies 9, Washington 1966

W. DYNES, The First Christian Palace-Church Type, in: Marsyas 11 (1962/64), 1ff

W. ECK, Der Einfluß der konstantinischen Wende auf die Auswahl der Bischöfe im 4.
  und 5. Jahrhundert, in: Chiron 8 (1978), 561ff

I. ECKHEL, Doctrina numorum veterum, 7 Bde, Vindobonae 1792-1798

A. EFFENBERGER, Bildende Kunst, in: F. WINKELMANN, W. BRANDES (edd.),
  Quellen zur Geschichte des frühen Byzanz (4.-9. Jahrhundert). Bestand und Probleme, Amsterdam.Berlin 1990. 32ff

- Frühchristliche Kunst und Kultur. Von den Anfängen bis zum 7. Jahrhundert, München 1986

- Probleme der Stilentwicklung in der Kunst des frühen 4. Jh., in: F. MÖBIUS (ed.),
  Stil und Gesellschaft, Berlin 1984, 123ff

H. EGER, Kaiser und Kirche in der Geschichtstheologie Eusebs von Caesarea, in:
  ZNW 38 (1939), 97ff

G. EGGER, Probleme konstantinischer Plastik, in: JKSW 62 (1966), 71ff

- Römischer Kaiserkult und Konstantinischer Kirchenbau, in: JÖAI 43 (1958), 120ff

R. EGGER, Die Begräbnisstätte des Kaisers Konstantin, in: JÖAI 16 (1913), 212ff,
  jetzt in: ders., Römische Antike und Frühes Christentum , Bd.I, 1ff

- Das Goldkreuz am Grabe Petri, in: AÖAW.PH 1959, 182ff, jetzt in: ders., Römische Antike und Frühes Christentum , Bd.II, 304ff

- Das Labarum, die Kaiserstandarte der Spätantike, in: SAWW.PH 234 (1960), 1.
  Abh., jetzt in: ders., Römische Antike und Frühes Christentum, Bd.II, 325ff

- Römische Antike und Frühes Christentum. Ausgewählte Schriften v. Rudolf Egger,
  2 Bde, Klagenfurt 1962

A. EHRHARDT, Constantin d. Gr. Religionspolitik und Gesetzgebung, in: ZSRG 72
  (= ZRG LXXXV) Romanist. Abt. (1955), 127ff, jetzt in: H. KRAFT (ed.), Konstantin der Große, 388ff

- Politische Metaphysik von Solon bis Augustin , 3 Bde., Tübingen 1959-1969

C.T.H.R. EHRHARDT, "Maximus", "Invictus" und "Victor" als Datierungskriterien
  auf Inschriften Konstantins des Großen, in: ZPE 38 (1980), 177ff

K. EICHNER, Die Produktionsmethoden der stadtrömischen Sarkophagfabrik in der
  Blütezeit unter Konstantin, in: JAC 24 (1981), 85ff

O. EISSFELDT, Art. "Baalbeck", in: RAC 1 (1950), 1113ff

W. ELTESTER, Die Kirchen Antiocheias im 4.Jh., in: ZNW 36 (1937), 251ff

J. ENGEMANN, Christianisation of Late Antique Art, in: The 17th International Byzantine Congress. Major Papers. Washington D.C. 1986, New York 1986, 83ff

- Art. "Herrscherbild", in: RAC 14 (1988), 966ff

- Das Kreuz auf spätantiken Kopfbedeckungen (Cuculla-Diadem-Monophorion), in: Theologia Crucis - Signum Crucis. Festschrift E. DINKLER, Tübingen 1979, 137ff

- Melchior Lorichs Zeichnung eines Säulensockels in Konstantinopel, in: QVAERITUR INVENTUS COLITUR, Festschrift Fasola, in: Studi di Antichità Cristiana XL,1, 247ff

- Die religiöse Herrscherfunktion im Fünfsäulenmonument Diocletians in Rom und in den Herrschermosaiken Justinians in Ravenna, in: Frühmittelalterliche Studien 18 (1984), 336ff

W. ENSZLIN, Gottkaiser und Kaiser von Gottes Gnaden, in: SBAW. PPH 1943, Heft 6, München 1943

- Der Kaiser in der Spätantike, in: HZ 177 (1954), 449ff

- Art. "Valerius Diocletianus", in: PW VII A,2 (1910), 2491ff

R. FARINA, Eusebio di Cesarea e la "Svolta Costantiniana", in: Augustinianum 26 (1986), 313ff

- L´impero e l´imperatore cristiano in Eusebio di Cesarea. La prima teologia politica del cristianesimo, in: Bibl. Theol. Salesiana, ser. 1 (Fontes), 2, Zürich 1966

J.R. FEARS, Art. "Gottesgnadentum", in: RAC 11 (1981), 1103ff

- Art. "Herrscherkult", in: RAC 14 (1988), 1047ff

- Princeps a diis electus. The divine election of the emperor as a political concept at Rome, in: PMAAR 26, Roma 1977

- The Theology of Victory at Rome: Approaches and Problems, in: ANRW II 17.2, Berlin-New York 1981, 736ff

H. FELDBUSCH, Art. "Christogramm", in: RDK 3 (1954), 707ff

L. FENDT, Der heutige Stand der Forschung über das Geburtsfest Jesu am 25.12. und über Epiphanias, in: ThLZ 78 (1953), 1ff

J. FINK, Der Ursprung der ältesten Kirchen am Domplatz von Aquileia, in: Münstersche Forschungen, Heft 7, München-Köln 1954

P.C. FINNEY, Early Christian Architecture: The Beginnings (A Review Article), in: HThR 81 (1988), 318ff

J.FLEMMING, Die Schutzzeichen des Herrschers - Beobachtungen zum Gemmenkreuz in Byzanz und Georgien, in: WZ(J). GS 30 (1981), 445ff

K. FITTSCHEN, P. ZANKER, Katalog der römischen Portraits in den Capitolinischen Museen in Rom. 1: Kaiser und Prinzenbildnisse, Mainz 1985

G.H. FORSYTH JR., The Transept of Old St. Peter's at Rome, in: Late classical and mediaeval Studies in Honor of Albert Mathias Frend, Jr. (ed. K. WEITZMANN), Princeton 1955

P. FRANCHI DE CAVALIERI, Il Labaro descritto da Eusebio, in: Studi Romani. Rivista di archeologia e storia 2 (1914), 216ff
- Ancora del labaro descritto da Eusebio, in: Studi Romani. Rivista di archeologia e storia 2 (1914), 216ff
- Costantiniana, in: Studi e Testi 171, Citta del Vaticano 1953
- I funerali ed il Sepolchro di Costantino Magno, in: Mélanges d'Archéologie et d'Histoire 36 (1916/17), 205ff

J. FRIEDENSBURG, Die antiken Münzen der Sammlung der Stadt Breslau, in: ZN 13 (1885), 121ff

H. FUNKE, Art. "Götterbild", in: RAC 11 (1981), 659ff

J. GAGE, Stauros nikopoios. La victoire imperiale dans l'empire chrétien, in: RHPhR 13 (1933), 370ff
- La virtus de Constantin. A propos d'une inscription discutée, in: REL 12 (1934), 398ff

J. GAUDEMET, Constantino e Latanzio, in: Labeo 26 (1980), 401ff

D.J. GENEAKOPLOS, Church Building and Caeseropapism, in: GRBS 7 (1966), 167ff

F. GERKE, Christus in der spätantiken Plastik, Berlin 1941[2]
- Spätantike und Frühes Christentum, Baden-Baden 1967

F. GERLAND, Konstantin der Große in Geschichte und Sage, in: TBNGP 23, Athen 1937

H. GERSTINGER, Art. "Biographie", in: RAC 3 (1954), 386ff

I. GILLMANN, Some reflections on Constantine's "apostolic Conciousness", in: Studia Patristica IV (= TU 79 (1961), 422ff

K.M. GIRADET, Das christliche Priestertum Konstantins d.Gr. Ein Aspekt der Herrscheridee des Eusebius von Caesarea, in: Chiron 1980, 569ff
- Kaisergericht und Bischofsgericht. Studien zu den Anfängen des Donatistenstreites (313-315) und zum Prozeß des Athanasius von Alexandrien (328-346), in: Antiquitas. Reihe 1, in: Abhandlungen zur Alten Geschichte (ed. A. ALFÖLDI), 21, Bonn 1975
- Kaiser Konstantius II. als "episcopus episcoporum" und das Herrscherbild des kirchlichen Widerstandes (Ossius von Cordoba und Lucifer von Calaris), in: Historia 26 (1977), 95ff
- Konstantin d. Gr. und das Reichskonzil von Arles (314). Historisches Problem und methodologische Aspekte, in: D. PAPANDREOU, W.A. BIENERT, K. SCHÄFER-DIEK, Oecumenica et Patristica. Festschrift für Wilhelm Schneemelcher zum 75. Geburtstag, Stuttgart-Berlin-Köln 1989, 151ff

R. GÖBL, Signum Crucis oder Lanzenschaft?: Die Kaiserinsignien auf dem Münchener Silbermultiplum Constantins des Großen aus 315 Ticinum, in: Litterae Numismaticae Vindobonensis 3 (1987), 77ff

E.R. GOODENOUGH, The Political Philosophy of Hellenistic Kingship, in: Yale Classical Studies 1 (1928), 55ff

A. GRABAR, Christian Iconography. A Study of its Origins, Princeton 1968
- L´empereur dans l´art Byzantin, Paris 1936
- Die Kunst des frühen Christentums. Von den ersten Zeugnissen christlicher Kunst bis zur Zeit Theodosius I, in: Universum der Kunst, München 1967
- Die Kunst im Zeitalter Justinians. Vom Tod Theodosius´I. bis zum Vordringen des Islam, in: Universum der Kunst, München 1967
- Martyrium. Recherches sur le culte des religeus et l´art chrétien antique, 2 Vols., Paris 1943-46

E.L. GRASMÜCK, Coercitio. Staat und Kirche im Donatistenstreit, Bonn 1964

S.L. GREENSLADE, Church and State from Constantine to Theodosius, London 1954

H. GREGOIRE, L´Etymologie de "Labarum", in: Byz (1927/28), 477ff
- La conversion de Constantin, in: RUB 36 (1930/31), 231, jetzt in: H. KRAFT (ed.), Konstantin der Große, 175ff (Übers.)
- La Statue de Constantin et le signe de la croix, in: L´Antiquité Classique 1 (1932), 139ff

P. GRIERSON, The tombs and obits of Byzantine emperors (337-1042), 1ff

R. GRIGG, Constantine the Great and the cult without images, in: Viator 8 (1977), 1ff

K. GROSZ, Menschenhand und Gotteshand in Antike und Christentum, Stuttgart 1985

P. GROSSE, Art. "Labarum", in: PW XII,1 (1924), 240ff

S. GSELL, Art. "Constantine", in: DACL 3.2 (1914), 2713ff

K. GÜNTHER, Studien über die Münzportraits der tetrarchischen und der constantinischen Kaiser, in: DJbN 1 (1936), 23ff

C. GURLITT, Das Grab Christi in der Grabeskirche in Jerusalem, in: Festschrift zum 60. Geburtstag von Paul Clemen, Düsseldorf 1926, 189ff

P. GUTHRIE, The execution of Crispus, in: Phoenix 20 (1966), 325ff

H.M. GWATKIN, Studies on Arianism, chiefly referring to the Character and Chronology of the Reaction which followed the Council of Nicaea, Cambridge 1900[2]

GYLLIUS (GILLES PETRUS), De topographia Constantinopoleos et de illius aniquitatibus libri IV, London 1561

P. HADOT, Art. "Fürstenspiegel", in: RAC 8 (19779, 555ff

G. HAENDLER, Das neue Bild Kaisers Konstantin und der sogenannte "Konstantinismus", in: Theologische Versuche IV, Berlin 1972

- Von Tertullian bis zu Ambrosius. Die Kirche im Abendland vom Ende des 2. bis zum Ende des 4. Jahrhunderts, in: Kirchengeschichte in Einzeldarstellungen I,3 Berlin 1981

D. HAGEDORN, K.A. WORP, Von KYRIOS zu DESPOTES. Eine Bemerkung zur Kaisertitulatur im 3./4. Jhdt., in: ZPE 39 (1980), 165ff

G.H. HALSBERGHE, The Cult of Sol invictus, in: EPRO Bd.23, Leiden 1972

S.G. HALL, Art. "Konstantin I.", in: TRE 19 (1989), 489ff

N. HANNESTAD, Roman Art and Imperial Policy, in: Jutland Archeological Society Publications XIX, Aarhus 1986

R.P.C. HANSON, The Christian Attitude to Pagan Religions up to the Time of Constantine the Great, in: ANRW II 23.2, Berlin-New York 1979, 910ff

- The oratio ad sanctos attributet to the emperor Constantine and the oracle at Daphne, in: JThS 25 (1973), 505ff

E.B. HARRISON, The Constantinian Portrait, in: DOP 21 (1967), 81ff

J.J. HATT, La vision de Constantin au sanctuaire de Grand et l'origine céltique du labarum, in: Latomus 9 (1950), 427ff

K. HAUCK, Von einer spätantiken Randkultur zum karolingischen Europa, in: Frühmittelalterliche Studien 1 (1967), 3ff

C.J. V. HEFELE, Histoire des Conciles d'après les documents originaux. Nouvelle traduction francaise corrigée et augmentée par H. LECLERCQ I/1 u.2, Hildesheim-New York 1973 (Nachdruck der Ausgabe Paris 1907)

S. HEID, Der Ursprung der Helenalegende im Pilgerbetrieb Jerusalems, in: JAC 32 (1989), 41ff

F. HEILER, Fortleben und Wandlungen des antiken Gotkönigtums im Christentum, in: Studies in the History of Religions (Supplements to Numen) IV: The Sacral Kingship, La Regalità Sacra, 543ff

H. V. HEINTZE, Statuae quattuor marmorae pedestres quorum basibus Constantini nomen inscriptum est, in: MDAI.R 86 (1979), 399ff

A. HEISSENBERG, Grabeskirche und Apostelkirche. Zwei Basiliken Konstantins. Untersuchungen zur Kunst und Literatur des ausgehenden Altertums, 2 Bde, Leipzig 1908

W. HELBIG, Führer durch die Sammlungen klassischer Altertümer in Rom, Bd.II: Die Städtischen Sammlungen, Tübingen 1966[4]

J. HELGELAND, Christians and the Roman Army from Marcus Aurelius to Constantine, in: ANRW II 23.2, Berlin-New York 1979, 724ff

- Roman Army Religion, in: ANRW II 16.2 (1978), 1470ff

M. HENGEL, Mors turpissima crucis. Die Kreuzigung in der antiken Welt und die "Torheit" des "Wortes am Kreuz", in: Rechtfertigung. Festschrift für Ernst Käsemann, Tübingen-Göttingen 1976, 125ff

R. HERNEGGER, Macht ohne Auftrag. Die Entstehung der Staats- und Volkskirche, Olten-Freiburg 1963

E. HERRMANN, Ecclesia in re publica. Die Entwicklung der Kirche von pseudostaatlicher zu staatlich inkorporierter Existenz, in: Europäisches Forum Bd.2, Frankfurt 1980

P. HERZ, Bibliographie zum römischen Kaiserkult (1955-1975), in: ANRW II 16.2, Berlin-New York 1978, 833ff

O. HILTBRUNNER, Die Heiligkeit des Kaisers, in: Frühmittelalterliche Studien 2 (1968), 1ff

K. HOFFMANN, Die Entstehung des Kaiserbildes im Kreuz, in: Akten des VII. Internationalen Kongresses für Christliche Archäologie Trier 1965, Città del Vaticano-Berlin 1969, 559ff

M.J. HOLLERICH, Religion and Politics in the Writings of Eusebius: Reassessing the First "Court Theologian", in: Church History 59 (1990), 309ff

H. HOLZINGER, Die altchristliche Architektur in systematischer Darstellung. Form, Errichtung und Ausschmückung der altchristlichen Kirchen, Baptisterien und Sepulcralbauten, Stuttgart 1889

E. HONIGMANN, Patristic Studies, in: Studi e Testi 173, Roma 1953

G.H.R. HORSLEY, New Documents Illustrating Early Christianity. A Review of the Greek Inscriptions and Papyri published (1976,1977,1978), 3 Bde, Macquarie University 1981-88

H. HUNGER (ed.), Das byzantinische Herrscherbild, Darmstadt 1975
- Die hochsprachliche profane Literatur der Byzantiner, 2 Bde, in: Handbuch der Altertumswissenschaften XII 5,1 und 2 = Byzantinisches Handbuch 5 1/2, München 1978
- Ideologie und Systemstabilisierung im byzantinischen Staat, in: AAH 27 (1979), 263ff
- Reich der Neuen Mitte. Der christliche Geist der byzantinischen Kultur, Graz-Wien-Köln 1965

E.D. HUNT, Holy Land Pilgrimage in the Later Roman Empire A.D. 312-460, Oxford 1984

C. IHM, Die Programme der christlichen Apsismalerei vom 4. Jh. bis Mitte des 8. Jh., Wiesbaden 1960

H.U. INSTINSKY, Die Alte Kirche und das Heil des Staates, München 1963
- Bischofsstuhl und Kaiserthron, München 1955
- Kaiser und Ewigkeit, in: Hermes 77 (1942), 313ff

E. ISERLOH, Der Heilige Rock und die Wallfahrt nach Trier, in: GuL (1959), 271ff, jetzt in: ders., Kirche - Ereignis und Institution. Aufsätze und Vorträge Bd.1, 66ff

R. JANIN, La Géographie ecclésiastique de l'Empire Byzantin, Première Partie III, Paris 1953

E. JASTRZEBOWSKA, Untersuchungen zum christlichen Totenmahl aufgrund der Monumente des 3. und 4. Jahrhunderts unter der Basilika des Hl. Sebastian in Rom, in: Europäische Hochschulschriften 38,2, Frankfurt a.m.-Bern-Cirencester/U.K. 1981

A.H.M. JONES, Constantine and the Conversion of Europe, Harmondsworth 1972
- The Later Roman Empire (284-602), Oxford 1964

A.H.M. JONES, T.C. SKEAT, Notes on the genuiness of the Constantinian documents in Eusebius Life of Constantine, in: JEH 5 (1954), 196ff

A.H.M. JONES, J.R. MARTINDALE, J. MORRIS; The Prosopography of the Later Roman Empire, Tom. I: A.D. 290-395, Cambridge 1971

D. JONES, Christianity and the Roman Imperial Cult, in: ANRW II 23.2, Berlin-New York 1979, 1023ff

H. JUCKER, Von der Angemessenheit des Stils und einigen Bildnissen Konstantins des Großen, in: F. DEUCHLER, F. LEMBERG, K. OTAVSKY (edd.), Von Angesicht zu Angesicht. Fs. Michael Stettler, Berlin 1983, 40ff
- Zwei konstantinische Portraitköpfe in Karthargo, in: Gestalt und Geschichte. Festschrift K. Schefold, Berlin 1967, 121ff

H. KÄHLER, Die frühe Kirche. Kult und Kultraum, Frankfurt-Berlin-Wien 1982[2]
- Konstantin 313, in: JdI 67 (1952), 1ff
- Art. "Triumphbogen", in: PW VII A1 (1931), 373ff

E. KAMPERS, Vom Werdegang abendländischer Kaisermystik, Leipzig 1924

A. KANIUTH, Die Beisetzung Konstantins des Großen. Untersuchungen zur religiösen Haltung des Kaisers, Breslau 1941

C KANNENGIESSER, Arius and the Arians, in: TS 44 (1983), 456ff

E.H. KANTOROWICZ, Oriens Augusti - Lever du Roi, in: DOP 17 (1963), 119ff

J. KARAYANNOPULOS, Der frühbyzantinische Kaiser, in: ByZ 49 (1956), 369ff
- Konstantin der Große und der Kaiserkult, in: Historia 5 (1956), 341ff, jetzt in: A. WLOSOK (ed.), Römischer Kaiserkult, 485ff und H. HUNGER (ed.), Das byzantinische Herrscherbild, 109ff

J. KARAYANNOPULOS, G. WEISZ, Quellenkunde zur Geschichte von Byzanz (324-1453), 2 Bde, Wiesbaden 1982

H. KARPP, Konstantin der Große und die Kirche, in: ThR 19 (1951), 1ff

D. KAUFMANN-BÜHLER, Art. "Eusebeia", in: RAC 6 (1965), 986ff

C.M. KAUFMANN, Handbuch der altchristlichen Epigraphik, Freiburg i. Br. 1917

A. KEE, Constantine versus Christ. The Triumph of Ideology, London 1982

W. KELLNER, Art. "Christusmonogramm", in: LCI 1 (1968), 456ff
- Libertas und Christogramm. Motivgeschichtliche Untersuchung zur Münzprägung des Magnentius, Diss. Freiburg 1968

- T - ein christliches Symbol auf Münzen Constantins des Großen?, in: Tortulae. Studien zu altchristlichen und byzantinischen Monumenten, in: RQ Suppl. 30, Rom-Freiburg-Wien 1966, 187ff

J.N.D. KELLY, Altchristliche Glaubensbekenntnisse. Geschichte und Theologie, Göttingen 1972

T. KEMPF, Die vorläufigen Ergebnisse der Ausgrabungen auf dem Gelände des Trierer Domes, in: Germania 29 (1951), 47ff

- Erläuterungen zum Grundriß der frühchristlichen Doppelkirchenanlage in Trier mit den Bauperioden bis zum 13. Jahrhundert, in: Der Trierer Dom (red. F. RONIG), 112ff

- Die Grundrißentwicklung und Baugeschichte des Trierer Domes, in: Das Münster 30 (1968), 1ff

- Trierer Domgrabungen 1943-54, in: Neue Ausgrabungen in Deutschland (1958), Berlin 1958, 368ff

- Untersuchungen und Beobachtungen am Trierer Dom 1961-63, in: Germania 42 (1964), 126ff

F. KENNER, Die aufwärtssehenden Bildnisse Konstantin's des Großen und seiner Söhne, in: Wiener Numismatische Zeitschrift 12 (1880), 74ff

J.P.C. KENT, B. OVERBECK, A.U. STYLOW, Die römische Münze, München 1973

P. KEREZSTES, Constantine. A great Christian Monarch and Apostle, Amsterdam 1981

- Constantine: Called by Divine Providence, in: E.A. LIVINGSTONE (ed.), Studia Patristica XVIII. Papers of the Ninth International Conference on Patristic Studies. Oxford 1983, Vol. 1, Kalamazoo 1985, 47ff

- The Phenomenon of Constantine the Great's Conversion, in: Augustinianum 27 (1987), 85ff

L. KITSCHELT, Die frühchristliche Basilika als Darstellung des Himmlischen Jerusalem, München 1938

E. KITZINGER, Byzantinische Kunst im Werden. Stilentwicklungen in der Mittelmeerkunst vom 3. bis zum 7. Jahrhundert, Köln 1984

H.J. KLAUCK, Hausgemeinde und Hauskirche im frühen Christentum, in: SBS 103, Stuttgart 1981

T. KLAUSER, Die konstantinischen Altäre der Lateransbasilika, in: RQ 43 (1935), 179ff, jetzt in: ders., Gesammelte Arbeiten zur Liturgiegeschichte, Kirchengeschichte und Christlichen Archäologie (ed. E. DASSMANN), in: JAC E.3, Münster 1974, 155ff

- Art. "Aurum coronarium", in: RAC 1 (1950), 1010ff

R. KLEIN, Art. "Helena II. (Kaiserin)", in: RAC 14 (1988), 355ff

- Die Kämpfe um die Nachfolge nach dem Tode Constantins des Großen, in: ByF 1979, 101ff

- Der nomos teleoteros Konstantins für die Christen im Jahr 312, RQ 67 (1972), 1ff

L. KOCH, Christusbild - Kaiserbild, in: Benediktinische Monatsschrift 21 (1939), 84ff

L. KOEP, Antikekes Kaisertum und Christusbekenntnis im Widerspruch, in: JAC 4 (1961), 61ff

- Art. "Consecratio", in: RAC 3 (1955), 269ff

- Die Konsekrationsmünzen Kaiser Konstantins und ihre religionspolitische Bedeutung, in: JAC 1 (1958), 94ff, jetzt in: A. WLOSOK (ed.), Römischer Kaiserkult, 509ff

H. KOETHE, Das Konstantinsmausoleum und verwandte Denkmäler, in: JdI 48 (1933), 185ff

B. KÖTTING, Peregrinatio religiosa. Wallfahrten in der Antike und das Pilgerwesen in der alten Kirche, Münster 1950

L. KÖTZSCHE-BREITENBRUCH, Zur Darstellung der Himmelfahrt Constantins des Großen, in: Jenseitsvorstellungen in Antike und Christentum. Gedenkschrift für A. STUIBER, in: JAC E.9, Münster 1982, 215ff

- Art. "Hand II (ikonographisch)", in: RAC 13 (1985), 402ff

J. KOLLWITZ, Art. "Bild III (christlich)", in: RAC 2 (1954), 1257ff

- Das Bild von Christus dem König in Kunst und Liturgie der christlichen Frühzeit, in: Theologie und Glaube 1 (1947), 95ff

- Art. "Christusbild", in: RAC 3 (1955), 1ff

- Christus als Lehrer und die Gesetzesübergabe an Petrus, in: RQ 44 (1936), 45ff

- Rezens. A. Stange, Das frühchristliche Kirchengebäude als Bild des Himmels, in: ByZ 47 (1954), 169ff

C.H. KRAELING, The Christian Building, in: The Excavations at Dura Europos. Final Report VIII,2, New Haven 1967

H. KRAFT (ed.), Konstantin der Große, Darmstadt 1977

- Kaiser Konstantins religiöse Entwicklung, in: Beiträge zur Historischen Theologie 20, Tübingen 1955

- Kaiser Konstantin und das Bischofsamt, in: Saeculum 8 (1957), 32ff

- Art. "Monogramm Christi", in: RGG³ IV (1960), 1104ff

- Zur Taufe Kaiser Konstantins, in: Studia Patristica I (= TU 63 (1957)), 642ff

- In welchem Zeichen siegte Konstantin?, in: ThLZ 77 (1952), 118ff

K. KRAFT, Das Silbermedaillon Constantins des Großen mit dem Christusmonogramm auf dem Helm, in: JNG 1954/55, 151ff, jetzt in: H. KRAFT (ed.), Konstantin der Große, 297ff

- Der Sinn des Mausoleum des Augustus, in: Historia 16 (1967), 189ff

R. KRAUTHEIMER, Ausgewählte Aufsätze zur Europäischen Kunstgeschichte, Köln 1988

- Constantine´s Church Foundations, in: Akten des VII. Internationalen Kongresses für christliche Archäologie Trier 1965, Città del Vaticano-Berlin 1969, 237ff - The Building Inscriptions and Dates of Construction of Old St. Peter´s: A Reconsideration, in: Römisches Jahrbuch für Kunstgeschichte 25 (1989), 1ff
- The Constantinian Basilica, in: DOP 21 (1967), jetzt in: ders., Ausgewählte Aufsätze zur Europäischen Kunstgeschichte, 40ff
- Early Christian and Byzantine Architecture, Harmondsworth 1973³
- Zu Konstantins Apostelkirche in Konstantinopel, in: Mullus. Festschrift Theodor Klauser, in: JAC E.1, Münster 1964, jetzt in: ders., Ausgewählte Aufsätze zur Europäischen Kunstgschichte, 81ff
- Mensa - Coemeterium - Martyrium, in: CAr 11 (1960), 15ff,
- A Note on the Inscription on the Apse of Old St. Peter´s, in: DOP 41 (1987): Studies on Art and Archeology in Honor of Ernst Kitzinger, 317ff
- Rom. Geschichte einer Stadt, München 1987
- Three Christian Capitals. Topography and Politics, Berkeley 1983

G. KRETSCHMAR, Festkalender und Memorialstätten Jerusalems in altkirchlicher Zeit, in: H. BUSSE, G. KRETSCHMAR, Jerusalemer Heiltumstraditionen in altkirchlicher und frühislamischer Zeit, Wiesbaden 1987, 29ff
- Mambre: von der "Basilika" zum "Martyrium", in: Mélanges liturgiques offerts au R.P. dom Botte, Louvin 1972, 272ff
- Der Standort des Kirchengebäudes als städtebauliches und geistesgeschichtliches Problem in Antike und Mittelalter, in: Kirchenbau und Ökumene, Hamburg 1962, 128ff
- Der Weg zur Reichskirche, in: VF 13 (1968), 3ff

H. KRUSE, Studien zur offiziellen Geltung des Kaiserbildes im römischen Reiche, in: SGKA XIX, 3.Heft, Paderborn 1934

W. KUBITSCHEK, Art. "Sigma", in: PW II A,2 (1923), 2326ff

G. LADNER, The idea of Reform, Cambridge Mass. 1959

G. LANGGÄRTNER, Das Aufkommen des ökumenischen Konzilsgedankens, in: MThZ 15 (1964), 111ff

E. LANGLOTZ, Der architekturgeschichtliche Ursprung der christlichen Basilika, in: Rheinisch-Westfälische Akademie der Wissenschaften. Geisteswissenschaften, Vorträge G 172, Opladen 1972

J. LASSUS, L´Empereur Constantin, Eusèbe et les Lieux Saints, in: RHR 171 (1967), 135ff
- La ville d´Antioche à l´époque romaine d´après l´archéologie, in: ANRW II 8, Berlin-New York 1977, 44ff
- Art. "Syrie", in: DACL 15.2 (1953), 1855ff

K. LATTE, Römische Religionsgeschichte, in: Handbuch der Altertumswissenschaft V,4, München 1967²

H. LECLERQ, Art. "Chrisme", in: DACL 3.1 (1913), 1481ff

- Art. "Constantin", in: DACL 3,2 (1928), 2622ff

- Art. "Labarum", in: DACL 8,1 (1948), 927ff

R. LEEB, Zum Ursprung des Kaiserbildes im Kreuz, in: JÖB 41 (1991), 1ff

W. LIEBENAM, Art. "Feldzeichen", in: PW VI.2 (1909), 2151ff

J.H.W.G. LIEBESCHUETZ, Continuity and change in Roman religion, Oxford 1979

- Religion in the Panegyrici Latini, in: F. PASCHKE (ed.), Überlieferungsgeschichtliche Untersuchungen (TU 125), Berlin 1981, 389ff, jetzt in: ders., From Diocletian to the Arab Conquest: Change in the late Roman Empire, Aldershot 1990, II

H. LIETZMANN, Geschichte der Alten Kirche, Bd.3: Die Reichskirhe bis zum Tode Julians, Berlin 1983

- Der Glaube Kaiser Konstantins, in: SPAW.PH 1937, 263ff,wiederabgedruckt in: ders., Kleine Schriften I (TU 67 (1958)), 186ff

C. LIGOTA, Constantiniana, in: JWCI 26 (1963), 178ff

A. LIPINSKY, Crux gemmata e il culto della Santa Croce nei monumenti superstiti e nelle raffigurazioni monumentali, in: Corsi Ravenna 7 (1960)), 139ff

- Art. "Labarum", in: LCI 3 (1971), 1f

A. LIPPOLD, Bischof Ossius von Cordova und Konstantin der Große, in: ZKG 92 (1981), 1ff

B. LOHSE, Kaiser und Papst im Donatistenstreit, in: G. KRETSCHMAR, B. LOHSE (edd.), Ecclesia und Res Publica. Festschrift K.D. Schmidt, Göttingen 1961, 76ff

C.R. LONG, The Twelve Gods of Greece and Rome, Leiden-New York-Kobenhavn-Köln 1987

F. LOOFS, Art. "Arianismus", in: RE³2 (1897), 6ff

U. LOOSE, Zur Chronologie des arianischen Streites, in: ZKG 101 (1990), 88ff

H.P.L´ORANGE, Apotheosis in Ancient Portraiture, Cambridge Mass. 1947

- In hoc signo vinces, in: Boreas 5 (1982): Münstersche Beiträge zur Archäologie. Max Wegner zum 8.8. 1982, 160ff

- Kleine Beiträge zur Ikonographie Konstantins des Großen, in: ders., Likeness and Icon, 23ff

- Likeness and Icon. Selected Studies in Classical And Early Mediaeval Art, Odense 1973

- Sol invictus Imperator. Ein Beitrag zur Apotheose, in: Symbolae Osloenses 14 (1935), 86ff, jetzt in: ders., Likeness and Icon, 325ff

- Das spätantike Herrscherbild von Diokletian bis zu den Konstantin-Söhnen 284-361 n.Chr., in: Das römische Herrscherbild (ed. M. WEGNER), Abt. III Bd.4, Berlin 1984

- Studien zur Geschichte des spätantiken Portraits, in: Instituttet for Sammenlignende Kulturforskning Bd.22, Oslo 1933

H.P. L´ORANGE, A.V. GERKAN, Der spätantike Bildschmuck des Konstantinsbogens, in: Studien zur spätantiken Kunstgeschichte 10, Berlin 1939

R. LORENZ, Art. "Eustathius von Antiochien", in: TRE 10 (1982), 543ff

- Das vierte bis sechste Jahrhundert (Westen), in: Die Kirche in ihrer Geschichte Bd.1 C1, Göttingen 1970

- Das Problem der Nachsynode von Nicäa (327), in: ZKG 90 (1979), 22ff

E. LUCCHESI-PALLI, Art. "Drache", in: LCI 1 (1968), 516ff

C. LUBHEID, The Arianism of Eusebius of Nicomedia, in: ITQ 43 (1976), 3ff

A.M. McCANN, Beyond the Classical in Third Century Portraiture, in: ANRW II 12.2, Berlin-New York 1981, 623ff

S. MacCORMACK, Art and Ceremony in late antiquity, Berkeley 1981

- Change and Continuity in Late Antiquity. The Ceremony of Adventus, in: Historia 21 (1972), 721ff

M. MacCORMICK, Eternal Victory. Triumphal rulership in late antiquity, Byzantium, and early medieval West, Cambridge-Paris 1986

R. MacMULLEN, The Meaning of A.D. 312: The Difficulty of Converting the Empire, in: The 17th International Byzantine Congress, Major Papers, Washington D.C. 1986,1ff

- Roman Imperial Building in the Provinces, in: Harvard Studies in Classical Philology 64 (1959), 207ff

M.B. MACKPRANG, Eine in Jütland vor 200 Jahren gefundene Kaiserstatuette, in: AcAr 9 (1938), 135ff

E. MADER, Mambre: Die Ergebnisse der Ausgrabungen im heiligen Bezirk Ramet El-Halil in Südpalästina 1926-28, Freiburg i. Br. 1957

J.J. MAIER, Le Dossier du Donatisme. Tome 1: Des Origines à la Mort de Constance II (303-361), in: TU 134 (1987)

M. DI MAIO, J. ZEUGE, N. ZOTOV, Ambiguitas Constantiniana: The CAELESTE SIGNUM DEI of Constantine the Great, in: Byzantion 58 (1988), 333ff

E. MAMBOURY, T. WIEGAND, Die Kaiserpaläste in Konstantinopel, Berlin-Leipzig 1934

C. MANGO, Constantinopolitana, in: JdI 80 (1965), 308ff

- Constantine´s Mausoleum and the Translation of Relics, in: ByZ 83 (1990), 51ff

E. MANNI, Art. "Gallienus", in: RAC 8 (1974), 962ff

D. MANNSPERGER, ROM. ET AUG. Die Selbstdarstellung des Kaisertums in der römischen Reichsprägung, in: ANRW II 1, Berlin-New York 1974, 919ff

J. MARTIN, Zum Selbstverständnis, zur Repräsentation und Macht des Kaisers in der Spätantike, in: Saeculum 35 (1984), 115ff

- Spätantike und Völkerwanderung, in: Grundriß der Geschichte Bd.4, München 1987

F.T. MATHEWS, The Early Churches of Constantinople, University Park-London 1971

J. MAURICE, Numismatique Constantienne., 3 Bde, Paris 1908-1912

F.V.D. MEER, C. MOHRMANN, Bildatlas der Frühchristlichen Welt, Gütersloh 1959

R. MEHRLEIN, Art. "Dreizehn", in: RAC 4 (1958), 313ff

J. MEISCHNER, Die Portraitkunst der Tetrarchie, in: AA 1986, 223ff

- Fragen zur römischen Portraitgeschichte unter besonderer Berücksichtigung klein-asiatischer Beispiele, in: BJ 181 (1981), 143ff

R. MERKELBACH, Art. "Drache", in: RAC 4 (1959), 226ff

- Kritische Beiträge zu antiken Autoren mit den Fragmenten aus Ekphantos, in: BKP 47, Meisenheim am Glan 1974

H. MERKI, Art. "Ebenbildlichkeit", in: RAC 4 (1958), 459ff

O. MICHEL, Art. "Evangelium", in: RAC 6 (1966), 1107ff

F. MILLAR, The Emperor in the Roman World (31 BC - AD 337), London 1977

- The Imperial Cult and the Persecutions, in: Le culte des souverains dans l'empire romain: Fond. Hardt. Entretiens 19 (1972), 145ff

S. MITCHELL, Maximus and the Christians in A.D. 312: A New Latin Inscription, in: JRS 78 (1988), 105ff

A. MONACI, La visione e il labaro descritto da Eusebio, in: Studi Romani 2 (1914), 216ff

H. MONTGOMERY, Konstantin, Paulus und das Lichtkreuz, in: Symbolae Osloenses 43 (1968), 84ff

G. MORAVCSIK, Byzantinoturcica. Die byzantinischen Quellen der Geschichte der Türkvölker, 2 Bde, Berlin 1958²

J. MOREAU, Art. "Eusebius von Caesarea", in: RAC 6 (1965), 1052ff

- Zum Problem der vita Constantini, in: Historia 4 (1955), 234ff

- Rezens. P. Franchi de Cavalieri, Constantiniana (, in: ByZ 47 (1954), 134ff

W. MÜLLER-WIENER, Bildlexikon zur Topographie Istanbuls, Tübingen 1977

H.G. NIEMEYER, Studien zur statuarischen Darstellung der römischen Kaiser, in: Monumenta Artis Romanae VII, Berlin 1958

M.P. NILSSON, Geschichte der griechischen Religion, 2 Bde., in: Handbuch der Altertumswissenschaft V 2, 1 und 2, München 1967-74³

A.D. NOCK, A Diis electa, in: HThR 23 (1930), 2512ff

- The Emperor's Divine Comes, in: JRS 37 (1947), 102ff

K.L. NOETHLICHS, Kirche, Recht und Gesellschaft in der Jahrhundertmitte, in: L'Eglise et l'Empire au IVe Siècle (Entret. Fond. Hardt XXXIV), Geneve 1989, 251ff

- Rezens. K. M. GIRADET, Kaisergericht und Bischofsgericht, in: JAC 18 (1975), 185ff

R. NOLL, Der Reiter von Altinum, in: JÖAI 43 (1956-58), 113ff

C. NORDENFALK, A Note on the Stockholm Codex Aureus, in: Nordisk tidskrift för bok - och biblioteksväsen 38 (1951), 1ff
- Die spätantiken Zierbuchstaben, 2 Bde, Stockholm 1970

I. OPELT, Augustustheologie und Augustustypologie, in: JAC 4 (1961), 44ff
- Formen der Polemik im Pamphlet de mortibus persecutorum, in: JAC 16 (1973), 98ff

H.G. OPITZ, Eusebius von Caesarea als Theologe und als Kirchenpolitiker, in: ZNW 34 (1935), 1ff
- Die Zeitfolge des arianischen Streites von den Anfängen bis zum Jahre 328, in: ZNW 33 (1934), 131ff

A. OVADIAH, Corpus of the Byzantine Churches in the Holy Land, in: Theophaneia 22, Bonn 1970

J. PARTYKA, La représentation disparue du Christ d'Alexandrie et la nouvelle peinture Nubienne du "Christus Sol et Victor", in: RivAC 60 (1984), 109ff

G. PASQUALI, Die Composition der Vita Constantini des Eusebius, in: Hermes 46 (1910), 369ff

E. PAX, Art. "Epiphanie", in: RAC 5 (1961), 832ff

T. PAYR, Art. "Enkomion", in: RAC 5 (1961), 332ff

T. PEKARY, Der römische Bilderstreit, in: Frühmittelalterliche Studien 3 (1969), 13ff
- Das römische Kaiserbildnis in Staat, Kult und Gesellschaft. Dargestellt anhand der Schriftquellen, in: Das Römische Herrscherbild (ed. M. WEGNER), Abt. III Bd.5, Berlin 1985

O. PERLER, Die Mosaiken der Juliergruft im Vatikan, in: Freiburger Universitätsreden N.F. 16, Freiburg/Schweiz 1953

U. PESCHLOW, Eine wiedergewonnene byzantinische Ehrensäule in Istanbul, in: Studien zur spätantiken und byzantinischen Kunst. Friedrich Wilhelm Deichmann gewidmet (edd. O. FELD, U. PESCHLOW), Bonn 1986, I, 21ff
- Die Irenenkirche in Istanbul. Untersuchungen zur Architektur, in: Istanbuler Mitteilungen, Beiheft 28, Tübingen 1977

J.M. PETERSEN, House Churches in Rome, in: VigChr 23 (1969), 264ff

E. PETERSON, Das Kreuz und das Gebet nach Osten, in: EL 58 (1944), 3ff (Ital.), jetzt in: ders., Frühkirche, Judentum und Gnosis. Studien und Untersuchungen, Freiburg 1959, 15ff
- Der Monotheismus als politisches Problem, Leipzig 1935, jetzt in: ders., Theologische Traktate, München 1951, 49ff

C. PIETRI, Roma Christiana. Recherches sur l'Eglise de Rome, son organisation, sa politique, son idéologie de Miltiade à Sixte III (311-440), Bd.I, Rom 1976

A. PIGANIOL, L'Empereur Constantin, Paris 1932
- L'état actuel de la question Constantienne 1930-49, in: Historia 1 (1950), 80ff

K. PINK, Der Drache auf antiken Münzen, in: Mitteilungen der Österreichischen Numismatischen Gesellschaft 2 (1960), 125f

G. PITT-RIVERS, The Riddle of the "Labarum" and the Origin of Christian Symbols, London 1966

S. PIUSSI, Le basiliche cruciforme nell´area adriatica, in: Aquilea e Ravenna (Antichità Alto adriatiche 13), Udine 1979, 437ff

W. PÖHLMANN, Art. "Herrscherkult II", in: TRE 15 (1986), 248ff

W. PÖTSCHER, "Numen" und "numen Augusti", in: ANRW II 16.1, Berlin-New York 1978, 355f

P.G.J. POST, "Conculcabis leonem ..." Some iconographic and iconologic notes on an Early-Christian terracota lamp with Anastasis scene, in: RivAC 58 (1982), 147ff

T. PREGER, Konstantinos Helios, in: Hermes 36 (1901), 457ff

S.R.F. PRICE, Between man and God. Sacrifice in the Roman imperial cult, in: JRS 70 (1980), 28ff

A. QUACQUARELLI, Il leone e il drago nella simbolica della età patristica, in: Quaderni di Vetera Christianorum II, Bari 1975

A. RADDATZ, Weströmisches Kaisertum und römisches Bischofsamt. Ein Beitrag zur Frage nach der Entstehung des vormittelalterlichen Papsttums, Habil.-Schrift Berlin, Humboldt Univ. 1963

H. RAHNER, Kirche und Staat im frühen Christentum, München 1961

G.Q. REINERS, The Terminology of the Holy Cross in Early Christian Literature. As based upon Old Testament Typology, in: GCP Bd.2, Nijmwegen 1965

M. RESTLE, Art. "Bethlehem", in: RBK 1 (1966), 599ff

- Art. "Herrschaftszeichen", in: RAC 14 (1988), 937ff

- Art. "Konstantinopel", in: RBK 4 (1989), 366ff

- Kunst und byzantinische Münzprägung von Justinian I. bis zum Bilderstreit, in: Texte und Unters. zur byzantinisch-neugriechischen Philologie 47, Athen 1964

R.T. RIDLEY, Anonymity in the Vita Constantini, in: Byz 50 (1980), 241ff

A.M. RITTER, Art. "Arianismus", in: TRE 3 (1978), 692ff

- Arius redivivus? Ein Jahrzwölft Arianismusforschung, in: ThR 55 (1990), 153ff

- Dogma und Lehre in der Alten Kirche, in: HDThG 1, Göttingen 1982, 99ff

H.W. RITTER, Die Bedeutung des Diadems, in: Historia 36 (1987), 290ff

G. RÖSCH, ONOMA BASILEIAS. Studien zum offiziellen Gebrauch der Kaisertitel in spätantiker und frühbyzantinischer Zeit, in: Byzantina Vindobonensia 10, Wien 1978

W. RORDORF, Der Sonntag. Geschichte des Ruhe- und Gottesdiensttages im ältesten Christentum, in: AThANT 43, Zürich 1962

- Was wissen wir über die christlichen Gottesdiensträume der vorkonstantinischen Zeit?, in: ZNW 55 (1964), 110ff

R. ROSENTHAL-HEGINBOTTOM, Rezens. V. CORBO, Il Santo Sepolcro di Gerusalemme, in: JAC 29 (19986), 213ff

M.C. ROSS, Bronze statuettes of Constantin the Great, in: DOP 13 (1959), 179ff

M. ROSTOVZEFF, Vexillum and Victory, in: JRS 32 (1942), 92ff

Z. RUBIN, The Church of the holy sepulchre and the conflict between the sees of Caesarea and Jerusalem, in: The Jerusalem Cathedra 2 (1982), 79ff

G. RUBASCH (ed.), Die Kirche angesichts der konstantinischen Wende, Darmstadt 1976

A. RYLL, Über Probleme der kunsthistorischen und schriftlichen Quellen zur Konstantinsäule in Konstantinopel, in: Historisch-archäologische Quellen und Geschichte bis zur Herausbildung des Feudalismus, Berlin 1983, 166ff

S. SAHIN, Neufunde von Inschriften in Nikomedien (IZNIT) und in der Umgebung der Stadt, Phil. Diss. Münster 1973, 9ff

M.E. SALZMANN, "Superstitio" in the Codex Theodosianus and the Persecution of Pagans, in: VigChr. 41 (1987), 172ff

J.M. SANSTERRE, Eusèbe de Césarée et la naissance de la théorie "césaropapiste", in: Byz 42 (1972), 131ff und 543ff

J. SAUER, Art. "Christusmonogramm", in: LThK 2 (1958), 1177

V. SAXER, Domus ecclesiae - oikos tes ekklesias in den frühchristlichen literarischen Texten, in: RQ 83 (1988), 167ff

B. SAYLOR-RODGERS, Constantine's Pagan Vision, in: Byz 50 (1980), 259ff

A. SCHENK V. STAUFFENBERG, Der Reichsgedanke Konstantins, in: Das Reich, Idee und Gestalt. Festschrift J. Haller, Stuttgart 1940, 70ff

G. SCHILLER, Ikonographie der Christlichen Kunst. 4 Bde und Registerbeiheft, Gütersloh 1966-1980

A. SCHINDLER, Art. "Afrika I.", in: TRE 1 (1977), 640ff

- (ed.), Monotheismus als politisches Problem? Erik Peterson und die Kritik der politischen Theologie, Gütersloh 1978

H. SCHLUNK, T. HAUSSCHILD, Hispania Antiqua. Die Denkmäler der frühchristlichen und westgotischen Zeit, Mainz 1978

K. SCHMALTZ, Mater Ecclesiarum. Die Grabeskirche in Jerusalem. Studien zur Geschichte der kirchlichen Baukunst und Ikonographie in Antike und Mittelalter, in: Zur Kunstgeschichte des Abendlandes, Heft 120, Nachdr. d. Ausg. Straßburg 1918, Leipzig 1984

H. SCHMIEDINGER, Konstantin und die Konstantinische Ära, in: FZPhTh 16 (1969), 3ff

W. SCHNEEMELCHER, Athanasius von Alexandrien als Theologe und als Kirchenpolitiker, in: ZNW 43 (1950/51), 242ff, jetzt in: ders., Gesammelte Aufsätze zum Neuen Testament und zur Patristik (edd. W. BIENERT, K. SCHÄFERDIEK), Thessaloniki 1974, 274ff

- Zur Chronologie des arianischen Streites, in: ThLZ 79 (1954), 394ff
- Kirche und Staat im 4. Jahrhundert, in: Bonner Akademische Reden 37, Bonn 1970, jetzt in: G. RUHBACH (ed.), Die Kirche angesichts der konstantinischen Wende, 122ff
- Art.: "Konstantinisches Zeitalter", in: TRE 19 (1989), 501ff
- Das konstantinische Zeitalter. Kritisch-historische Bemerkungen zu einem modernen Schlagwort, in: Kleronomia 6 (1974), 37ff, jetzt in: ders., Reden und Aufsätze. Beiträge zur Kirchengeschichte und zum ökumenischen Gespräch, Tübingen 1991, 32ff

A.M. SCHNEIDER, Die vorjustinianische Sophienkirche, in: ByZ 36 (1936), 77ff

H.V. SCHOENEBECK, Beiträge zur Religionspolitik des Maxentius und Konstantins, in: Klio, Beiheft 43, Leipzig 1939
- Die christliche Sarkophagplastik unter Konstantin, in: MDAI.R 51 (1936), 238ff

O. SCHOENEWOLF, Die Darstellung der Auferstehung Christi. Ihre Entstehung und ihre ältesten Denkmäler N.F. 9.Heft, Leipzig 1909

P.E. SCHRAMM, Sphaira, Globus, Reichsapfel, Stuttgart 1958

P. SCHREINER, Byzanz, in: Grundriß der Geschichte 22, München 1986

H. SCHRÖRS, Die Bekehrung Konstantins des Großen in der Überlieferung, in: ZKTh 40 (1916), 238ff
- Konstantins des Großen Kreuzeserscheinung. Eine kritische Untersuchung, Bonn 1913
- Zur Kreuzeserscheinung Konstantins des Großen, in: ZKTh 40 (1916), 485ff

V. SCHULTZE, Altchristliche Städte und Landschaften I: Konstantinopel (324-450), Leipzig 1913
- Altchristliche Städte und Landschaften III: Antiocheia, Gütersloh 1930
- Archäologie der Altchristlichen Kunst, München 1895
- Die christlichen Münzprägungen unter den Konstantinern, in: ZKG 44 (1894), 503ff

W.N. SCHUMACHER, Die Grabungen unter S. Sebastiano 95 Jahre nach den Entdeckungen Anton de Waals, in: RQ 83 (1988), 134ff
- Hirt und "Guter Hirt". Studien zum Hirtenbild in der römischen Kunst vom zweiten bis zum Anfang des vierten Jahrhunderts unter besonderer Berücksichtigung der Mosaiken in der Südhalle von Aquileia, in: RQ Suppl. 34, Rom-Freiburg-Wien 1977
- Die konstantinischen Exedrabasiliken, in: J.G. DECKERS, H.R. SEELIGER, G. MIETKE, Die Katakombe "Santi Marcellino e Pietro". Repertorium der Malereien, in: Roma Sotteranea Cristiana VI, 142ff

E. SCHWARTZ, Art. "Eusebios von Caesarea", in: PW VI (1909), 1370ff
- Gesammelte Schriften Bd.3: Zur Geschichte des Athanasius, Berlin 1959

- Gesammelte Schriften Bd.4: Zur Geschichte der Alten Kirche und ihres Rechts, Berlin 1960
- Kaiser Konstantin und die christliche Kirche, Berlin-Leipzig 1936

O. SEECK, Art. "Constantinus", in: PW IV.1 (1900), 1013ff
- Zu den Festmünzen Konstantins und seiner Familie, in: ZN 21 (1898), 17ff
- Geschichte des Untergangs der antiken Welt Bd.III, Berlin 1909
- Regesten der Kaiser und Päpste für die Jahre 311 bis 476 n.Chr. Vorarbeiten zu einer Prosopographie der christlichen Kaiserzeit, Nachdruck der Ausgabe Stuttgart 1919, Frankfurt a. Main 1984
- Urkundenfälschungen des 4. Jahrhunderts, in: ZKG 30 (1909), 181ff und 399ff
- Die Urkunden der Vita Constantini, in: ZKG 18 (1898), 321ff
- Die Verwandtenmorde Constantins des Großen, in: ZWTh 33 (1890), 63ff

H.R. SEELIGER, Die Verwendung des Christogramms durch Konstantin im JAhre 312´, in: ZKG 100 (1989), 149ff

W. SESTON, Art. "Feldzeichen", in: RAC 7 (1967), 689ff

K.M. SETTON, Christian Attitude towards the Emperor in the Fourth Century. Especially as Shown in Adresses to the Emporer, in: Stud. Hist. Econ. Publ. Law Nr.482, London 1941

H.M. SHEPHERD, Liturgical Expressions of the Constantinian Triumph, in: DOP 21 (1967), 59ff

H.J. SIEBEN, Die Konzilsidee der Alten Kirche, in: Konziliengeschichte (ed. W. BRANDMÜLLER), Reihe B: Untersuchungen, Paderborn-München-Wien-Zürich 1979

M. SIMONETTI, La Crisi Ariana nel IV secolo, in: Studia Ephemeridis Augustinianum, Roma 1975

C. SMITH, Christian Rhetoric in Eusebius´Panegyric at Tyre, in: Vig.Chr. 43 (1989), 226ff

M.T. SMITH, The Lateran Fastigium: A Gift of Constantine the Great, in: RivAC 46 (1970), 149ff

R.R.R. SMITH, Roman Portraits. Honours, empresses, and late emperors, in: JRS 75 (1985), 209ff

S. SOTOMAYOR, Sarcófagos romano-cristianos de Espana. Estudio iconografico. Grenada 1975

J. SPEIGL, Eine Kritik an Kaiser Konstantin in der Vita Constantini des Euseb. in: Wegzeichen. Festgabe H. Biedermann, Würzburg 1971, 83ff

W. SPEYER, Mittag und Mitternacht als Heilige Zeiten in Antike und Christentum. in: Vivarium. Festschrift Theodor Klauser zum 90. Geburtstag, in: JAC E.11, Münster 1984, 314ff

A. STANGE, Das frühchristliche Kirchengebäude als Abbild des Himmels, Köln 1950

A. STAPLEFORD, Constantinian Politics and the Atrium Church, in: Art and Architecture in the Service of Politics (ed. H.A. MILLON), Cambridge Mass. 1979, 2ffN. STAUBACH, Art.: "Königtum", in: TRE 19 (1989), 323ff

E. STEIN, Geschichte des Spätrömischen Reiches. I. Bd.: Vom Römischen zum Byzantinischen Staate (284-476 n.Chr.), Wien 1928

- Kleine Beiträge zur römischen Geschichte, in: Hermes 52 (1917), 558ff

A. STEINWENTER, NOMOS EMPSYCHOS. Zur Geschichte einer politischen Theorie, in: AAWW.PH 83 (1946), 250ff

G. STEMBERGER, Juden und Christen im Heiligen Land. Palästina unter Konstantin und Theodosius, München 1987

B. STEPHANIDES, Die Visionen Konstantins des Großen, in: ZKG 59 (1940), 30f

R.H.W. STICHEL, Die römische Kaiserstatue am Ausgang der Antike, Rom 1982

P. STOCKMEIER, Christlicher Glaube und antike Religiosität, in: ANRW 23.2, Berlin-New York 1980, 871ff

- Art. "Herrschaft", in: RAC 14 (1988), 877ff

- Herrscherkult und Totenkult. Konstantins Apostelkirche und Antiochos´Hierothesion, in: Pietas. Festschrift Bernhard Kötting, in: JAC E.8, Münster 1980, 105ff

- Die sogenannte Konstantinische Wende im Licht antiker Religiosität, in: HJ 95 (1975), 1ff, jetzt in: ders., Glaube und Kultur. Studien zur Begegnung von Christentum und Antike, Düsseldorf 1983, 236ff

- Zum Problem des sogenannten "konstantinischen Zeitalters", in: TThZ 76 (1967), 197ff

- Der Skandalon des Kreuzes und seine Bewältigung im Frühen Christentum, in: ders., Glaube und Kultur, 39ff

R. STORCH, The Absolutist Theology of Victory, in: Classica et Mediaevalia 29 (1972), 197ff

- The "Eusebian Constantine", in: Church History 40 (1971), 145ff

- The Trophy and the Cross: Pagan and Christian Symbolism in the Fourth and Fifth Centuries, in: Byz 40 (1970), 105ff

J. STRAUB, Des christlichen Kaisers secunda maiestas (Tertullian und die Konstantinische Wende), in: ZKG 90 (1979): Von Konstantin zu Theodosius. Wilhelm Schneemelcher zum 65. Geburtstag, 293ff, jetzt in: ders., Regeneratio imperii, Bd.2, 63ff

- Divus Alexander - Divus Christus, in: Kyriakon. Festschrift Johannes Quasten (edd. P. GRANFIELD, J.A. JUNGMANN), Münster 1970, Bd.I, 461ff, jetzt in: ders., Regeneratio imperii, Bd.1, 178ff

- Gibbons Konstantin-Bild, in: Université de Lausanne - Publication de la Faculté des Lettres 22 (Genf 1977), 159ff, jetzt in: ders., Regeneratio imperii, Bd.2, 252ff

- Vom Herrscherideal in der Spätantike, Nachdr. der Ausgabe Stuttgart 1939, Stuttgart 1964
- Kaiser Konstantin als episkopos ton ektos, in: Studia Patristica I (= TU 63 (1957)), 678ff, jetzt in: ders., Regeneratio imperii Bd.1, 119ff
- Konstantins christliches Sendungsbewußtsein, in: Das neue Bild der Antike (ed. H. BERVE), Bd.II, Leipzig 1942, 374ff, jetzt in: ders., Regeneratio imperii, Bd.1, 70ff
- Konstantin als koinos episkopos, in: DOP 21 (1967), 37ff, jetzt in: ders., Regeneratio imperii, Bd.1, 134ff
- Konstantins Verzicht auf den Gang zum Kapitol, in: Historia 4 (1955), 297ff, jetzt auch in: ders., Regeneratio imperii, Bd.1, 100ff
- Regeneratio imperii. Aufsätze über Roms Kaisertum und Reich im Spiegel der heidnischen und christlichen Publizistik, 2 Bde, Darmstadt 1976 und 1986

K.F. STROHEKER, Das konstantinische Jahrhundert im Lichte der Neuerscheinungen 1940-51, in: Saeculum 3 (1952), 654ff

J. STRZYGOWSKI, Kleinasien, ein Neuland der Kunstgeschichte, Leipzig 1903

R. STUPPERICH, Gedanken zu Obelisk und Pulvinar in Darstellungen des Circus Maximus in Rom, in: H.-J. DREXHAGE, J. SÜNSKES (edd.), Migratio et Commutatio. Studien zur Alten Geschichte und deren Nachleben. Festschrift T. Pekáry, St. Katharinen 1989

U. SÜSZENBACH, Christuskult und kaiserliche Baupolitik bei Konstantin, in: Abhandlungen zur Kunst- Musik- und Literaturwissenschaft Bd. 241, Bonn 1977
- Konstantin und die Anfänge kirchlicher Monumentalkunst, in: Städel-Jahrbuch 10 (1985), 55ff

M. SULZBERGER, Le Symbole de la croix, in: Byz 2 (1925), 397f

W. V. SYDOW, Zur Kunstgeschichte des spätantiken Portraits im 4. Jahrhundert n. Chr., Bonn 1969

F. TAEGER, Charisma. Studien zur Geschichte des antiken Herrscherkultes. 2 Bde, Stuttgart 1960

W. TELFER, Constantine's Holy Land Plan, in: Studia Patristica I (TU 63 (1957)), 695ff

M. TETZ, Art. "Athanasius von Alexandrien", in: TRE 4 (1979), 333ff
- Zur Biographie des Athanasius von Alexandrien, in: ZKG 90 (1979), 158ff
- Christenvolk und Abrahamsverheißung. Zum kirchengeschichtlichen Programm des Eusebius von Caesarea, in: Jenseitsvorstellungen in Antike und Christentum. Festschrift A. Stuiber, in: JAC E. 9, Münster 1982, 30ff

H.G. THÜMMEL, Hagia Sophia, in: Besonderheiten der byzantinischen Feudalentwicklung (ed. H. KÖPSTEIN), in: Berliner byzantinische Arbeiten 50 (1983), 119ff

- Die Kirche des Ostens im 3. und 4. Jahrhundert, in: Kirchengeschichte in Einzeldarstellungen I/4, Berlin 1988

F. TOLOTTI, Il S. Sepolcro di Gerusalemme e le coeve basiliche di Roma, in: MDAI.R. 93 (1986), 471ff

J.M.C. TOYNBEE, Roman Medaillons, in: Numismatic Studies 5, New York 1944

- Ruler-Apotheosis in Ancient Rome, in: The Numismatic Chronicle. Sixth Ser. Vol. VII (1947), 126ff

R. TURCAN, Le culte impérial au III siècle, in: ANRW 16.2, Berlin-New York 1978, 996ff

O. TREITINGER, Die oströmische Kaiser- und Reichsidee nach ihrer Gestaltung im höfischen Zeremoniell, Darmstadt 1956K.

TREU, Art. "Gottesfreund", in: RAC 11 (1981), 1043ff

W. ULLMANN, The Constitutional Significance of Constantine the Great´s Settlement, in: JEH 27 (1976), 12ff

- Gelasios I. Das Papsttum an der Wende der Spätantike zum Mittelalter, in: Päpste und Papsttum 18, Stuttgart 1981

F.W. UNGER, Quellen der byzantinischen Kunstgeschichte, Bd.1, Wien 1878

H. USENER, Sol invictus, in: RMP 60 (1905), 465ff

- Das Weihnachtsfest, Bonn 1969[3]

A.A. VASILIEV, Imperial Porphyry Sarcophagi in Constantinople, in: DOP 4 (1848), 1ff

P. VERZONE, I due Gruppi in Porfido di S. Marco in Venezia ed il Philadelphion di Costantinopoli, in: Palladio N.S. 8 (1958), 8ff

H. VINCENT - F.M. ABEL, Jerusalem nouvelle, Bd.II, Paris 1925

F. VITTINGHOFF, Eusebius als Verfasser der Vita Constantini, in: RMP 96 (1953), 330ff

- Staat, Kirche und Dynastie beim Tode Konstantins, in: L´Eglise et L´´Empire au IVe Siècle (Entret. Fond. Hardt XXXIV), Genève 1989, 1ff

L. VOELKL, Die Grundrißtypen im konstantinischen Kirchenbau, in: Das Münster 7 (1954), 153ff

- Die Kirchenstiftungendes Kaisers Konstantin im Lichte des römischen Sakralrechts, in: Arbeitsgemeinschaft für Forschung des Landes Nordrhein-Westfalen, Heft 117, Köln-Opladen 1964

- Die Komplexanlagen im konstantinischen Kirchenbau, in: Das Münster 6 (1953), 301ff

- Die konstantinischen Kirchenbauten nach Eusebius, in: RivAC 29 (1953), 49ff

- Die konstantinischen Kirchenauten nach den literarischen Quellen des Okzidents, in: RivAC 30 (1954), 99ff

H.J. VOGT, Politische Erfahrung als Quelle des Gottesbildes bei Kaiser Konstantin d. Gr., in: Dogma und Politik. Zur politischen Hermeneutik theologischer Aussagen (mit Beiträgen von H. FELD u.a.), Mainz 1973, 35ff

J. VOGT, Bemerkungen zum Gang der Konstantinforschung, in: Mullus. Festschrift Theodor Klauser, in: JAC E.1, Münster 1964, 374ff

- Berichte über Kreuzeserscheinungen aus dem 4. Jahrhundert n. Chr., in: Mélanges Henri Grégoire, in: AIPh 9 (1949), 593ff

- Art. "Constantinus der Große", in: RAC 3 (1955), 306ff

- Constantin der Große und sein Jahrhundert, München 1960

- Die Constantinische Frage: A) Die Bekehrung Konstantins, in: Relazioni del X Congresso Internazionale di Scienze Storiche 6, Fiorentina 1955, 733ff, jetzt in: H. KRAFT (ed.), Konstantin der Große, 345ff

- Der Erbauer der Apostelkirche in Konstantinopel, in: Hermes 81 (1953), 111ff

- Helena Augusta, das Kreuz und die Juden, in: Saeculum 27 (1976), 211ff

- Kaiser Julian über seinen Oheim Konstantin den Großen, in: Historia 4 (1955), 339ff, jetzt in: R. KLEIN (ed.), Julian Apostata, Darmstadt 1978, 222ff

K. VOIGT, Staat und Kirche von Konstantin dem Großen bis zum Ende der Karolingerzeit, Nachdruck der Ausgabe Stuttgart 1936, Aalen 1965

S. WAETZOLD, Die Kopien des 17. Jahrhunderts nach Mosaiken und Wandmalereien in Rom, in: Veröffentlichungen der Bibliotheca Hertziana, Wien-München 1964

P.W.L. WALKER, Holy City, Holy Places? Christian Attitudes to Jerusalem and the Holy Land in the Fourth Century. The Oxford Early Christian Studies, Oxford 1990

D.S. WALLACE-HADRILL, Eusebius of Caesarea, London 1960

- Art. "Eusebius of Caesarea", in: TRE 10 (1982), 537ff

J.B. WARD-PERKINS, Constantine and the Origins of the Christian Basilica, in: PBSR 22 (1954), 69ff

- Memoria, Martyr's Tomb and Martyr's Church, in: Akten des VII. Internationalen Kongresses für christliche Archäologie, Trier 1965, 3ff, nocheinmal veröffentlicht in: JThS 17 (1966), 20ff

B.H. WARMINGTON, The Sources of Some Constantinian Documents in Eusebius' Ecclesiastical History and Life of Constantine, in: E. LIVINGSTONE (ed.), Studia Patristica XVIII. Papers of the Ninth Intenational Conference on Patristic Studies. Oxford 1983. Vol.1, Kalamazoo 1985, 93ff

G. WAURICK, Untersuchungen zur Lage der römischen Kaisergräber von Augustus bis Constantin, in: Jahrbuch des Römisch-Germanischen Zentralmuseums Mainz 20 (1973), 107ff

W. WEBER, Die Vereinheitlichung der religiösen Welt, in: Probleme der Spätantike. Vorträge auf dem 17. deutschen Historikertag, Stuttgart 1930, 67ff

W. WEBER, Die Anfänge des Trierer Domes. Die archäologische Erforschung der frühchristlichen Kirchenanlage im Bereich des Trierer Domes und der Liebfrauenkirche, in: ThZ 98 (1989), 147ff

E. WEIGAND, Die Geburtskirche von Bethlehem. Eine Untersuchung zur christlichen Antike, in: Studien über christliche Denkmäler N.F. Heft 11, Leipzig 1911

O. WEINREICH, Lykische Zwölfgötter-Reliefs, in: SHAW (1913), 5. Abh., Heidelberg 1913

- Triskaidekadische Studien, in: Religionsgeschichtliche Versuche und Vorarbeiten 16/1, Gießen 1916

- Art. "Zwölfgötter", in: W.H. ROSCHER, Ausführliches Lexikon der Griechischen und Römischen Mythologie VI, 764ff, jetzt in: ders., Ausgew. Schr, Bd.2, 555ff

S. WEINSTOCK, Victor und Invictus, in: HThR 50 (1957), 211ff

G. WEISZ, Byzanz. Kritischer Forschungs - und Literaturbericht 1968-1985, in: Historische Zeitschrift - Sonderhefte (ed. L. GALL), Bd.14, München 1986

- Quellenkunde ..., siehe unter: KARAYANNOPULOS

K. WEITZMANN, Loca Sancta and the Representational Arts of Palestine, in: DOP 28 (1974), 31ff

K. WESSEL, Christus Rex. Kaiserkult und Christusbild, in: AA 1953, 118ff

- Art. "Christusmonogramm", in: RBK 3 (1971), 1074ff

- Art. "Insignien", in: RBK 3 (2978), 369ff

- Der Sieg über den Tod, die Passion Christi in der frühchristlichen Kunst des Abendlandes, Belin 1956

- Ein verkanntes Denkmal der frühbyzantinischen Kaiserikonographie. Der "ApostelIntaglio" in der Münchener Staatlichen Münzsammlung, in: JAC 24 (1981), 131ff

K. WESSEL, J. ENGEMANN, Art. "Basilika", in: LMA 1 (1980), 1526ff

F. WIELAND, Mensa und Confessio. Studien über den Altar der christlichen Liturgie. Teil I: Der Altar der vorkonstantinischen Kirche, Teil II: Altar und Altargrab der christlichen Kirchen im 4.Jh., Leipzig 1906-1912

J. WILKINSON, Christian Pilgrims in Jerusalem during the Byzantine Period, in: PEQ 108 (1976), 75ff

- Art. "Jerusalem IV", in: TRE 16 (1987), 617ff

- Jerusalem Pilgrims before the Crusades, Warminster 1977

- Paulinus´ Temple at Tyre, in: JÖB 32/4 (1982): XVI. Internationaler Byzantinistenkongress. Akten II,4, 553ff

- The Tomb of Christ. An Outline of its Structural History, in: Levant 4 (1972), 83ff

J. WILPERT, Die römischen Mosaiken und Malereien der kirchlichen Bauten vom IV. - XIII. Jahrhundert. 4 Bde, Feiburg i. Br. 1916

F. WINKELMANN, Die Beurteilung des Eusebius von Caesarea und seiner Vita Constantini im griechischen Osten, in: Byzantinische Beiträge (ed. J. IRMSCHER), Berlin 1964, 91ff

- Zur Geschichte des Authentizitätsproblems der Vita Constantini, in: Klio 40 (1962), 187ff
- Konstantins Religionspolitik und ihre Motive im Urteil der literarischen Quellen des 4. und 5. Jahrhunderts, in: Acta Antiqua Academia Scientarum Hungaricae IX (1961), 239ff
- Probleme der Herausbildung der Staatskirche im römischen Reich des 4. Jahrhunderts, in: Klio 53 (1971), 282ff

F. WINKELMANN, W. BRANDES (edd.), Quellen zur Geschichte des frühen Byzanz (4.-9. Jahrhundert). Bestand und Probleme, in: Berliner Byzantinische Arbeiten Bd.55, Amsterdam-Berlin 1990

W. WISCHMEYER, Christogramm und Staurogramm in den lateinischen Inschriften altkirchlicher Zeit, in: Theologia Crucis. Signum Crucis. Festschrift E. Dinkler (edd. C. ANDRESEN, G. KLEIN), Tübingen 1979

E. WISTRAND, Konstantins Kirche am Heiligen Grab in Jerusalem nach den ältesten literarischen Zeugnissen, in: Acta Universitatis Gotoburgensis 1952

A. WLOSOK (ed.), Römischer Kaiserkult, Darmstadt 1978

D. H. WRIGHT, The True Face of Constantine the Great, in: DOP 41 (1987): Studies on Art and Archeology in Honor of Ernst Kitzinger, 493ff

O. WULFF, Rezens. A. Heisenberg. Grabeskirche und Apostelkirche, in: ByZ 18 (1909), 538ff

K. WULZINGER, Die Apostelkirche und die Mehmedije zu Konstantinopel, in: Byz. 7 (1932), 7ff

E.J. YARNOLD, Who planned the churches at the christian holy places in the holy land?, in: E. LIVINGSTONE (ed.), Studia Patristica XVIII. Papers of the Ninth International Conference on Patristic Studies. Oxford 1983. Vol. 1, Kalamazoo 1986, 105ff

P. ZANKER, Augustus und die Macht der Bilder, München 1987
- Prinzipat und Herrscherbild, in: Gymnasium 86 (1979), 353ff

A.W. ZIEGLER, Art. "Panegyrikos", in: PW XVIII.3 (1949), 559ff

J. ZINK, Die Baugeschichte des Trierer Domes von den Anfängen im 4. JAhrhundert bis zur letzten Restaurierung, in: Der Trierer Dom (red. F.J. RONIG), Neuss 1980, 17ff

Ausstellungskataloge

Spätantike und frühes Christentum. Ausstellung im Liebighaus, Museum alter Plastik, Frankfurt am Main 1983

Age of Spirituality. Late Antique and Early Christian Art. Third to Seventh Century (ed. K. WEITZMANN), Princeton 1979

Stellenregister

Namens- und Sachregister

Abbildungen

1

2

3

4

5

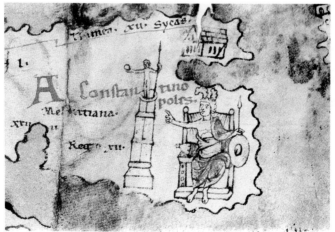

6

7

8

9

10

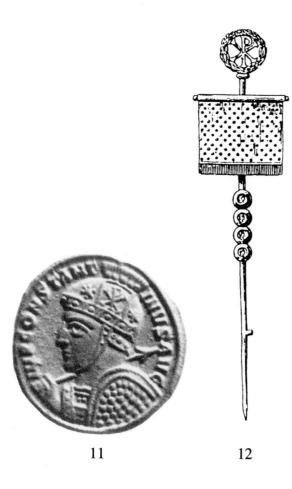

11

13

12

15

14

16

17

18

19

20

21

22

23

24a

24b

24c

25

26

27

28

29a

29b

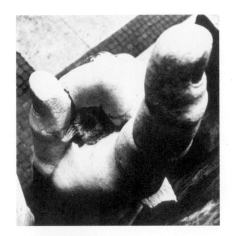

30a

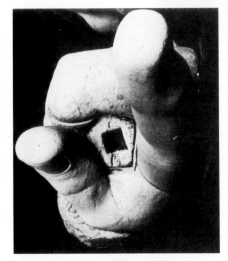

30b

30c

31b

31a

32

33a

33b

34

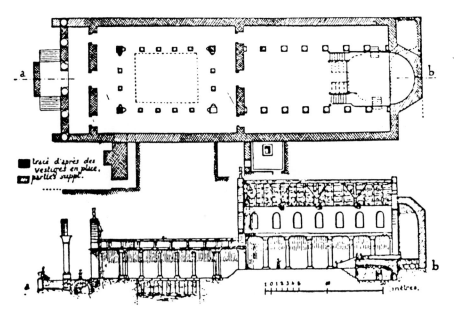

tracé d'après des
vestiges en place.
parties suppl.

1 0 1 2 3 4 5   mètres.

35

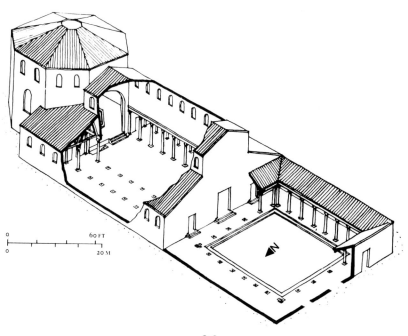

0   60 FT
0   20 M

36

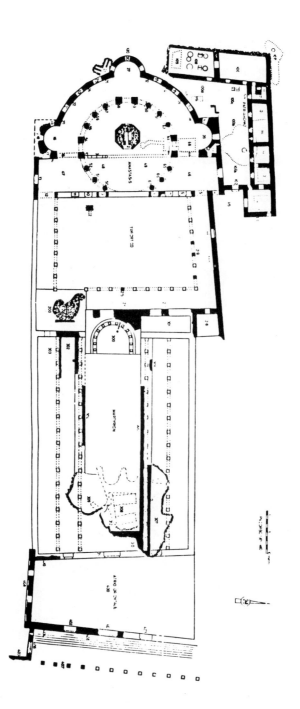

37

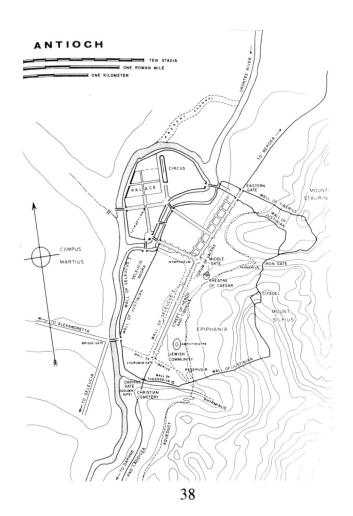

38

39

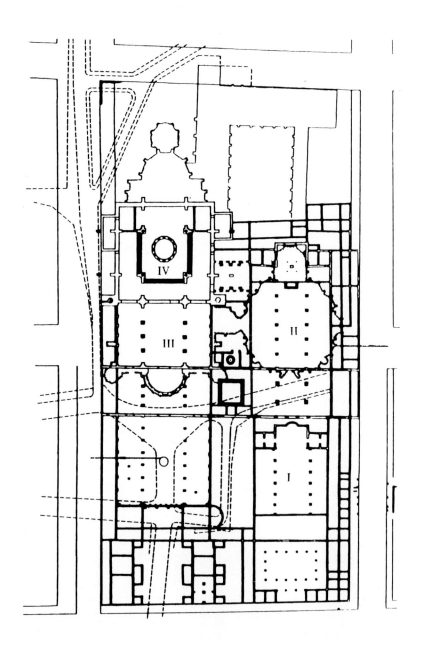

40

41

42

43

44

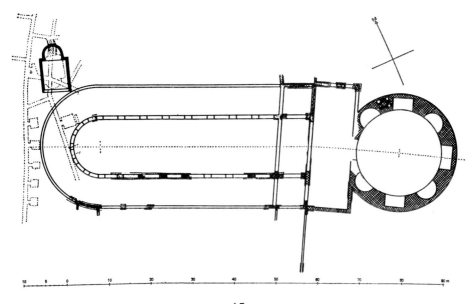

45

46

Abbildungsnachweis

1 Goldmedaillon mit Sol und Konstantin (nach: GRABAR, Die Kunst des frühen Christentums, Ab. 11)

2 Statuette aus Tommerby (nach: Frankfurt 1983, Kat. Nr. 114)

3 Reiter aus Altinum (nach: Age of Sp. 19 Kat. Nr. 114)

4 Lorichszeichnung (nach: R. DELBRUECK, Antike Porphyrwerke, Taf. 68)

5 Freshfieldzeichnung (nach: C. MANGO, Constantinopolitana, in: JdI 80 (1965), 308ff

6 Ausschnitt aus der Tabula Peutingeriana: Constantinopolis und Konstantinsäule (nach: M. GAUTHIER, Straßen des Glaubens, Abb. 35)

7 Silbermedaillon aus Ticinum: Avers (nach: GÖBL, Signum Crucis oder Lanzenschaft?, Taf. 4.1)

8 Silbermedaillon aus Ticinum: Revers von Abb. 7 (nach: K. KRAFT, Das Silbermedaillon Constantins des Großen mit dem Christusmonogramm auf dem Helm, in: H. KRAFT (ed.), Konstantin der Große, Taf. I, 2b)

9 Silbermedaillon aus Ticinum, ehemals Breslau, Avers und Revers (nach: FRIEDENSBURG, Die antiken Münzen der Stadt Breslau, in: ZN 13 (1885), 121ff)

10 Mittelfeld des Sarkophags Lat. 171 (nach: GRABAR, Die Kunst des frühen Christentums, Abb. 295)

11 Scheidemünze aus Siscia mit dem Christogramm seitlich auf dem Helm (nach: K. KRAFT, a.a.O., Taf. III,10)

12 Rekonstruktion des Labarums Franchi de Cavalieri (nach: H. LECLERQ, Art. ,,Labarum``, in: DACL 8,1 (1948), 953 Abb. 6542)

13 Exemplar der Bronzeemission SPES PVBLIC (nach: H. V. SCHOENEBECK, Beiträge zur Religionspolitik des Maxentius und Konstantins, Taf. V, Nr. 29)

14 Medaillon aus Rom mit einer Version des Labarums (nach: A. R. BELLINGER, Roman and Byzantine Medaillons in the Dumbarton Oaks Collection, in: DOP 12 (1958), Fig. 12)

33 a - b: Kolossaler Bronzekopf im Konservatorenpalast in Rom (nach: L'ORANGE, Taf. 55 u. 53c)

34 Gemme mit vermutlichem Portrait Konstantins (nach: M. R. ALFÖLDI, Die konstantinische Goldprägung, Taf. 36 Abb. 299)

35 Grundriß der Eleona (nach: VOELKL, Die Komplexanlagen im Konstantinischen Kirchenbau, in: Das Münster 6 (1953), Abb. 2 (nach: Vincent-Abel)

36 Rekonstruktion der Geburtskirche von Bethlehem (nach: KRAUTHEIMER, ECBA, Fig. 26)

37 Grundriß der Grabeskirche in Jerusalem (nach: V. CORBO, Il Santo Sepolcro di Gerusalemme, Taf. 3)

38 Stadtplan von Antiocheia (nach: G. DOWNEY, Ancient Antioch, Abb. 5)

39 Mosaik aus Yakto, Ausschnitt mit dem Oktogon von Antiocheia (nach: G. DOWNEY, Ancient Antioch, Abb. 51)

40 Grundriß des Trierer Domes (nach: W. WEBER, Die Anfänge des Trierer Domes, in: TThZ 98 (1989), 155)

41 Goldmultiplum für Konstantios II. als Caesar, um 330 (nach: A. ALFÖLDI, Die monarchische Repräsenntation, 173 Abb. 6)

42 Feldstandarte mit Kreuz in der Hand Konstantins, Avers eines Konstantinopler Medaillons (nach: A. ALFÖLDI, Hoc Signa victor eris, in: H. KRAFT (ed.) Konstantin der Große, Abb. 4)

43 Münze aus Aquilea mit dem Kreuz als Münzzeichen (nach: RIC VII, Pl. 12 Nr. 126)

44 Fragmentiertes Bronzekreuz aus Aquilea mit einer Kaiserbüste im Zentrum der Kreuzbalken, konstantinisch (nach: DINKLER, Das Apsismosaik von San Apollinare in Classe, Abb. 26)

45 Grundriß und Rekonstruktion von SS. Marcellino e Pietro (nach: F. W. DEICHMANN - A. TSCHIRA, Das Mausoleum der Kaiserin Helena und die Basilika der heiligen Marcellinus und Petrus an der Via Labicana vor Rom, in: JdI 72 (1957), Abb. 22)

46 Konsekrationsmünze Konstantins, Revers (nach: GRABAR, Die Kunst des frühen Christentums, Abb. 214)

Walter de Gruyter
Berlin • New York

MARGARET ANN PALLISER, O.P.

Christ, Our Mother of Mercy

Divine Mercy and Compassion in the Theology of the *Shewings* of Julian of Norwich

1992. Large-Octavo. XIV, 262 pages. Cloth DM 168,-
ISBN 3-11-013558-2

A theology of mercy drawn from a textual analysis of the Book of Shewings (Revelations) of the fourteenth century English mystic, Julian of Norwich.

Julian's image of Christ as the compassionate "mother" of mercy represents her mature theological vision of divine mercy. Julian's trinitarian theology, christology, soteriology, and anthropology are explored within the framework of her understanding of the relationship between kind (nature), mercy and grace. This study includes exhaustive references to the Middle English text of the *Shewings,* bibliography and index.

S.T.D. dissertation under the supervision of Prof. Paolo Molinari, S.J., Pontificia Universitas Gregoriana, Rome, 1991.

Price is subject to change